数智化商业创新

企业数字化的核心逻辑与实践指南

用友网络科技股份有限公司◎编著

人民邮电出版社

北　京

图书在版编目（ＣＩＰ）数据

数智化商业创新 : 企业数字化的核心逻辑与实践指
南 / 用友网络科技股份有限公司编著. -- 北京 : 人民
邮电出版社, 2021.10 (2022.6重印)
ISBN 978-7-115-57300-1

Ⅰ. ①数… Ⅱ. ①用… Ⅲ. ①数字技术－应用－企业
管理 Ⅳ. ①F272.7

中国版本图书馆CIP数据核字(2021)第180063号

内 容 提 要

　　本书结合用友调研并参与数千家大中型企业集团的数字化转型成功实践与咨询服务经验，旨在向读者输出一套经过用友反复实践与验证的企业数字化转型的方法论，全方位解读企业数字化转型的本质、目标、路径与实践。本书由洞见篇、变革篇和创新篇 3 个篇章构成，围绕企业数字化目标、路径与实践全景展示企业数字化的方法论，通过解构企业数字化的全过程、全业务场景及深度解读头部企业数字化转型的成功实践，展示企业数字化转型的核心路径。本书适合准备开展数字化转型的企业参考。

- ◆ 编　　著　用友网络科技股份有限公司
　　责任编辑　赵　娟
　　责任印制　陈　犇
- ◆ 人民邮电出版社出版发行　　北京市丰台区成寿寺路 11 号
　　邮编　100164　　电子邮件　315@ptpress.com.cn
　　网址　https://www.ptpress.com.cn
　　三河市中晟雅豪印务有限公司印刷
- ◆ 开本：720×960　1/16
　　印张：21.75　　　　　　　　　　　　2021 年 10 月第 1 版
　　字数：374 千字　　　　　　　　　2022 年 6 月河北第 2 次印刷

定价：128.00 元

读者服务热线：(010)81055493　印装质量热线：(010)81055316
反盗版热线：(010)81055315
广告经营许可证：京东市监广登字 20170147 号

编　委　会

推荐序

技术一直在影响和改变商业，移动互联网、云计算、大数据、人工智能、物联网与5G、区块链等当代最具代表性的信息技术正在集群式、交互化发展，共同驱动新一轮的商业创新，即企业数智化，它包括了数字化和智能化。

企业数智化将深刻影响企业的生产经营、管理运作和组织变革，可以在更广泛的宽度、更大的深度和更高的价值上，影响和改变企业的业务创新和管理变革。

近些年，越来越多的企业体验到线上办公、线上经营、线上管理的便利和高效。同时，国家在战略部署上也加快了数字经济的发展推进力度，例如2020年4月，国家发展和改革委员会、中共中央网络安全和信息化委员会办公室出台了《关于推进"上云用数赋智"行动 培育新经济发展实施方案》。2020年9月，国务院国有资产监督管理委员会正式印发《关于加快推进国有企业数字化转型工作的通知》，明确了国有企业数字化转型的基础、方向、重点和举措，开启了国有企业数字化转型的新篇章，积极引导国有企业在数字经济时代准确识变、科学应变、主动求变，加快改造提升传统动能，培育发展新动能。

今天的商业环境中，各行各业、各种规模的企业都在积极推进基于数字技术的商业创新，数智化已被全球企业广泛关注。但对大部分企业来讲，要实现商业创新，需要突破技术、专业和成本三大障碍，此时企业亟须能够便捷实现商业创新的平台。

如今，企业服务产业正在实现从信息化到数智化，从企业资源计划（Enterprise Resource Planning，ERP）到商业创新平台（Business Innovation Platform，BIP）的历史性跃升，赋能企业的数智化转型与商业创新。

在信息化阶段，企业主要是通过ERP管理软件，以"流程优化，提高效率"为主要价值进行企业IT业务系统建设。而在数智化阶段，企业则主要通过BIP企业云服务群，以"商业创新，重构发展力"为主要价值进行业务创新和管理变革，从而实现更强的竞争优势、更高的经营绩效和更可持续的发展。

在产品与服务创新方面，很多企业利用物联网、大数据、移动互联网等数字技术连接最终用户，及时感知用户的需求变化，并用大数据分析用户购买行为的特征，从而缩短企业产品创新的进程，并让企业的产品更加满足用户的个性化需求。因此，企业的商业模式也从以往的以产品为导向，走向了以用户为导向。

在组织与管理变革方面，通过应用移动互联网技术，企业让员工在同一个平台上进行信息沟通，实现扁平化管理。在新一代信息技术的支撑下，企业可以对员工的绩效进行更科学、更细致的核算和评价，例如，企业可以根据每一个员工的实际价值和贡献来进行薪酬的分配。对于集团型企业而言，通过应用数字技术在财务、人力资源和采购等方面实现了共享服务，将实时、透明的管控变成了现实。

用友自 1988 年成立起，一直专注于企业服务领域，即过去的信息化领域，现在的数智化领域。用友的发展分为 3 个阶段：第一个阶段的主要产品是财务软件，服务企业的会计电算化；第二个阶段的主要产品是 ERP，服务企业的信息化；现在正处于第三个阶段，用友将通过 YonBIP 助力企业实现数智化转型。

与传统 ERP 系统相比，BIP 在驱动方式、协同层次以及生态模式上，都有明显的区别：从驱动方式来看，BIP 以数据驱动为中心，即数据＋算法＋流程，而 ERP 则以流程驱动为中心，即流程＋数据；从协同层次来看，ERP 为企业内协同，BIP 除了企业内协同，更重要的是企业间协同，是基于价值网络的社会化商业协同；从生态模式来看，ERP 是有限生态，而 BIP 是强生态共生的关系，在 BIP 平台上有大量的不同类型服务提供商来共同服务企业的商业创新，共同服务各行业企业的商业创新。

YonBIP 是用友采用新一代信息技术，按照云原生（含微服务）、元数据驱动、中台化和数用分离的设计架构，涵盖平台服务、应用服务、业务服务和数据服务等形态，集工具、能力和资源服务为一体，服务企业与产业商业创新的平台化、生态化的云服务群。

用友 YonBIP 包括 3 个部分：第一部分是 PaaS，包括技术平台、业务中台、数据中台和智能中台等，可以帮助企业构建数智化转型的技术底座；第二部分是各种类型的云服务，例如数字采购、智能制造、数字营销、数据金融等，为企业全价值链的业务创新提供服务；第三部分是面向大型企业集团的财务、人力资源和协同工作的运营和管控体系，可以为集团型企业的运营和管控提供支持。与此同时，用友 YonBIP 是一个开放的、生态化的平台，目前平台上已经有 8200 多家生态伙伴，入驻产品及服务突破 12000 个，在不同的细分行业和领域中形成更广泛的入驻品类覆盖、更深度的产品融合、更创新的服务模式，为用户提供一站式、一体化的产品、服务与应用体验，助力企业实现全方位、全场景的数智化转型。如今，各行业领先企业都在选择用友 YonBIP 作为数智化转型与商业创新的赋能平台。

创新永不停歇，在新的发展环境中，企业正加速拥抱数智化，驱动商业创新。然而，不同的企业今天所处的情况不尽相同：行动力强的企业在引领；看清楚方向的企业在行动；没看清方向的企业在焦虑；少量还没意识到变化的企业将被淘汰。

我希望用友 YonBIP 能够创造更大的社会价值，结合新一代的数字技术推动商业的进步，让企业的商业创新变得更简单、更便捷。同时，我也希望用友 YonBIP 能够服务超过千万家企业，聚合十万家生态伙伴、亿级社群个人（社员），为商业的创新和发展创造价值，通过推动商业的进步来促进经济高质量发展，并创造更多新的就业机会。

用友网络科技股份有限公司董事长兼总裁

目录

洞见篇：数智化商业

创新篇：数智化经营

变革篇：数智化管理

洞见篇：
数智化商业

在充满不确定性的全球经济大背景下，数字化对于推动全球经济复苏具有非常重要的意义，数字技术与商业创新将成为拉动新一轮经济增长的强劲动力。与此同时，数字经济将带来一系列翻天覆地的变化，例如，人机交互方式的变革，经营管理方式的变革，产业协同方式的变革，生产力、生产关系与生产要素的变革等。

第一章　新时代：数字经济

数字技术：集群式发展

近年来，移动互联网、云计算、大数据、人工智能、物联网与 5G、区块链等新技术集群式、交互式发展，呈现"核聚变"式爆发的态势，带来了以技术驱动创新的空前扩张，数字经济时代随之开启。

然而不同的技术带来的变革力量各异：移动互联网给我们带来了连接、协同和共享的能力，让业务随时在线；云计算使算力转变成社会化的计算能力，让计算触手可得；大数据使我们能够汇集并处理海量、实时的数据，让创新皆有所倚；人工智能使我们从智能交互到对各种商业场景的智能感知，再到数据驱动的智能洞察与决策，让智能无所不及；物联网与 5G 技术连接起来我们周边的一切虚拟与现实，让连接无处不在；区块链开创了一种在竞争环境中低成本建立高可信度的新型范式和协作模式，凭借其独有的信任建立机制，实现了穿透式监管和信任逐级传递，让商业信任可运营。

移动互联网：让业务随时在线

随着互联网、移动互联网的普及，"在线"成为常态，改变了我们的生活、消费与工作方式。2020 年，新冠肺炎疫情更是加速了"在线化"进程，人们已然形成享受在线化服务的新习惯。

没办法出门买菜，在线买；没办法去学校上课，在线学；没办法集体会议，在线开……

无接触的"在线化"交付与服务的浪潮瞬间爆发。如今，在线购物、在线支付、在线学习等多种线上业务模式层出不穷，应用广泛。

从经营管理的视角来看，我们发现越来越多的企业正在借助互联网以及移动互联网工具实现全面"在线化"：研发在线、生产在线、营销在线、供应在线、财务核算在线、用户在线、员工在线、运营在线、办公在线、决策在线……企业实现全业务在线，进而实现组织行为在线化、业务数据在线化、管理过程在线化。

云计算：让计算触手可得

云计算提供的IT基础设施，包括计算资源、存储资源、应用软件、服务及网络等。

"云"中的资源是可以随时获取按需使用的、随时扩展按使用付费的。与本地部署模式相比，云计算部署模式省去了购买昂贵的基础设施，云资源可以便捷地按需使用，且随时可扩展、灵活易管理，具有大规模、虚拟化、高可靠及弹性配置等属性。这种模式既提高了企业资源配置的效率，又有效解决了企业业务量波动性强的问题，还有效降低了企业的运营成本和维护成本。

同时，"云"中丰富的应用服务让企业能够快速获取业务的创新能力。营销云、制造云、采购云、财务云、人力云等较为成熟的企业云应用及服务，机器学习、视觉识别、语音识别等较为成熟的智能化应用及服务，为业务创新提供了新动力。例如在零售领域，通过对用户消费行为进行智能分析，可以精准识别用户需求，从而大幅提升转化率。企业通过将硬件、软件、数据等基础要素迁移上云，可以快速拥有数字化能力；同时通过调整和变革原有的架构体系，利用云技术和云服务，将核心业务系统应用在云端集成，进而在开放的云上生态中创新，实现业务增长和效率提升。

大数据：让决策皆有所倚

数据正在成为一种新的资产、一种新的生产要素，正在加速驱动资源配置优化、生产方式变革和产业生态重构。

从数据应用的角度来看，大数据应用正在从消费端向生产端延伸，从感知型应用向预测型、决策型应用发展。行业应用逐步向工业、政务、电信、交通、金融、医疗、教育等领域广泛渗透，业务应用逐渐向生产、物流、供应链等核心业务延伸，涌现了一批大数据典型应用。大数据在"算法＋算力"的加持下，具有更强的决策力、洞察发现力和流程优化能力来适应海量、高增长率和多样化的信息资产。

从数据驱动的角度来看，企业通过分散在设计、生产、采购、销售、经营及财务等部门的业务系统对生产全过程、产品全生命周期、供应链各环节的数据进行采集、存储、分析、挖掘，确保所有部门在统一数据的基础上协同工作，从而通过数据价值再造实现生产、业务、管理和决策等过程的优化，提升企业的运营效率。

人工智能：让智能无所不及

人工智能（Artificial Intelligence，AI）作为研究、开发用于模拟、延伸和扩展人的智能的理论、方法、技术及应用系统的一门技术，核心应用包括机器人、语言识别、图像识别、自然语言处理等。在人工智能的助推下，新一轮智能自动化浪潮正基于一系列有别于传统自动化解决方案的特性，驱动增长。

我们看到，人工智能已被广泛部署于各类业务场景，以解决不同的业务问题——从管理自动化信息技术基础设施，到收集关于用户的新洞察、识别和应对网络威胁、帮助指导管理决策和改进招聘流程、催生自动驾驶等颠覆性的产品 / 服务 / 商业创新。

人工智能将创造一种新的虚拟劳动力——流程自动化机器人，从而改变我们组织和分配工作的方式。流程自动化机器人借助具备自我学习能力的流程自动化系统，充分利用机器学习、计算机视觉、知识表达和推理等技术模仿人类行为，替代传统人工完成基于规则的预测性工作、重复性工作、机械性工作。例如，财务处理中的发票验伪、对账审核、报表合并等。

人工智能将补充和提高现有劳动力和实物资本的技术与能力，从而提升资源的利用效率。在实际工作中，人工智能主要体现在两个方面：一是增强员工判断力；二是提升用户体验。在增强员工判断力方面，机器学习能够从庞大且高度复杂的数据集中提炼出更多洞见，发现传统方式很难觉察到的相似性和相关性，例如分析数据的相关性、模拟用户画像等。在提升用户体验方面，利用人工智能可以极大地改善与用户的交互，例如使用聊天机器人在社交媒体和数字平台全天候地与用户交谈。

人工智能将推动颠覆性的产品、服务及商业创新。人工智能技术的深度应用将对社会及商业运营产生更加深远的影响。其创新成果会在企业中不断延伸，甚至扩展到整个经济体系，创建出全新的、超越想象的商业模式和机遇。例如，自动驾驶电动汽车作为典型的人工智能应用创新之一，其产业发展无疑会颠覆交通出行领域的运行模式及发展格局。

物联网与5G：让连接无处不在

物联网通过智能感知、识别技术与普适计算等通信感知技术，利用局部网络或互联网等通信技术把传感器、控制器、机器、用户等连接在一起，形成智能化网络。随着物联网应用的普及，智能可穿戴设备、智能家电、智能网联汽车、智能机器人等数以万亿计的新设备将接入网络并形成海量数据，促进生产生活和社会管理方式进一步智能化、网络化和精细化。

具备大带宽、低时延、大连接等技术特点的5G技术网络，将使物联网更加泛化。在汽车领域，5G与汽车网络相结合，催生出解放人类双手的自动驾驶；在家居领域，各类智能家居为人们生活提供便利；在工业领域，5G技术被广泛应用于工业控制系统，为生产流程提高效率。

如今，物联网与5G技术的实际应用在制造业、农业、家居、交通和车联网、医疗健康等多个领域取得显著成果。物联网与5G技术的深度融合，将人和人、人和物、物和物有机地联系起来，实现了万物互联。低时延、信息交互和资源共享给个人生活和经济社会的发展带来了巨大的改变。

区块链：让商业信任可运营

区块链是一种由多方共同维护，使用密码学保证传输和访问安全，能够实现数据一致存储、难以篡改、防止抵赖的记账技术，也称分布式账本技术。区块链凭借其独有的信任建立机制，正在改变诸多行业的应用场景和运行规则。

区块链技术作为协同各类技术的价值连接器与传输网络，正在赋能产业发展，带来不断的变革与创新。区块链技术一方面助力实体产业，另一方面融合传统金融。在实体产业方面，区块链优化传统产业升级过程中遇到的信任和自动化等问题，通过减少交易的中间环节，减少交易对账和记录等辅助性工作，为实体经济降低成本，重塑信任关系，提高产业效率。在金融产业方面，区块链有助于解决金融产业和实体产业间的信息不对称问题，建立高效价值传递机制，实现传统产业价值在数字世界中的流转，在帮助商流、信息流、资金流达到"三流合一"等方面具有重要作用。

目前，区块链技术的应用场景不断铺开，从金融、产品溯源、政务民生、电子存证到数字身份与供应链协同，场景的深入和多元化不断加深。

数字经济：爆发式崛起

数字经济以数字化的知识和信息为关键生产要素，以数字技术创新为核心驱动力，正在通过数字技术与实体经济深度融合，不断提高传统产业数字化、智能化水平，加速重构经济发展模式。

如今，大力推动数字化转型，加快数字化发展，建设数字经济已成为全球共识。数字经济正在成为全球实现经济可持续增长的引擎。

全球进入数字经济新时代

伴随着技术的进步和发展，数字经济快速融入全球经济和社会的多个层面，电商、外卖应用、短视频平台等正在悄然改变人们的生活。数字经济作为一种新的经济形态，正在成为全球新一轮产业竞争的制高点。随着技术的发展，世界进一步连接在一起，最终数字经济将引领第三波全球化浪潮的到来，全球数字经济的发展前景是乐观的。国际数据公司（International Data Corporation，IDC）预测，到 2023 年数字经济产值将占到全球 GDP 的 62%，全球将进入数字经济时代。但事实上，近年来多国保护主义、单边主义势头上升，世界经济低迷，全球产业链、供应链因非经济因素面临冲击，国际经济、科技等格局都在进行深刻调整。面对不确定的国际经济局势，数字经济展现出巨大的优势和韧性。世界各国纷纷将数字经济视为实现经济复苏、推动转型发展的关键抓手，对数字经济的重视程度日渐提高，并不断升级各自的数字经济发展战略。

数字经济量质齐升发展[1]

随着数字技术创新应用向更大范围、更高层次和更深程度拓展，我国数字经济的红利正在进一步释放，向着数据流通服务加快创新、数字经济与实体经济深层次融合、数字基建全面推进、新业态新模式日益成熟等方向迈进。

首先，技术创新和场景融合"双轮驱动"，数字经济红利将进一步释放。 2020 年，我国数字经济以技术创新驱动数字产业快速发展，以业态和模式创新赋能传统行业数字化转型，成为对冲疫情、平抑风险的经济"压舱石"。2020 年前三季度，工业机器人、集成电路产量同比分别增长 18.2%、14.7%。信息传输、软件和信息技术服务业规模同

1　中国电子信息产业发展研究院 . 赛迪展望：一文了解"2021 年中国数字经济发展趋势"[EB/OL]（2021-02-24）

比增长 15.9%，高技术产业投资增长 9.1%，数字经济在全国经济由负转正中的牵引作用凸显。

数字技术与医疗、教育、交通、零售、制造业等行业的深度融合按下"快进键"：智慧课堂、协同办公全面普及；"云问诊""云会展""云旅游"纷纷上线；网络直播、共享员工等个人就业新形态不断涌现。同时，我国基础软件、高端芯片、核心元器件等关键核心技术的创新投入持续加大，数据赋能效应与技术乘数效应相叠加，推动以要素共融、资源共享、价值共创为核心的应用场景持续创新，为国内经济复苏提供动力。

其次，企业数字化加速推进，数字经济和实体经济融合持续深入。如今，在新冠肺炎疫情倒逼和政策拉动的影响下，越来越多传统企业的数字化转型意识觉醒，更加积极地寻求适合自身特点的数字化转型路径与模式，加速了数字经济与实体经济融合向纵深拓展。

传统企业正在以数据为驱动，以平台为支撑，推动生产、服务、消费各环节的线上线下应用场景的建设，以及传统工艺与新兴业态的深度融合，数字经济对实体经济的赋能效应将进一步释放。同时，行业领先企业将发挥产业链整合优势，依托数字化平台进一步打通上下游企业数据通道，促进全渠道、全链路供需调配和精准对接，引导中小企业上平台、用数据、变模式、转业务，逐步形成产业链高效协同、供应链柔性配置、大中小企业融通发展的格局。

最后，服务供给和数字消费"两端发力"，新业态、新模式日趋成熟。在需求端，大数据与人工智能的充分结合赋予了智能终端更加实时精准的服务能力，人们日益习惯在数字空间消费、娱乐和社交，在线教育、远程办公、直播带货等新业态、新模式创造了越来越多的数字消费新需求。在供给端，线上服务从家政、外卖、快递等"单一服务，随需供给"的低附加值环节向教育、医疗、办公等"场景式服务，多元化供给"的高附加值环节深入拓展。以无人工厂、无人仓库、无人配送、无人超市等为代表的"无人经济"活力迸发，广泛深入生产、物流、零售、娱乐等领域，引领生产、消费迈向数据智能、人机协同新阶段。

未来，传统行业与智能技术融合产生的新业态、新模式将不断涌现，为消费者带来更智能的交互终端、更丰富的内容资源、更有趣的场景体验，为生产者提供更智慧的生产决策、更精准的流程控制、更低的人力和资源成本。

数字产业集群"新基建"加快形成

截至 2020 年年底，各地政府基于自身优势产业，立足区域一体化发展需求，持续加大对"数字基建"的政策支持和资金投入，"数字基建"得以全面推进，数字产业集群"新基建"正加快形成。例如贵州省聚焦数据中心、浙江省聚焦工业互联网等，它们把"数字基建"投资重心放在各地政府已经具备基础优势的产业领域。同时，围绕推进一体化发展，粤港澳大湾区、京津冀地区、成渝地区双城经济圈等重大战略区域均把加快"数字基建"一体化布局作为"先手棋"，夯实区域数字经济一体化发展的基础。

未来几年，以 5G、工业互联网、大数据中心和人工智能为代表的"数字基建"将从投资期加快向建设运营期迈进，在区域一体化战略的引导下，各地政府将"数字基建"向纵深推进，补充、优化、延伸打造具有地区特色的数字产业链，为构建梯次分明、分工明确、相互衔接、具有国际竞争力的数字产业集群提供坚实支撑。

数字转型：跨越式进化

如何充分认识宏观经济和产业结构发生的巨大变化，如何在跨界融合的大市场里保持竞争优势是所有中国企业面临的时代命题。企业作为商业活动的关键主体，必须在战略上高度重视中国经济未来发展的关键红利，直面数字经济规模大、增速快、潜力大的特点和多方共建、跨界融合的模式。同时，企业必须抓住新技术应用和发展带来的黄金发展期，把握制胜先机。

那企业到底应该如何抓住机遇呢？

重新认知IT：从IT支撑业务到IT赋能创新

IT 与商业创新一直是不可分割的共生体。技术的发展对商业的创新与变革有非常明显的促进作用，同时技术的发展也离不开商业应用的不断深入、不断反馈。但是我们想要 IT 技术驱动商业发展，赋能商业创新，必须从内部架构、组织和实现方式上全面、深入地理解商业逻辑，在此基础上构建技术架构，才能让 IT 技术与商业融合，并促进商业的发展与创新。

从企业信息化的发展历程来看，IT 与商业创新的互动关系经历了 IT 辅助创新、IT 支撑创新以及 IT 赋能创新 3 种不同的发展阶段。在电算化阶段，以会计电算化软件、办公自动化软件等为代表的 IT 工具作为业务处理的辅助性工具，在业务处理过程中部分替代人工，逐渐实现无纸化办公，提升了工作效率。在信息化阶段，以 ERP、用户关系管理（Customer Relationship Management，CRM）、电子人力资源（e-HR）等业务系统为代表的 IT 软件作为商业变革的支撑性工具，通过高扩展性的架构支撑业务流程再造，从而实现经营管理过程中的降本增效。而在数字化、智能化阶段，融合新一代数字技术的企业云服务，正在成为企业进行管理变革、经营创新的赋能工具，驱动商业场景重塑和商业模式重构。IT 与商业创新的互动关系演进如图 1-1 所示。

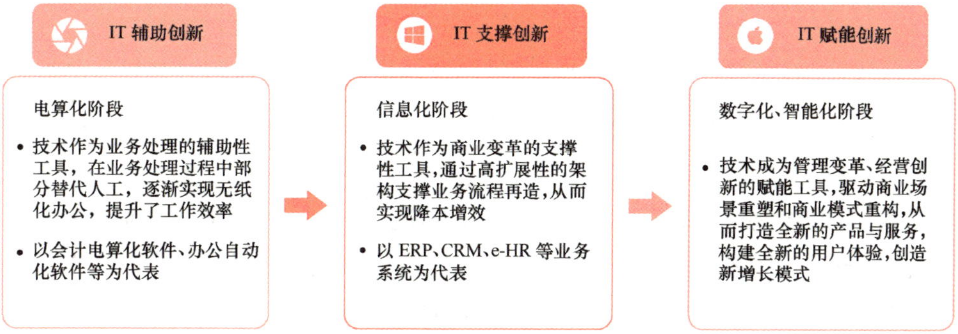

图 1-1 IT 与商业创新的互动关系演进

重新审视产业：从消费互联网到产业互联网

随着人口红利消失，流量和人口之争的消费互联网上半场的发展放缓，产业互联网下半场已然开启。在上半场，互联网的服务对象主要是消费者，平台以争夺用户注意力为主要目标，这是围绕用户的"注意力经济"。在下半场，互联网正在从消费互联网转向产业互联网。产业互联网的服务对象是企业或机构，以生产经营活动为关键内容，以提升产业效率和优化资源配置为核心主题，主要诉求是满足新需求和创造新价值，流量将不再是企业的关注核心。互联网发展模式的演进如图 1-2 所示。

我们正处于新一轮科技和产业革命蓬勃兴起的新时代，在新基建的加持下，产业互联网是一片蓝海。其实，产业互联网本质上就是核心企业通过构建产业互联网平台，提供一套符合整个行业最佳实践的产业标准，而产业链中的中小企业入驻平台后将会产生数据和算法，这些数据和算法的结合将会驱动产业资源配置的不断优化与迭代，从而带来产业协同效率的大幅提升，以及产业创新力的极大提高。

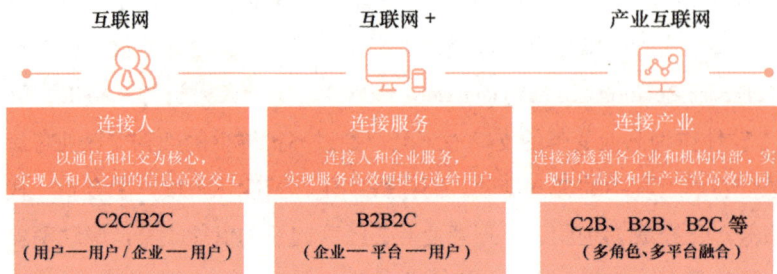

互联网	互联网+	产业互联网
连接人 以通信和社交为核心，实现人和人之间的信息高效交互	连接服务 连接人和企业服务，实现服务高效便捷传递给用户	连接产业 连接渗透到各企业和机构内部，实现用户需求和生产运营高效协同
C2C/B2C （用户—用户/企业—用户）	B2B2C （企业—平台—用户）	C2B、B2B、B2C 等 （多角色、多平台融合）

图 1-2　互联网发展模式的演进

未来，所有企业都将成为产业互联网的参与者，都将受益于产业互联网的发展红利。企业要么成为产业互联网的核心构建者，重构产业格局并掌握产业的核心优势，成为产业互联网的最大受益者；要么成为产业互联网的融入者，共享产业能力与资源，共享产业互联网的发展红利。

当然，如果一家企业构建的平台对行业没有价值，那么平台只是平台而已，对产业链上下游的企业不会有任何吸引力。但是如果基于产业痛点，一个撬动产业价值的平台被构建后，企业就会蜂拥而至，把线下的价值链创新性移到平台上来。这个过程会淘汰掉一些在原本价值链中缺乏商业价值或者运营低效的企业。在传统产业中，可能至少有1/3 的企业会被淘汰，最终在产业平台上的各家企业会重新构建出新的价值网络和商业模式，而且通过平台实现的产品品质和服务体验，将带来远超过过去低效的整合模式所带来的价值和竞争力，从而真正推动产业变革。

重新规划转型：从应对型数字化到变革型数字化

当今社会，企业数字化已经成为数字经济发展的主旋律，而且已经进入"深水区"，越来越多的企业正在从应对型数字化阶段过渡到变革型数字化阶段，企业不再纠结是否要数字化这一议题，而是聚焦在如何更好地实现数字化转型与创新。

其一，企业数字化的目标变得更明确、更聚焦。数字化行动由过去的随意而为转向有序规划和推进，企业将数字化作为商业创新的核心。这个阶段，企业不仅开始将数字化的目标聚焦于降低成本、提升效率，而且更多地关注在数字化驱动下实现增长收入、控制风险等经营目标，并制订行之有效的转型计划。

其二，数字技术将成为企业的核心生产要素，驱动数字技术与业务深度融合，由企业的业务支撑系统向生产系统转变。云计算成为新型生产力，人工智能成为新型生产工具，大数据成为新型生产资料。

其三，企业构建与数字化转型更匹配的组织与文化。这个阶段，企业会根据数字化转型的需求重构组织架构，打破传统的利益分配与激励机制，引入合伙人制、阿米巴经营等新机制；构建扁平化、中台化、进化型组织，采用共享员工、社会化用工等灵活用工方式，实现员工创客化、组织小微化，从而激活组织活力，保证数字化转型的持续推进与成功。

应对型数字化与变革型数字化的区别见表 1-1。

表1-1　应对型数字化与变革型数字化的区别

应对型（适应变化）	变革型（商业重塑）
• 将数字化作为创新业务 • 以业务单元为中心 • 多元化渠道 • 一对多、标准化 • 丰富的体验 • 动态数据、可视化分析 • 人工流程、自动化 • IT 支撑部门	• 将数字化作为商业核心 • 以用户价值为中心 • 全渠道（线上线下融合） • 个性化、定制化 • 整合的生态系统 • 海量数据、实时智能分析 • 自动化、智能化 • 数字化赋能部门

第二章　新范式：数智商业

商业革命：数智商业新范式

在技术浪潮的巨大冲击下，传统战略、方法、流程及业务模式已经无法满足商业环境的多变需求，亟须做出调整，以确保业务的持续竞争力。在数智商业新范式下，企业经营的核心目标转变为实现规模化的倍增创新。

实现这个核心目标并非一蹴而就，需要经历可能长达十年之久的转型历程，需要企业从商业模式、内部管理、数字技术应用与实践等维度，将数字化转型这一关键任务从实验到实践、从局部到全局、从浅尝辄止到深入践行，不断地朝着数智商业方向迈进。

技术驱动：颠覆传统商业

看看我们身边，各行各业都在发生变化，其中不乏由数字技术的颠覆性力量带来的巨大改变。淘宝、京东、美团、饿了么颠覆了传统商业与传统餐饮模式，改变了人们的购物模式与消费习惯；滴滴、高德颠覆了传统出行，改变了人们的出行习惯；微信、钉钉、友空间颠覆了人们传统的沟通方式，改变了人们获取与传播信息的习惯；谷歌 AlphaGo、IBM Watson、百度 AI、科大讯飞掀起了新一轮的人工智能革命，迫使人们开始思考：未来人类到底如何驾驭智能机器……

数字技术的发展与应用带来了新一代技术与全新商业创造性思维的再组合，与体验和互动、营销和配送、运营和生产，以及组织、协同等企业经营要素产生激烈碰撞，不仅会影响用户、市场、供应商等价值链要素，甚至有可能会重构整个价值体系。

⚙ 连接：万物互联，实时在线，交易随时发生

随着数字技术的蓬勃发展与应用的不断深入，世界正在进入万物互联时代。如今，人与人、机器与机器、人与机器、人与组织、不同企业或组织之间的任何信息都将是连接的，而且这种连接是智能的、实时的。

与此同时，消费者信息获取习惯以及购买决策习惯也发生了质的变化，个性化、碎片化、移动化、社交化的特征明显。消费者会随时随地进行场景触发式购物，例如，当人们看到视频里中意的美食，或者在朋友圈得知新的美妆商品时，就会触发购物欲望，并通过移动设备即时购买。

⚙ 社交：新媒体，新社交，消费者主权时代来临

即时互动，实时连接，打破了消费者与企业间信息不对称的格局，消费者的行为不再受企业控制，他们更相信社交圈里的好友、同事、同行、专家提供的消费建议。每个人都能通过网络与未曾谋面的个体进行交流，形成消费社群，分享自己的消费主张。

与此同时，"众筹购物，定制消费"打破了生产商、品牌商、零售商与消费者之间的边界，消费者正在向"生产消费者"转变，成为消费行为的创造者，成为企业产品设计与研发，乃至定价决策的主动参与者。生产商、品牌商、零售商的权威与控制权正在逐步"消失"。而消费者的主权意识却日益崛起，以个性化产品定制、场景化购物体验和社交化购物分享为主要特征的消费者主权时代来临。

⚙ 数据：消费行为数据化，企业决策数据化

万物互联时代，所有消费者的消费行为都可以被记录并跟踪。除了姓名、年龄、职业、收入等传统信息外，消费者经常关注的新闻类型、经常光顾的店铺、经常购买的品牌、经常去的商圈以及日常消费支出，甚至近期关注的商品、近期关注的明星、感兴趣的广告等消费者属性数据以及用户浏览、点击、交易等消费者行为数据，都在被大量地采集、记录。这些数据经过共享、整合与挖掘分析后，可以很清晰地描绘出消费者画像，深入洞察消费者的消费习惯、购买力水平以及购买动机等购买决策

因素。

越来越多的企业开始借助大数据、人工智能等新技术对海量数据予以深度挖掘，从而科学预测消费者的购买行为（例如，消费者要买什么样的商品，愿意付出多大的购买成本，倾向于购买何种商品组合，喜欢在哪些渠道购买商品等），进而持续优化目标消费者画像，动态预测消费者需求，构建科学的营销决策模型，实现高质量决策。

⚙ 体验：体验重塑场景，体验助推交易

如今，互联网赋予了消费者新力量，消费者只要动动手指，就可以"投奔"企业的竞争对手，因此企业必须以消费者需求引导企业经营。过去，企业往往侧重于大规模生产，认为深耕大众市场渠道便可以求得生存并稳步发展。然而，因为当下消费者的个性化需求更加多样，更加理性，而且朝着垂直方向发展，所以企业必须在线上线下渠道融合的前提下，通过社区、社群等新渠道，将消费新场景搭建到每个目标消费者的身边和消费意识中，打造高效便捷且个性化的消费者体验。

企业打造线上线下融合的全渠道消费场景，借助移动互联网、物联网、人工智能等新技术重新整合一切消费要素，挖掘消费者的深层消费需求，带给消费者全新的智慧体验，这样才能满足消费者随时随地购物的需求，从而大幅提升交易效率，实现企业与消费者的双赢。

⚙ 渠道：信息碎片化，渠道多元化，营销沟通个性化

数字经济时代，信息传播的速度越来越快，人们获取信息的渠道也逐渐多元化。消费者面对繁杂的碎片化信息，一方面可以利用零散时间去扩大自身的知识水平和信息储备，另一方面要花费大量时间来过滤垃圾信息，捕捉高价值信息。对企业而言，一方面是营销信息触达手段须变得更快速、更精准，另一方面是营销活动很可能会被海量信息快速淹没，从而降低营销沟通效率与效果。

面对新技术以及新商业形态带来的人们信息获取习惯、购买决策习惯等方面的改变，结合消费者个性化、碎片化、移动化、社交化的信息消费新特征，企业须借助新技术重构营销场景、重塑消费者体验、整合多元化的营销传播渠道、创新营销组合策略。数字经济时代消费者的变化如图2-1所示。

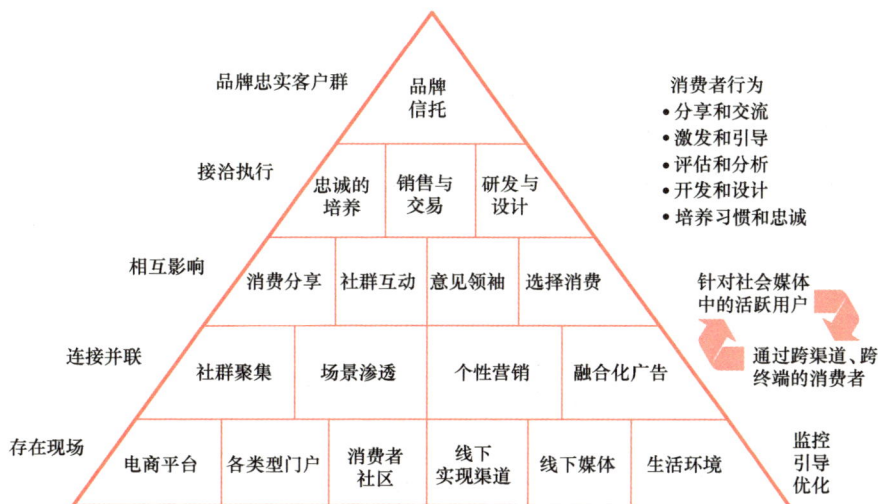

图 2-1　数字经济时代消费者的变化

⚙ 竞争：生态共赢，协同共生，产业生态重新定义

随着数字化的进一步发展，市场竞争加剧，行业与行业的相互渗透融合越来越普遍，一家企业或者一个行业的属性已经很难界定，跨界与颠覆正在成为一种潮流。百度、阿里巴巴、腾讯、京东、小米等企业积极布局数字化生态，零售业、制造业、金融业、医疗、农业等行业都在面临深入的数字化颠覆与渗透，商业模式被重新定义，消费者体验被重新定义，产业生态被重新定义，企业核心竞争力被重新定义……

在数字经济时代，产业链中的主要活动已经不再局限于企业内部。以软件业为例，程序员、嵌入式系统、软件开发工具和应用程序接口（Application Programming Interface，API）、插件等共同形成的生态系统，不仅创造了附加值，还增强了产品的黏性。同样，其他行业也需要考虑上游供应商以及下游经销商、分销商与消费者，关注产业链上的各个环节如何融合到新的数字化生态平台上，如何借助新一代数字技术实现全产业链的生态连接、资源共享、商业协同。

"无生态，不商业"正在成为未来商业的新定义。在未来的商业形态中，企业作为产业生态的有机组成部分，要么成为产业生态的主导者，要么成为产业生态的参与者。企业管理者必须就这一问题反复思考，找出生态系统中可以用于补充和支持企业战略目标的能力、技能和技术，制订可行的生态资源整合策略，构建产业生态圈，这些都是至关重要的决策。

数智商业：重塑商业范式

当我们思考企业数字化战略的时候，数字化是一个更广泛的商业概念，而不只是一个新兴的技术概念，其核心在于利用数字技术驱动企业商业变革，构建全新的商业范式——数智商业。数智商业范式全景如图 2-2 所示。

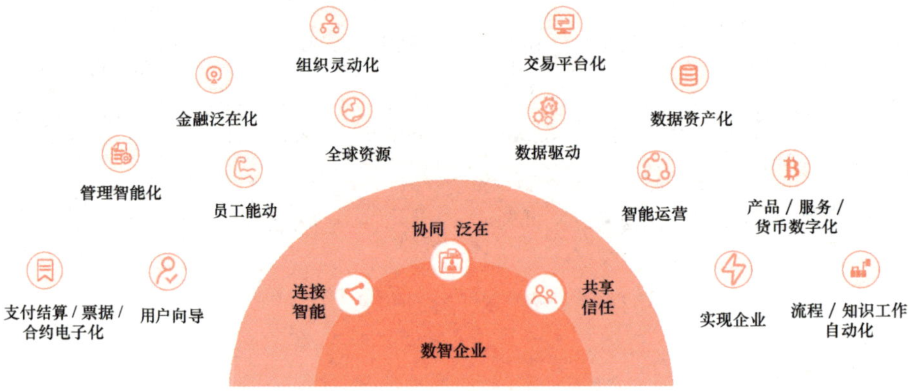

图 2-2 数智商业范式全景

与传统商业范式明显不同，数智商业范式具备更明显的互联网属性：交易平台化、管理智能化、金融泛在化、数据资产化、支付结算 / 票据 / 合约电子化、流程 / 知识工作自动化等。这会影响商业模式、经营策略、用户体验、营销渠道、人力资源、产品创新、技术研发、用户服务与运营等方方面面。

数智化商业时代，连接、协同、共享成为其基本特征

人与人、机器与机器、人与机器、人与组织、消费者与企业、不同企业或组织之间的任何信息都将是连接的，而且这种连接是智能的、实时的。同时这种连接打破了组织边界，是社会化的信息与资源共享，企业可以实时响应市场变化与消费者需求，也可以通过企业间的产业链共享与协同制订更有竞争力的商业策略。与此同时，企业的经营边界更模糊，社会分工更明确，产业协作更生态，更趋向于社会化，网络化协同将创造出更低成本、更高效率的商业流程，提供更好的产品、服务和体验。

数智化商业范式下的企业运营特点

企业通过深度应用数字技术，改善产品、服务及业务流程，将实现商业模式与管理

方式的巨大变革，这些变革包括以下内容。

- **用户导向**。生产经营从厂商导向到用户导向，真正建立起以用户为中心的商业模式和流程。
- **员工能动**。企业组织从传统的从上到下模式转向员工能动模式，成为员工的赋能平台。
- **数据驱动**。企业经营与管理从流程驱动到数据驱动，数据的价值超越流程成为新的运营核心。
- **智能运营**。企业运营从业务流程信息化转向全面自动化、智能化，智能管理成为企业运营的基本需求。
- **全球资源**。企业经营能力从本地资源运营到全球资源整合，"买全球、卖全球、协作全球"成为未来企业竞争的关键能力。
- **实时企业**。企业运营状态从延时运营到实时运营，"实时企业"的梦想得以真正实现。

未来企业：以创新为本

在数字经济时代，企业要获得可持续的发展与增长，创新是一项长期任务。未来企业创新的本质是数智化创新。数智化创新是企业利用数字化知识与技术进行的全面革新，既包括数字技术的应用与实施，也包括业务、管理和工作模式等方面的探索与改造。数智化创新的 6 个方面如图 2-3 所示。

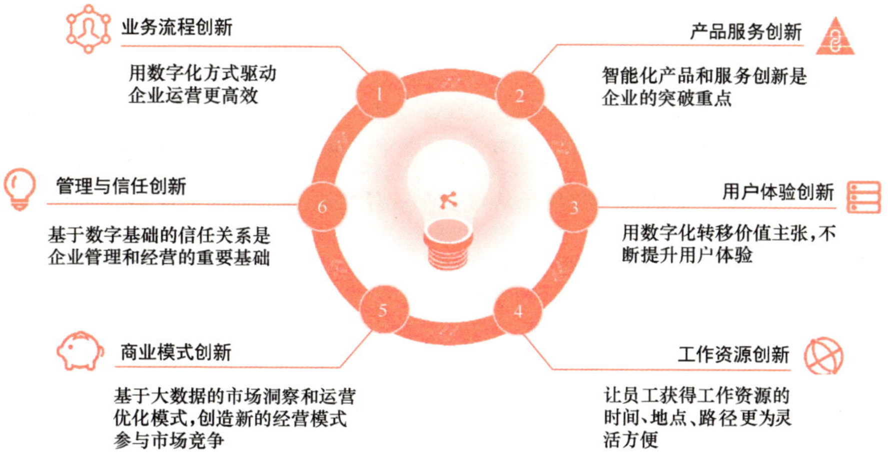

业务流程创新
用数字化方式驱动
企业运营更高效

产品服务创新
智能化产品和服务创新是
企业的突破重点

管理与信任创新
基于数字基础的信任关系是
企业管理和经营的重要基础

用户体验创新
用数字化转移价值主张，不
断提升用户体验

商业模式创新
基于大数据的市场洞察和运营
优化模式，创造新的经营模式
参与市场竞争

工作资源创新
让员工获得工作资源的
时间、地点、路径更为灵
活方便

图 2-3　数智化创新的 6 个方面

- **业务流程创新。** 将产品、服务、资产、商业流程等通过数字化的方式连接起来，进而让企业的运营更加快速高效。业务流程创新是数字化转型的前提和基础，任何数字化系统的设计和实施都是基于流程梳理的结果来实现的。反过来，企业在应对实践过程中遇到的新问题、新挑战时，也要首先经过流程优化进行迭代升级，让创新成果通过数字化手段得以实现。

- **产品服务创新。** 用数字化产品和服务替代原有的产品和服务，并通过数字技术不断丰富其产品和服务类别。产品和服务创新是大部分企业数字化转型中表现最突出的一部分，也是改善和提升企业效益的有效手段。智能化产品和服务创新是未来企业的突破重点和主要方向。

- **用户体验创新。** 企业通过新的数字化信息和交互方式重塑用户、合作伙伴以及员工体验，用数字化转移价值主张，不断提升用户体验。在"持续用户"的经济模式中，多种终端和支付机制与数字化市场平台相连，在一个自动化环境里，用于接收由消费数据驱动的产品和服务，以技术为手段（例如精准营销等）提升用户体验。

- **工作资源创新。** 云计算和移动应用让员工获得工作资源的时间、地点、路径更为灵活方便，改变了传统的工作资源获取、部署方式，也改变了整合内部资源和外部资源的方式和能力。数字技术重塑了企业高管与员工、合作伙伴和用户的互动方式以及未来企业的"未来工作"战略。

- **商业模式创新。** 优化基于大数据的市场洞察和运营模式，寻找差异化的竞争优势进行跨界融合，重塑传统运营模式实现商业经营模式的转变是未来企业商业模式创新的主要方式。

- **管理与信任创新。** 基于数字基础的信任关系是企业未来管理和经营的重要基础。基于信任的业务和管理创新将为企业在用户和合作伙伴之间维持良好的外部交互环境。管理内外部的运转方式和信任基础是企业商业创新的关键。

平台跃迁：从 ERP 到 BIP

从信息化到数智化

在"数智化（数字化、智能化）"变为热点之前，基于业务流程再造与优化的"信息化"在企业中已经开展多年，简单讲就是通过信息化手段，把优化后的业务流程进行固化、自动化，并提供业务决策支持，例如传统的 ERP（企业资源计划）、CRM（用户关系管理）、SRM（供应商关系管理）等系统在企业中的应用与实施都是如此。企业信息化实质上是将企业的生产过程、物料移动、事务处理、现金流动、用户服务等业务过程数字化，通过各种信息系统网络加工生成新的信息资源，提供给各层次的人们洞悉、观察各类动态业务中的一切信息，以做出有利于生产要素组合优化的决策。

然而，数智化并不等同于信息化。相比更加聚焦企业内部管理，注重推动业务流程再造与优化，以降本增效为核心目标的"信息化"，"数智化"更聚焦于数智化商业创新（例如，管理与组织变革、产品与业务创新等），以驱动企业构建更强的竞争优势，取得更高的经营绩效，实现可持续的发展目标，对于驱动企业运营模式的转变与商业模式的创新而言则更有力。基于此，我们需要重新审视数智化与信息化的差异。信息化与数智化的差异如图 2-4 所示。

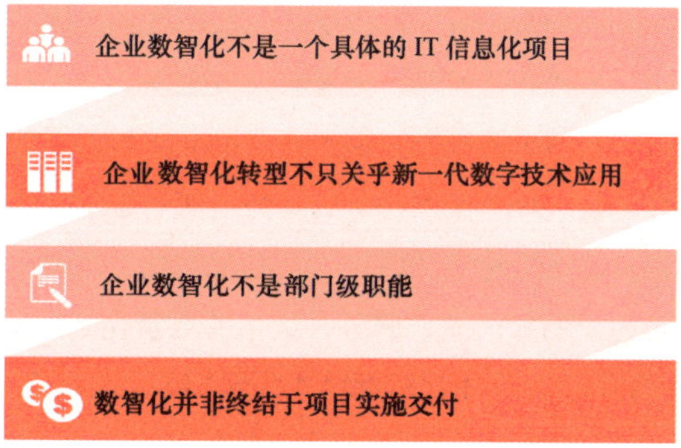

企业数智化不是一个具体的 IT 信息化项目

企业数智化转型不只关乎新一代数字技术应用

企业数智化不是部门级职能

数智化并非终结于项目实施交付

图 2-4 信息化与数智化的差异

企业数智化不是一个具体的IT信息化项目

数智化关乎企业经营战略与商业模式，企业采用数字技术不仅为了提升经济效益，而且还要实现业务转型并创造新的商业机会。

真功夫集团是国内知名的中式快餐连锁企业，2016 年 11 月启动"中央厨房补给舰"项目。这一项目旨在将真功夫集团升级为"中式快餐产业供应链平台"，即借助数字技术打造"中央厨房"，基于涵盖原料精选、过程监控、成品检测、三温储运、可追溯体系 5 个环节在内的食品安全体系，为数以百万计的中小餐饮企业提供原料、加工、配送等专业化服务，进一步实施中式快餐孵化器战略。这是真功夫集团借助数字技术发挥自身的产业优势，创新孵化数智化商业模式，构建社会化产业新生态，进行传统企业数智化转型的全新探索与实践。

企业成功实现数智化转型的关键在于营造新的、独特的用户体验，打造智能化、数字化的产品或服务，重塑企业的商业模式或运营模式，这是一项需要企业倾尽全力的事业，是技术驱动业务变革、业务融合技术创新的长期过程，是一项需要循序渐进的持续性变革，需要企业高层充分参与，需要从战略、业务、文化、组织、人才等多维度着手开展。

企业数智化转型不只关乎新一代数字技术应用

早在五六年前，数字化作为创新的概念被 IT 厂商提出，其目的在于从营销层面突出其自身的技术实力，彼时数字化最大的魅力体现在对新兴信息与通信技术（Information and Communications Technology，ICT）的深度解读与对领先技术研发成果的呈现，在很长一段时间里，数字化被视为技术先进的代名词。

然而最近几年，随着移动互联网、大数据、云计算的迅猛发展与快速普及，以及在此三大技术的基础上催生进化的人工智能、物联网和区块链等技术逐渐走向应用。这些技术以一种"侵入性"的态势改变着这个时代的商业模式。数字化频繁地与智能化，以及行业应用进行关联，与之匹配的数智化商业模式也同时出现，让更多的商业场景成为可能。例如产品、服务、货币的数智化，交易的平台化，金融的泛在化以及支付结算 / 票据 / 合约电子化等都已成为现实。

企业数智化转型不是部门级职能

明确企业数智化的战略目标及内涵，理清数字技术与数智化转型之间的关联之后，我们可以得出一个更清晰的结论：企业数智化转型不仅是信息化部门职能的升级。企业一旦启动数智化转型计划，就要全面投入，重新审视市场竞争环境，重新思考数智化未来的行业格局，找到企业未来的核心竞争优势，明确未来的产业竞争地位，进而制订符合企业实际的数智化战略，从营销、管理、产品及服务等方面着手行动，逐步实施。

作为企业首席信息官，首先要将数智化视为提高运营效率、降低运营成本的关键技术；但同时也需要像首席营销官一样，将数智化视为提高用户参与度、改善用户体验的关键答案；像首席运营官一样，将数智化视为重构运营流程、提升经营效益的关键手段；像首席执行官一样，将数智化视为重塑商业模式、重构企业核心优势的关键策略。

数智化并非终结于项目实施交付

企业数智化转型旅程是革命性的。数智化转型由多个渐进式阶段组成，正在发生且仍需要时间，没有企业能够一蹴而就。数智化并不是完成一项技术实施或达成战略性的发展计划，它是一个将所有正确的数智化创新整合到一起，连续消除传统技术，探索新技术并正确投资发展型技术以保持企业核心竞争优势的连续统一体。

正在经历数智化颠覆的金融行业，从纸质现金和支票系统转变成智能转账、移动支付这种无处不在的数智化体验，这个过程经历了十几年的不断演进；正在经历数智化重塑的制造行业，人工正在被机器人逐步替代，规模化生产正在被个性化定制、柔性制造逐步取代，单工厂制造模式正在被多组织网络协同制造模式逐步替代，传统制造模式正在被服务型制造模式颠覆，这个过程也已然经历了近十年的持续演进。

企业数智化转型是从管理运营、产品服务、组织人才等多维度不断突破重塑的过程，是一个"从数智化评估到数智化行动，到数智化再评估、数智化再行动"不断往复、循序渐进的商业进化过程。

从ERP到BIP

现代企业在发展过程中，以 ERP 为核心的企业信息化系统是重要的技术支撑。ERP 集信息技术与管理思想于一身，其不仅是一个软件，还是一套管理工具。2000 年以来，我国企业信息化进入快速发展时期。这个阶段以 ERP 套装软件应用为主，旨在加强信息资源利用，集成和整合信息流、价值流、业务流，支持企业管控模式，全面提升企业决策能力。

2015 年以来，新一代信息技术快速发展，应用部署的速度越来越快，IT 基础资源的利用效率越来越高，企业软件架构转向云原生、微服务等全新架构。

Gartner（高德纳）公司提出："ERP 套件正在被解构为联邦式、松耦合模式的企业业务能力，所有功能通过云服务方式提供。"我们将进入全新的商业创新时代，从 ERP 到 BIP 将成为行业发展的必然趋势。从 ERP 到 BIP 进化如图 2-5 所示。

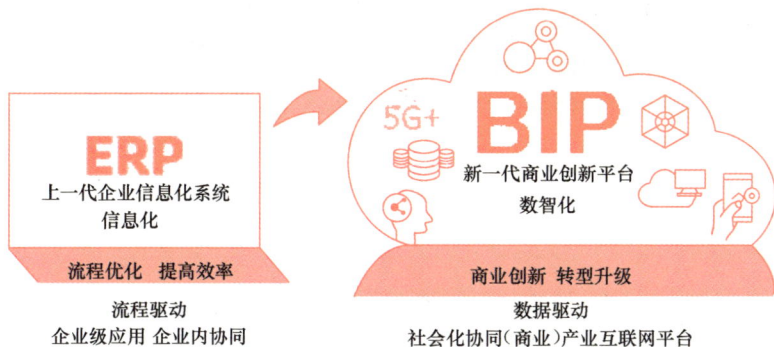

图 2-5　从 ERP 到 BIP 进化

作为不同阶段的 IT 支撑系统，ERP 与 BIP 有本质的差异。ERP 是流程驱动，侧重于企业内部资源计划和经营管理，关注功能和过程，旨在通过流程优化来提高企业的运营效率；而 BIP 是数据驱动，关注赋能企业业务能力，关注用户体验，旨在通过数智化商业创新，重构企业的发展力与竞争优势。就价值形态而言，ERP 强调业务支撑以及集团管控，而 BIP 则更强调在线业务运营，管控与赋能并举。就协同范围而言，ERP 关注企业内部协同以及产业链间的有限协同，而 BIP 则延展了协同范围，从企业内部延展到企业外部，从传统的价值链延展到价值网络，从有限产业协同延展到社会化商业协同。就 IT 的灵活性而言，ERP 技术架构的局限性导致弹性有限，难以支撑灵活的业务创新，而 BIP 则基于高弹性、可扩展的云原生架构，可分可合的微服务模式可以快速响应业务变化，支撑企业快速创新。就生态模式而言，ERP 仅局限于有限生态合作，限制了生态共创的潜力，而 BIP 则强调生态共生、共赢、共创，提倡融合多类型服务提供商，形成服务生态共同服务企业商业创新。同时与 ERP 相比，BIP 在计算方式、业务逻辑、智能化、实时化、数据化、IT 架构、产品形态、应用方式、价格模式等维度上都有较大的先进性。BIP 与 ERP 的差异点分析如图 2-6 所示。

项目	ERP（企业资源计划）	BIP（商业创新平台）
企业价值	流程优化、提高效率	商业创新、重构发展力
驱动方式	流程驱动（以流程为中心，流程＋数据）	数据驱动（以数据为中心，数据＋算法＋流程）
价值形态	业务支撑＋集团管控	在线业务运营＋赋能＋管控
协同范围	企业内部协同、产业链间有限协同	企业间＋企业内部、价值网/社会化商业协同
灵活性	有限弹性，灵活创新困难	高弹性，可扩展，让企业快速创新、响应变化
生态模式	有限生态合作	生态共生，大量多类型提供商共同服务企业商业创新
计算方式	企业级计算	社会级计算
业务逻辑	最佳实践	数据智能
智能化	商业智能（Business Intelligence，BI）	人工智能（AI）例如，机器学习/智能交互/机器人流转自动化（RPA）
实时性	延时/准实时批处理	实时在线
数据化	大量数据的录入、计算、存储、应用	海量数据的接入、交互、计算、存储、服务
IT 架构	面向服务的架构（SOA）、应用组件	云原生、微服务、中台化、可信数据来源（SSOT）
产品形态	一体化套件/巨石型系统	平台化的微服务群/集，企业可以灵活选用
应用方式	功能型、模块化应用，用户体验不足	场景化/任务化、角色化、特性化服务，用户体验升级
价格模式	软件使用许可费＋软件产品服务费，资产投资	用户账号使用费/年使用费，服务费用
……	……	……

图 2-6　BIP 与 ERP 的差异点分析

BIP 是利用新一代数字化和智能化技术，实现企业业务创新和管理变革的综合平台。BIP 结合了技术和商业的公共特性与关键服务，将其融为一体并服务于企业，从而成为全球企业服务领域的新商业模式和新产品形态。从 ERP 到 BIP，不只是企业创新的需要，也是企业服务产业实现体系化范式升级，企业和 IT 厂商向产业生态转型的发展需要。

转型加速：上云用数赋智

企业上云：快速获取数字化服务

云计算日益成为企业数字化的主要技术选择。企业上云是以硬件、软件、数据等基础要素迁入云端为先导，快速获取数字化能力，不断变革原有体系架构和组织方式，进而有效运用云技术、云资源和云服务，逐步实现核心业务系统云端集成，促进跨企业云端协同，不断融入开放创新生态的转型变革过程。

"上云是常态，不上云是例外"。企业借助云能够将研发、制造、供应链等核心业务流程执行平台向云端迁移，在此基础上，企业可以优化由于传统技术限制导致的复杂流程，并实时整合业务流程，提高整体运营效率，降低运营成本。企业借助云可以创新业务发展模式，围绕价值链实现与其他企业的业务协同，以供实时对接实现资源动态优化配置，例如，基于业务系统上云和设备上云，企业可以实现制造资源的弹性供给，释放闲置制造能力，促进社会化协同生产和资源优化配置。

企业上云的进程可分为 3 个不同阶段：融云、上云、迁云。企业上云的 3 个阶段如图 2-7 所示。

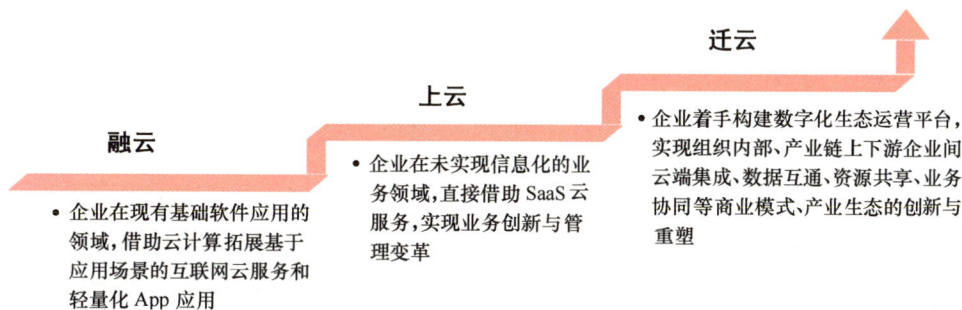

融云
- 企业在现有基础软件应用的领域，借助云计算拓展基于应用场景的互联网云服务和轻量化 App 应用

上云
- 企业在未实现信息化的业务领域，直接借助 SaaS 云服务，实现业务创新与管理变革

迁云
- 企业着手构建数字化生态运营平台，实现组织内部、产业链上下游企业间云端集成、数据互通、资源共享、业务协同等商业模式、产业生态的创新与重塑

图 2-7 企业上云的 3 个阶段

在企业融云阶段，企业在现有基础软件应用的领域，借助云计算拓展基于应用场景的互联网云服务和轻量化 App 应用，例如开发或使用社交化 CRM、移动报表、云审批、微协同、电子会计档案、云考勤等轻应用，实现个人计算机（Personal Computer，PC）、手机、平板（PAD）等多端融合应用，打造"云 + 端"应用模式，让企业管理实现移动化。

在企业上云阶段，企业在未实现信息化的业务领域，直接借助 SaaS 云服务，实现业务创新与管理变革，例如，借助全渠道营销云服务，实现线上线下深度融合；打造智能工厂和数字化供应链，实现全球采购寻源，互联网采购、个性化定制、协同化制造；利用智能分析云，搭建企业"数字决议厅"，实现自助分析、移动分析，成为数据驱动的实时运营企业。

在企业迁云阶段，企业着手构建数字化运营平台，实现组织内部、产业链上下游企业间云端集成、数据互通、资源共享、业务协同等商业模式、产业生态的创新与重塑，并开始将知识、经验、能力以微服务组件和工业 App 的形式沉淀、复用和重构，让沉淀的能力 API 化，以大数据为驱动力，推动单点智能向生态全局优化演进。

用数赋智：释放数智化创新动能

大数据的应用越来越彰显优势，应用领域与应用范围越来越广。各种利用大数据进行发展的领域正在不断地发展新业务，创新运营模式。

用数赋智是在数据、算法、算力的共同作用下，越来越多地借助智能数据平台代替人去感知、优化、控制与执行，通过智能决策、智慧运营来优化资源配置效率。用数赋智是将实时海量数据、多维 AI 模型以及高弹性、高可用的算力与企业经营管理的各种业务场景相融合，从而变革企业传统的决策模式，形成自动化、智能化的决策与运营。数据驱动的智慧运营如图 2-8 所示。

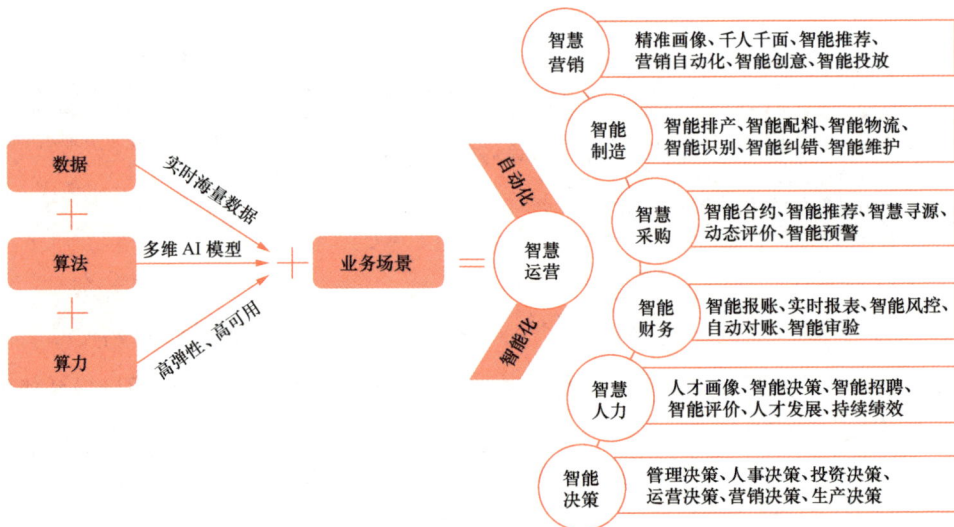

图 2-8　数据驱动的智慧运营

如今，随着大数据技术的发展与深度应用，基于"数据＋算法＋算力"的运营革命正在推动企业从采用运营支持系统向智能运营系统转变与进化。以前的运营支持系统往往被称为运营决策辅助系统，因为以前的技术确实只能做到辅助决策，这类技术中比较成熟和典型的是商业智能技术。而实际上，商业智能技术只是把数据库里的数据、表、字段等信息转化为一些关键的业务指标，然后人们通过对这些关键业务指标进行分析后再做出相应的运营决策。这些运营决策完全是由人做出的，所以叫辅助决策。

然而，智能运营系统是由机器而不是人来做决策。一般而言，智能运营系统融合了大数据与人工智能技术，基于动态知识图谱、自然语言和行业业务模型，为用户提供海量数据的汇聚融合、快速感知和认知、分析和推理、自适应与自优化、行业智能决策五大能力，具备自适应和自优化的能力，支持自动识别、判断复杂的业务问题并进行推理，进而做出智能、快速、精确、实时的 AI 决策。

第三章 新思维："九力"模型

刷新理念：六度思维

数智化时代，数字技术的深入应用，使业务流程更加以用户为导向并融入生态体系，海量数据和智能分析能力能够提供更前瞻性的决策支持并直接满足用户的个性化需求，平台经济、共享经济、协同制造、产业互联网等新业务模式也得以实现。然而，到底如何充分理解数智化时代的新场景、新业态、新模式呢？我们建议企业管理者首先要刷新思维模式，尝试从 6 个全新的视角理解数智化对于企业经营管理的重塑与改变。企业数智化的六度思维如图 3-1 所示。

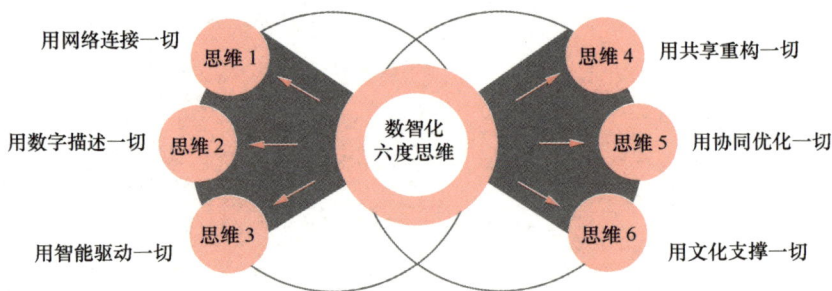

图 3-1　企业数智化的六度思维

思维1：用网络连接一切

新一代数字技术的迅猛发展与深度应用，将我们带入了万物互联时代。人与人、人与物、物与物、人与机器、机器与机器、人与组织、组织与组织间形成了错综交织的泛在化、实时化的连接网络。例如，目前的移动出行平台基于这种泛在化、实时化的连接网络连接了乘客与司机，并利用移动互联网的特点将线上与线下相融合，构建了一个乘客与司机紧密相连，涵盖从手机叫车到下车线上支付车费的O2O业务闭环，最大限度地优化了乘客的乘车体验，改变了传统司机等客的方式，让司机根据乘客目的地按意愿"接单"，节约了司机与乘客的沟通成本，降低空驶率，节省司机与乘客双方的资源与时间，从而颠覆了人们传统的出行方式，改变了传统出行的市场格局。

从企业经营管理的视角看，这种连接打破了传统IT系统建设形成的"信息孤岛"，跨越了工业化与信息化之间融合的鸿沟，创新了实体世界与虚拟世界的数字孪生镜像。"用网络连接一切"的思维方式正在给企业经营管理带来超越以往的业务创新价值。

上海新朋联众汽车零部件有限公司基于物联网（Internet of Things，IoT）技术实现对生产设备、物流设备、检测设备以及条码枪等终端输入设备的连接，实现了对生产、物流、检测等生产全过程的智能监控、智能排产，人均产值提升了79.8%。同时它基于数字技术实现与上海大众以及自身供应商的产业链连接，实现业务数据、生产数据、物流数据在组织间跨系统实时流程，使供货时点从过去的"以天计"精细到现在的"以小时计"，大幅提升了产业协同效率。

海天味业开发的"小康买买"App，构建了数字营销中台，连接3000余家经销商和数十万家终端门店，一举打破了快消品企业渠道管理脱节的困局，实现了实时开展面向全国终端门店的促销活动，快速铺货到全国终端门店，并实时监控全国动销数据，获取终端消费者意见反馈。

思维2：用数字描述一切

美国学者尼葛洛庞帝在《数字化生存》一书中指出，"信息的DNA"正在迅速取代原子而成为人类生活中的基本交换物，数字化生存成为一种全新的人类生存状态。如今，我们迎来了"万物皆数"的数字化生存环境。在数字化生存环境中，人们的生产方式、生活方式、交往方式、思维方式、行为方式都呈现出新的面貌。生产力要素的数字化渗透、生产关系的数字化重构、经济活动走向全面数字化，社会的物质生产方式被打上浓重的数字化烙印。

例如，在营销领域，"用数字描述一切"的思维被体现得淋漓尽致。用户的精准画像、购买旅程、线上线下的购买行为轨迹都在被数字精准描述。以用户画像为例，我们对于用户的描述不再局限于姓名、年龄、民族、生日、职业等静态标签，取而代之的是热爱篮球运动、喜欢周末逛街、对国潮文化感兴趣、理性消费者、对价格敏感、最近比较关注婴幼儿用品等动态数字化标签，这让我们对用户的认知更全面、更立体，从而帮助我们更快地识别销售机会，更加精准地制定个性化营销策略。

在管理领域，"数字"则正在实时、动态地描述企业生产经营的全过程。"数字决议厅"对企业的生产运营和外部环境进行监控分析，支撑企业的整体决策和经营管理；对企业采购、生产、销售、市场、库存、财务等业务进行监控、分析和预测，实现对业务运营的监控与分析，及时发现运营中存在的问题；支撑企业管理层制定和调整公司的战略决策、市场策略等。

思维3：用智能驱动一切

当前，随着语音识别、视觉识别、机器学习等技术的发展，人工智能应用正在开启新篇章：人工智能应用的开发和实施变得越来越容易，企业也通过应用获得了切实的好处。我们看到人工智能已被广泛部署于各类业务场景，解决了不同的业务问题——从管理和自动化 IT 技术基础设施，到收集关于用户的新洞察、识别和应对市场竞争、帮助指导战略决策和改进招聘流程等，人工智能正在日益融入商业活动之中。

目前来看，这一预判正在成为现实。我们发现：越来越多的高危险性、高重复性和高精度的工作正在由机器来完成，而且大幅提高了社会生产力和安全性；同时，人工智能已经拥有突破空间、表象、时间局限的超级视野，赋予人类新的能力，让我们看得更高、更远、更精确……在德勤《制胜人工智能时代：企业人工智能应用现状分析》[1]中描述了"智能"的应用：它可以使一个通常由人工完成的流程或功能完全自动化，例如，自动化发票验伪、自动化记账与对账、自动化报表合并等自动化后端作业，以及管理云和信息技术网络，或检测视频模式；优化一个流程或功能的效率，例如防范欺诈、识别缺陷产品、查找软件代码错误、识别虚假报账，智能化用户服务以及个性化广告投放等；增强个人完成任务的能力，或赋能其完成平常难以完成的工作，例如预测市场趋势、洞察用户需求，提前风险预警，识别机械系统故障，或提出新的业务决策见解。

雅戈尔集团构建了智慧营销中台，通过整合线上线下会员数据，融合第三方目标用

---

1 《制胜人工智能时代：企业人工智能应用现状分析》是由德勤人工智能研究院于 2020 年发布的。Deloitte（"德勤"）泛指德勤有限公司以及其一家或多家成员的关联机构。

户分布数据，对店铺分布与用户分布情况做匹配分析，从而提供智能选址、新开门店、关闭门店等店面优化建议，为用户带来线上线下一体化的消费及服务体验。

济源钢铁集团的智能应用则主要聚焦在传统钢铁企业面临的生产、效益、环保等问题。例如，"5G＋视觉识别"的智能应用被用于废钢判定，实现废钢识别准确率超过90%，开启了废钢判定的智能新时代。

思维4：用共享重构一切

过去，企业内部壁垒重重，企业的整体利益反而不是最优化。企业相对封闭和独立，企业间的资源配置缺乏全面的共享与协同机制，这造成了社会资源的极大浪费。而具有"共享"思维的商业应用恰恰解决了这一难题。许多共享平台如雨后春笋般出现在我们的生活中，例如，共享单车、共享充电宝等。"共享"是对组织单元进行协调和整合，以实现跨组织单元的协同增效、规模效应和成本节约，其关键在于通过共享模式实现优质资源的匹配和资源的最大化利用。

从商业应用的视角看，一个是管理视角的共享，即共享型管理（或称为共享型服务）；另一个是经营视角的共享，即共享型经济。

从管理视角看，如今越来越多的中国企业开始快速部署共享服务中心，将其作为财务、人力、采购以及 IT 等业务转型再造、支持企业经营和战略的第一步。《2020 年中国共享服务领域调研报告》[2]显示：共享服务在中国正处于快速发展阶段。截至 2020 年年底，中国境内的共享服务中心已经超过 1000 家，其中超过 70% 的共享服务中心是在近5 年内建成的。共享服务正逐步成为大型企业集团进行全球化资源协作与配置的关键，为企业的全球化战略提供巨大的推动力。企业在集团化、国际化、多元化的发展过程中，将价值链的辅助活动集中起来，建立全球共享服务中心将势不可挡。

从经营视角看，共享经济可以通过互联网打破空间地域限制，连接碎片化资源，有效整合、提升互动和交易的效率，重塑人与人之间的关系，让资产、资源、技术、服务的所有者能够通过第三方平台分享给有需求的人，从而获得利益。被分享者可以用更低的成本、更便捷的方式，获得更有品质的服务。如今，越来越多的集团型企业开始将自身的优势能力或资源（例如，采购能力与供应商资源、物流能力与运输资源、平台能力与数据资源等），采用"共享经济"的模式实现社会化的共享与输出。

---

2 《2020 年中国共享服务领域调研报告》由厦门国家会计学院、中兴新云服务有限公司、ACCA（特许公认会计师公会）3 家机构于 2020 年 12 月 28 日共同发布。

浙江省新华书店集团整合出版产品资源和信息资源，建成了行业内最大的标准书目信息库，同时加快开发行业书目信息的交换与共享、市场大数据分析与应用、供应链协同解决方案，积极打造行业领先的出版物综合数据信息开放式服务平台，得到了业界的高度认可和普遍使用。该平台出版端基于全国 20 余家发行集团，超过 4000 家门店的实时数据，用各种标签实现对作者、产品、渠道、读者的有效整合，通过全域视角、管理视角、编辑视角和发行视角进行不同维度的呈现，提供覆盖出版业务全流程的算法、模型与服务，并与书店信息系统无缝链接，实现真正意义上的数据共享。

思维5：用协同优化一切

作为一个新的管理类热词，"协同"的概念具有更深层的含义，不仅包括人与人之间的协作，还包括不同应用系统之间、不同数据资源之间、不同业务组织之间、不同应用情景之间、产业链的不同环节之间等的全方位协同。

越来越多成功实现数字化转型的企业都以人为中心，聚焦人的需求与创造能力，着力打造企业的协同能力，打破现有企业的管理边界，不断促进人与外界环境的迭代适应，寻求组织整体有序的协作与共享。基于数字技术的工作协同、业务协同、集成协同、产业协同乃至社会化协同，企业正在以自组织和自适应的联动形式，快速针对市场需求动态优化资源配给和组合，使企业能够更柔性、更高效地匹配市场动态变化，获取更大的经济利益和社会效益。

全友家居公司紧跟全屋定制这一家居行业主流趋势，率先将全屋服务纳入售后服务体系，并通过构建一体化服务协同平台，实现设计、生产一体化协同，产、供、销协同，多工厂制造协同，生产、物流协同，后服务协同的全产业链协同，逐步引导经销商盈利模式由赚取差价逐步转变为通过提供专业服务盈利的新商业模式。

思维6：用文化支撑一切

企业数智化转型是在不断变化且日益苛刻的市场中取得优势竞争力的关键。然而，企业要成功实现数智化转型，需要依靠强有力的企业文化来激发内部的创新力和创造力。企业数智化转型既是采用新技术的一种变革过程，也是关于采用新工作方式和新思维逻辑的过程。只有在软（文化、组织与机制）硬（信息化系统）件环境兼备的情况下，企业才能更好地通过数字化转型实现商业创新。

在企业数智化转型的过程中，有 4 个方面的组织与文化屏障值得企业管理者关注。

一是变革行动缺乏一致性认知。任何企业在实施重大变革之初，都有一个"预热"过程，需要企业高层管理者达成对变革目标、变革手段、变革节奏、变革难点的共识。数智化转型对所有的企业管理者、企业员工而言都是一个全新的事物。然而，我们发现很多企业的数智化转型往往是在管理层、员工等对为什么要数智化转型，如何开展数智化转型处于一知半解的状态下开始的，从而导致很多企业的数智化转型计划在实施过程中投入很大，却见效甚微，甚至失败。这就需要我们在企业数智化转型的过程中，通过一系列的培训、宣贯等行动，让数智化成为企业的"一把手"工程，让全员充分理解、认同和参与。

二是价值观与管理机制的阻碍。数智化转型是一项对现有商业模式重新审视与改变的过程，也是对现有个体权力、利益和整体管理生态（组织、流程）进行再重组的过程。因此，如果没有对企业使命和价值观层面的重塑，没有对各级管理者固化心智模式的改变，没有对传统的利益分配机制和组织协同机制的变革，用户、员工、产业生态伙伴的变革积极性就无法被充分调动，数智化转型工作自然也就推进得十分困难。

三是数智化人才培养不足。无论数智化转型技术多么先进、数智化转型模式多么超前，最终都是需要人来执行、操作的。一方面，许多企业不重视数智化人才培养，现有团队未形成符合数智化转型要求的价值观系统；另一方面，数智化人才的选聘、使用、激励、考核等制度体系需要重新调整，企业要对原有制度进行改变与升级，形成适合数智化转型的团队管理文化和人才管理文化。

四是缺乏创新的文化与机制。数智化转型对企业来说是一个巨大的挑战，创新在数智化转型过程中始终占据重要位置，一切改变源自创新、一切价值源自创新。在整个团队内部，需要构建强有力的创新文化作为支撑。敢于创新，敢于挑战，让团队走出过去的舒适区，形成开放心态；企业对创新的失败更加包容，鼓励团队去创新。这就需要企业从组织、机制、文化3个视角出发，构建扁平化、平台型组织，创新利益分配机制，打造开放创新的企业文化，让组织成为员工赋能的平台，让员工成为企业创新的主体。

探寻逻辑："九力"模型

企业数智化到底是什么？一言以蔽之，企业数智化就是在数字技术驱动下的企业进行商业创新的过程，是运用基于新一代数字与智能技术的各类云服务，通过网络协同、数据智能、连接资源、重组流程、赋能组织、处理交易、执行作业、融入数字经济、推出智能化、数字化的产品或服务，重塑企业的商业逻辑、管理模式，打造新的、独特的用户体验，从而实现更强的竞争优势、更高的经营绩效、可持续发展的目标。

如今，伴随企业数智化转型的不断深入，企业的商业模式、经营策略、用户体验、营销渠道、人力资源、产品创新、技术研发、用户服务与运营等方面发生了巨大的变革。然而这些技术驱动的变革背后，其底层逻辑到底是什么？

2016—2020 年，用友的数智化专家团队追踪了 1200 余家大中型企业集团的数智化转型实践，发现成功实现数智化转型的企业主要聚焦 3 项工作：**一是以提升技术赋能业务的能力为目标，构建企业数智力，聚焦于运用新技术、新理念升级企业 IT 架构，打造企业数智化新基建，旨在提升数智化技术的创新应用与研发能力；二是以推动降本增效为目标的数智化管理，聚焦运用新技术驱动的管理变革；三是以驱动增长为目标的数智化经营，聚焦运用新技术赋能业务创新，创新产品、服务、营销、渠道及供应链，打造卓越的用户体验。**企业数智化的 3 项工作如图 3-2 所示。

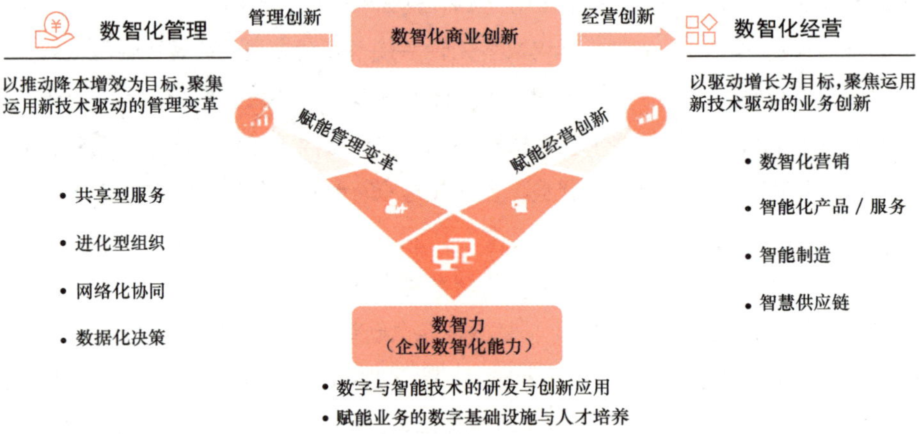

图 3-2　企业数智化的 3 项工作

与此同时，为了深入探究企业数智化的底层逻辑，我们围绕企业的数智力、数智化管理、数智化经营 3 项关键工作以及涵盖的核心业务场景做了系统研究与梳理。研究表明：数智化商业范式下，企业经营管理的核心要素并未改变，改变的是在新一代数字技术的驱动下，企业的商业模式、经营策略、用户体验、营销渠道、产品创新、用户服务、运营等方面的优化与变革。基于这一研究结论，让我们深刻认识到构建企业数智力、数智化管理、数智化经营 3 项关键工作之间的关联逻辑，进而构建了企业数智化"九力"赋能模型。

借助这个赋能模型，我们可以更清晰地理解企业数智化的底层逻辑，更深入地理解企业数智力通过赋能经营管理的核心要素，重塑业务场景的过程。数智力赋能管控力、组织力、决策力、协同力等管理核心要素，带来了全新的管控模式、组织机制、决策手段、协同方式与管理体验，进而驱动运营效率倍增。数智力赋能营销力、产品力、供应力、生态力等企业经营核心要素，带来了极致的用户体验、全新的商业模式、智能化的产业与服务以及可持续的企业竞争优势，从而驱动经营效益的指数级增长。企业数智化的底层逻辑如图 3-3 所示。

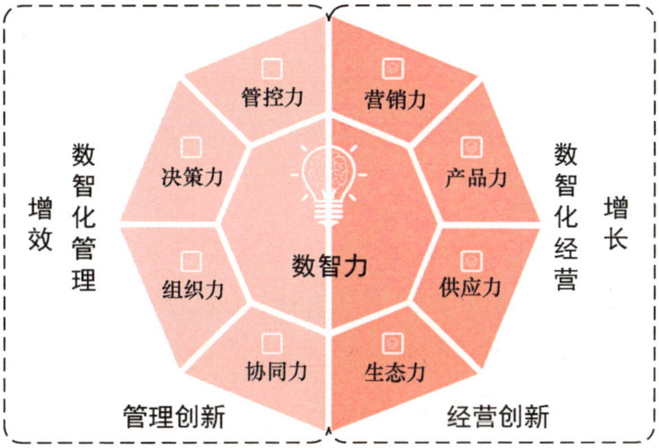

图 3-3　企业数智化的底层逻辑

企业数智化驱动要素：数智力

企业数智力是企业数智化转型的基础能力，是企业数智化的核心驱动要素，是企业数智化倍增效应的新引擎。企业数智力是指企业在生产经营活动中对数字与智能技术的创新应用能力，以及借助技术赋能业务创新、管理变革、组织优化的能力和驱动企业变革资源配置方式、转变商业思维与模式、重塑企业场景的能力。这里我们重点探讨一下构建企业数智力的技术策略——数字中台架构。

过去数十年，企业的 IT 架构经历了单机、分布式和云计算 3 个阶段的技术演进。作为诞生于云计算时代的新技术理念，数字中台架构拥有传统 IT 架构策略无法比拟的优势，从技术理念、核心架构、最佳实践等方面帮助企业 IT 系统平滑、快速、渐进式地落地企业数智化转型。

数字化时代，业务创新越来越快，企业迫切需要打破一切壁垒，让资源自由组合、流动，并以云服务群的形态构建发展的数字中台。如今，数字中台一般采用全新一代的技术架构策略与体系。数字中台的 IT 架构策略如图 3-4 所示。

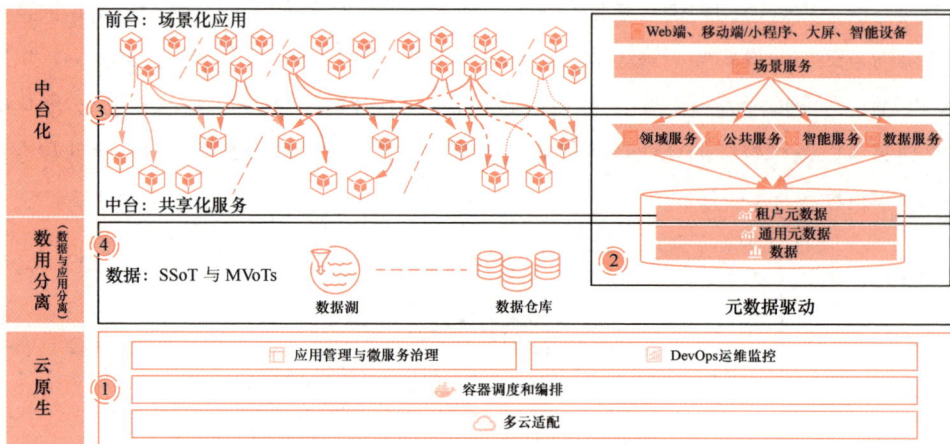

图 3-4　数字中台的 IT 架构策略

云原生架构是指数字中台采用基于微服务化的架构、基于 API 的通信、基于容器的基础设施以及基于 DevOps 的研发运营一体化流程，实现构建应用简便快捷、部署应用轻松自如、运行应用按需伸缩的目标。

元数据驱动架构是数字中台的核心技术架构之一，它设计了包括 UI（界面）元数据、领域元数据（包括实体、服务、规则）、BI 元数据和 AI 元数据等多层次不同类别的元数据。基于该架构实现的企业服务具有强大的灵活性和扩展能力，也是数字中台实现无代码开发和生态扩展能力的核心架构。

中台化架构是数字中台的特色架构，它提供了社会化营销、智能采购、智能制造、智慧供应链、科技金融、智能财务、数字人力、社交协同等各种领域中台服务，以及各种支持企业数智化应用的数据中台服务和智能中台服务。

数用分离架构是数字中台的一个重要架构设计模式，它基于单一真实数据源（Single Source of Truth，SSoT）和多版本事实（Multiple Versions of the Truth，MVoTs）思想，以数据中台为支撑，用业务数据化、数据资产化的思想来设计企业服务，给数据予以多层次标签和多维度关系，将数据入湖并资产化，由此打破数据的应用所属和领域使用约束，实现数据和应用的分离。数用分离架构能够使数据跨域支撑更广阔的前端场景化商业创新，实现数据业务化和数据价值闭环。

这四大架构群分别涵盖了技术基础设施层、数据层、中台共享服务层和纵向从端到数据的应用全链路，这些技术架构体系能够将各种数字技术与企业的商业创新需求融合，集群化交互式发展演进，促进企业 IT 架构的持续发展。

数智化管理关键要素

结合管理学的经典理论，融合大型企业管理实践，系统分析企业管理影响要素的价值与作用，我们发现管控力、决策力、组织力、协同力是现代企业管理中最为关键的四大核心要素。

管控力。管控力是管理与控制的结合体，讲求规则和制度的力量，注重体系的能力构建和可持续发展。在集团管控实践中，总部一般具备指挥、服务的双重定位，主要通过建立战略管理中心、资本运营中心、资源管理中心、经营协调中心、监控中心等机构，来实现战略管理、风险控制、运营协调与职能支持等管控功能。数智力赋能管控力，将带来财务共享、人力共享、采购共享、IT 共享等全业务共享管控模式，将集团管控的"指挥和服务"的双职能定位发挥到极致。

决策力。管理学者赫伯·西蒙认为："决策是管理的心脏，管理是由一系列决策组成的。"决策是企业的命脉所在，决策水平的高低将直接影响企业的经营绩效好坏，甚至企业的成败。无论国内外，企业家无不将决策力提升到企业管理的战略中心地位来对待。数智力赋能决策力，让数据驱动的实时决策以及建立在深度学习基础上的机器自主决策成为现实，使企业决策更科学、更高效。

组织力。管理学者詹姆斯·穆尼认为："组织是特定人群为了共同目标而联合起来、一起努力实现目标的形式。"而组织力就是设计组织结构和配置组织资源的能力，是实现共同目标的能力，是组织的精神力、凝聚力、领导力、结构力、管理力、团队力、绩效力、设计力、激励力、文化力、变革力 11 种不同维度的力量组合。数智力赋能组织力，构建进化型组织，将实现组织管理平台化、组织沟通社交化、绩效管理敏捷化、员工激励实时化。组织成为员工创新的赋能平台，员工成为组织创新的原动力。

协同力。协同力即协同管理，是合理地排列组合企业的局部力量，产生一种"竞争—合作—协调"的能力，来完成某项工作和项目，实现信息协同、业务协同、资源协同与生态协同，充分发挥企业"战斗力"。数智力赋能协同力，将大幅提升跨部门、跨组织、跨地域、跨时空的网络协同效率与能力。信息实时共享、流程实时协同、资源实时配置与对接，可以解决传统管理中面临的"信息孤岛""应用孤岛"和"资源孤岛"三大问题。

数智化经营关键要素

结合营销学、管理学的经典理论，融合大型企业数智化实践，系统分析企业经营重要影响要素的价值与作用，我们发现营销力、产品力、供应力、生态力是现代企业经营中最为关键的四大核心要素。

营销力。营销力即企业有效开展市场营销活动的能力，体现为企业通过统筹、利用内外部资源满足目标市场消费者的需求以实现自身生存和持续发展的能力。一般而言，可以从产品价值、销售策略、持续营销3个视角来评价企业的营销力。数智力赋能营销力，将带来线上线下全渠道融合、全媒体营销、会员裂变与社交营销、个性化精准营销、数字化用户洞察等营销创新，营销科技将重塑消费场景，打造极致的消费体验。

产品力。产品力主要衡量企业满足消费者需求的能力，既包括企业的产品（包括服务与产品）所能提供给消费者的使用价值，也包括企业对消费者所需产品的快速设计、生产、配送、安装、服务等能力。数智力赋能产品力，打造数字化、智能化的产品与服务，终端产品可直接感知用户需求，实时服务、远程服务，创新服务型制造新模式。

供应力。供应力主要体现为通过连接供应链上的所有节点企业，进而使生产资料以最快的速度经过生产、分销环节变成增值产品，并送达目标消费者手中的能力。这一能力的关键在于通过信息网络、组织网络，实现生产及销售的有效链接和物流、信息流、资金流的合理流动，从而降低成本，减少社会库存，并使社会资源得到优化配置。数智力赋能供应力，通过实现设计、研发、制造的网络化协同、大规模定制等新模式快速满足用户需求，将带来智慧供应链、智能物流、智慧采购寻源、供应商动态评价、全域共享库存等全新的数智化场景。

生态力。生态力是指企业商业生态系统的构建、管理以及运营的能力，表现为企业如何构建一个商业生态协同平台，并通过该平台以自身能力为基础撬动生态圈，借助合作伙伴的资源、能力来创造价值，从而形成竞争优势。数智力赋能生态力，将借助融合、开放、互联的生态协作网络，实现数据、资源、用户的产业化、社会化共享，带来众包众创、协同创新等新模式、新业态。

赋能业务：重塑场景

企业经营管理过程中的每项具体业务都是由多个相互关联的业务场景构成的。业务创新或变革，其实是从技术驱动下的典型业务场景变革开始的，而业务的运行效率取决于与其相关联的业务场景间衔接的流畅程度以及运行效率。企业数智化项目就是根据企业当下业务或战略需求，将一系列相关的数智化场景进行群组式规划而得出的阶段性任务群。

企业数智力赋能管控力、决策力、组织力、协同力、营销力、产品力、供应力、生态力八大经营管理核心要素，带来的首要改变是数字化业务场景重塑。

数智化管控场景。 数智力赋能管控力带来的是企业管控模式的革命性变化，能够帮助集团型企业成功实现从管资产向管资本转型，从业务管理向战略管理转型，帮助企业实现管控与赋能并重，战略管控与战略执行并举。在数智力驱动下，共享服务逐步成为集团型企业管控的主流模式，财务／人力／采购／服务／IT 等全业务共享服务模式将日渐普及。企业总部成为赋能一线业务的智慧大脑，成为企业战略决策、组织赋能、风险管控、能力共享的资源中心。典型的场景重塑包括财务共享服务、人力共享服务、中央账务仓智能资产配置、智慧风险管控等。

数智化决策场景。 数智力赋能决策力带来的是企业决策能力、决策流程与决策水平的全面智能化提升。从具体业务场景而言，企业将从企业战略管控、企业经营绩效管理与分析、经营风险管控与预警、智慧决策应用、国资国有企业监管 5 个维度展开数据驱动、实时决策的数智化转型，从而实现经营绩效评价、市场洞察、舆情监测、经济运营分析、产品质量追溯等一系列战略决策、管理决策、运营决策场景的智能化变革。

数智化组织场景。 数智力赋能组织力带来的是人才管理与组织管理的全面数智化变革。企业将从人才招聘与入职、薪酬与绩效管理、人才发展与培养、员工体验与关怀、人事决策与分析 5 个维度逐步展开数智化转型，从而实现人才管理过程智能化、人事决策数据化、员工服务自动化、企业组织扁平化、业务协同网络化等一系列业务场景的重塑。

数智化协同场景。 数智力赋能协同力带来的是组织内以及跨组织业务协同效能的大幅提升。企业将从沟通与协作、在线办公与业务协同、社会化协同等维度逐步展开数智化协同转型，从而实现社交化沟通协作、智能化工作协同、移动化办公体验、网络化业务协作、社会化生态协同、数据共享等一系列业务场景的数字化、智能化变革。

数智化营销场景。 数智力赋能营销力将带来全新的用户体验，以及营销场景、过程的全面数字化变革。数字技术在市场营销中的深度应用，企业将从消费者、商品、渠道、销售管理、营销推广、售后服务 6 个维度实现数字化营销转型，构建全域用户洞察、个性化精准营销、全渠道一体化消费体验，销售过程自动化、智慧零售、智能客服等一系列数字营销场景，从而重塑消费者体验，重构增长引擎。

数智化产品场景。 数智力赋能产品力将带来产品、服务及生产制造过程的全面数智化。就产品而言，产品越来越朝着智能化方向发展，集成物联网、移动互联网技术，成为智能化的服务终端，从而带来智能化的使用体验和服务体验；就服务而言，以实时的产品运行状态监控，"7×24"小时的远程智能运维服务走近消费者，同时厂商从产品制造商转化为服务提供商，为其用户提供远程运维、实时监控等智能化服务；就生产过程而言，大规模定制、研发设计制造一体化、智能工厂、智能物流等一系列变革，将大幅提高市场响应速度，提升产品研发、制造以及生产供应能力。

数智化供应场景。 数智力赋能供应力带来的是供应链管理的全面数智化。就采购业务而言，企业将从智慧寻源供应商管理、智能成本优化、智能合约、智能采购、供应计划5个维度逐步展开采购数智化转型，从而实现采购业务在线化、采购过程数字化、采购决策智能化、采购服务自动化、供应商管理动态化、供应链协同网络化等一系列业务场景的数字化、智能化变革。

数智化生态场景。 数智力赋能生态力将帮助企业基于生态思维、共享经济思维实现商业创新，带来全新的商业运行模式。首先是企业能力API化，这是指产业先进企业将其具备的优势资源或能力，通过社会化共享方式将能力输出给产业链上下游及相关企业，从而共享其专属资源或社会化能力；其次是商业网络社会化，这是指企业通过构建或接入产业互联网平台，从而在更广阔的范围内，低成本、高效率地获取社会化资源或能力，从而获取新的竞争优势；最后是产业互联网平台以生态思维重构其他企业服务商生态的运营管理方式。

第四章　新底座：数字化平台

从传统的 IT 系统来看，业务流程往往被固化在 IT 系统中，大多情况下对业务流程的变化等同于系统再造，无法快速应对业务的快速变化。数智化时代，高速的业务发展、灵活的业务流程处理、动态多变的组织架构以及低成本的运营体系共同构成了中国企业的差异化竞争优势，这要求与之适应的 IT 系统必须是动态和随"需"应变的。因此，改变以往模块众多的大软件、大系统的单一架构模式，转向以中心化、服务化、数据化和智能化为核心理念的中台服务架构成为新一代企业 IT 架构的发展趋势。

架构变革：持续进化的企业 IT 架构

随着新技术、新商业及社会文明的不断发展，企业及公共组织正面临诸多挑战，包括进一步持续改进产品及服务质量、提升经营及服务效率、满足个性化需求等。在这样的大背景下，企业及公共组织为了最终实现稳健、可持续的发展，开始越来越重视数字中台的建设与实践。

企业架构设计之变

数字中台是一种业务及组织形态，是一种以用户为中心，以连接、共享、共建为核心内涵的技术架构理念。数字中台强调中心化、服务化、数据化、智能化、运营化和生态化的设计思想。举例来说，在企业运营中台建设中，运营中台统一面向多端提供订单、结算、库存、交付等基础业务服务，这里涵盖了全部的基础业务逻辑，而各种应用前端强调的是如何适应多变的营销业务场景，满足差异化的用户体验。

随着中台理念被越来越多的企业接受，企业架构的设计特点也发生了相应的变化。在传统功能驱动的设计基础上，通过对业务数据、业务流程、应用模式的重新设计，重构业务前端应用模式，实现跨业务领域的一体化应用；通过提炼共性服务，打造统一的中台化组件、服务和能力，实现对前端业务的灵活支撑，满足业务前端角色化、场景化的应用需求。企业架构设计的变化如图4-1所示。

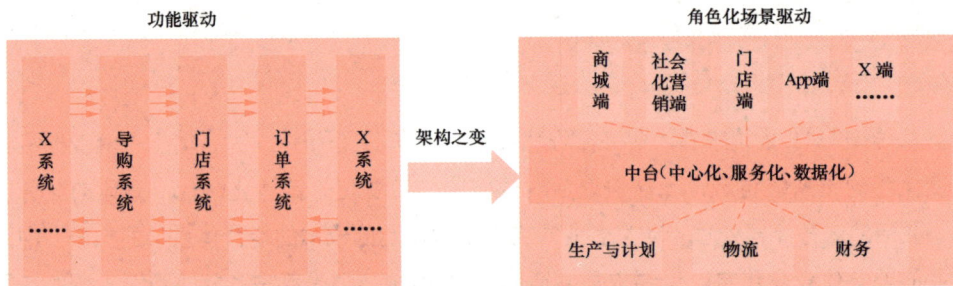

图 4-1　企业架构设计的变化

然而，不同的平台技术领域需要不同的技术架构，不同的终端也需要不同的技术架构，同时当业务系统涉及企业内部与外部用户的连接，更需要不同的技术架构。综合而言，一种技术架构很难满足不同平台领域的设计需要，如今企业需要的是一个技术架构群，满足基于不同的技术架构来设计不同的应用场景的技术需求。

数字中台服务架构

数字中台服务架构体系首先基于云计算、大数据、人工智能、物联网、移动互联网、区块链等基础技术，打造和沉淀技术平台、数据中台、智能中台，然后在技术平台、数据中台、智能中台的基础上，发展和沉淀业务中台。数字中台作为一种架构理念，代表全新的业务服务模式＋架构模式＋组织协作模式。在这个理念下，业务发展是核心目标，能力沉淀是持续保障。

数字中台作为未来企业的IT技术底座，一般涵盖技术平台、业务中台、数据中台、智能中台、连接集成平台、低代码开发平台等服务与解决方案；同时为生态伙伴提供覆盖设计、开发、集成、测试、部署、运行、运维、运营的全周期服务。数字中台服务架构如图4-2所示。

图 4-2　数字中台服务架构

⚙ 技术平台

　　技术平台为企业数智化转型提供基础的技术支撑能力，包括敏捷开发流程、弹性资源调度、全链路运行监控、统一服务集成等。技术平台由五大模块组成：基于持续集成、配置中心等基础服务打造 DevOps 自动化持续交付流水线；为基础平台提供底层运行环境支撑的容器云；支撑微服务架构应用，为开发者提供从开发到运维、运行全生命周期管理所需的一系列开发套件与服务的服务治理；重新定义服务间关系、实现微服务治理的微服务编排工具；提供 API 的全生命周期管理，用以实现自身系统集成以及与合作伙伴的业务连接的服务网关。技术平台服务如图 4-3 所示。

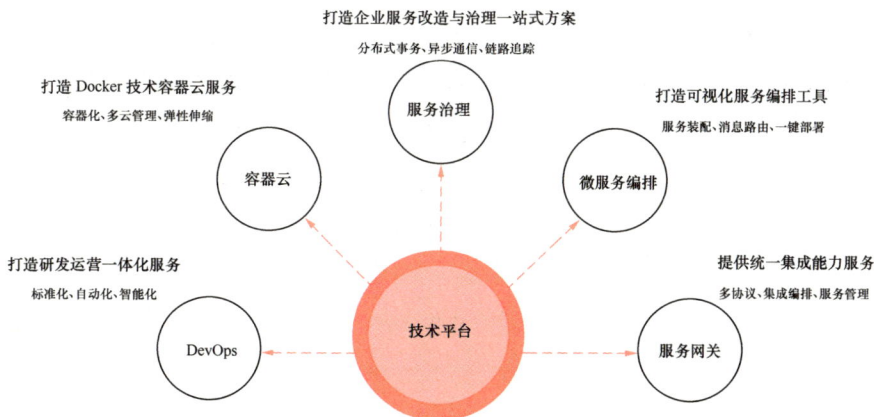

图 4-3　技术平台服务

数据中台

数据中台依托数据湖，构建跨行业、跨领域的完整数据资产体系，是企业数字化转型的关键支撑。数据中台以数据移动、离线开发、实时开发、指标管理、调度管理等数据智能技术为基础，提供智能分析、企业画像以及各个业务领域场景化的数据服务。数据中台服务架构如图4-4所示。

图4-4　数据中台服务架构

业务中台

业务中台提供能力构建的支撑体系，推进能力运营和持续演进，支持业务评估、定制及管理，助力企业应用资产不断沉淀及复用能力。业务中台基于中台能力架构，把企业服务的通用功能提炼封装为可复用、可扩展、可运营的中台能力形态，基于九大能力要素评估业务中台的定义范围，同时提供了包括用户、人员、企业、组织、权限、电子发票、云表单、物料、供应商等一系列能力中心，同时为业务中台能力的开发和运营提供一系列的能力支撑服务，包括元数据、业务事件、打印模板、流程引擎、规则引擎、国际化框架、编码规则等。业务中台服务架构如图4-5所示。

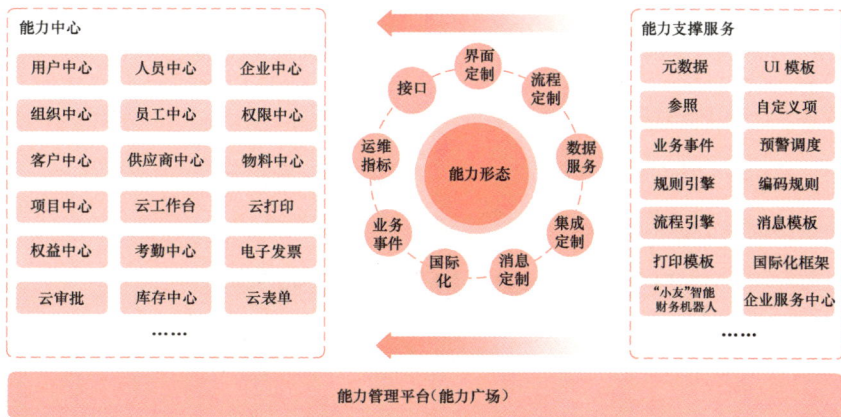

图 4-5　业务中台服务架构

智能中台

智能中台旨在打造智慧企业大脑，基于企业数据中台、领域模型、AI 算法，由智能工场开发平台构建，赋能商业创新。通过数字工作助手以及 VPA 机器人，帮助提升和改善用户体验；借助 RPA 机器人自动化业务流程，帮助管理者实现智慧的商业决策。智能中台服务架构如图 4-6 所示。

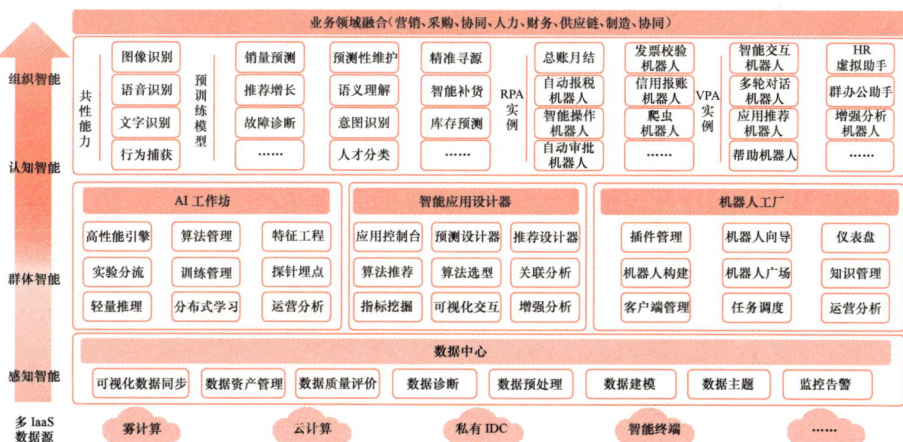

图 4-6　智能中台服务架构

低代码开发平台

面向企业组织和个人开发者的低代码开发平台可以实现可视化、低代码 / 无代码开发，同时提供基于深度开放的原生代码开发方式，赋能企业工厂的资深开发者。低代码开发平台可提供以元数据驱动、点击拖拽 + 自动化代码生成和多端编译的技术，与开放平台、连接集成平台无缝整合，形成覆盖开发、集成、测试、部署、运行、运维的完整开发构建服务。低代码开发平台服务架构如图 4-7 所示。

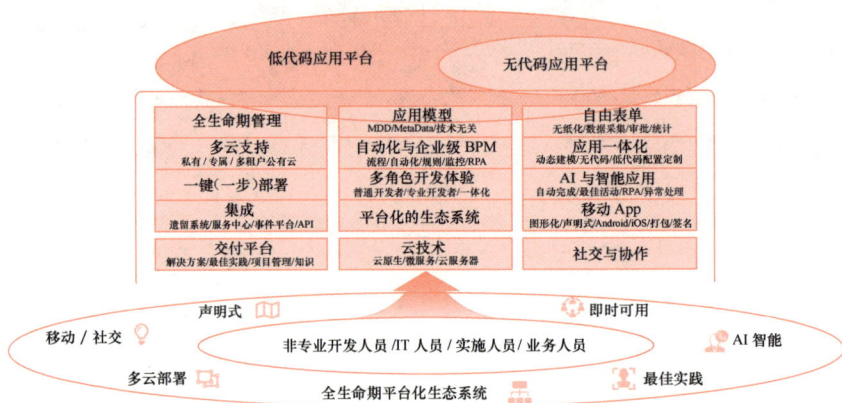

图 4-7　低代码开发平台服务架构

连接集成平台

连接集成平台提供连接集成网关、连接器与开放 API 的构建及管理，帮助企业在公有云、混合云、私有云的环境下连接应用、数据、设备，迅速、便捷地实现服务连接和集成。同时，连接集成平台预置常见系统与社会化平台的连接器和大量 API，实现开箱即用、快速集成。集成连接平台核心业务场景如图 4-8 所示。

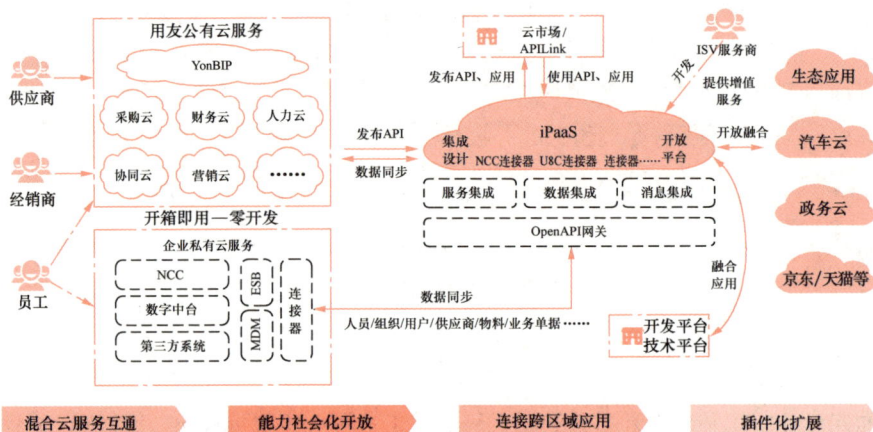

图 4-8　集成连接平台核心业务场景

中台使命：打造面向未来的企业数智力

随着数字经济的蓬勃发展，企业的营销战略也从过去粗放式的流量扩张向精细化的运营方向转变，零售企业正在以消费者为中心重构人、货、场，采用各种数字技术多维触达消费者，建立精准的消费者画像洞察需求，并通过数字化精益运营降低获客成本，提升企业业绩。同时，随着制造领域逐渐向智能制造方向转型，以数据为驱动实现生产、研发、采购、营销等环节的数智化，将产业上下游与企业、企业与终端等多个利益相关方之间的数据进行深度挖掘，精准配置制造资源，提高生产力，提升响应速度，以更加准确的市场决策满足市场需求，推动企业业绩提升。

这要求企业 IT 基础设施平台能够满足营销端、制造端、供应端的快速商业创新需求，然而传统 IT 架构与数智化商业创新间有难以弥合的鸿沟，主要表现为以下 3 个方面：第一，ERP 系统处理不了交易、生产过程、社交型前端系统产生的大量、高频数据；第二，企业快速的商业创新和业务变化需要 IT 架构系统及时支持和快速响应，ERP系统支持和响应不了；第三，企业内部成百上千的系统都是"孤岛"和"烟囱"，无法打通，数据标准不统一，业务无法协同，数据难以综合分析和应用。

面对以上挑战，大型企业开始在营销、采购、协同、制造等领域深度应用数字技术，着手将整体 IT 架构换代升级。

从"双模IT"架构到微服务架构

近些年，很多企业采用了"双模IT"架构来推进企业 IT 基础设施平台换代升级。自中台概念被逐步应用到 IT 架构后，两种概念逐步融合，数字中台逐渐成熟。于是在企业服务领域，基于新一代数字技术，在微服务架构基础上的"大中台服务＋小前台 /端服务"新一代云服务开始逐步兴起并被广泛应用。其拥有更加弹性、更能够快速适应业务与组织变化，又能够使各类经常变化的服务有机结合等特性。

数字中台的本质逻辑

数字中台的本质就是实现连接、协同和共享，驱动数字经济从垂直分工走向水平分工，沉淀出更多专业、高价值、低成本、可复用的能力，这类似于成熟工业体系里不同类别的供应商。

以波音 787 为例，其零部件超过 230 万个，供应商遍布全球五大洲。这些供应商有独到的技术和生产工艺，但其供应链拉得太长，供应链伙伴之间的协作、配合难度增大。由于涉及多个时区，加上语言、文化障碍，6000多名工程师要通力协作，保证230余万个零部件在正确的时间按要求供货，供应链协同是其中最大的挑战。沟通协作不畅会带来系统设计的各种问题，进而影响整个系统的运作效率。

数字中台的建设面临同样的挑战。**建设数字中台的核心目标是通过构建高复用的能力体系，支撑前台的灵活创新，提升前台的应变能力。**这个目标的达成，除了建立合理的中台化组织，还需要一套灵活的中心化、服务化、数据化、运营化、生态化的IT架构，高效地管理各类能力，准确地评估各类能力，并让各类能力之间有效连接，以支持各类数字化业务场景的构建。数字中台逻辑结构如图4-9所示。

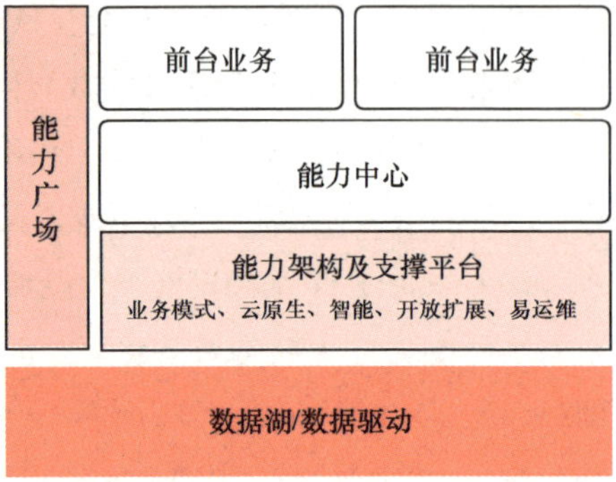

从逻辑结构看，数字中台引入新的架构概念，例如能力、业务，但数据中台同样会采用

图 4-9　数字中台逻辑结构

微服务、插件化、领域驱动设计、事件驱动等优秀框架、模式及工具，中台体系要想增强灵活性、可复用性、性能及稳定性，仍然需要要求产品经理、应用架构师、核心开发人员掌握这些"传统"的架构方法和设计原则。

数字中台不再停留在云计算、分布式、容器化、微服务、异地多活等高性能云原生技术架构上，也不仅是以服务为中心的SOA架构或以领域建模为核心方法论的复杂业务架构，而是充分考虑前台业务和中台架构之间的关系，并且复用的层次也从功能级延展到数据级、运营级的端到端解决方案。例如，在软件时期，我们可以提供订单中心的功能模块，但在中台架构下，订单中心不仅能够提供下单及订单管理功能，而且能够提供在线交易的运营能力，并由此衍生出引流拉新、促活、优惠促销服务、上门取退、极速退款等配套服务能力。

数字中台将传统IT系统的单体应用进行拆解，将相对独立的各类业务应用打包成多个微服务，每个微服务独立开发、更新和部署，并且每个微服务都有运维支撑以及安全和质量保障，服务之间通过轻量级的协议做统一协作管理。有了这种工作机制，数字中台就能够灵活地适应企业业务的发展需求，支持企业业务的柔性拓展与营销创新。

中台体系的能力服务

在中台体系下如何构建能力服务呢？首先企业要了解业务、能力、能力要素、组件服务这 4 个核心概念以及这 4 个核心概念的关系。中台体系下的核心概念如图 4-10 所示。

图 4-10　中台体系下的核心概念

业务一般对应的是前台业务系统，中台能力支撑前台业务创新，前台业务系统也能从业务场景中不断沉淀出新的中台能力。组件服务是支撑构建中台能力的一系列架构、框架、工具、组件、规范等。组件服务还支撑能力要素和企业业务，同时也会沉淀为中台能力。能力要素则是能力提供作用的表现形式，也是对能力完备程度的衡量标准。

数字中台的能力衡量指标主要涵盖业务模式、业务流程、UI 交互、接口服务、国际化、开放扩展、数据智能、运维指标、运营抓手、规模化交付十大能力要素。而每个能力要素需要从问题域（思考用户中心是否需要规模化交付）、解决方案（提供用户中心规模化交付的解决方案）、标准及规范（根据选择好的最优方案，抽象出标准及规范，然后去设计用户中心规模化交付产品）、支持框架 / 工具 / 服务（根据标准和规范去开发一个打包器）、最佳实践（优化打包器，对外提供打包器，用户中心可以快速使用这个工具来解决问题）5 个层次来衡量和构思。能力的十大要素和 5 个层次如图 4-11 所示。

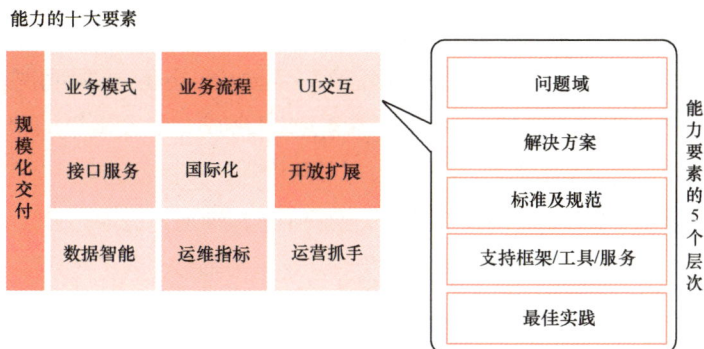

图 4-11　能力的十大要素和 5 个层次

面向未来的企业数字中台，不是各种能力中心汇聚在一起，也不是简单地将技术和业务分层，而是要找到一套很好的机制来解决更好地构建和复用中台能力的问题。能力来源于业务，同时又支撑业务创新，可通过能力运营机制在业务运行过程中优化能力。

中台建设：关键思维与构建原则

中台建设的关键思维

中台建设是一个复杂且持续迭代的过程。结合用户数字中台项目的实践，我们总结出中台建设过程中企业管理者应该明确的 3 个关键思维。

思维1：中台一定需要技术平台的支撑

没有一个相对完整的技术平台是很难把中台架构搭建起来的，企业在构建数字中台时一定要选择一个相对成熟的技术平台作为支撑。搭建一个数字中台需要很多技术，没有一个平台化的底座很难落地，毕竟在构建能力的时候需要涉及很多技术，例如，拆分微服务、构建微服务、做持续集成 / 持续交付、自动化测试、敏捷部署、自动化运维、建立数据标准以及构建数据安全体系等。如果一个软件厂商还采用传统技术、传统架构，那么它是根本无法完成数字中台建设的。

思维2：中台是企业自己的中台

企业中台战略落地并不是简单地购买一个中台产品就可以完成的。每家企业都有自己的行业属性，厂商的中台能力要想覆盖企业的全部能力几乎是不可能的。中台的落地还需要配合企业的组织、机制和文化，同时很多能力还需要基于企业的实际情况进行相应的调整，因而企业在构建数字中台时，更需要一套构建中台的方法论及最佳实践案例。

一般来说，偏技术侧的基础中台能力可以从中台厂商的能力池中获取，而偏业务侧的能力则需要按照中台能力的建设思路，借助中台厂商的能力中心提供的基础能力自己去构建。每家企业都有自己独特的竞争优势，这是很难抄袭的。这就需要企业精心构建，形成数字中台的核心能力池，以保证业务的敏捷性。

思维3：中台是随业务演进而进化的

数字经济时代，商业环境更加复杂、模糊且无规律可循，拥有极大的不确定性，企业能力要随之敏捷变化、快速调整才能在竞争中占据优势，这就要求企业的数字中台要随着企业的业务演进而进化。在企业数字中台能力的建设过程中，随着业务的调整及适应，数字中台能力也慢慢开始分层。内聚性的能力会趋于稳定。适配层的能力需要具备强扩展性和收缩性，要随时扩展及消亡，以保证业务的扩展及收缩。企业数字中台的建设是在平衡中动态变化的。

中台服务的构建原则

基于数字中台的企业服务设计一般遵循自底向上与自顶向下相结合的设计原则。通过业务需求调研、角色化场景分析与流程优化，企业须在业务架构、技术架构、数据架构的基础上提炼总体架构和各业务领域的设计规范和要求。基于中台的企业服务设计原则的建议如下。

- **共享原则。** 数字中台的服务基于最大化重用数据、计算资源、业务组件等资产，可以防止数据、逻辑与技术实现不一致性带来的管理复杂性，避免增加重复建设成本与管理成本，并通过安全机制保证共享资产的合法使用和共享资源的效益最大化。

- **高内聚与低耦合原则。** 数字中台服务中的各业务领域的应用功能具有相对的独立性，可以在本业务领域内实现业务的闭环处理，通过松耦合的方式实现相关业务应用的服务调用或数据传递，从而实现跨业务领域的统一设计。

- **场景驱动原则。** 基于业务场景设计，面向管理、业务、运维、运营等不同角色，根据不同的业务场景需要对业务数据、系统流程、应用功能进行业务融合；通过统一的用户交互界面和交互模式完成跨领域业务的处理，并基于业务中台实现跨领域业务的服务重用。

- **持续优化原则。** 数字中台系统是一个持续优化的过程，随着各领域业务应用的不断成熟和业务中台能力的持续提升，中台系统在深度和广度上会不断增加，中台应用场景也会持续升级，从而推动中台设计的持续优化。

基于数字中台的企业服务，特别是跨领域的服务应用，主要有以下4种实现方式和途径。

- **数据共享。** 数字中台实现共享的数据中心，提供公共基础数据和业务数据服务，确保数据的一致性，满足人力、协同、采购、财务、制造等企业服务领域的应用需要。

- **应用组合。** 数字中台提供统一的门户工作台入口，实现便捷的应用功能与组件的调用，根据业务需求和应用场景进行灵活组合，满足不同业务对象与角色的场景化业务处理，支撑业务变化和扩展。

- **服务重用**。基于数字中台的设计思想，通过对不同领域业务需求的共性分析，采用微服务设计原则，构建共性应用服务，不断提升数字中台能力，实现跨业务领域、业务场景的服务重用。
- **流程贯通**。基于流程的业务被打通，实现跨业务层级、部门和领域的流程贯通与融合，提升企业的业务流程自动化程度和执行跟踪效率，具体实现工具包括统一的流程引擎、推单／拉单等。

中台选择的考量指标

目前，市场上面向企业的数字中台确实处于百花齐放的状态。如何选择适合企业自身的数字中台成为困扰众多国内企业的一个问题。

是否具备领先的技术架构和关键平台技术创新是判断一个数字中台是否是数字化时代领先产品的重要标准，但这并不能成为企业选择的唯一标准。数字中台的选型直接关系到企业运营的效果、企业未来发展的可持续性。从过往的实操经验来看，我们建议可以从以下 6 个要素进行考量。

- **数字中台本身在技术和架构上的领先性**。例如，采用新的云原生技术、大数据技术、企业 AI 技术、元数据驱动的架构等。
- **数字中台的可演进能力**。数字中台要具备适应技术快速变化与迭代的能力。我们建议实现技术和应用分离，技术的变化不影响应用，应用的变化不影响技术，两者能各自演进。
- **数字中台的开放能力**。企业构建数字中台，不能找一个无法被替换，或者替代成本很高的产品。同时这个平台要拥有足够的开放能力，能够融合和集成不同类型、不同形态、不同来源的业务系统、信息、数据与资源。
- **数字中台的用户规模**。只有数字中台的用户数量达到一定规模时，才意味着它的成熟稳定，意味着它的适用性和市场认可度。
- **数字中台的快速创新、快速发布的能力**。例如，数字中台应拥有低代码或无代码开发平台、丰富的连接能力、成熟可用的领域通用服务等。
- **数字中台厂商的良好品牌与强大实力**。数字中台是一个需要长期投入的产品，只有拥有强大实力和长远战略的厂商，才具有长期投入的人才和资金保障。

企业需要便捷实现商业创新的数字中台，让商业创新变简单。企业通过数字中台能够更加聚焦自身的业务和管理目标，没有太高的技术与专业门槛，通过简单的学习就能够轻松运用技术、随需随时随地地快速开展业务，迅速部署，以更低的成本实现更大的业务目标。

某汽车集团：生态共创打造中国汽车行业第一自主可控数字化平台

某汽车集团有限公司 2019 年实现整车销售 345.9 万辆，实现营业收入 6177.3 亿元，利润 440.5 亿元。

某信息技术股份有限公司是国内领先的数字化服务提供商与网联产品研发、生产、运营商，业务涵盖汽车业管理软件的研发与推广应用、汽车电子产品的研制、应用系统的集成、数据中心服务、汽车售后服务平台运营、汽车交易及服务综合信息平台运营。

业务诉求

全球汽车产业正在发生深刻变革，电动化、智能化、网联化、共享化成为汽车产业发展的新趋势。其中，最基础的技术驱动因素就是数字化，数字化转型已经成为汽车产业转型升级和高质量发展的核心驱动力。

为了适应汽车产业的变革趋势，2019 年某汽车集团提出了以"数字驱动美妙出行"为愿景，以"业务赋能、产品智能、生态智慧、数据增值"为目标，探索形成一套符合当前车企转型需求、可操作可落地的数字化平台架构和技术体系。

基于此，某信息技术股份有限公司基于用友 YonBIP iuap 平台（YonBIP 商业创新平台）构建了国内汽车行业技术架构领先、自主安全可控、支持应用开发快速迭代的数字技术底座——某 Fusion-Cloud 平台，并在这个平台的基础上重构企业运营平台、用户生态平台，提供面向企业经营、制造、供应链、营销等不同业务领域的数字化解决方案。

该项目内容主要涵盖数字化平台、ERP 解耦重构、数字化工厂、智能化财务、营销用户云等。

应用模式

某汽车集团通过采用用友 YonBIP iuap 平台，引入先进的技术产品和研发模式，进一步梳理优化业务流程，并借助系统来标准化和固化研发体系，从而提升自身能力，满足新时期汽车制造业数字化转型需求，力争通过新一代 iuap 技术平台打造国内汽车行业首屈一指的先进架构、一体化管控支撑、随需而动、高用户体验、自主可控的数字化平台，帮助企业提升自身的整体核心竞争力，快速实现数字化转型。用友 YonBIP iuap 平台作为企业数字化转型的引擎：融合公有云和私有云、网络、存储等 IT 基础设施的混合云平台；构建自主可控、云原生的敏捷开发平台和工具链，支撑应用开发的快速迭代；通过业务中台与数据中台，充分解耦业务，挖掘数据价值，支撑面向用户、研发、制造、全业务链的业务应用系统和数据应用场景。

关键应用

关键应用一：转型技术路线选择

某汽车集团采用 YonBIP iuap 平台，借助 iuap 领先的技术架构与技术理念重构企业数字技术底座，构建基于"业务中台＋数据中台"双中台模式。同时，该集团借鉴 iuap 平台先进的研发模式，重构企业的研发流程并借助系统予以标准化，形成满足敏捷开发需求的数字化研发体系。某汽车集团数字化转型技术路线如图 4-12 所示。

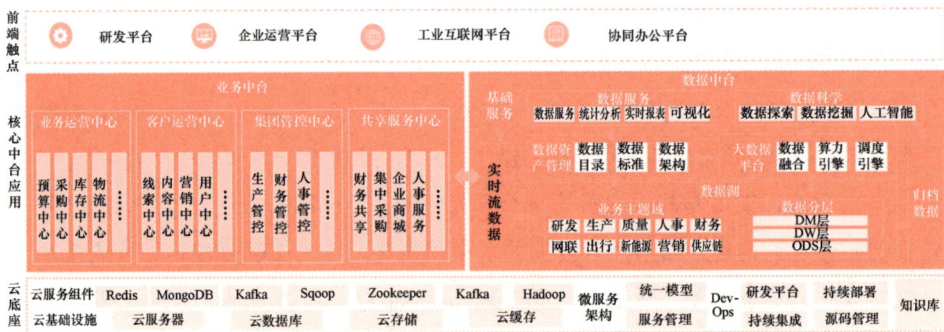

图 4-12　某汽车集团数字化转型技术路线

关键应用二：ERP 结构重构

为支撑某汽车集团的数字化转型，实现"横联纵通、业财融合、实时在线"的企业运营目标，某 Fusion-Cloud 平台以问题为导向、面向未来需求同时结合对标分析，基于"业务中台＋数据中台"双中台模式实现 ERP 解耦重构。ERP 解耦重构建设路径如图 4-13 所示。

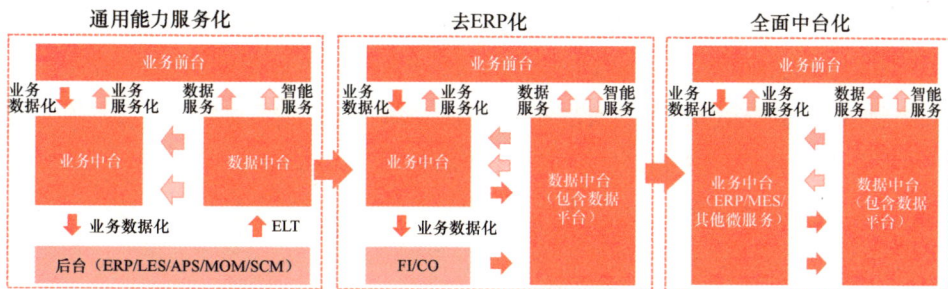

图 4-13　ERP 解耦重构建设路径

关键应用三：生产运营数字化

某 Fusion-Cloud 平台面向某汽车集团的未来产品策略，以 OTD（订单交付）业务流程为基线，以制造领域工艺、采购、质量、计划、生产、物流六大专业领域为依托，构建"业务模式领先、运作流程高效、数字化、智能化"的生产运营体系。该体系通过识别业务领域、子领域的用户故事线，将原来的 ERP单体应用逐层分解，解耦形成轻量化、融合化、开放化、智能化、多微服务中心的业务中台，支撑企业运营数字化转型。敏捷融合的企业运营平台如图 4-14所示。

图 4-14　敏捷融合的企业运营平台

关键应用四：财务数字化

用友以强化战略对接、缩减运营偏差、提升用户体验为目标，运用业务组件化、数据中台化、平台云化等技术，构建了横连纵通的数字化管理系统，助力创新财务模式，实现向业务协同模式的跨进。通过建设成本核算中心实现了多种业务模式下灵活高效的成本核算；通过建设预算中心实现了费用预算统一控制；通过建设财务管理系统填补了集团目标成本管理的空白。

关键应用五：5G＋工业互联网平台

某汽车集团基于 5G＋工业互联网平台，深度应用数字技术，打造广泛连接、弹性供给、高效配置、质量卓越的智能制造体系，通过数字建模、虚拟现实、虚拟仿真等先进手段，打通从概念设计到创意实现再到造型评审的全流程，满足用户个性化定制需求，打造汽车行业智能制造新模式。基于 5G 的工业互联网平台如图 4-15 所示。

质量

来自线上检查检测的数据，对现场质量闭环管理，提高一次交检合格率/实现质量问题零流出
- 车辆缺陷信息
- 车辆检测数据
- 车辆拧紧数据
- 车辆质量档案

生产&物流

来自生产制造/物流运输配送的数据，支撑车辆制造透明管理，实现全过程可追溯，提升物流配送效率
- 车辆过点信息
- 零件配送信息
- 零件到货信息
- 零件库存信息

工艺

来自产品研发数据，指导现场更好地制造，全面保证产品质量
- 作业指导书
- 工艺参数
- 关键件信息
- 电子电器版本信息

设备

来自设备的数据，对运营的持续反馈，改善OEE/减少停机时间/改进优化工艺
- 报警信息
- 故障信息
- 状态信息
- 加工结果

图 4-15　基于 5G 的工业互联网平台

应用价值

用友帮助某汽车集团在大研发、大生产、大营销等领域实现了成功转型，并取得了不错的效果。例如，在大研发领域，该汽车集团打造了汽车敏捷开发新模式，使开发效率提升 30%，产品研发周期缩减 6 个月。在大制造领域，该汽车集团打造了基于 5G＋工业互联网的数字化工厂，整车生产周期压缩约 6 个月，订单交付周期缩短 25%。在大营销领域，该汽车集团创建了用户生态云平台，打造了数字化营销新模式，费效比提高约 15%。

创新篇：
数智化经营

数字经济蓬勃发展，数字技术深度应用，带来了营销、制造、采购等多业务环节的模式创新。重构人、货、场的新零售、数据驱动的精准营销、线上线下的全渠道营销、大规模个性化定制、服务型制造转型、智能工厂、采购商业网络、工业互联网、产业互联网等全新的业务模式、商业模式正在数字技术的加持下，为企业带来新的竞争优势与增长模式。

第五章　新营销：渠道重塑，体验重构

　　数字经济时代，随着数字技术的不断发展和成熟，短视频、直播、自媒体、游戏等娱乐方式占据了人们大量的时间，营销环境不断被迭代，流量结构被再次重构，消费者认知结构及消费行为瞬息万变，人们的生活方式和企业运营方式都发生了巨大的改变。同时，数字化基础设施加速了企业互联网的发展，企业自建的传统渠道与传统营销方式已经无法适应多变的市场环境和消费者需求。

　　在变化如此大的市场环境面前，市场竞争也从增量市场的竞争走向存量市场的较量，已经由大众化市场、大单品模式变成"分层化、小众化、个性化"的市场，这种变化将带来市场营销的重大改变，必然要由粗放走向精准。在这种情况下，传统企业要在竞争中胜出，对产业链协同与营销力提出了新的要求。企业要重塑营销渠道，重构用户体验，实现数智化营销，这包括畅通渠道连接、赋能渠道生态的新渠道，重构人、货、场，重塑消费场景的新零售，全域会员运营，重塑消费场景的新体验，以及从管控到赋能、重塑业务能力的新管理。

　　在过去的几十年中，大部分企业已经完成了内部 ERP 建设，实现了企业存量业务信息化。基于当前数智化基础设施的不断完善，相应的管理理论从 ERP 升级到产业链级的数智化商业创新，通过数智化创造增量价值，优化或再造生态化数字商业模式，在这里每一个变化对于企业的营销管理与商业模式创新都是催化剂。

　　传统企业实现营销数智化转型的首要任务就是从信息化思维转变为数智化思维，具体包括以下内容。

　　一是从原来的事后信息化管理到实时的数智化、在线化。

　　二是从事后的数据分析到算法模型化、决策场景化。

　　三是从营销团队的管控模型到赋能业务经营用户与区域市场。

　　四是从信息化提高效率到数智化开源运营。

企业即将迎来一次重大的数智化浪潮，即从原来的存量业务信息化提高效率，升级为数智化驱动管理与商业创新，为企业创造增量价值，构建生态化数字商业模式。

企业必须基于在线化、实时化、社交化、智能化重构管理场景，不再以管控和功能为重点，而是从业务管理的目标出发，审视数智化条件下的资源能力。例如，在数字化条件下，渠道终端与店主业务员在线化后，就可以通过任务协同的方式，实时对活动的发布、接收、执行、结果等进行分析，更好地实现营销的战术目标。

企业必须基于数据智能化、模型化的企业大脑来驱动业务，改变业务各种录入信息再处理的模式，基于经营目标、大数据、算法模型、数据呈现等构建企业大脑，辅助业务人员和管理人员承担一定数量的工作。例如，对于用户经营成果的实时模型分析已经尝试过红黄灯预警模型，还要进一步预测用户的经营情况和供应链的保障能力，对达成目标的资源投入进行推荐配置和计划，基于数据驱动来主动安排主管人员的工作日程并做出提示等。业务主体的在线化、互动的实时化、数据的智能化、管理的模型化可支撑营销管理与商业创新的实践。

在当前企业的营销数智化实践中，管理和运营好渠道和用户资产成为营销的重要抓手，更加紧密地链接渠道消费者与产业链将成为企业营销的核心能力。那么，企业应如何实现包含新渠道、新零售、新体验、新管理等在内的新营销呢？传统的信息化思维显然不能解决问题，企业必须依赖数智化思维实现营销转型。那么企业营销数智化转型背后的动因是什么？应该如何解读企业营销数智化转型？应该按照怎样的路径推进企业营销数智化转型？针对这些问题，本章将逐一解读。

新渠道：畅通渠道连接，赋能渠道生态

全渠道营销逐步形成线上线下渠道一体化、内容视频化、传播去中心化的特征。其中，短视频营销具有原生沉浸的广告形态，用户体验好、转化率高；口碑营销借助关键意见领袖（Key Opinion Leader，KOL）社交链触达用户，营销信息与营销内容同步；私域流量运营借助其渠道可控、流量可复用的特点，在公域流量成本提升的背景下，逐步成为企业营销的利器。

构建数智化新渠道要求企业改变传统做法，整合、重组产业链资源，打通全产业价值链，实现经销商、用户、员工、交易与服务实时在线，并形成数据沉淀，以数据反哺业务，实现存量用户数字化、存量业务线上化。通过打造产品内驱力、渠道扩展力、品

类延伸力，进行产业链增量管理，构建渠道产业链高效协同、共赢增量的数字营销新模式。渠道管理的数智化应用与场景如图 5-1 所示。

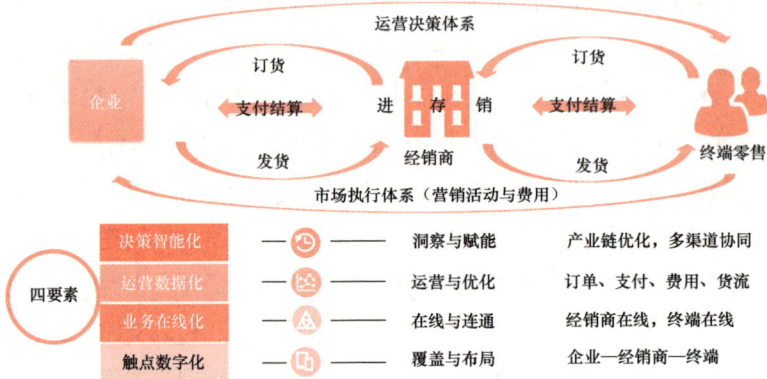

图 5-1 渠道管理的数智化应用与场景

　　数字化、智能化的发展正在改变产业链的定位与商业模式。数据驱动业务已经在改善企业的经营和管理方式，打通产业链使企业可以快速进行新业务的拓展，增强用户体验，满足多样化的用户需求。企业营销数字化应以推新品、调结构、提动销、创价值等开源节流为目标，结合渠道营销体系化、数字化，探索产业互联营销新模式的数字化运营管理，打通端到端的产业链，提升产销效率与供需协同，构建营销一体化协同体系和可视化经营决策赋能平台，成为行业龙头企业的数字化转型的战略选择。

基于渠道协同的管理赋能

　　数字营销时代，"线上＋线下"融合已经成为企业营销的重点。越来越多的企业在扩大产能、加大传统渠道发展的同时，纷纷加大电商、线上到线下（Online to Offline，O2O）的投入，全面加强与消费者的连接；而新兴的互联网企业则从线上走到线下，提升消费者的购物体验。

渠道协同的挑战

　　无论从线下走向线上线下协同，还是从线上走向线上线下协同，销售终端在营销模式创新、消费者体验、消费者长期经营等方面将面临挑战。第一，从营销维度来看，销售终端主要采用促销、广告、团购和社区推广等同质化营销手段，随着竞争越来越激烈，以及营销获客成本上升，营销手段带来的边际收益正在递减；第二，从消费者维度来看，消费者个性化需求难以被满足，传统渠道运营中形成的产品导向型营销、结构性缺货等行业通病将严重影响消费者的体验；第三，从服务维度来看，漫长的售后服务周期，错位的服务内容等严重影响消费者的满意度；第四，从运营维度来看，最终消费者的信息掌握在代理 / 分销商手中，品牌商对消费者的价值分析和利用参差不齐，没有充分挖掘消费者的潜在价值。

渠道协同的转变

在数字营销时代，传统企业的经营模式将由"两方"关系演变为"三角"关系，即从品牌商—渠道商、渠道商—消费者的各自对立、各自割裂的两方关系，走向品牌商—渠道商—消费者一体化，形成以终端消费者经营为中心的数字化经营模式。

在新模式下，品牌商、渠道商共同与消费者形成立体关系、合理且清晰的利益分配机制、高效的协作与沟通，有效促进了消费者信息共享、线上线下协同服务与消费者持续运营；品牌商在掌握终端即时、真实的经营数据的前提下，驱动供应链各环节紧密协作，实时决策，及时响应消费者个性化、定制化需求，逐步由备货式生产模式向多批量小批次的大规模个性化定制生产模式转型。数智商业范式下的渠道变革如图 5-2 所示。

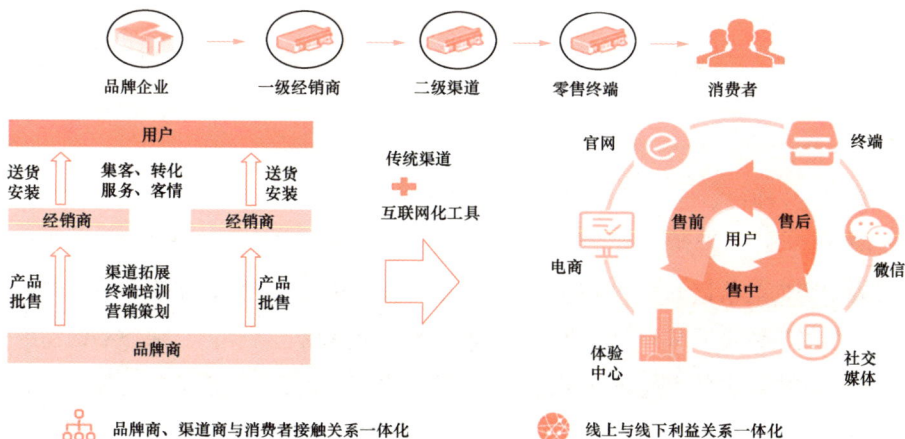

图 5-2　数智商业范式下的渠道变革

基于产业协同的生态赋能

全渠道营销、全场景营销的深度应用，面临来自研发设计、生产制造、售后服务、仓储物流等价值链环节的诸多不确定性因素的影响，面临市场需求多样化、产业资源错配化、产品服务增值化、生产过程复杂化、产业协作多维化等诸多挑战。

从产品营销到体验营销

在营销场景与工具的数智化阶段，消费者与营销场景越来越深度关联，正在从单一企业级"产品＋服务"的流程驱动型营销逐步转向以产业链高效协同为基础，以消费者全景极致体验场景为核心的数据驱动型体验营销。数据驱动下的体验营销业务流程如图5-3所示。

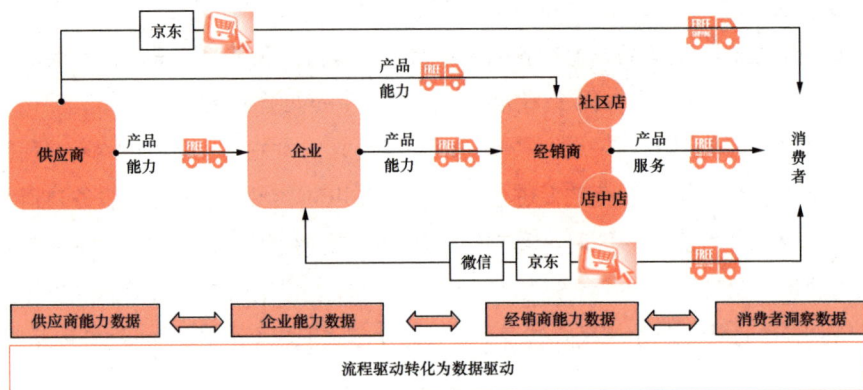

图 5-3　数据驱动下的体验营销业务流程

基于产业协同的营销体系

在数字经济时代，产业链上的各利益相关方加强了数据连接、资源共享与业务协同，供应商、厂家（品牌商）、渠道商，以及其他产业合作伙伴越来越深入地参与"以消费者为中心"的价值创造活动中。品牌商已经逐步从关注生产，依赖渠道的传统价值链，转向关注消费者并参与全链路经营，着手缔造品牌商、经销商、服务商的精细化生态圈运营。越来越多的企业通过构建自身的数字化触点和供应链服务能力体系，更加从容地应对海量消费者的个性化定制需求，例如个性化定制服务、线上线下全面融合、多渠道订单接入及自动高效处理、全链路智能计划协同、自动化仓储及物流控制塔等。

以消费者为中心，以渠道赋能为核心抓手，通过这种从内到外结合、从供应链到产业链的协作架构，采用推拉结合的方式持续强化用户升级和品牌商共赢，加速推进业务转型，实现真正意义上的共创、共赢。传统渠道管理模式与数字化渠道管理模式对比如图5-4所示。

从关注生产，依赖渠道的传统价值链，到关注消费者并参与全链路经营的转变
缔造品牌商、经销商、服务商精细化生态圈运营

图 5-4　传统渠道管理模式与数字化渠道管理模式对比

基于营销中台的工具赋能

　　传统的品牌企业往往是以企业自身为中心，分别构建不同类型的销售渠道。企业通过各个相互独立的渠道来接触用户，满足用户需求。企业不同类型销售渠道构成如图 5-5 所示。

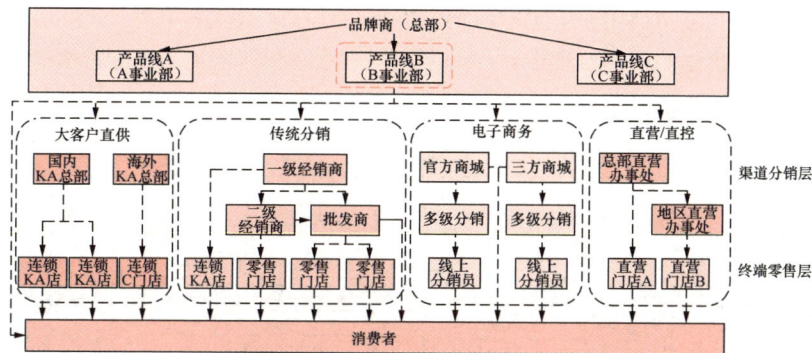

图 5-5　企业不同类型销售渠道构成

以用户为核心的渠道管理

　　在数字经济时代，数字技术的发展极大地消除了企业和消费者之间的信息差，消费者需求呈现精准化、场景化和个性化的特点。消费者成为商业运营的中心，不断地快速响应、挖掘、预测甚至创造消费者需求成为企业得以生存和持续发展的关键因素。品牌商需要重新构建以用户为核心的渠道管理架构。

- **B2B 品牌企业。**为建立与用户的连接，需要通过产业互联网与分销商、零售渠道建立紧密联系，搭建专业的产业链交易与协同服务平台，渠道下沉延伸渗透，一体化全链路服务赋能，打造以用户为中心的数字供应链，从单点线上化到全局数据化，围绕用户全生命周期形成供应链闭环。
- **B2C 零售企业。**为应对消费趋势，需要加速拥抱数字化商业。传统零售企业智慧化程度较低，提高科技含量成为业内诉求，线上线下融合、业务和财务一体化成为刚需，丰富的电商经营、商业模式与行业场景成为企业选型的关注重点，企业由对数字资产的简单收集管理向数字资产驱动转型。

⚙ 以赋能为使命的营销中台

立足全渠道营销的数智化业务场景，越来越多的企业开始打造营销中台，利用先进的数字技术重新整合商流、物流、信息流、资金流和数据流。营销中台帮助企业实现全域营销资源的共享，满足营销及销售业务的快速创新，提升企业全渠道业务效率。

以营销中台为核心的全渠道营销为品牌商、经销商、零售商提供了统一的中台应用服务。例如涵盖渠道运营、库存管理、定价管理、信用管理、费用管理、结算管理、用户管理等全营销环节的营销业务中台；融合消费者行为、消费者画像、营销活动、营销指标等多源多维数据的营销数据中台；汇聚智能识别、智能营销、智能客服等智能化算法、模型与服务的营销智能中台。数字化营销中台应用架构如图 5-6 所示。

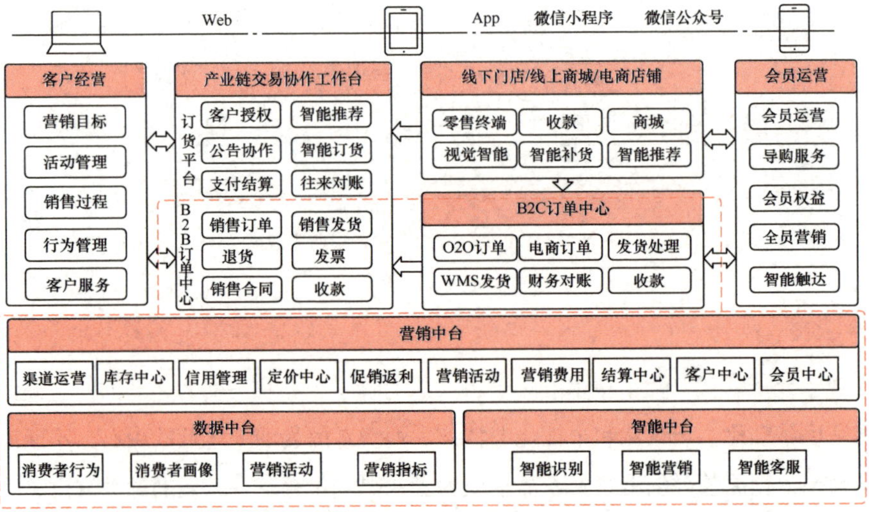

图 5-6　数字化营销中台应用架构

新零售：重构人、货、场，重塑消费场景

解读新零售模式

新零售正成为一种生活方式。零售企业可以通过搜集与整理用户的消费数据，实现对产业上游的深度赋能，改变上游生产企业简单、粗放、原始的生产方式，真正做到按需生产和定制。零售企业也可以通过数字化的方式更加精准地引导用户的消费，减少错误决策带来的经营风险，最大程度地提升和优化用户的消费体验。传统零售模式到新零售模式的演进如图5-7所示。

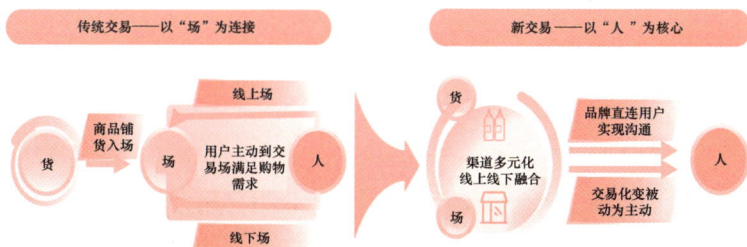

图 5-7 传统零售模式到新零售模式的演进

新零售的定义

新零售是企业以互联网为依托，运用大数据、人工智能等数字技术手段，对商品的生产、流通与营销模式进行创新，进而重塑零售业态结构与生态圈，并对线上服务、线下体验以及供应链进行深度融合的零售新模式。其关键在于数字化、全渠道以及灵活的供应链这3个维度的交互融合。其中，数字化是最核心的特点，也是全渠道和灵活的供应链能够实现的基础。新零售的业务特征如图5-8所示。

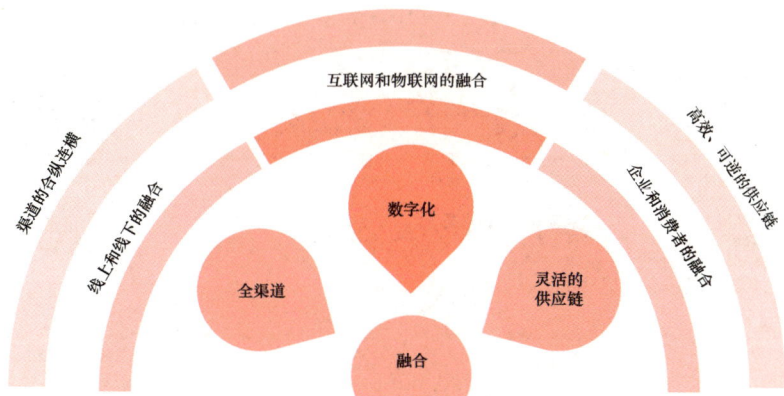

图 5-8 新零售的业务特征

新零售的本质

新零售本质上要完成人、货、场的重构。从业务来说，要用互联网的手段去赋能传统零售业，借助贯穿经营链路的完整数据和算法，实现线上与线下的深度融合；从技术来说，要借助数字技术和手段实现人、货、场的关键要素、关键环节、关键流程的数字化、数据化，并通过"数据＋算法"重构人、货、场的关系，进而科学地解决"在哪儿开店？卖什么？卖给谁？"的问题。

探索新零售的创新逻辑

模式创新：融合的商业闭环

"新零售"模式打破了线上和线下零售之前各自封闭的状态，线上线下得以相互融合、取长补短且相互依赖，线上更多履行交易与支付的职能，线下通常作为筛选与体验的平台，高效供应链则将线上线下相连接并与它们共同作用形成商业闭环。

基于新零售模式，消费者既能获得传统线下零售的良好购物体验，又能享受线上电商零售的优惠和便利，而社交化运营和大数据分析对人们购物全过程的不断渗透，一方面增强了零售商的营销精准性和营销效率，另一方面大幅提升消费者的购物体验。新零售模式的创新特征如图 5-9 所示。

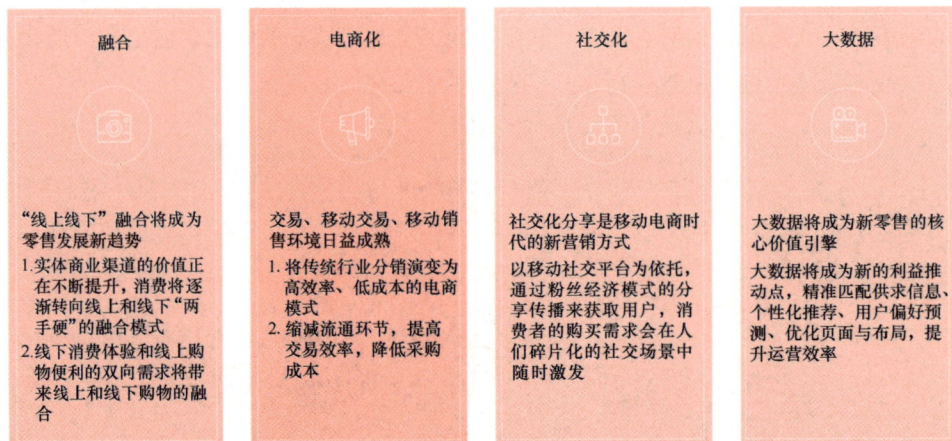

融合	电商化	社交化	大数据
"线上线下"融合将成为零售发展新趋势	交易、移动交易、移动销售环境日益成熟	社交化分享是移动电商时代的新营销方式	大数据将成为新零售的核心价值引擎
1.实体商业渠道的价值正在不断提升，消费将逐渐转向线上和线下"两手硬"的融合模式 2.线下消费体验和线上购物便利的双向需求将带来线上和线下购物的融合	1.将传统行业分销演变为高效率、低成本的电商模式 2.缩减流通环节，提高交易效率，降低采购成本	以移动社交平台为依托，通过粉丝经济模式的分享传播来获取用户，消费者的购买需求会在人们碎片化的社交场景中随时激发	大数据将成为新的利益推动点，精准匹配供求信息、个性化推荐、用户偏好预测、优化页面与布局，提升运营效率

图 5-9　新零售模式的创新特征

智慧零售：智能的购物场景

"新零售"商业模式得以存在和发展的重要基础，正是人们对购物过程中个性化、即时化、便利化、互动化、精准化、碎片化等要求的逐渐提高，而满足上述需求在一定程度上需要依赖"智慧型"的购物方式。

在产品升级、渠道融合、用户至上的新商业时代，人们经历的购物过程及所处的购物场景具有典型的"智慧型"特征。智能试装、隔空感应、拍照搜索、语音购物、VR逛店、无人物流、自助结算、虚拟助理等购物场景正在逐步真实地出现在消费者购物过程中，并将获得大范围的应用与普及。

无界零售：贯通的业务边界

企业通过对线上与线下零售平台、有形与无形资源进行高效整合，以"全渠道"方式清除各个零售渠道间的种种壁垒，模糊经营过程中各个主体的既有界限，打破过去传统经营模式下存在的时空边界、产品边界等现实阻隔，促成人员、资金、信息、技术、商品等的合理顺畅流动，进而实现整个商业生态链的互联与共享。

依托企业的"无界化"零售体系，消费者的购物入口将变得非常分散、灵活、可变与多元，人们可以在任意时间、地点，尽兴地通过诸如实体店铺、网上商城、电视营销中心、自媒体平台甚至智能家居等一系列丰富多样的渠道，与企业或者其他消费者进行全方位的咨询互动、交流讨论，也能进行产品体验、情景模拟以及购买商品和服务。

体验零售：触发式消费爆发

随着我国城镇居民人均可支配收入的不断增长和物质产品的极大丰富，消费者主权得以充分彰显，人们的消费观念逐渐从价格消费向价值消费过渡和转变，购物体验的好坏将愈发成为决定消费者是否买单的关键性因素。

在现实生活中，人们对某个品牌的认知和理解往往会更多地来自线下的实际体验或感受，而"体验式"的经营方式就是利用线下实体店面，将产品嵌入所创设的各种真实生活场景之中，赋予消费者全面深入了解商品和服务的直接机会，从而触发消费者视觉、听觉、味觉等方面的综合反馈，在提升消费者参与感和获得感的同时，进一步挖掘线下平台的价值。

生态零售：进化的商业生态

"新零售"的商业生态构建将涵盖网上页面、实体店面、支付终端、数据体系、物流平台、营销路径等诸多方面，并将嵌入购物、娱乐、阅读、学习等多元化功能，全面提升企业线上服务、线下体验、金融支持、物流支撑四大能力，更好地满足消费者对购物过程便利性与舒适性的要求，并由此增强用户黏性。

"新零售"商业生态必然是由主体企业与共生企业群以及消费者共同组成的，并且三方主体处于一种联系紧密、动态平衡、互为依赖的状态。

重构新零售的业务场景

全渠道零售

全渠道零售业务包括线上 B2C 电商（官方商城和第三方电商平台开店）、线下零售（直营和加盟）、终端要货（直营）和终端订货（加盟）、线上线下零售渠道融合 O2O（包括双向引流和订单协同）、基于营销中台实现与供应链系统的高效协同和业务财务一体化运营。全渠道零售业务流程如图 5-10 所示。

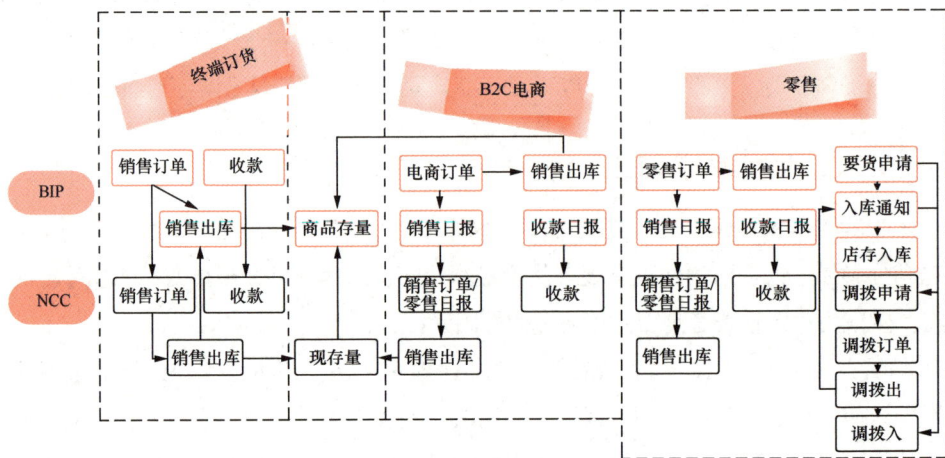

图 5-10　全渠道零售业务流程

全渠道零售应用价值如下。

- 智慧门店，聚合支付。

- 全渠道订单统一管理，高效智能订单处理流程。
- 订单路由智能分派仓库物流。
- O2O 协作线上线下一体化。
- 异常订单，自动拦截。
- 线上库存，及时更新。
- 精准核算，收支明了。
- 业务财务一体化。

⚙ 会员制营销

会员制营销基于零售大数据，建立全域会员统一管理平台，通过给会员画像和打标签实现会员的分类价值管理，在此基础上通过会员运营盘活会员资产，并通过开展全员裂变营销等社交化营销活动，为会员和消费者创造价值，为企业创造价值。会员制营销应用架构如图 5-11 所示。

图 5-11　会员制营销应用架构

会员制营销的应用价值如下。

- 基于以人为核心的全渠道、多入口的会员管理平台，线上线下会员资产权益共享，提升用户使用体验，增强会员黏性。
- 自动化营销工具、全员营销裂变、多样化营销规则以及营销活动提升企业营销投资回报率（Return On Investment，ROI）。

- 建立移动端会员中心，帮助企业搭建直达会员的私有流量入口。

- 智能化的会员分析帮助企业精准营销。

- 营销助手帮助企业营销人员维护会员关系。

连锁型零售

以线下业务为核心，连锁型零售业务包括直营和连锁加盟等模式，并基于互联网技术，支持线上开店和线下门店融合，支持门店聚合支付。实现传统门店向智慧门店的升级和转型，有效提升企业的零售资源配置效率和供应链协同效率。连锁型零售应用架构如图 5-12 所示。

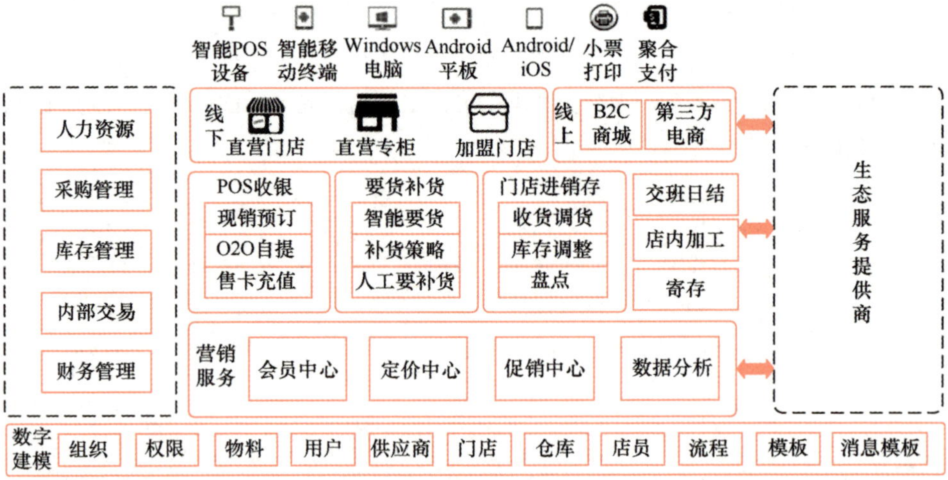

图 5-12　连锁型零售应用架构

连锁型零售的应用价值如下。

- 连锁门店统一管理。

- 多级分层管理。

- POS 设备多端适配。

- 集团化多组织经营。

- 聚合支付。

- 全业务协同运营。

- 实时库存共享。

- 业务财务一体化运营。

⚙️ 电子商务

以在线业务为核心，电子商务业务包括 B2C / B2B2C 等电商模式，充分利用在线客服和智能机器人，加强与用户的互动与沟通，提升用户购物体验，并通过建立会员系统开展拼团、直播等社交化营销活动，打破传统电商主要靠"花钱引流"的订单获取模式，逐步建立私域流量，实现从传统电商向社交电商的转型升级。电子商务应用架构如图 5-13 所示。

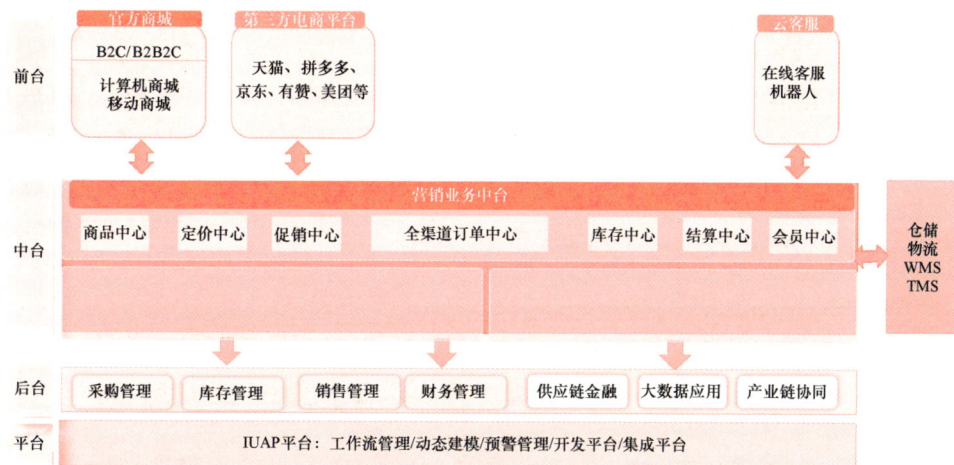

图 5-13　电子商务应用架构

电子商务应用价值如下。

- 支持自建官方商城 B2C/B2B2C。
- 全电商平台订单统一管理。
- 订单路由智能分派仓库物流。
- O2O 协作线上线下一体化。
- 异常订单自动拦截。
- 线上库存及时更新。
- 精准核算，收支明了。
- 业务财务一体化运营。

基于数智化的智慧零售

2020 年的新冠疫情加速推动了传统企业的数字化进程。从营销视角来看，传统企业在尝试通过数字化改造实现线上线下会员、营销、服务、商品等的互联互通，扩展新销售渠道，提升销量；借助小程序、社群、企业微信等工具赋能企业全时、全域销售，提升终端营销效率与转化率，帮助渠道商提高销量。

智慧零售场景的构建将主要从私域流量运营和赋能导购这两个方面助力传统企业及其渠道商实现数字化升级，帮助渠道商提升经营能力，为渠道终端的门店增加客流，提升销量。

私域流量运营

在应用智慧零售的过程中，企业主要通过建设会员体系沉淀私域流量，让流量变成"留"量。而线上下单、门店自提作为智慧零售中的热门应用，将帮助企业把线上流量有效引导至线下门店，助力门店客流增长，从而在一定程度上缓解门店获客难的问题。全域流量运营业务应用架构如图 5-14 所示。

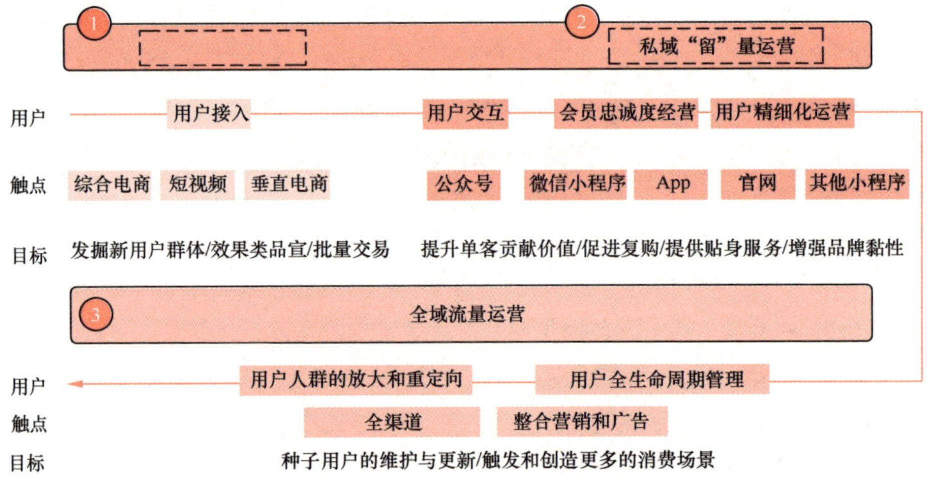

图 5-14　全域流量运营业务应用架构

公域、私域联动的方式正成为传统企业数字化营销转型的重要抓手，首先在公域尽可能多地获取流量，再沉淀到企业私域流量池，然后进一步建立数字化会员体系，最终帮助企业及企业的渠道商实现与用户更精准的连接。同时，在私域流量运营过程中，充分运用直播、短视频等形式，实现营销内容与方式的多元化，正在成为不同流通节点的运营和转化私域流量的利器。另外，随着微信小程序商业功能的不断完善，无论在公域获取客流，还是在私域精细化运营上，都将是渠道分销企业以及渠道商、终端零售商在全链路数字化阶段实践智慧零售的基础工具。

🔘 赋能门店导购

在终端，导购员作为连接商户和消费者的直接触点，以每个终端（门店或店群）为中心，通过小程序、社群、企业微信等工具，赋能渠道商，在导购中借助各种在线化、多模式组合的全时、全域销售方式，可以全面提升获客、转化、销售等能力。

赋能终端导购的场景包括自助购物、扫码购、线上下单门店自提等多渠道融合购物的场景；借助智能 POS 设备、智能导购机器人等智能硬件提升消费者体验；借助智能视觉识别等数据智能驱动智慧陈列、智能补货等；基于会员体系的精准营销，以商品、会员、支付、交易过程为对象的数字化变革等。

新体验：全域会员运营，重塑消费体验

在数字化和存量增长时代，会员营销的重要性、会员沟通的方式和手段、会员营销的流程体系都发生了根本性变化，获取增量流量的成本与难度同步增加，挖掘消费者特别是存量会员的价值成为企业营销制胜的关键。

会员运营的机遇与挑战

得会员者，得天下。越来越多的传统企业投入大量人力、物力、财力，为存量会员提供差异化体验和多元增值服务。例如，专属服务平台、积分兑换商品、参与免费抽奖、超低价领取新品、会员专属特价优惠等，从而不断增强消费者的黏性，深度挖掘和培养价值顾客，持续搭建一个针对价值顾客的营销体系，以提升其忠诚度和满意度。精细化的会员运营已经成为营销的核心焦点与发力点，而营销实战中仍存在诸多问题。

🔘 问题1：缺乏会员战略洞察和统一消费者语言

如今传统零售企业普遍面临竞争加剧、老用户流失较多的情况，同时获客成本也在不断提升，花钱买流量更成为不可承受之重。大多数的企业都拥有大量的存量会员报表，但绝大部分只是消费金额、客单价、会员人数增长比例等会员数据的简单汇总和统计。企业往往缺乏全面且科学地洞察与分析会员，例如，对会员分群和归纳、会员的品牌或品类偏好、消费黏性和流失趋势等。面对海量消费者，企业无法快速识别他们的共性和差异，无法精准地寻找到最有价值和潜力的会员。同时，每家企业、每个部门都会提出忠诚顾客、价值顾客、目标客群等概念，但企业难以形成这些概念所对应的人群划分的统一标准，导致会员运营策略难以落地执行。

⚙ 问题2：缺乏会员数字化触达与精准营销能力

伴随着电子商务、移动电子商务的发展，人们的消费行为愈加呈现个性化、碎片化的特点，他们高度渴求品牌商的深度理解，既希望看到符合个人兴趣的个性化广告，也希望收到匹配个人需求的个性化促销信息，更希望购买到满足个人期望的个性化产品。在会员营销盛行的当下，他们更希望企业能够深入洞察他们的需求，在合适的时间，利用合适的方式向他们提供符合其需求的产品及服务。这就要求企业能够全面并深刻地洞察会员的消费行为、消费习惯与潜在需求。

目前，企业往往面临会员数字化程度低，主要表现在电子会员占比低，会员基础数据缺乏，无法全面获取消费者的行为数据，会员行为不可被追踪，难以精准触达目标消费者等，从而直接导致企业即使发放大量优惠券、促销海报，投入大量资源，也难以实现会员个体与营销资源的精准匹配，造成部分消费者被广告骚扰过度，部分消费者却无法触达的尴尬局面。

⚙ 问题3：缺乏围绕会员的品牌/商品的洞察和服务

企业往往只是拥有基础的品牌/品类/商品的历史经营数据，难以精准地看到品牌/品类/商品的发展趋势和成长潜力，难以有效预见和预防期间的价值流失、比例失衡、增长乏力等问题。企业缺乏会员与品牌/品类/商品之间关联性、黏合度的数据和分析，导致为特定会员群体在万千的商品中推荐最适合的商品，同时又兼顾营收、毛利、库存和顾客满意度的营销行为几乎变成无法实现的事情。

全域会员洞察与精准营销

在万物互联时代，消费者的消费行为可以被记录并追踪。除了姓名、年龄、职业、收入等传统的信息外，消费者经常关注的新闻类型、经常光顾的店铺、经常购买的品牌、经常光顾的商圈以及日常消费支出，甚至近期关注的商品、行程安排、感兴趣的广告等消费者属性数据、浏览数据、点击数据、交互数据、交易数据等都可以被大量地采集和记录。

⚙️ 以会员为中心全渠道融合

全渠道营销作为一种营销理念，旨在为包括实体店铺、电商平台、网络媒体、移动购物和社交购物在内的多个消费接触点打造一致的、独特的品牌形象。实现全渠道营销，构建线上线下一体化的消费者体验，是数字营销的重要一环。而这个过程其实是以会员（消费者）为中心，整合线上线下的资源，打通线上线下的流程，实现线上线下消费者购买行为、消费数据的共享，从而实现企业基于全渠道的消费洞察。

消费洞察的目标是探究不同渠道的消费者价值度差异，线上线下消费者相互转化的驱动因素，了解不同类型消费者的购买渠道、信息获取渠道、消费决策习惯，洞察消费者消费趋势、购买时机等重要信息，从而真正实现基于消费者行为以及购买阶段的精准营销。

线下线上渠道的融合与打通需要通过唯一的用户身份证明（Union-ID）来进行。目前，常见的 Union-ID 是用户的手机号。毕竟无论是线下消费场景的会员注册，还是线上消费场景的会员注册，一般都会绑定手机号。未来，随着视觉识别技术的深度应用以及相关法律法规的健全，基于人脸识别技术记录下来的每个人面部特征（Face-ID）将代替手机号成为主流的 Union-ID。

⚙️ 构建全域会员数据库

经过共享、整合与挖掘分析消费者行为数据后，企业可以很清晰地描绘出消费者的画像，深入洞察消费习惯、购买力水平以及购买时机等消费者购买决策因素。企业作为数据的拥有者将可能比消费者更了解自己的消费行为为趋势以及消费驱动因素。

如今，越来越多的企业开始构建企业消费者数据平台[1]（Customer Date Platform，CDP），聚合消费者的消费行为数据，解决内外部多元、复杂的数据问题，并对消费者进行全生命周期的数据化管理；借助大数据、人工智能等新技术对海量数据予以深度挖掘，从而科学地预测消费者的购买行为。例如，消费者要买什么样的商品，愿意支付多少购买成本，倾向于购买何种产品组合，接受怎样的销售模式，倾向于通过哪些媒体获

1　消费者数据平台是企业数据整合应用和智能决策的重要工具。其作为企业数据平台，主要聚合来自营销、销售和客服等多渠道的第一手消费者行为数据，并将数据整合到统一界面，同时结合多系统、多渠道的第三方营销数据，形成以消费者实时行为数据为核心的企业动态化数据资产。

取信息，喜欢在哪些渠道购买产品或服务等。进而持续优化目标用户画像，动态预测消费者需求，构建科学的营销决策模型，实现高质量决策。

⚙ 形成多层级的会员标签体系

会员标签对于精准消费者洞察的作用和价值是不言而喻的。在实践中，许多企业热衷于设计非常多的标签，对于各种会员属性及购物行为，都试图用标签来刻画；同时，企业不同的业务部门也会采用不同的维度来设置标签。最终出现无法统一、难以运用不同视角、不同维度的标签的现象，无法形成有价值的消费者洞察信息。

会员标签是基于规则和模型产生的，而基本的规则是根据时段偏好、站点偏好、访问偏好（用手机 App，用微信，还是用 PC）、消费周期，然后基于购买力算法、用户群体画像算法、促销敏感度算法等生成标签。这些标签会慢慢形成体系，同时，加上一些业务、营销的因素，或者加上一些其他权重的人工更新，从而建立起基于数据规则和算法模型的标签体系。在实际存量会员的运营中，作为统一会员语言的基石，会员标签体系一般分为会员战略标签、会员应用标签和会员基础标签 3 个层级。会员标签体系如图 5-15 所示。

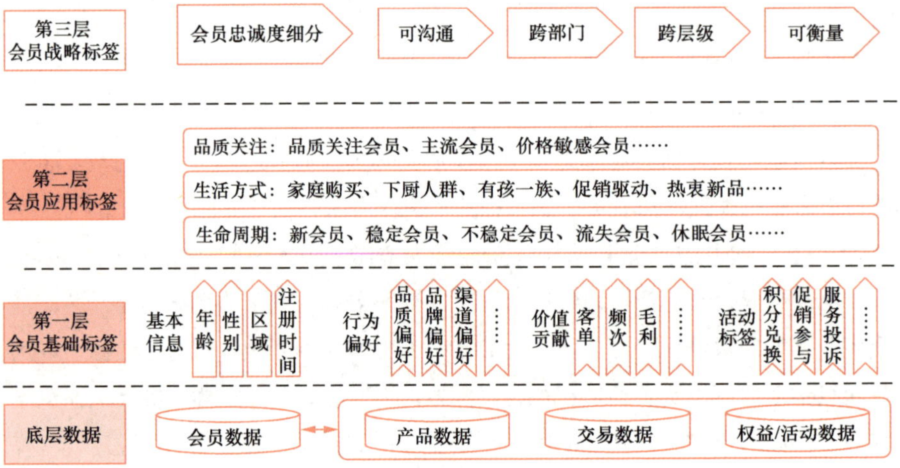

图 5-15　会员标签体系

会员战略标签即会员忠诚度标签，是指导企业会员战略的最重要的指标，具有可沟通、跨部门、跨层级、可衡量的特征。这类标签需要在各部门与层级建立统一会员语言，并实现持续追踪，可以满足根据月度、季度、年度等不同的时段进行数字化精准衡量的需求，满足洞察会员群体在某一时段内的变动情况和发展趋势的需求。

会员应用标签也称为场景驱动型标签，主要聚焦在消费者的品质关注、生活方式、生命周期等不同消费场景下的消费行为的分类与洞察。会员应用标签是通过与会员基础标签的相关数据结合，采用算法与模型进行计算后得出的结果，会定期更新，并且与各个业务系统对接，指导具体工作，一般数量在 20 个左右。

会员基础标签是通过多维度数据源计算、存储在数据库中的基础标签，例如年龄、性别等基本信息，品质、品牌、购买渠道等消费行为偏好信息，积分兑换、促销参与、服务投诉等营销活动参与情况等。会员基础标签整体的数量视企业所需而定，基于业务需求灵活扩展，多者可达数百个。同时，会员基础标签是会员应用标签和会员战略标签形成的基础，处于会员标签的数据驱动层体系。

⚙ 基于消费者画像的精准营销

精准营销的关键在于依托大数据的发展，分析消费者的消费习惯，给消费者的消费行为打上专属标签，根据标签内容画出消费者画像，继而有针对性地为消费者进行精准推送。精准营销应用具体包括以下 3 个方面。

- **个性化搜索与推荐。**其主要是基于消费者画像，在消费者进入平台进行搜索或者登录平台时，借助算法来分析消费者的潜在需求，可以直接推荐消费者想要的结果，做到"千人千面"，这就相当于一个在线化的"店小二"或者门店促销员的角色。个性化搜索的最大价值在于提升消费者的转化率。
- **精准广告推荐。**这个场景涵盖了社交传播广告以及网络广告投放。广告投放不是将广告向所有人推送，而是基于消费者画像锁定广告群体，选择广告渠道，做到有效送达、高效营销反馈。
- **热力图工具。**热力图工具是基于大数据结果分析的工具，主要是显示哪些地区的产品热度高，用户比较关注哪些品类，哪些用户会关注同一品类，新品上市时用户关注哪类促销活动等实时状态的工具，这对于营销部门基于消费者画像优化产品陈列、调整营销策略、智能选品、智能定价等都是非常有价值的。

会员全生命周期管理与运营

对企业来说，不管是线上渠道还是线下渠道，会员始终是核心资源。了解自己品牌的会员特征，就相当于在营销层面掌握了主动权，会员特征是一笔价值不菲的数据资产。

会员生命周期包括引入、成长、成熟、衰退、流失 5 个阶段。一个健康的会员生命周期体系既要搭建优质的拉新渠道，又要做好会员在整个生命周期的留存与运营，使之保持长久的生命力。从关注到注册，从注册到购买，从购买到复购，企业要在整个过程中让用户拥有舒适的体验，提升从关注到注册的转化率，减少会员流失，最大限度地引入初始流量，让更多的会员转化为忠实会员，深度运营忠实会员，以此延长会员的生命周期。

数字化的会员生命周期管理要基于会员阶段的定义、逻辑预算法，定义消费者所处的生命周期的阶段，并采取有针对性的营销沟通手段。同时在这个过程中，企业要充分利用算法，基于消费者购买行为进行动态评估与预测，准确识别会员类型，并自动触发有针对性的营销活动，进行精准的会员营销。例如，用友 YonBIP 营销云会定期基于逻辑回归模型对会员最近 13 周的消费行为表现打分，模型最终会输出最近 13 周有购买行为的会员未来变成易流失会员的概率，帮助企业快速识别忠诚会员与不稳定会员。

在会员生命周期管理过程中，满足会员诉求贯穿始终。维系会员与品牌的互动可以有以下 4 种方式。

- **第一，利益刺激。**即满足会员对利益的诉求，可以是积分奖励、各种免减卡券、红包、赠品等方式。
- **第二，荣誉诉求。**即满足会员对荣誉感的诉求，例如阶段性的表彰、提升会员的权益等方式，消费升级的时代，荣誉诉求越来越被重视。
- **第三，情感维系。**即满足会员的情感需求，最常见的是会员生日礼遇，还可以通过会员职业或性别等属性在特定时间节点定向推送情感关怀的内容，例如三八妇女节女性会员可以得到特殊礼物。
- **第四，产品需求。**即满足会员对产品和服务的诉求，当推出新产品时，企业对会员推送定向通知；或者记录好会员某次的服务要求，在下次主动提出对应的服务，能有效提升会员的满意度。

对会员全生命周期进行管理，归根结底就是为了让会员价值最大化，使会员运营更精细高效。

新管控：赋能营销团队，升级经营体系

在新时代，消费升级、供给侧改革、国产化三大动力推动中国经济由高速发展阶段进入高质量发展阶段。在新时代改革浪潮的推动下，企业间资源整合的力度加大，市场化推进的速度、新产品创新的速度整体都在加快。

从营销管控到营销赋能的转变

⚙ 用户经营体系升级势在必行

对于因供给侧改革而去低端产能，同时强化高端产品地位的集团企业来说，如何精准快速地洞悉用户需求，如何面向新老用户更好、更专业地销售产品，如何更高效地向用户提供服务，如何更敏捷地基于经营分析实现更精准的营销？这些问题使用户经营体系升级势在必行。

对于消费升级驱动产品升级和产线改进的分销型企业来说，它面临着产品结构调整后带来的高收入、高利润增长的机遇与渠道产业链条太长、信息割裂、新品推广不利、终端覆盖不够、费效比不高的矛盾，用户经营体系升级势在必行。

⚙ 赋能营销团队是转型所必需

因为营销团队作为品牌企业与终端用户之间联系的纽带，手握公司重要的用户资产且经常驻外办公，所以企业对他们总是既重视又顾虑。长期以来，企业对营销团队采用的是管控的手段。

在市场环境好的情况下，企业通常要求营销团队及时提报用户信息、联系人信息、与用户的交往信息，防止用户经营信息的流失；在市场环境不好的情况下，企业为防止营销业务人员懒惰，通常对他们加强考勤和行为的管理以及工作报告的管理，甚至要求营销业务人员不填写这些内容就不予报销费用。营销团队经常疲于应对，导致企业从外部市场获取的信息不及时、不准确，企业的用户经营能力也无法得到有效的提高，绩效无法得到实质性改善，最终导致营销团队人员变动频繁，直接对企业的深度经营造成较大的影响。

如今，市场环境的变化要求企业不仅要通过营销团队及时获取外部信息，而且需要及时反馈企业内部的业务执行信息。企业需要基于综合的业务信息快速响应前端需求，更需要基于综合的业务数据分析给予前端有针对性的业务指导。这些赋能的要求才是营销团队用户经营的真正所需，才是新时代企业竞争所需。

通过新技术、新模式、新工具对营销团队赋能，可将营销团队从繁重的表格和数据收集中解脱出来，发挥营销协同和整合优势；可使营销团队以区域市场管理者身份实现基层决策数据的模型化，相当于将优秀业务人员的60%～70%的能力通过数据模型规模化复制，高效提升团队的综合能力；通过业务预警管理，简化管理与目标导向，提高执行效率，高效提升基层的数字化决策能力，最终帮助企业实现营销高绩效的目标。

直销型（2B型）企业营销团队赋能模型

直销型（2B型）企业主要指以企业用户为目标消费者的企业，这类企业要么是产品制造或交付复杂、项目单产金额高、决策周期长、过程控制复杂、售后服务要求高的项目型销售企业（例如，软件企业、咨询公司、装备制造类企业及其经销商等），要么是产品通常为原材料或中间体，批量化生产、单笔批量大、用户重复性购买的大用户型销售企业（例如，冶金、钢铁、化工等流程型制造业企业及其经销商等）。

针对这类企业，对于营销团队的数智化赋能主要围绕大用户及生态资源管理、销售支撑体系、销售过程管理展开。

第一，大用户及生态资源管理。该赋能过程主要是企业树立用户长期经营意识，通过维系用户及相关生态圈关系，传达产品及服务价值，建立自身的竞争优势。企业要充分做好竞争分析，通过差异化及价值观的引导，在竞争中胜出，最终创造有价值的商机。

第二，销售支撑体系。主要是针对单产高、周期长、用户方参与的角色多，项目性销售以及大用户销售模式的企业。销售支撑体系注重借助结构化的知识库、多方的知识和力量协同进行挖掘与引导用户的商机；在项目的交付过程中，赋能营销团队做好业务执行的跟踪，协同多部门、多岗位保证交期；在项目的运营阶段，帮助营销团队借助数字化工具掌控运营的动态，及时通过专业的服务赢得用户满意，维系用户关系。

第三，销售过程管理。其本质是把大用户管理中建立的关系及销售支撑体系中企业本身的能力变现的过程，更注重短期效果，以赢得订单作为衡量标准，企业通过关注过程中信息的完整记录形成知识沉淀，通过关注过程的规范来保证赢单率及控制过程中的风险。销售过程管理如图5-16所示。

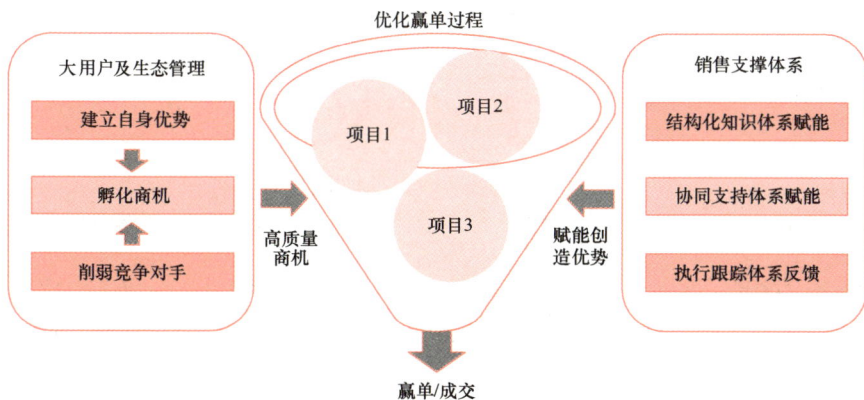

图 5-16 销售过程管理

中国一重集团有限公司

中国一重集团有限公司（简称"中国一重"）是中央管理的国有重要企业之一。该公司主要为钢铁、电力、能源、汽车、矿山、石化、交通运输等行业提供重大成套技术装备、高新技术产品和服务，并开展相关的国际贸易。

业务诉求

中国一重的产品制造及交付复杂、项目单产金额高、决策周期长、过程控制复杂、售后服务要求高。在售前阶段，如果商机信息不明、商机过程控制不好，就难以提升赢单率，难以突破合同额；在售中阶段，如果影响合同回款的节点控制不好，就难以保证交期，难以回收款项，影响企业的现金流；在售后阶段，如果现场交付计划控制不好、工单问题处理效率低，就会严重影响用户的满意度、款项回收及经营服务。

应用模式

营销赋能主要以销售的全生命周期为核心，在售前阶段建立以商机为核心的高效赢单体系，以确保及时跟进商机，强化销售过程管理；在售中阶段建立以合同为核心的执行跟踪体系，以确保项目交期和及时回款；在售后阶段建立以服务工单为核心的高效服务体系，以保证用户服务的及时性、有效性，提升用户满意度；同时建立以经营目标为核心的绩效评估体系，实现全业务过程实时化、可视化。基于全生命周期的营销闭环如图5-17所示。

售前阶段	售中阶段	售后阶段	业务透视
建立以商机为核心的高效赢单体系	建立以合同为核心的执行跟踪体系	建立以服务工单为核心的高效服务体系	建立以目标为核心的绩效评估体系
增合同、壮规模	保交期、促回款	快交付、赢口碑	高绩效、可持续

图 5-17　基于全生命周期的营销闭环

应用价值

- 售前阶段：全程记录商机信息及过程指导、分析赢单能力指数、评审把控签约前的各类风险、基于商机 360° 视图的项目复盘分析，有效提升项目赢单率，使营销团队的合同额持续增长。

- 售中阶段：建立包括合同结算执行、合同业务执行、现场施工执行计划在内的以合同为核心的执行跟踪体系，及时协调资源，保证按期交付，按期回收款项。

- 售后阶段：建立以工单为核心的高效服务响应体系，及时收集用户的服务申请、及时高效处理工单、及时掌控服务效率和质量，赋能专业服务，赢得用户满意。

河北钢铁集团

河北钢铁集团（简称"河钢集团"）是世界最大的钢铁材料制造和综合服务商之一，以"建设最具竞争力钢铁企业"为愿景，致力于为各行各业提供最具价值的钢铁材料和工业服务解决方案。目前，河钢集团已经成为中国第一大家电用钢、第二大汽车用钢供应商，海洋工程、建筑桥梁用钢领军企业，在 MPI 中国钢铁企业竞争力排名中获"竞争力极强"最高评级，是世界钢铁协会会长、中国钢铁工业协会轮值会长单位，连续 12 年位列世界企业 500 强，2020 年居第 218 位。

业务诉求

河钢集团主要的产品是家电用钢、汽车用钢、建筑工程用钢。其业务具备典型的批量化生产、单笔批量大、用户重复性购买的特点，20% 的重点大用户占据公司近 80% 的营业收入。如果大用户经营不到位，会对公司经营造成巨大影响；如何实现老用户的持续产出以及新用户的高效开拓，如何通过产品结构的快速调整保证最佳的产销平衡及获取最大的利润等问题，是企业在经营中的难点和重点。

应用模式

营销赋能主要围绕大用户全貌信息透视（大用户全面画像）、老用户持续经营（以老用户持续产出为目标的深度经营）、新用户高效开拓（以销售漏斗为模型的用户开发体系与商机管理流程）以及产品结构调整（基于业务分析推进产品结构的优化与调整）展开。基于用户经营的营销赋能闭环如图 5-18 所示。

大用户全貌信息透视　　老用户持续经营　　新用户高效开拓　　产品结构调整

图 5-18　基于用户经营的营销赋能闭环

应用价值

- 通过对战略大用户的基本信息、联系人信息、交往信息、历史合作信息、年需求信息、集团下属各单位的供货产品信息、年目标制订信息、交易信息、服务团队信息等综合信息的管理，业务人员可以实时查询权限范围内的用户全貌信息，高层可以基于集团维度全面了解该用户的经营覆盖度，以便开展更深入的战略合作，实现对战略大用户的深化经营。

- 通过对老用户经营信息的采集、交易信息、服务信息的集成，从经营深度、服务响应度、用户满意度等多维度进行用户经营情况分析与需求预测，有效推进老用户的持续经营，保证新产品的持续产出。

- 规范新产品在用户开发过程中的管理，从信息接触、用户联络、产品送样、产品试样、产品认证、小批量生产到达成首次合作，实现全过程推进的规范化管理，基于过程中的信息及时协调及指导，保证业务推进的高效，推进用户及产品的结构化调整。

- 从用户等级类型（A/B/C/D）、产品等级类型（普通、一般、战略、特色战略）维度对经营结果进行结构性分析，及时分析用户结构及产品结构调整是否到位，及时调整战略，实现最优化的产业结构调整。

分销型（2C型）企业营销团队赋能模型

分销型企业主要指以个人消费者市场为目标的企业，这类企业的主营业务大多是消费类产品的制造与销售，产品相对标准化，市场需求量大，产品的销售范围广泛，同时，这类企业通常借助代理商、经销商、渠道商等分销渠道进行业务推广、市场覆盖与服务支持。

对这类企业营销团队的数智化赋能主要围绕营销目标分解、经营绩效管理、营销行为管理、营销决策支持、营销能力支撑 5 个方面展开。分销型（2C 型）企业营销团队的数智化赋能如图 5-19 所示。

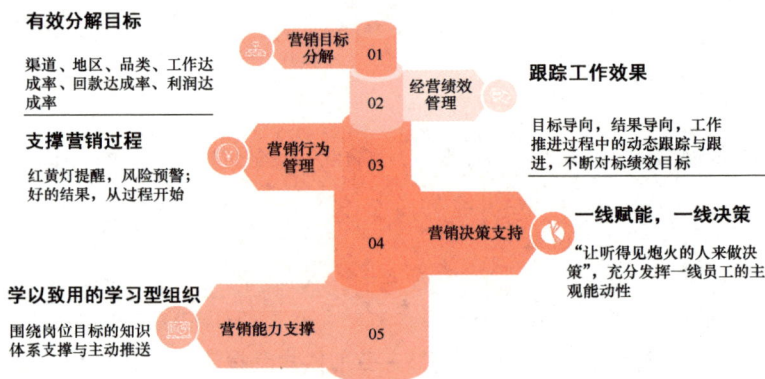

有效分解目标
渠道、地区、品类、工作达成率、回款达成率、利润达成率

支撑营销过程
红黄灯提醒，风险预警；好的结果，从过程开始

学以致用的学习型组织
围绕岗位目标的知识体系支撑与主动推送

营销目标分解 01
经营绩效管理 02
营销行为管理 03
营销决策支持 04
营销能力支撑 05

跟踪工作效果
目标导向，结果导向，工作推进过程中的动态跟踪与跟进，不断对标绩效目标

一线赋能，一线决策
"让听得见炮火的人来做决策"，充分发挥一线员工的主观能动性

图 5-19　分销型（2C 型）企业营销团队的数智化赋能

第一，用户经营赋能的首要工作是做好目标的管理。 基于科学的目标与实际业务的执行能被直观地透视，企业通过目标绩效的客观公正性，提高骨干人才的保有率。

第二，好的结果从好的过程开始。 企业以目标为导向，梳理和优化过程管理环节的内容，将优秀业务人员 70% 的业务能力模型化、标准化，让普通业务人员按此标准规范执行。企业在实际执行业务策略的过程中，真正聚焦业务执行效率的改善、强化业务执行信息的高效反馈和及时预警，并基于这些内容进行合理指导和支持，可以让好的过程驱动形成好的结果，最终有效提升业务团队的综合作战能力。

第三，企业合理地定位一线业务人员，他们不是用户联络员、不是用户的"勤务兵"，而是区域市场的经营者和管理者。 通过对区域市场业务的综合分析和有价值的分析模型，指导一线团队加强数字化分析和数字化决策，从而保证区域市场经营更全面、更合理。

通过不断的业务沉淀，企业将用户经营业务能力体系化、知识化、结构化，提高老员工的综合素质，缩短新员工的成长周期，为深度用户经营提供更强的服务保障，实现更高的目标。

河南心连心化学工业集团股份有限公司

河南心连心化学工业集团股份有限公司（简称"河南心连心"）拥有三大生产基地，主要生产尿素、复合肥、甲醇等产品。

业务诉求

在营销环节，河南心连心业务覆盖的区域广、用户多、业务人员多、渠道链条长，政策及活动多、费用投入大。一旦营销环节管理不善，就会导致目标绩效不直观、不公正，活动费用效率比低、投入成本浪费，人员工作效率低、人力成本浪费等问题。

同时中国农业进入高质量发展阶段，提倡"减肥减药增效"的现代农业经营创新。面对市场需求的变化，河南心连心在不断进行产品创新的同时，制订了"低成本＋差异化"竞争战略以及"以销定产"的经营战略。为保证战略落地，用户经营体系升级刻不容缓，一方面需要加强全渠道、全区域的高效营销推广，另一方面需要面向终端农户提供专业化的农技服务。

应用模式

营销赋能主要围绕用户管理（涵盖经销商、零售门店的全面用户管理）、区域经营（透视区域经营动态）、业务协同（营销过程中的业务协同、工作协同）、营销费效（营销活动的推广、执行、投资汇报等全过程管理）、营销人员日常管理（基础营销人员的用户拜访、用户维护等日常行为管理）、营销业务知识化（营销知识库涵盖产品知识、销售知识、业务技能等）6个方面展开。

应用价值

用户管理赋能是指实现用户全类型（经销商、零售商、大用户）、全过程（已合作、在发展、潜在跟进）、用户全生命周期、用户业务全貌的综合管理及直观展示。用户管理赋能如图5-20所示。

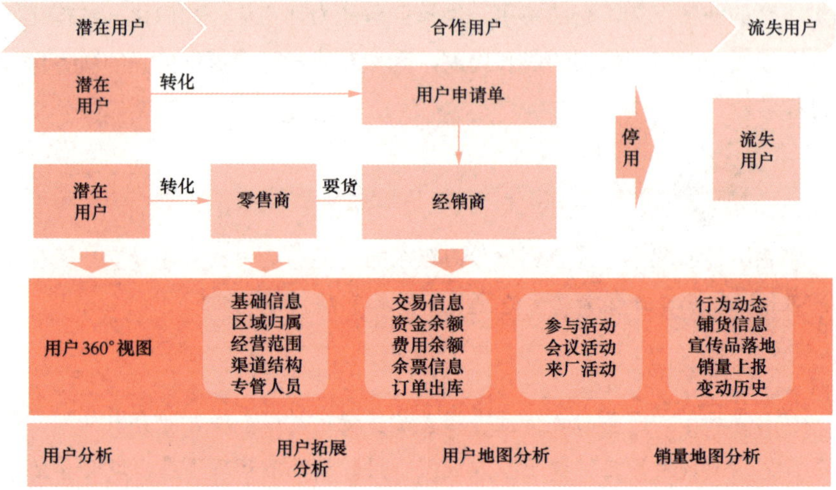

图 5-20　用户管理赋能

- 目标管理赋能通过灵活的目标管理模型和满足区域市场管理的层级关系定义目标，支持目标逐级下达、上报，支持实际达成取数，形成直观、实时的目标达成分析并可穿透式查询。

- 业务协同赋能包括 4 个方面内容。第一，信息推送的赋能，即与 ERP 业务系统集成，将各类公告信息、业务执行相关的通知信息（订单信息、审批信息、发货信息、开票信息、收款信息、应收信息）、预警信息（发货预警、应收预警、信用到期预警、计划到期填报预警、用户长期未拜访预警等信息）第一时间推送给业务员。第二，业务查询及事项申请赋能，即通过价格查询、库存查询、促销品查询、订单查询、价格申请、信用申请、退票申请等功能，实现日常业务事项的快速查询及申请，提升业务处理的效率。第三，业务审批赋能，即集成多业务系统中相关的审批，营销团队领导可在移动端便捷地审批、处理所有与销售相关的信息，实现高效处理业务的目标。第四，要货计划管理的赋能，即通过缩短要货计划的填报周期、规范要货计划填报的内容、定期提醒要货计划的填报、基于实际执行数据加强要货计划的跟踪，帮助企业实现最佳的产销平衡。

- 行为规范的赋能通过灵活地定义拜访规则，支持业务员按照规则和计划，规范、高效地实现业务的拜访，并在工作报告中直观体现行为数据及交易数据，工作绩效直观明了。

- 活动费效管理赋能通过各类营销推广活动的方案制定、审批、活动的申请、筹备、执行，信息的采集、总结、分析、费用的归集等全过程的跟踪管理，直观了解投入产出的效果，确保活动执行到位、费用投放合理。活动费效管理赋能如图 5-21 所示。

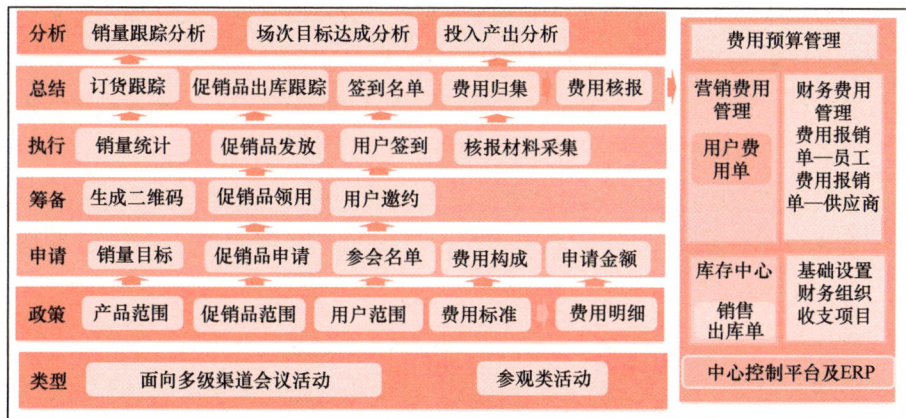

图 5-21　活动费效管理赋能

- 业务能力知识化赋能通过将营销及农技服务知识结构化，在移动端实现便捷的检索、多形式展示并提供多种社交化互动方式（权限范围内实现上传 / 收藏 / 留言 / 点赞 / 分享），后台自动进行知识的使用分析；同时通过多维度的经营分析和异常预警，提升各级管理人员的区域市场经营和管理能力，提升数字化决策能力。

企业营销数智化进阶路径

数字经济时代下的商品流通是以用户为中心的商品结构优化与有效供给，实现企业的用户触达、商品展示、仓储、交易、配送、服务等业务的高效整合，企业营销渠道的社会化分工越来越细且协作要求越来越高。

市场倒逼企业数字营销能力构建

传统企业经营必须要由粗放走向精准，从以商品为中心转变为以用户为中心，把用户价值作为经营目标，把企业存量用户和业务变为企业的数据资产，通过资源整合实现大数据精准营销，解决企业营销中的实际问题，实现真正意义上企业营销的精准与高效。

一方面企业要练内功，丰富产品品类、提高产品质量、扩大产品品牌；另一方面企业要打造数字营销能力，即运用数字技术优化营销模式，拓展渠道通路，精准触达用户，提升经营业绩。数字营销能力具体包括以下几个方面。

- 以产销效率提升与供需协同为基本目标，建设规范高效的运营管控体系，构建数智化的生产、供应、营销一体化协同体系，赋能经营决策。
- 融合线上线下渠道，构建私域流量，提升用户服务体验；连接渠道网络体系，提高新产品铺市铺货出样覆盖率，巩固市场份额。
- 提供适销对路的产品，利用营销大数据，提高新产品推广与精准营销能力，洞察优化产品销售结构；利用营销大数据，实现基于消费者画像的精准营销和服务，实现会员对企业的忠诚，从而对复购、裂变产生拉力。
- 降低整体交易与物流成本，提高传统售点服务质量；建立价盘管理体系，强化区域定价管理能力；提升售点促销活动管理，进行精准化、合理化的市场投入，促进营收增长。
- 利用营销大数据赋能增量收益、产品内驱力、渠道扩张力、终端动销力、品类延伸力、营销平台流水与财务收益。

构建这些能力要求企业改变过去的传统做法，对产业链资源进行整合、重组，打通全产业价值链，实现产品、用户、员工、交易与服务实时在线，并形成数据沉淀，以数据反哺业务，最终实现用户导向、员工能动、数据驱动、实时运营。

那么企业应该如何认识营销的数智化转型呢？当前阶段，大部分企业已经实现了内部管理的信息化，以及产业链的有限协同，但没有实现营销产业链的完全打通和实时在线，没有建立起以用户为中心的商业模式和流程，没有实现真正意义上的精准与高效的数字营销，没有真正盘活营销资产。

目前，行业龙头企业的营销数智化策略是通过引入新技术、新平台、新模式，将信息系统重新定位于支撑企业战略落地与模式创新的支撑系统，发掘传统品牌企业庞大的市场存量优势和资源优势，通过连接产业链的业务主体实现存量业务的数智化管理，并通过大数据的精准营销，实现企业营销的开源和增量管理。

解读企业营销数智化进阶路径

构建数智化营销平台，通过新型的营销管理工具和营销经营策略实现营销升级，其关键在于通过连接用户和转化存量形成营销大数据资产，并通过引导增量用户构建产业链共同体，形成生态化的业务管理平台，分析渠道链的实时动销情况，掌控渠道业务主体的实时绩效目标，进而实现企业营销管理的数智化升级，实现区域市场价盘体系的管理。

营销数智化的目标与规划虽然要立足企业的长远发展，但一开始也要解决企业的实际问题，一般分为以下 3 个进阶步骤。

第一步：数智化存量业务——连接交互、存量转化、构建平台

传统企业大多拥有较大体量的存量用户和存量业务，但企业与渠道用户之间没有强连接关系，不清楚渠道流向与最终消费情况，营销处于"盲打"状态，不再适应当前分层化、小众化、个性化的消费需求变化。数智化存量业务必须基于在线化、实时化、社交化、智能化重构管理场景。

这个过程中的关键一步是产业链用户的数智化，即整合渠道产业链，数智化地描述用户。而后以用户为中心，建立产品的连接、渠道的连接，厘清营销推广、渠道利益分配和交易与服务的关系，构建存量交易转化平台。

业务在这个平台上清晰呈现，实时在线、可交互、可影响的新型企业与产业链用户形成强关系，实现庞大存量业务向自建平台转化，构建企业自己的营销大数据资产。企业通过与产品、用户建立连接，收集产品信息，以及用户在使用产品过程中的相关信息，为精准营销、精准服务提供数据支撑；企业通过业务员的在线化，对业务员经营市场、服务用户的全过程进行在线化、实时化管理。

存量业务数智化后，产品在线、用户在线、员工在线、交易与服务在线，实现了多级渠道线下交易线上化，使多级渠道快速联动、供应链高效协同、配送敏捷精准，充分保证了市场的高效快速补给，并为下一阶段以市场为导向调整优化商品结构、以消费者为中心完成营销推广升级、以数智化和大数据为基础实现高效精准营销打下坚实的基础。

第二步：价值链增量创造——数据驱动、模式创新、获取增量

在企业的业务管理层，流程化可能带来的是业务量的增加，但不一定能创造增量价值，增量价值的创造一定是靠业务创新来实现的。例如，基于营销大数据开展的直接面向终端用户的精准营销、基于消费场景的体验式营销、基于渠道能力的社交化裂变营销，最终将实现价值链的增量价值最大化和产业链共赢。

解决价值链（厂商、经销商、销售终端等多个环节）增量怎么实现、营销业务怎么

改善、新品推广如何做、产品终端覆盖如何拓宽、产品结构如何调优、营销费用如何管理等问题，要利用积累的数据。基于数据驱动，实现新品推广、产品铺货、营销活动等模式的创新，进而获取增量价值。

从新品推广来看，一方面，企业把经销商、终端全连接起来并形成精准用户画像后，可以通过精准推送、个性化推荐，有针对性地设计促销活动，设计特定的消费场景体验等找到增量空间；另一方面，企业可以借助精准的用户画像，洞察用户需求，向用户推荐新产品、新服务，激发存量用户的购买力，以获取增量市场与空间。

从产品铺货来看，企业通过基于大数据的渠道分析、品牌分析、市场占比分析、消费需求分析等，全方位了解不同渠道的铺货情况以及造成铺货不顺畅或产品积压的原因，并给出有针对性的解决方案和市场策略，从而解决直面消费者的"最后一公里"难题；同时企业借助对于消费者需求的有效预测，可以设计终端用户众筹、预订等营销活动，反向拉动渠道铺货。

从营销活动的执行情况来看，数智化模式创新可以实现高效的营销活动管理。借助数智化营销模式可以使企业整体的营销变成总部受控，企业整体的促销变成在总部的规划设计、统筹组织下，通过线上手段实现，同时消除线下的人为干预，使企业整体的营销投入直达用户和终端门店，这样可以极大地调动终端用户的积极性，加大终端用户的进货量，以及加速终端用户的动销，从而实现终端用户的增量，实现产业链的增量。

⚙ 第三步：社会化商业生态——商业创新、生态发展、社会责任

通过前一阶段的增量价值创造，社会化商业生态不仅实现了产业链价值共赢，也为企业平台化运营打下坚实的基础，此时企业可以引入产业互联网的思维重构产业链、价值链，基于社会化、生态化、平台化的模式重构企业的商业模式。例如，优化调整原来的盈利模式与分利模式，重新定义业务主体的责权利，从卖产品变为卖解决方案，引进更多的服务商入驻平台，承担产业链的社会责任，为社会更好地提供价格合理、品质优良的产品和服务。

我们把营销数智化转型落地路径划分为 3 个阶段，这是为了让企业管理者清晰地认识营销数智化的过程和目标。然而，在实际执行的过程中，这 3 个阶段是相互关联的，并不一定严格区分时间界限，甚至有可能为了前一阶段的效果，后一阶段的某些工作要提前做。这就要求企业给经销商、终端用户描绘数智化存量业务实现后的增量价值蓝图，并说服他们，甚至企业可以先实现部分增量创造，让经销商、终端用户先得到实实

在在的好处。

飞鹤乳业：共生共赢的数字化转型

飞鹤乳业是中国最早的奶粉企业之一。多年来专注于针对中国人体质研制奶粉，对中国宝宝体质特点及需求展开大量研究，引领行业开创多种提高奶粉对中国宝宝体质适应性的技术、配方与工艺，是国内少有的在婴幼儿配方奶粉领域的百亿企业。飞鹤乳业用了 10 年时间，打造了中国婴幼儿奶粉行业第一条完整的全产业链，旗下拥有星飞帆、超级飞帆、飞帆等系列产品。

业务诉求

飞鹤乳业始终专注做更适合中国宝宝体质的奶粉，为中国妈妈提供更健康、更新鲜的优质产品与便捷服务。在高速发展的背景下，飞鹤乳业数字化转型的核心诉求如图 5-22 所示。

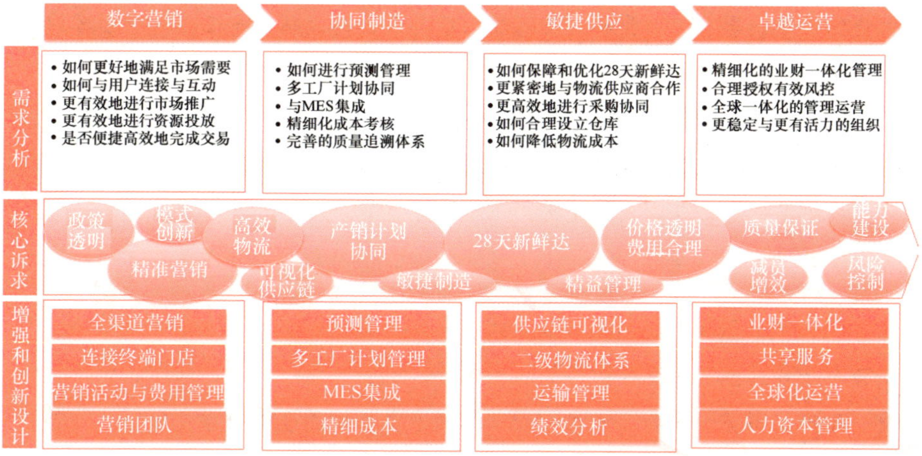

图 5-22　飞鹤乳业数字化转型的核心诉求

产品新鲜度诉求。为保证带给用户更健康、更新鲜的消费体验，飞鹤乳业的产品从鲜奶挤出开始，最快 28 天就可以到达消费者手中，飞鹤乳业还打造"2 小时生态圈"，充分保证了奶粉的新鲜和营养。这就需要对于原奶物流，产品流通进行合理计划与控制并实现全程可视化，为用户、商业伙伴、监管机构提供全面的追溯服务。

营销管理诉求。飞鹤乳业已经建立了完善的二级渠道营销与电商、会员等多维营销体系，但从经销商到终端的线下业务链，交易协同、营销管理与市场推广尤为困难，具体体现在销售目标与费用投放无法做到精细化管理，营销团队对于经销商的支持效率有待进一步提高，无法最大限度地满足市场需求；营销团队规模庞大，无法激发团队经营意识并建立起更加完善的经销商服务体系；无法支撑渠道营销效益提升，无法进一步服务好市场和经销商。

内部业务协同诉求。飞鹤乳业以效率提高与供需平衡为目标，促进各项业务的全面融合与高效协同，实现产业链条的效益最大化。在销、产、供业务协同上，从市场营销、生产安排，到原料采购、储运物流、售后服务，做到运筹一体，步调一致，高效协同，敏捷应对。

模式创新诉求。模式创新诉求是突破现有模式的禁锢，寻求新的突破与增长点。飞鹤乳业积极尝试云仓模式，提升渠道体系中的物流周转，提高经销商的资金利用率。在保证产品新鲜度的基础上，实现营销生态的良性发展。

集团管控诉求。集团管控诉求是建立能够快速响应市场需求，组织内部供应能力的运营体系，让此运营体系在满足企业管理、战略落地、风险控制、成本集约的整体要求下，为各层管理者、业务人员提供抓手与工具，全面客观地反映企业运营的整体绩效，帮助飞鹤乳业实现又好又快的可持续发展。

服务保障诉求。飞鹤乳业的服务保障诉求进一步优化能够满足产品新鲜度，并且28天直达消费者的供应体系，进一步压缩产品直达终端门店的周期，保障消费者的良好消费体验。

应用模式

飞鹤乳业数字化转型项目以全渠道营销为源头，供应链支撑为保障，生产制造与质量追溯为基础，财务管理为督导，涵盖营销、计划、采购、储运、物流、生产、财务、人力、质量、资产等多业务领域的全面数字化建设。飞鹤乳业数字化转型项目规划如图5-23所示。

关键应用

关键应用一：创新的数字营销平台

飞鹤乳业数字营销平台实现渠道交易协同及渠道管理的精度深耕，覆盖终端门店的日常业务开展，并贯彻落实营销团队的区域市场经营活动，全面支撑终端门店面向消费者的营销服务并实现产品流通过程中28天新鲜度的品质要求，实现供应链网络的全程追溯与可视化。飞鹤乳业数字营销平台业务流程如图5-24所示。

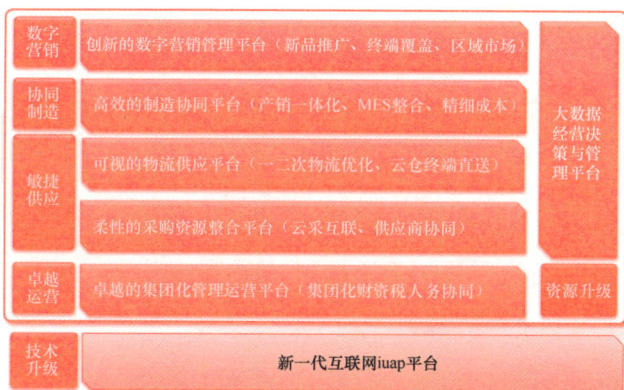

图 5-23　飞鹤乳业数字化转型项目规划

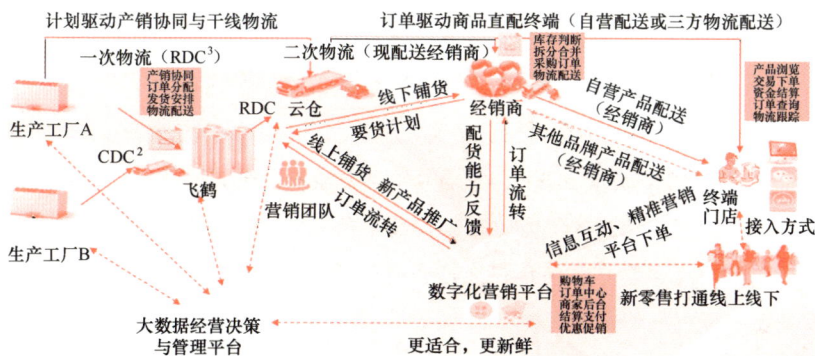

图 5-24　飞鹤乳业数字营销平台业务流程

关键应用二：高效的制造协同平台

飞鹤乳业制造协同平台以市场实际需求与需求预测为目标，以渠道供应链管理为基础，以生产基地产能为支撑，打造产销协同的集中计划体系。在生产执行层面，与生产现场的西门子制造执行系统（Manufacturing Execution System，MES）高度集成，强化制造执行的过程管控，建立精细化成本核算体系。飞鹤乳业制造协同平台业务流程如图 5-25 所示。

关键应用三：可视的物流供应平台

物流供应平台以 28 天产品新鲜度为目标，实现流通环节的整体物流优化，建立云仓二次物流的管理模式，合理进行面向预测与面向订单的物流安排，实现基

2　CDC：Central Distribution Center，中央配送中心。
3　RDC：Regional Distribution Center，区域配送中心。

于食品安全的全程追溯和物流可视化。

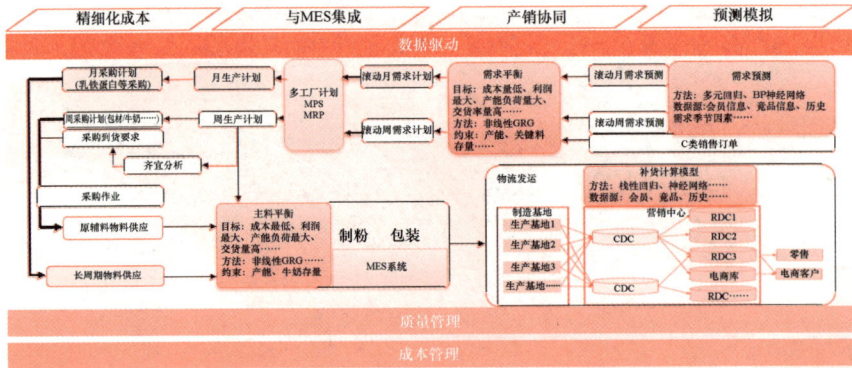

图 5-25　飞鹤乳业制造协同平台业务流程

关键应用四：柔性的采购资源整合平台

采购资源整合平台建立以 28 天新鲜度为基础的高效供应体系，通过"云采超市"建立与外部供应商的全面业务协同、强化基于食品安全与产品品质的原料品质管理与批次追踪，并建立核心物资国际化采购业务及全面风险控制体系。

关键应用五：卓越的集团化管理运营平台

集团化管理运营平台优化建立符合战略目标的组织架构体系，以此为框架支撑集团财资税一体化管理及合理税务筹划，建立以营销费用为核心的费用预算支撑体系，建立财务管理与业务推进的一体化体系，实现集团的精益运营，支撑飞鹤乳业的多级决策体系。

🔲 应用价值

- 基于全通路的营销生态建设，在现有的渠道营销存量业务中，通过营销政策精准实施与营销费用的精准投放，提升面向终端门店的营销服务，通过云仓模式，提高渠道周转率与门店服务覆盖率，实现新的业务增长点。

- 基于食品安全与品质保障的产品全生命周期管理，实现从奶牛养殖、原奶生产、奶粉加工、渠道流通、用户消费的全程物料追溯。

- 基于敏捷供应链的作业效率提升，以全面满足用户 28 天新鲜度的良好体验为宗旨，实现外部渠道供应链与内部生产物流供应体系的有效支撑。

- 基于业务协同的数据分析与预测，通过企业生态数据的深度挖掘与合理利用，实现对预算执行、财务管控、人力共享、计划预测、渠道供应链体系等多个业务领域的数据应用与共享。

第六章　新制造：工业互联，智能制造

制造业变革的步伐越来越快，数字经济在制造业中的作用也逐步清晰，带来了新一代数字技术与全新商业创造性思维的重新组合、体验和互动、营销和配送、运营和生产以及组织协同等企业经营要素的激烈碰撞，不仅会影响用户、市场、供应商等价值链要素，甚至有可能重构整个行业价值体系。重构从根本上改变了商业经济的运营模式，主要体现在 3 个方面：一是传统价值链分崩离析，新技术创造出更透明的价值链，更容易分解智能；二是传统产业相互融合，新的竞争对手层出不穷，参与到各行各业特定价值链职能领域的竞争中，推动了产业融合；三是新生态系统逐步浮现，为实现以用户体验为中心的企业服务奠定了坚实的基础。

基于此，我们需要从战略、运营和技术 3 个方面重塑企业的运营管理，创造新的商业模式和业务模式：从战略方面而言，需要从关注用户体验开始，管理独特的业务模式和生态创新；从运营方面而言，要不断实现自我重塑，营造鼓励不断快速迭代的创新机制，整合传统运营和数字化运营；从技术方面而言，要熟练运用新的技术去赋能商业应用场景，重复发挥技术赋能作用。

新供应：从大规模生产到大规模个性化定制

大规模个性化定制是根据每个用户的特殊要求，以大规模生产的效率提供定制产品的一种新型生产模式。与传统的大规模生产模式相比，大规模个性化定制需要把"大规模生产"与"个性化定制"这两个看似矛盾的生产模式有机地结合在一起，从而满足小规模、多品种产品的市场需求。

大规模个性化定制的业务特征

特征1：用户中心化

用户中心化是个性化定制的本质。当前，企业价值链正加速从以产品为中心向以用户为中心转变。

一是用户地位由被动变主动。在个性化定制新模式中，用户由被动接受标准化产品向主动主导产品供给转变，深度参与产品设计、制造和装配等环节，大幅提高消费自由度。

二是出售产品由标准化变个性化。以往制造企业主要面向重点用户提供统一化、模块化的"拳头"产品，而长尾经济理论则启发制造企业要同时兼顾具有个性化、定制化需求的用户，挖掘更广阔的市场空间。

三是服务边界由销售部门变成企业全部门。制造企业的服务边界点由前端销售部门不断向企业内部延伸，研发、生产、运维等部门以用户定制需求信息为依据，合理安排相关工作，全程响应用户需求。

特征2：数据贯通化

数据贯通化是个性化定制的核心。企业基于平台将用户定制数据贯通产品全生命周期，串联起研发、采购生产、销售、服务及运维等业务部门，为协调各类资源开展个性化定制服务提供重要支撑。

一是数据准确贯通。企业要准确获取用户对产品原材料、结构、外观和性能等方面的个性化需求，结合实际使用场景进行数据转化，将定制数据在各个业务环节准确贯通，实现各业务部门的一致性、协调性、准确性。

二是数据实时贯通。企业要保障用户定制数据和生产能力数据在研发、采购生产、销售、服务及运维等部门间快速贯通，灵活配置制造资源，及时响应用户需求。

三是数据交互贯通。企业要确保数据在各个部门之间灵活流通，驱动各个部门依据变动信息进行同步调整，提高企业的整体协作水平。

特征3：生产柔性化

生产柔性化是个性化定制的关键。企业基于平台整合用户多样化定制需求，提升研发设计、生产制造、原料供应等环节的快速响应和柔性切换能力，开展高精度、高可靠、高质量的个性化定制服务。

一是设计协同。企业准确识别用户需求，协调材料、结构和性能等设计部门，实时共享设计数据，制订个性化产品设计方案和生产计划，充分满足用户需求。

二是柔性制造。企业根据定制产品的加工要求，通过软件控制系统无缝切换刀具、工装（夹具、治具、检具）、传输设备等产线配置，确保各个工序之间紧密衔接，高质量完成定制产品生产，提高企业的生产效率。

三是敏捷供应链。企业汇聚和梳理用户信息，按产品结构拆分形成原材料需求清单，确定采购计划，减少原材料采购时间，提高供应链协作水平，保障生产活动的原材料供应。

大规模个性化定制的能力建设

大规模个性化定制是根据用户的个性化需求，以大规模生产的低成本、高质量和高效率提供定制产品和服务的生产方式。然而，如何才能以低成本、高质量、快周期交付用户个性化需求的产品呢？企业必须具备下列 3 项能力：大规模个性化需求获取能力；面向大规模个性化定制的敏捷开发能力；面向大规模个性化定制的柔性制造能力。

大规模个性化需求获取能力

有效实施大规模个性化定制，必须准确获取用户需求。随着互联网的普及以及电子商务、在线产品配置系统的应用，企业必须创建快速获取用户需求的平台。不同行业需求获取的要求可能会不一样：服装、家具等行业要求参数化配置，例如服装定制要测量用户的身高、腰围、臀围等参数，然后按照用户的体型缝制服装，最后进行交付；而汽车、家电、计算机等行业要求模块化选配，根据用户选配情况进行生产或组装。

面向大规模个性化定制的敏捷开发能力

用户个性化需求会增加产品的多样性及复杂性，但是为了提高生产效率，必须从设计端归纳总结，根据相似性原理进行模块化、标准化、参数化设计，这样才能有效规避制造过程的复杂性，提高生产效率。

模块化设计是在对产品进行功能分析的基础上，划分并设计出一系列通用的功能模块，然后根据用户的要求，选择和组合不同模块，从而生成具有不同功能、性能或规格的产品。模块化设计把产品的多样化与零部件的标准化有效地结合起来。

在参数化设计系统中，设计人员根据工程关系和几何关系来指定设计要求。要满足这些设计要求，不仅需要考虑尺寸或工程参数的初值，而且要在每次改变这些设计参数时来维护这些基本关系，即将参数分为两类：一是各种尺寸值，称为可变参数；二是几何元素间的各种连续信息，称为不变参数。参数化设计的本质是在可变参数的作用下，系统能够自动维护所有的不变参数。

⚙ 面向大规模个性化定制的柔性制造能力

企业在使用传统大规模生产设备时，一条生产线或者一个加工中心只能加工某一规格型号的产品，换产成本极高。而柔性制造系统是由若干数控设备、物料运贮装置和计算机控制系统组成的，并且能根据制造任务和生产品种变化而迅速调整的自动化制造系统。这种生产制造系统能够在较少的人为干预下生产同一系列的不同产品。

大规模个性化定制的典型场景

⚙ 场景1：少品种、大规模定制

家电、服装、汽车等行业一般适合开展少品种、大规模个性化定制服务。为敏捷响应用户个性化需求，企业基于工业互联网平台将碎片化、通俗化的需求信息加速转化为标准化、可执行的工艺语言，驱动研发、生产、运维等部门协调配置制造资源，开展智慧化营销、交互式设计、可视化生产和精准化服务等，实现制造资源与用户需求全方位、全生命周期精准对接。

据统计，很多开展个性化定制服务的企业将用户作为产品生态系统的核心，深刻重塑用户关系，实现从大规模制造到大规模个性化定制的业务转型升级。

⚙ 场景2：多品种、小规模定制

航空、船舶等行业一般适合面向用户企业开展多品种、小规模个性化定制服务。企业基于工业互联网平台推动重点产品数据库开放共享，准确梳理和分析用户企业对产品材料、结构、性能等方面的个性化需求，将复杂产品需求拆分为标准化、通用化、模块化的零部件和产线配置，提升高端产品模块化设计、柔性化制造、定制化服务能力，提高用户对企业的满意度。

⚙ 场景3："小作坊式"单件定制

对于模具、工艺品等加工精度高、交付周期短、定制水平高的产品，企业一般采用"小作坊式"单件定制服务。企业基于工业互联网平台可统筹建设线上服务中心，同时运营线下消费体验中心，明确用户定制需求，并将需求数据贯穿设计、生产、服务等产品全生命周期，自动生成 3D 打印等先进工艺代码参数，快速生产出结构复杂、工艺先进、功能完备的定制产品。

厦门侨兴主要生产网球拍、羽毛球拍等产品，是典型的高端定制生产企业。厦门侨兴以用友 YonBIP 精智工业互联网平台为支撑，集成 ERP、PDM、MES 等系统，实现从产品研发设计、现场制造执行到用户产品交付全过程信息化覆盖，实现了可视化智能排产、智能数据采集、智能物流驱动、全面质量管理、单品全生命周期追溯、可视化企业管理等关键应用。厦门侨兴实现了车间数字化、业务可视化、管理智能化等目标，也取得了明显的经济效益。

企业的信息化管理平台是大规模个性化定制的基础载体和有力保障。只要有了这样的信息服务平台，才能真正打通用户、企业、供应商之间的连接，才能打通从选配接单到物料采购、生产制造、物流配送的全流程业务，才能高效快速响应用户需求。

新模式：从传统型制造到服务型制造

如今，装备制造业市场竞争越来越激烈，同行业厂商提供的产品从设计、功能、用途等方面逐步趋于同质化，价格战愈演愈烈，产品利润越来越低，单纯以产品功能和价格优势已经无法占据领先的市场地位。

与此同时，数字技术迅猛发展，各类装备技术水平全面提升，设备的专业化、智能化水平越来越高，用户对装备产品的要求也越来越高。在设备选型的过程中，不再只关注设备的质量与价格，而是逐步将关注点转移到设备供给厂商提供的后续服务，以及设备在运维过程中的全生命周期管理，更好地展现以用户体验为核心的理念。

服务型制造转型的特征

基于此，越来越多的装备制造型企业开始从关注产品设计、研发、生产及销售环节逐步转为对用户的售后服务给予极大的关注，正逐步基于平台创新经营模式，开展设备服务、供应链服务、综合解决方案服务等延伸业务，加速从"卖产品"向"卖服务"转变，实现企业业务沿价值链向高附加值环节跃升。企业的服务型制造转型具有以下 3 个基本业务特征。

特征1：企业定位从制造商向服务商转变

随着市场竞争不断加剧，生产力大幅提升，供需关系发生转变，产品生产能力已经不再是企业提高市场占有率的唯一衡量标准，用户往往更加关注企业基于产品提供的服务质量。制造企业的定位逐渐从制造商向服务商转变，业务范围从单纯的生产加工向为产供销提供智能设备运营维护，结合 IT 和 OT 的数据支撑业务管理决策、满足用户多样化需求等服务环节延伸，增加产品的附加价值，扩大企业的综合优势。

⚙ 特征2：产品形态从产品向产品服务系统转变

随着生产力水平的提高，产品本身的价值差异缩减，市场需求正从产品导向向产品服务系统导向转变，制造企业亟须从传统单一制造环节向开展专业服务活动延伸。制造企业逐渐从单纯以卖产品为核心，转向了包含服务业务的先进制造模式。制造企业将行为触角延伸至产品的整个生命周期，探索基于产品的增值服务和基于需求的服务，拓展企业的业务范围，增加企业盈利。

⚙ 特征3：商业模式从短期交易向长期服务转变

随着用户需求的不断升级、产品附加值的不断增加，单纯的生产制造和产品售卖的利润空间下降，企业亟须寻求新的盈利空间。企业逐渐从"交钥匙工程"式的短期交易向长期运维服务转变：一方面拓展了企业的商业范围，增强了用户黏性，提升了企业的核心竞争力；另一方面形成基于产品全生命周期的数据流通闭环，促进企业的研发设计、生产制造、运营管理等环节的优化升级。

服务型制造转型的能力建设

⚙ 加强服务型转型的数据洞察能力

借助物联网、5G 等新技术，企业可以快速采集终端产品的实时运行数据。但是对企业而言，获取数据不是最终目标，关键在于提升数据洞察能力：一方面要借助数据分析，监控终端产品的实时运行状态，预判产品的维护及维修节点，并据此向用户提供相应服务；另一方面要借助数据分析，洞察用户的操作习惯、功能诉求以及潜在购买需求，进而实现数据驱动下的产品体验优化和用户需求挖掘。

⚙ 加强服务型转型的反哺能力

这种新模式可以帮助企业在为用户开展售后服务的过程中，深入了解不同类型的产品在不同用户环境下的使用情况和技术状态，并基于设备故障、不同工况下产品的运行状况等数据进行更好的工艺革新，以便研发和制造出更适合用户的产品。

⚙ 加强服务体系的搭建能力

在售后服务体系运作的过程中，随着服务团队人员能力的不断提升以及服务体系的不断健全，往往能开拓更多的服务商机，扩大设备运维服务业务，从单纯进行厂商自身产品的运维服务转化到对同行业其他设备的运维服务，以便产出更多的增值服务效益，为企业获得更多的利润。

⚙ 加强数据共享的能力

向服务型制造转型，企业要打造全新的售后服务体系，其中最重要的是运用基于数字互联信息共享的思维，建立连接企业、用户、售后服务工程师在内的云服务平台，实现售后服务体系专业化、智能化。

服务型制造转型的典型场景

⚙ 场景1：设备健康管理及远程运维

设备健康管理是指基于平台汇聚生产设备的制造工艺、运行工况和状态数据不断沉淀、优化设备故障诊断、预测预警、健康管理等模型。而设备远程运维是指基于平台采集整合产品设计、运行、环境等数据，提供故障诊断、故障预测、寿命预估等服务。

⚙ 场景2：现代供应链管理

服务型制造转型依托工业互联网平台开发集中采购、供应商管理、柔性供应链、智能仓储、智慧物流等云化应用服务，推动制造企业和供应链的各个主体在各个环节的信息流、资金流、物流、商流对接的无缝化、透明化和一体化，推动供应链上各个主体的业务流程规范化、标准化。

⚙ 场景3：共享制造能力

服务型制造企业围绕制造能力的集成整合、在线分享和优化配置，基于平台开发部署制造能力在线发布、实时对接和精准计费等工业 App，推动制造能力的可计量、可协同、可交易，面向全行业提供制造资源泛在连接、弹性供给、高效配置的服务。

⚙️ **场景4：互联网金融**

一方面是开展设备融资租赁业务，即企业依托工业互联网平台采集设备运行情况、实时工况等设备数据，整合企业生产经营等业务数据，建立用户经营、信用等大数据分析模型，开展信用与质量评级；另一方面是开展供应链金融业务，依托工业互联网平台采集产业集聚区内制造企业生产经营等业务数据，建立用户经营、信用等大数据分析模型，开发部署用户经营状况预测等工业 App，开展企业信用评级，估算企业坏账率，指导银行做出贷款决策。

👤 **某工程机械集团服务延伸**

本案例是某工程机械集团服务延伸的解决方案。基于用友 YonBIP 精智工业互联网平台，该集团构建了基于工程机械联网的产业链协同管理平台。

面对工程机械行业激烈的市场竞争，该集团升级了"以租代售和分期付款"商业创新模式，从而对售出车辆提出了更高的管理要求。用友 YonBIP 精智工业互联网平台保障了该集团海内外 20000 辆工程车辆数据实时在线，完整记录油温、油压、车辆 GPS 位置等 30 多个参数，每辆工程车每年收集 219 万条工况数据，实现电子围栏和远程锁车，面向 100 多家经销商提供"7×24"小时在线服务。为改进产品研发、精准营销、提高用户服务水平，以及满足国家对行业数据的管理要求提供了完备的数据支撑。在科技和金融的双轮驱动下，该集团更加关注产业链的协同发展，在服务化转型的过程中探索出一条商业创新之路。某工程机械集团产业链协同管理平台服务架构如图 6-1 所示。

图 6-1　某工程机械集团产业链协同管理平台服务架构

新制造：从生产协同到网络化协同制造

随着信息技术、互联网技术和物联网技术的发展，网络化协同制造已经成为制造业未来发展的方向。网络化协同制造模式的核心在于推动互联网与制造业融合，提升制造业数字化、网络化、智能化水平，加强产业链协作。

网络化协同制造的特征

网络化协同制造在整合产业链资源、加强产业链协作方面优势明显。那到底如何理解网络化协同制造呢？

从定义来讲，网络化协同制造是指充分利用网络技术、信息技术，实现供应链内及跨供应链间的企业在产品设计、制造、管理和商务等方面的合作，最终通过改变业务经营模式，达到充分利用资源的目的。

从生产模式来讲，网络化协同制造是基于敏捷制造、虚拟制造、网络制造、全球制造的生产模式，它突破时间和空间的边界约束，使供应链上下游企业共享用户、设计、研发、生产、管理等信息。把传统的串行工作方式转变为并行工作方式，缩短产品研发周期和生产周期，快速响应个性化用户需求。通过面向工艺、生产、成本的设计，网络化协同制造使供应商直接参与设计研发，提高产品设计的水平、可制造性和成本的可控制性，提升用户的满意度。

从实现方式来讲，网络化协同制造一般需要依托网络化协同制造系统实现，这个系统是由多种异构分布式的制造资源互联组成的，利用计算机网络组成的开放式平台，通过相互协作的工作方式及时灵活地响应用户需求的变化，是一种面向群体协同工作并支持开放集成的系统。

网络化协同制造的能力建设

🔴 数据——从局部"孤岛"到连通体系

在传统工业体系中，数据由各个机构自主存放并维护，形成物理上的"数据孤岛"，而且数据逻辑相对孤立，沟通成本高，使用价值低。而网络化协同制造体系借助工业互联网平台，利用大数据、物联网、人工智能等新一代信息技术将各个生产要素、企业与企业、企业与社会连接起来，构建产品全生命周期的泛在连接，将各个生产环节和制造主体统筹起来运作，打通"数据孤岛"，形成数据连通体系，以数据的自由流通化解工业场景中的不确定性。

⚙ 资源：从价值链条到价值网络

传统制造业的价值链以产品为中心，围绕产品生产的各个环节，聚焦如何节省成本、发现新利润、优化价值链、创造价值链新节点。随着工业互联网平台以及数字技术在垂直行业的深入应用，它们正在对企业价值链的各个环节进行渗透和改造，催生各种新型生产要素和创新业务模式，优化资源配置，变革经营价值系统与决策逻辑，传统模式下的价值链条将演变成以用户为中心的价值网络。

⚙ 业务：从串行推进向并行协同

传统制造业的业务模式基于串行工程，其生产活动在各个部门之间按顺序进行，每个生产活动完成后再转入下一环节，生产流程长、效率低、成本高。然而，以平台思维构建的工业互联网平台汇聚了各方资源，实现设计商、制造商、供应商、专业化生产企业的高度协同，推动设计、制造、供应链、服务各个环节并行联动，形成跨地域、多专业、多学科高度融合的业务协同模式，从而降低运营成本，提高产品质量，提高生产效率，缩短产品的生产周期。

⚙ 能力：从局部优化到全局优化

传统制造业的运营模式聚焦原材料采购、设备工控、生产排产等局部环节的优化，环节之间缺乏联动，不易产生规模效应。工业互联网推广网络化协同运营，聚焦供应链一体化优化、生产运营集成管控、资产全生命周期管理等主线，提升企业全局协同优化、预测预警、安环管控等能力。面对传统制造业的行业知识散落在制造业各流程的情况，基于微服务架构可以对工业 Know-How[1] 进行封装、复用和服务化，打造网络化的开放价值生态。

网络化协同制造的典型场景

网络化协同制造主要从设计协同、供应链协同、生产协同、运维及服务协同 4 个方面实现研发、制造、管理、运维的一体化协同，进而提升企业的价值链。

1　工业 Know-How 主要是工业领域的专业知识、技能等，包括产品配方、产品工艺、实验技巧、研发方法论 / 体系 / 框架、生产经验等。

⚙ 场景1：设计协同

设计协同是指利用计算机技术、多媒体技术和网络技术，在协同设计平台上，支持工作群体成员在共享环境下协同工作、交互协商、分工合作，共同完成某些设计任务。它支持多个在时间上分离、在空间上分隔，而工作又相互依赖的协作成员的协同工作。其中比较典型的就是设计制造一体化。

设计制造一体化主要是指统一管理产品全生命周期数据，建立唯一的产品数据源，实现完善的产品结构管理、版本管理、文档管理；实现标准化、自动化的工程变更流程；最大限度地提倡知识共享、零部件重用、全局观念和整体效益，保证在满足用户需求的前提下，不让成本过多增加；从传统的侧重于单项目管理转变为关注多项目管理，实现管理模式的简化和统一，并且提高设计的标准化、通用化以及模块化水平。

以用友 YonBIP—研发管理服务为例，其通过微服务、云原生、数用分离等新技术架构，为制造企业打造一个跨部门、跨组织、适用于产品全生命周期的、多角色协同工作的产品创新平台。整个平台与 ERP、MES 等其他业务系统融合集成，构成企业统一的设计制造一体化信息化平台。平台提供研发建模、文档管理服务、研发物料管理、物料清单管理等模块，帮助企业实现产品数据和业务流程的标准化，建立企业研发资产库，改进企业的开发流程，提高产品数据的管理水平，从而全面提升企业的核心竞争力。用友 YonBIP—研发管理服务业务架构如图 6-2 所示。

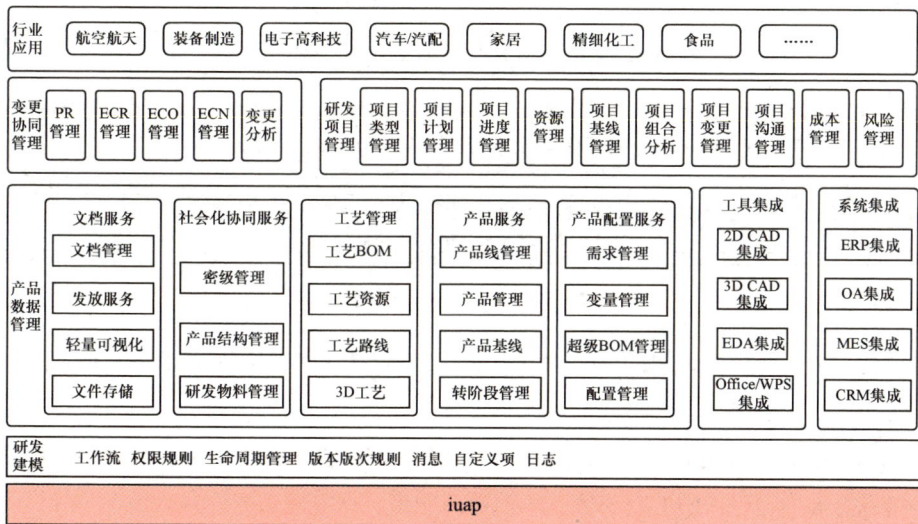

图 6-2 用友 YonBIP—研发管理服务业务架构

场景2：供应链协同

高效的供应链协同可以实现整个供应链条的快速响应和快速保障，从业务流程方面打破企业界限，围绕满足终端用户需求这一核心，进行流程的整合重组。通过互联网创建供应链网络，在此网络中，供应商、制造商、分销商和用户可动态地共享用户需求、产品设计、工艺文件、供应链计划、库存等信息。任何用户的需求、变动、设计的更改要在整个供应链的网络中快速传播、及时响应，以实现供需精准对接。

供应链协同主要面临以下五大挑战：一是缺乏对产品、流程和用户数据的准确与适时掌握，信息处理及使用者缺乏准确的、适时的、可执行的洞察力，不能满足决策所需，不能满足管理层灵活的报告需求；二是推出新品耗费大量成本和时间，研发、产品试验和生产制造流程割裂导致产品上市时间延长，不能摆脱产品试验流程的纸面作业；三是需求预测准确率不足，难以满足用户需求；四是用户服务及合同管理能力不足，具体表现在不能对用户提供统一的用户服务窗口，合同管理流程标准化不足导致收入损失和毛利降低等；五是企业制造管理信息可视性不足导致工厂间质量水平不一致。

数智化供应链协同以业务与技术一体化、数据与分析一体化为基础，有效提升企业端到端可视化水平，并将用户、企业各职能和供应商连接起来，利用贯穿需求到供应的全价值链信息来提高透明度和效率。数智化供应链协同服务架构如图 6-3 所示。

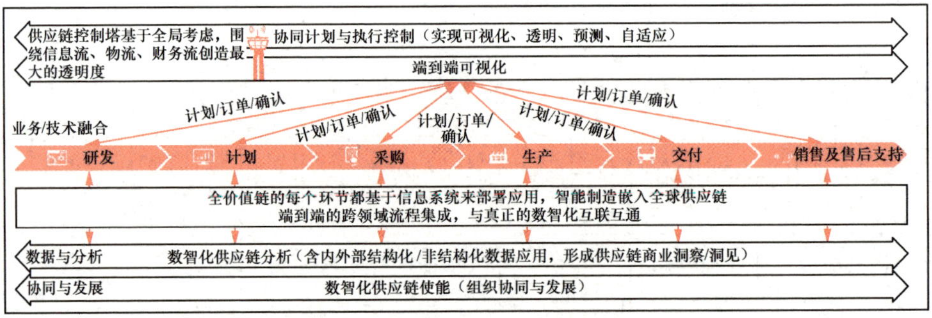

图 6-3　数智化供应链协同服务架构

在建设或优化供应链协同网络的过程中，企业需要重点关注战略流程治理、网络协同、透明度、信息化 4 个方面。

第一，在战略流程治理层面，要设定明确的方向，注重改善与业务战略的一致性，并着力提升高层管理人员的参与度；同时要在整个流程中重点关注异常情况，并做到及时沟通和更新计划参数 / 规则。

第二，在网络协同层面，要避免并消除"孤岛思维"，以确保整个组织之间无缝沟通和协调，并做到与外部供应商、用户及时快速地交换信息，与研发部门紧密联系，以熟悉"新产品"。

第三，在透明度层面，将绩效与计划质量紧密联系起来，并通过引入一套统一的指标持续确保性能和可比性，同时要及早发现市场变化，尽早采取有效措施。

第四，在信息化层面，要提升系统集成能力与水平，创建可靠的数据基础，并保证主数据管理的一致性，与此同时，还要评估情景规划并动态建模。

场景3：生产协同

一些复杂的产品往往由多家工厂协同制造。这些工厂之间需要生产计划协同，供应协同，同步生产，按质、按量、按时提交零部件和产品。工厂之间应依托用户的需求变更、设计修改、工艺修改、上下游物料的供应、仓储物流、设备的运行状态等信息建立动态协调机制，以快速响应需求与资源的动态变化。从具体实现方式上，主要有3种模式，即云制造、云排产、共享制造。

- **模式一：云制造。**即依托工业互联网平台，整合部件生产厂、组装厂等生产资源，构建网络化制造系统。将复杂产品的生产任务按照流程、工序、结构等特征，分解为部件生产、焊接、组装等进程，并依照工厂的人员、设备、产能等属性和市场需求合理配置生产任务，推动生产订单与产能高效匹配。

- **模式二：云排产。**即根据市场、厂区、库房的动态信息协同制订生产计划，及时调整生产所需的人、机、料、法、环等配套供给，保障按质、按量、按时交付产品。

- **模式三：共享制造。**即借助互联网平台的双边连接作用，打破行业壁垒，打通行业信息不对称，实现制造业闲置设备、技术和人才的供求合理化、高效化匹配。

场景4：运维及服务协同

在信息物理系统（Cyber Physical System，CPS）的支持下，运维及服务协同着眼于产品全生命周期，提供从用户需求、设计制造、卖方信贷、产品租赁、售后服务、备品备件直至回收再利用全过程的管理和服务。在产品智能化的基础上，实现产品运行状态的在线数据采集，通过物联网进行数据传输，结合产品运维知识库，进行在线诊断和分析、在线服务、预防性维修等，进而提高用户服务的满意度，为用户和企业本身创造新的价值，实现传统制造向制造服务转型。从具体的业务场景中，主要有两类协同模式，即人员与设备的协同和运维知识的协同。

人员与设备的协同主要依托工业互联网平台，采集、监测、分析产品全生命周期数据，分析运维需求，制定服务进程，动态调配人员、设备，实现服务能力跨部门、跨企业调度和协同。

运维知识的协同主要依托工业互联网平台，推动专家库、工具库、运维知识库、用户信息库等服务资源共享，规范运维流程，保证运维质量，实现"用户提出需求，集中供给服务"的新型服务模式，提升运维服务在线化、网络化、协同化水平。

新工厂：从数字工厂到智能工厂

随着集成电路及芯片技术、云计算技术、通信技术、物联网技术的快速发展，越来越多的硬件设备在成本可控的情况下，通过内置嵌入式芯片实现远程监测、远程控制。同时，云计算也逐步获得了市场的认可，其高可靠、高算力的服务能力，为需要进行大量数据计算应用的实时在线提供了基础设施支持。当前，5G 及物联网技术的发展应用为设备在云端提供了更高效、更快速的通信链路。这些技术在不同维度同时发力，为物联网技术的普及应用与创新发展提供了更强劲、更持久的动力。

相对于传统制造，新制造不是简单地使用智能机器人生产就可以实现智能化，也不是有一个大屏幕监控生产的全过程就可以实现数字化。

智能工厂

在新的技术发展时代背景下，制造企业应该考虑通过应用新技术，解决面临的产业升级、业务转型等问题。建设智能工厂，并基于智能工厂实现数字化运营管控，这样的做法已经在多个行业领域完成实践验证，并获得业内认可。

智能工厂是面向流程和离散行业的生产模式，以卓越运营为目标，贯穿运营管理全过程，是高度自动化、数字化、可视化、模型化和集成化的工厂，形成基于细分行业（专业）的应用。其核心体现在以下几个方面。

第一，通过技术变革和业务变革，企业具有更加优异的感知、预测、协同和分析优化能力。

第二，通过智能化改造，企业实现全过程服务优化、强化精细化管理、保障长周期运行、持续推进节能减排等，进而实现降本、增效、提质的目标。

第三，智能工厂建设涉及车间作业、罐区管理、生产物流、品质管理、能源管理、安环管理、辅助调度、工器具管理、生产检查、指标管理等服务模组。

在建设智能工厂的过程中，制造中台承担着为智能工厂的业务应用提供基础通用服务的任务，具体服务包括生产任务、投入产出、工艺记录、能耗记录、质量记录、生产跟踪、自检报检、巡检、交接班等。工厂模型为智能工厂提供物理建模、工艺建模、时间建模等服务。智能工厂应用架构如图 6-4 所示。

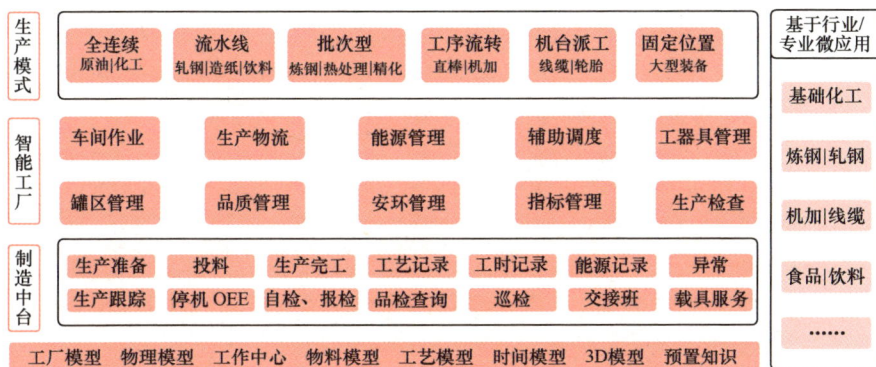

图 6-4　智能工厂应用架构

万物互联

智能工厂的核心是连接，把设备、生产线、工厂、供应商、产品、用户等紧密地连接在一起，使机器、工作部件、系统以及人类通过网络持续地保持数字信息的交流。

在万物互联的智能工厂里，生产管理人员通过物联网技术采集生产线数据，并基于采集到的实时生产数据，从生产节拍、计划执行进度、工艺规范、异常监测、质量记录多个维度设定分析指标，从而实现制造过程数字化建模。模型将帮助生产管理人员更加及时准确地实现制造执行过程的预期管理、风险管控、生产进度管理以及质量管理等。

到底如何实现智能工厂的万物互联呢？其关键在于借助传感器、嵌入式终端系统、智能控制系统、通信设施，通过 CPS 构建一个智能网络，形成产品与生产设备之间、不同的生产设备之间，以及数字世界和物理世界之间的互联。以具有泛在设备连接能力的用友 YonBIP AIoT 服务为例，其基于物联网、互联网、人工智能、大数据技术构建，支持超过 80 种工业通信协议，支持生产设备、物流设备、智能产品等多类设备，包括工业机器人、数控机床、数字产线、智能仪表等，支持设备的设定值、反馈值的实时采集与展示，实现高实时、高并发、安全可靠的数据采集和存储，并支持历史数据的追溯，能够通过数据发布功能为生产管理、设备管理、质量管理等应用提供可靠数据。

绝味鸭脖智能工厂项目通过用友 YonBIP AIoT 服务，实现了产品解冻、重量称量、生料投料、卤制、熟品流转、分切、包装、分拣等多道工序的数据采集。用友 YonBIP AIoT 服务帮助用户实现了工序级的作业监测及效率核算和产品全过程的记录、追溯，为用户打造了全数字化的制程管理平台。绝味鸭脖智能工厂关键应用与价值如图 6-5 所示。

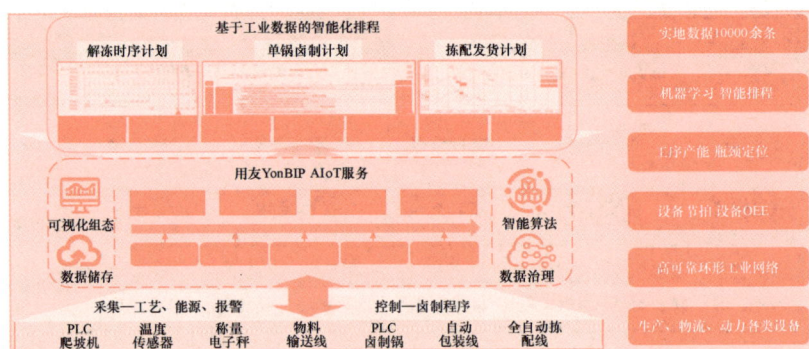

图 6-5　绝味鸭脖智能工厂关键应用与价值

工业大脑

如今，越来越多的制造企业已经着手建设智能工厂，配置了自动装车、自动化实验室等智能装备，以及智能矿山等控制系统。但由于客观条件及历史因素限制，各个智能单元都是分开实施的，维度单一，所以各子系统、各智能设备之间数据连接不够紧密，未能很好地发挥整体智能化应用的效果，也无法通过数据挖掘商业价值，无法真正实现以数据作为业务驱动力的目标。

从智能工厂全局角度考虑，只有打造工业大脑，做到"单元连接＋数据汇总＋综合分析＋统一协同"，才能实现把数据运用起来，实现基于数据的智能，实现从普通生产制造到有智力的制造过程。**工业大脑就是"数据＋算力＋算法"定义的智能工业，是人类智慧与机器智慧深度融合的产物，用"数据＋算力＋算法"破解工厂密码。**

工业大脑以数据为核心，通过以运筹学、机器学习、深度学习、工业机理为核心的算法模型，把工业产品的全生命周期（研发、物资供应、生产、装配、包装、存储／物流、使用）的数据，传感器、机器、设备、设施、工厂等物理实体的数据，工业信息化应用的数据，人和流程的数据等，智能地应用在优化配料（包括精铜配料、煤炭配料、合金配料、铁矿混匀料配料、高炉配料、奶粉配料等）、优化排产、产品质量诊断、成分预测、产品经济效益测算、优化套切设计、设备故障诊断等领域，形成工业的数字孪生。工业大脑将人工智能和优化算法等相结合，旨在构建制造企业在人工智能、数据挖掘方面的应用能力，触碰制造业的"深水区"，提升工业能力，创造增量价值。工业大脑平台应用架构示意如图6-6所示。

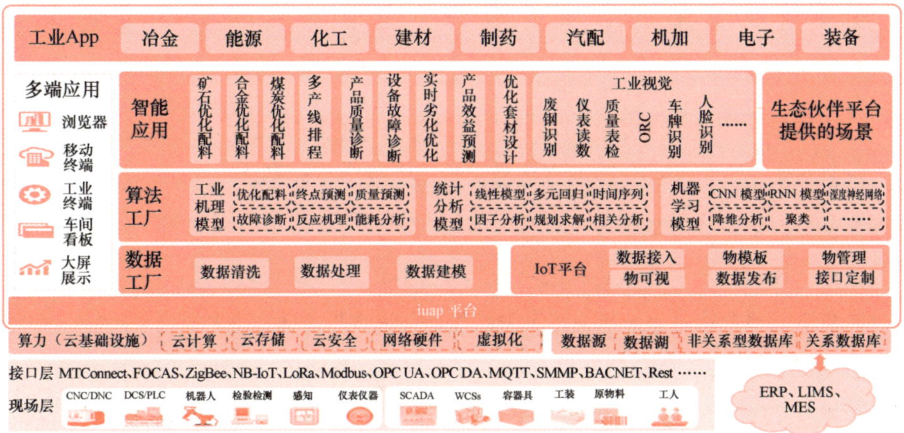

图6-6　工业大脑平台应用架构示意

济源钢铁——从数字工厂到智能工厂

河南济源钢铁集团有限公司（简称"济源钢铁"）是中国大型钢铁骨干企业，是卡特彼勒、东风汽车、中国重汽、陕汽、三一重工、徐工集团、长安集团、宇通集团等知名主机厂的原材料供应商，属于中国企业500强和世界钢铁企业100强企业。济源钢铁的钢铁主线为长流程生产工艺，产品包括优特钢棒、线材、建筑用钢及精加工钢材，广泛应用于汽车、工程机械、风力发电、石油化工、海洋工程、铁路及轨道交通等行业。

业务诉求

从信息化到数字化，"全连接"是企业转型的基础，是构建数字经济新范式的信息通道。济源钢铁结合冶金行业五级架构模式，构建了一套完整的数智化管理平台，覆盖从集团化管控到产业链延伸，从系统化集成到智能化分析的总体应用框架，并建设智能工厂，旨在实现企业全要素、全产业链、全价值链的全面连接，进而构建全新的生产制造和服务体系，改造提升旧动能，培育壮大新动能。

关键应用

为了完成规划目标，济源钢铁携手用友通过升级改造 ERP 系统，增设主数据管理平台和集成连接平台，搭建企业"数据高速公路"，打通企业内各业务、多组织之间的"信息壁垒"，实现所有系统数据的互联互通，并统一接口协议标准，让数据在企业内高速流动和共享。

关键应用一：主数据治理

双方项目团队共整理出 17 个主数据档案，与用友 YonBIP 平台对接了 20 个基础数据档案，完成 9 个集团共享数据系统。主数据管理平台上线后，济源钢铁实现业务全流程打通、数据统一管理、实时处理、全局共享，从电商下单、用户打款、银企直联、厂内智能物流发货到财务核算，全流程无缝衔接，实现了从传统的流程驱动到数据驱动，从关注应用构建到关注数据价值挖掘的转变。

关键应用二：全业务在线

双方以"产销系统高效联动"为目标，大力破除营销系统、ERP 系统、MES 系统之间的壁垒，提出了一套以销售订单为源头，实现智能制造与产销协同一体化的最佳实践，树立了行业新标杆。结合国家在钢铁企业安全与环保的要求，济源钢铁构建了一个物联网平台和两大应用，成为"在线化"企业，实现组织在线、业务在线、管理在线、创新在线，为企业的稳健发展保驾护航。

关键应用三：智能管控中心

基于用友 YonBIP AIoT 解决方案构建的智能管控中心，实现了统一数据采集、生产经营可视化，实时采购、销售、生产、能源、安环等全局、全方位管控。在安防应用方面，智能管控中心对全厂能源仪表、微型空气站、火灾烟感报警信号、废气废水等在线监测，助力济源钢铁从事后控制转为向事前预警，实现安全生产。

关键应用四：工业大脑应用——智能废钢识别

工业大数据是工业企业实现数字化、智能化发展的关键生产要素。济源钢铁依托用友 YonBIP 精智工业互联网平台（即工业大脑）的深度学习算法，打造 5G+废钢智能分级判定平台，实现对废钢的智能判定，废钢识别准确率超 90%，有效避免了传统废钢检验定级过程中人为因素影响大、手续较为烦琐等弊端，大幅提高了经济效益。

应用价值

- 济源钢铁不仅实现了主数据管理、废钢智能判定、安环管理平台建设及采购、资金管理的信息化，更是紧跟制造业服务化转型趋势，创造了行业内的一个"奇迹"——济源钢铁不但实现了工厂的智能化和业务流程的优化，还实现了制造业服务化转型，即主动由制造商向服务商转变，实现由单纯的"提供产品"向"产品＋一站式解决方案"的转变，引领行业发展，实现了产业链上下游共赢。

- 济源钢铁基于数智化平台的升级改造，通过"一单到底"加强产品全生命周期管理，以及全方位的用户连接，形成从成品销售到根据用户需求快速响应，快速组织生产的业务机制，提升了供应链管理能力，逐步完成了制造业服务化转型。

安环管理

安全生产是化工企业重中之重的事。安环管理数字化的意义在于将物联网、移动互联网、大数据、人工智能等新一代数字技术，与国家安全生产法规、企业安全生产制度深度融合，利用数字化手段做到把"安全"掌握在手中，做到把"危险"管控起来，削弱人对安全生产的决定性影响，达到以系统流程规范安全作业的要求。

数字化的安环管理以智能物联感知现场环境，以工业大数据预测安全隐患为目的，增强工业安全生产的感知、监测、预警、处置和评估能力，加速实现安全生产从静态分析向动态感知、从事后应急向事前预防、从单点防控向全局联防转变的管理目标，并确保安全法规制度不打折扣地落地，确保监管人员能够超前发现问题、及时解决问题，防患于未然，从本质上提升企业安全生产管理水平。

数字化安环管理的要素与体系

数字化安环管理的关键是要明确安全管理内容、关键要素与业务流程、安全管理体系，并有针对性地实现数字化管控。

首先要以企业安全生产全要素数字化管理为目标，围绕风险分级管控和隐患排查治理体系、生产过程安全管理、安全生产标准化等内容，落实安全生产主体责任，全面提升企业安全生产管理水平。

其次是建立涵盖安全管理的要素和业务流程，即以岗位为核心，明确岗位职责，构建监督检查体系，实现危险源的风险可控，做到"安全管理可视、过程可控、绩效可考"，实现安全工作的"简单化、便捷化、精益化、有效化"。

最后是构建七大安全管理体系保障：一是构建基于安全组织体系模型的监督、执行、考核管理体系的安全责任网格体系保障；二是构建涵盖全维度安全教育、培训、考试以及知识库、案例集的本质安全能力体系保障；三是构建基于统一的数据采集、协议转换、数据治理的物联服务的自主可控物联体系保障；四是构建涵盖风险分级管控体系和隐患治理预防体系的双防双控制度体系保障；五是构建基于 JHA（工作危害分析）和 HAZOP（危险和可操作性分析）研究体系的安全识别评价活动管理和档案的工艺安全评价体系保障；六是构建基于全生命周期设备管理和运维保障，提供安全运行的场所设备的安全体系保障；七是构建基于安全健康环保理念与方针、随用随学的主动安全文化体系保障。

数字化安环管理的三级闭环

数字化安环管理系统是以业务功能模块为基础、以企业专业化管理为体系、以各生产部门为主体的数字化管控平台。整个系统分为现场作业应用、安全管理应用和决策管理应用 3 个层次，并通过标准协议对接控制系统数据或通过 API 对接其他管理系统数据。数字化安环管理的三级闭环如图 6-7 所示。

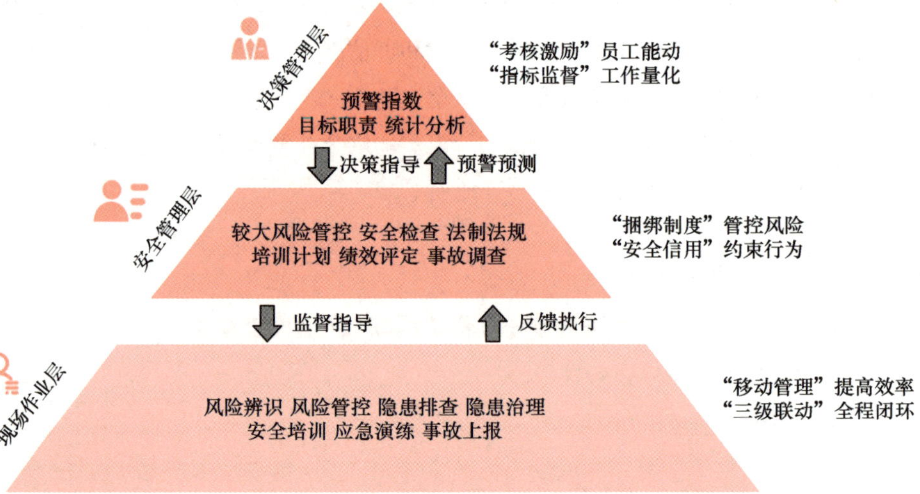

图 6-7　数字化安环管理的三级闭环

现场作业应用主要针对现场业务，通过移动管理、提高效率、落地安全管理措施和员工技能提升，实现业务功能的数字化、标准化、规范化。

安全管理应用主要针对专业管理，通过管理制度和技术规范的制定和实施，形成管控体系，科学约束行为，有效管控风险，做到有效监管、科学评定。

决策管理应用是面向管理层的，以数据汇集、综合展示、决策辅助为目标，形成科学的指标监督体系和对标管理。

安环管理的关键事项如图 6-8 所示。

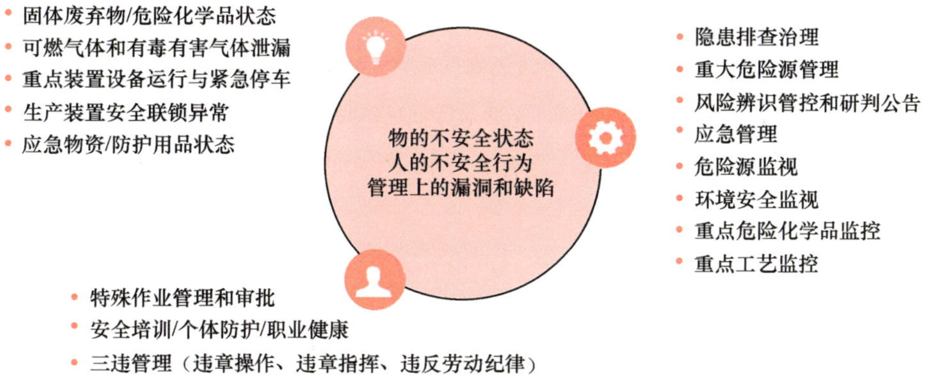

- 固体废弃物/危险化学品状态
- 可燃气体和有毒有害气体泄漏
- 重点装置设备运行与紧急停车
- 生产装置安全联锁异常
- 应急物资/防护用品状态

物的不安全状态
人的不安全行为
管理上的漏洞和缺陷

- 隐患排查治理
- 重大危险源管理
- 风险辨识管控和研判公告
- 应急管理
- 危险源监视
- 环境安全监视
- 重点危险化学品监控
- 重点工艺监控

- 特殊作业管理和审批
- 安全培训/个体防护/职业健康
- 三违管理（违章操作、违章指挥、违反劳动纪律）

图 6-8　安环管理的关键事项

智能物流

在数字化时代，制造业的生产效率将会达到全新的高度，高效率、便利性和可持续性将成为未来制造企业的基本特征，这使智能物流体系的建设变得不可或缺。智能物流体系的建设主要涵盖 4 个方面。

构建智能平台

随着工业 4.0 时代的到来，由用户需求来驱动生产的模式将成为企业生产的主要模式。在这种模式下，制造企业需要直接与终端用户、供应商进行信息对接，通过智能平台实现互通互联。在这个过程中，数据同步系统、生产及物流拉动系统、供应链可视化系统和车间物流配送系统等将会发挥重要的作用，实现由物料来控制系统，所有信息互联互通。

建设自动化立体库

在工厂物流中应用自动化立体库（托盘式自动仓库、多层穿梭车系统等多种形式）替代平库，用于零部件排序暂存。自动化立体库能够最大限度地利用空间，提高存储效率，减轻工人的劳动强度，提高物流的管理水平，更好地满足生产需求。同时，输送机、分拣机等自动化物流设备也将得到更加广泛的应用。

部署无人化搬运设备

部署自动导引车（Automated Guided Vehicle，AGV）、无人化叉车等。AGV 用于厂内零部件物料的搬运，它代替叉车和拖车搬运物料，能够减少人力，实现批量替代的规模成本优势，具有明显的经济效应。无人化叉车是以标准托盘作为搬运对象的无人化搬运工具，成本低于 AGV。未来，智能工厂中应用的搬运工具将更为先进、高效与柔性化。

建立物流标准化技术

对于车间生产和线边物流来说，最基本的标准化就是采用标准化的包装。只有包装标准化，每条线路的货量才能被快速准确地计算出来，最大限度地提高上线运输车辆和设备的装载效率，以及更好地保障零部件的运输安全和质量。

追溯服务

追溯服务旨在打通企业产业链上下游相关环节，助力企业建设产品追溯生态体系，为企业、政府和消费者提供追溯及衍生服务，进而实现产品生产、仓储物流、销售流向、消费防伪、市场防窜的全生命周期管理，协助企业快速建立满足国家与市场监管的追溯体系，帮助企业实现大数据生态系统信息化。

追溯服务包括追溯数据、追溯模型、追溯应用场景、与外部系统的衔接、与工业互联网标识系统的衔接等。追溯模型汇集外部系统中能够追溯的信息的最大集合，形成可追溯信息的资源池，连接后端数据和前端的追溯应用，是追溯服务的骨架。前端应用场景调用后端追溯数据，为用户创造商业价值，包括防伪防窜、产品溯源等。追溯数据来源于多个外部系统，需要实现追溯系统与外部系统的衔接，采用统一的追溯标识来实现异构系统间的数据统一。

某冶金集团打造融合互联智慧冶炼的智能工厂

某冶金集团是我国第一家采用世界先进闪速熔炼技术，高浓度二氧化硫转化制酸技术，倾动炉、卡尔多炉杂铜冶炼技术和艾萨法电解精炼技术的现代化炼铜工厂，年产阴极铜百万吨以上，是我国最大的铜、硫化工、稀贵金属产品生产基地，也是世界首个单厂阴极铜产量超百万吨的炼铜工厂。

业务诉求

在数字技术的支撑下，该集团推进"两化"深度融合，打造我国首家铜冶炼智能工厂，包括生产管理、供应链管理、设备管理、能源管理、安环管理、辅助决策。

- 构建智能工厂系统，打造集成一体化的信息系统平台，消除"信息孤岛"。
- 建设 IT 支撑平台及配套设施，实现工厂网络全覆盖，达到"数据不落地"传输，资源大共享。
- 利用大数据、人工智能技术，实现关键工序智能化、关键岗位机器人替代，完成自动化提升及智能装备试点实施，提高劳动生产率。

关键应用

关键应用一：智能物联

智能物联范围包括 700 多种共 1 万多台设备、1 万多台计量仪表。该集团的智能物联实现了控制系统实时数据、质检设备数据、电子秤计量数据、汽车 GPS 数据、巡检数据、现场作业数据、调度指令及作业指令数据、视频数据等 10 万多点实时数据的一体化传输，并通过人工智能、动态规划、数据挖掘等算法和系统的深度结合，实现智能配料、把控熔炼时序节奏等。

关键应用二：智慧监视

该集团借助综合调度指挥平台提升厂级综合调度指挥能力，实时多角度监视全厂的生产、安环、能源、设备、供应链和厂级重点经济指标的运行状况，尤其针对各种异常的监视、分析与处置，发挥综合调度的优势。

关键应用三：智慧调度

基于熔炼装备的自动化、数字化和网络化，该集团构建智能化生产作业的熔炼系统，实时反馈作业状态，实现熔炼系统全程智能化控制。例如，生产作业指令自动化，熔炼作业中物耗能耗的智能计算，熔炼作业终点精准判断等。某冶金集团智能调度系统服务示意如图 6-9 所示。

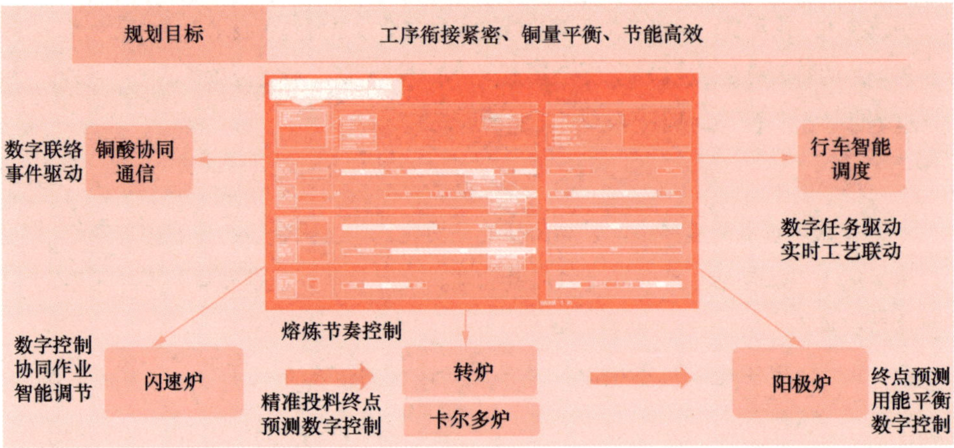

图 6-9　某冶金集团智能调度系统服务示意

关键应用四：智能物流

智能物流以该集团这一生产主体为核心，以满足生产及经营需要为前提，管理包括铁路运输、汽车运输等物流业务各环节的应用。

- 铁路运输资源优化提升。在铁路运输全过程实现高效沟通与协同，缩短车辆驻厂时间，节约运力，加快物流周转。
- 汽车运输过程智能管控。通过人机监控、业务闭环，及时发现并阻止汽车违规行驶、货运作弊情况。
- 无人值守减员增效。软硬件结合优化汽车运输计量工作，自动采集磅秤数据，提高计量时效与精度，减轻司磅工作。
- 过程物料规范管理。全厂中间物料转运工作程序规范、作业高效、过程透明、数据精准，高效实现生产上下游环节衔接。
- 材料备件供需统筹。实现全厂材料备件的供需平衡与统筹，减少呆滞与浪费。
- 购销存运均衡闭环。系统应用与信息集成，实现全厂供应链物料采购入厂、销售出厂、仓储作业、运输计量的完整闭环操作，数据共享，业务管控，过程透明，企业物资供应与生产需求得到均衡管理。

关键应用五：智能配料

智能配料系统记录配料相关的各种约束（约束条件在使用过程中进行迭代优化），动态调用最新原料的存量和元素含量，由智能算法进行原料的投入配比规划输出。通过智能配料，对不同品质的铜精矿合理搭配使用，保障产出质量稳定，并通过配料执行的对比分析，优化配料控制指标。在库存质量发生重大变化时，智能配料系统主动提醒，实现配料业务主动安全。某冶金集团智能配料系统工作逻辑如图 6-10 所示。

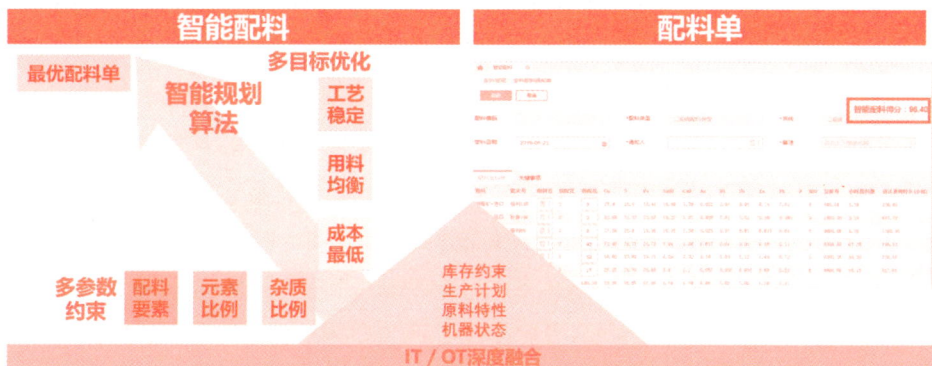

图 6-10　某冶金集团智能配料系统工作逻辑

关键应用六：能源优化调度

基于明确的设备及工艺运行策略，对生产运行情况持续跟踪监视，辅助制定能源调度优化运行方案。一方面，通过对能源计量信息的汇总平衡及对计划预测数据的管理，实时监视能源运行状况、指标执行情况，及时发现并处理异常，优化能源运行调度，为稳定生产提供能源保障，提高能源的利用率；另一方面，利用数据分析手段进行数据挖掘，追踪能耗影响因素，辅助工艺改善。

关键应用七：熔炼时序节奏管理

根据熔炼作业数据自动按熔炉组实时状态形成节奏时序图，提高整个熔炼系统调度指挥管理的智能化水平，以信息共享、过程可控、科学预判为重心，构建闪速炉、转炉、阳极炉的生产管控的智能化支撑，共享三大炉完整的作业进度，及时、准确地调整作业要求，实现作业预测判断和产品质量的最优控制。

⬡ **应用价值**

- 以智能装备为前提，以智能熔炼为重点，通过感知、监测、控制、整合、协同等方式，以智能监控、智能预警及智能分析决策为重要手段，使各工序信息、实体的连接和融合更紧密，聚焦"生产、质检、供应链、设备、能源、安环、辅助决策"七大领域，建成了具备"生产装备自动化、公共服务平台化、生产过程透明化、能源管理精细化、质检管理标准化、设备管理科学化、安全环保数据化、供应管理高效化、辅助决策可视化"九大特征的铜冶炼智能工厂，实现了全面精细化、精准化、自动化的管理控制。

- 通过实时时序预测监控提高生产率，降低能耗，提高产品合格率。以熔炼车间为例，闪速炉满负荷作业率提高 0.5%，转炉送风时率提高 1%，阳极炉吨铜能耗降低 5%，阳极铜合格率提高 0.25%。

- 通过选矿缓冷场综合管理提高效率，减少故障。以选矿车间缓冷场模块为例，在缓冷场数据统计方面，降低统计错误率达 100%，缓冷作业提醒与熔炼车间高效协同，及时准确沟通，有效减少渣包故障率达 20%。

- 实现生产管理无纸化、数字化，实时掌控现场。其中，选矿车间、硫酸车间、倾动炉车间已经完全实现无纸化办公。

新路径：从局部数字化到全面数智化

制造被时代赋予了新的力量，但数智化转型既要仰望星空，也要脚踏实地。制造领域的数智化转型可以分 3 个阶段，即夯实基础实现精细化管控，局部智能实现精益化运营以及全面数智化实现商业创新。

第一阶段：夯实基础实现精细化管控

这个阶段的主要目标是完善业务流程化和信息化，在重要的制造环节和核心业务环节实现标准化和数字化，跨业务部门实现数据共享。

业务财务一体化。企业的业务财务一体化系统可以消除企业的部门"信息壁垒"，从流程、组织、技术方面重新梳理企业的管控流程、管理组织架构，建立集成统一的信息管理平台，统一规范与标准，实现信息贯通，提高工作效率和信息沟通效率，减少重复劳动；夯实管理基础，优化、固化业务流程，内外部有效协同，提高执行力；实现物流、信息流、资金流的集成统一，全面一体化管理；保障生产经营的有序和集团资源合理优化配置与利用；提高财务核算、财务管理能力，实现多组织的核算与考核，精细化管控；对业务过程实现事前计划、事中监控和事后分析，加强动态的信息反馈和控制风险能力，提高企业的应变能力；提升企业管理水平，实现精细化管控。

统一数据和应用业务集成平台。主数据是企业价值链核心业务流程的各个信息系统的基础数据。主数据管理是指一整套用于生成和维护企业主数据的规范、技术和方案，它能保证主数据的完整性、一致性和准确性。集成、共享、数据质量、数据治理是主数据管理的四大要素。

主数据管理集中进行主数据的清洗和丰富，并且以服务的方式把主数据分发给全企业范围内需要使用这些数据的操作型应用和分析型应用，包括各个业务系统、业务流程和决策支持系统等。统一数据和应用业务集成平台如图6-11所示。

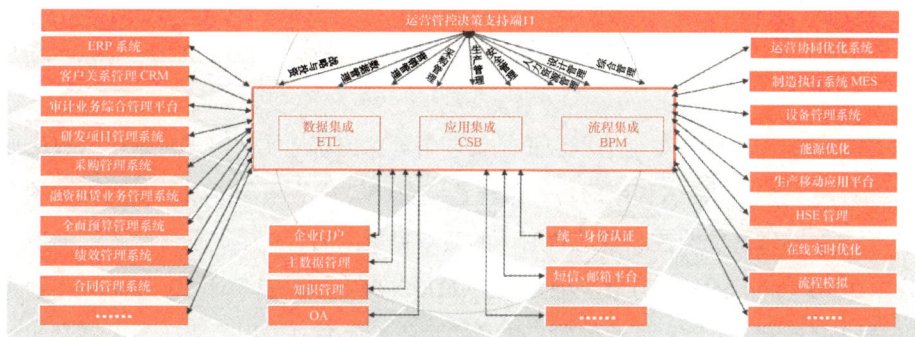

图6-11　统一数据和应用业务集成平台

第二阶段：局部智能实现精益化运营

这个阶段的主要目标是对数据进行挖掘，实现对知识、模型的应用，并反馈到优化制造环节。核心业务实现了按需响应，构建动态优化的局部人工智能以及柔性生产能力。比较典型的应用场景包括智能排产、智能配料、智能物流等工业智能应用；全生产过程的数据实时感知和关键环节的风险预测与控制；供应链控制塔建设、大规模定制生产等。

锦州汉拿电机有限公司（简称"汉拿电机"）是国家智能制造试点示范企业，携手用友打造 PLM + ERP + 智能工厂一体化管理平台，消除"信息孤岛"，全面整合对接。

此管理平台以研发、设计、制造为主线，实现对产品研发、计划、物流、生产过程、产品质量追溯智能化管控，同时，打通财务和业务的信息通道，真正实现业务驱动财务、财务监控业务的高效应用。汉拿电机通过数智化转型，消除了非正常停机待料，物流配送准确率提高35%，在制品余量降低40%。

第三阶段：全面数智化实现商业创新

这个阶段的主要目标是将人工智能技术覆盖全部业务以及可预测、可预警、自治、自适应的生产制造过程，通过与产业链上下游的横向集成，带动产业模式的创新和新业态的产生。比较典型的业务场景包括基于产业互联与共享的网络化协同制造，基于万物互联的服务型制造转型，以连接、共享、协同为基本特征的工业互联网生态等。

双良集团是江苏的一家国内节能环保装备领域的龙头企业，早在1996年就与用友携手踏上信息化之路，在ERP时代就开展了全方位的合作。在商业创新时代，双良集团提出了"拥抱数字化、转型再创业"的经营理念。双良集团借助数字化平台构建新的竞争力，实现内外部用户的高满意度；借助服务化平台创新驱动业务模式的变化，提升市场占有率。

双良集团能源设备智慧运维平台正是其创新理念的落地实践，平台基于公有云服务模式，提供安装服务、IoT物联服务、故障诊断预测、售后服务等以设备为中心的全生命周期服务，实现智能监控、智慧售后，并为双良集团的管理者、服务公司、服务工程师和用户提供了统一的多方互联平台。截至2020年年底，双良集团已有23000多台设备上云，覆盖了全国40多个服务点和450多位服务工程师，工程师服务效率提高30%，服务成本降低10%。双良集团积极拥抱数字化，在从产品制造商向系统集成商、能源管理服务商转型的过程中，焕发新的活力。

新路径赋予新制造新的生命力，新时代我们需要实现智能化、数字化的平台型赋能。企业不但要实现自我的蜕变和发展，同时要引领行业发展，实现新的社会价值。

第七章　新采购：科技赋能，智慧采购

数字经济时代，成功一方面取决于企业员工的能力，另一方面取决于企业的供应链能力。企业为采购业务选择合适的供应商，与供应商订立规范的合同，与供应商建立良好的合作关系，以较低的风险和成本搭建和维持供应链，这对企业赢得市场有所裨益。

云计算、大数据、人工智能等数字技术的深度应用，极大地加快了企业采购在线化、自动化、智能化的转型进程。企业采购从流程驱动转为技术驱动、数据驱动是必然趋势，越来越多的企业采购管理者开始借助新技术手段对采购价值链进行数字化改造，构建自己的数字化采购平台。

在数字化采购平台的有力支撑下，企业采购部门的职能也在发生重要的变化，正在从传统的成本中心进化成采购卓越中心。一方面，企业利用现有资源，通过将多元化产业版块的采购业务流程标准化、精练化、自动化、科技化，实现劳动力套利；另一方面，引入新方法改变现有采购方式，持续改善、优化采购业务的流程和管理体系。

随着企业采购数字化进程的不断深入，越来越多的企业数字化采购平台开始走向开放，寻求跨组织、跨平台连接，共享与协同，因此融合供应链各环节资源与角色的，互联互通的供应链协作数字网络正在形成。这类协作网络呈现出参与角色多元化、资源配置社会化、协同机制网络化的基本特征，我们称之为社会化采购商业网络。

本章将重点从技术赋能下采购数字化场景的创新、数字化采购平台支撑下采购部门的职能变革、数字商业范式下采购商业网络的社会化创新，以及企业基于价值创造的采购数字化架构展开。

科技赋能：采购数字化转型关键技术

随着以 5G 网络、AI 技术、大数据、云计算、物联网为代表的数字技术不断进步，及这些技术在各领域中的广泛应用，采购行业也随之迎来新一轮的技术变革。在新兴的数字化采购模式中，数字技术与采购流程深度融合，将产品从设计到生产、从销售到物流的全生命周期可视化展现，赋予其全流程可控、采购计划自动执行、供应商寻源能力显著提升等特性，促进供需双方信息协同，实现市场效率全面提高、企业降本增效的目标。

RPA机器人[1]，推动采购人员战略转型

借助数字技术，RPA 机器人将使重复性和常规的采购工作实现自动化。RPA 机器人是通过模拟人工对键盘和鼠标进行的操作，帮助人们在日常业务及办公中完成许多重复、繁杂的劳动，提高业务效率、促进业务自动化升级。RPA 机器人既可以帮助人们操作各类信息系统，又可以自动获取互联网、移动互联网以及物联网的海量数据，同时还可以高效完成数据校验、比对、筛查等一系列工作。

RPA 机器人在企业采购业务中的适用场景非常广泛。在绝大多数的人工操作场景中，RPA 机器人都可以发挥作用，例如采购寻源、供应商准入审核、供应商选择、合同签订、订单管理、收货入库、订单自动报账、供应商业绩评估等。RPA 机器人在采购业务中的应用场景如图 7-1 所示。

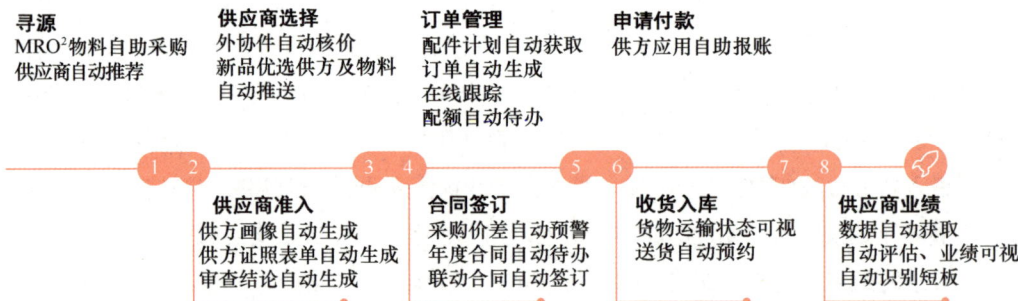

寻源
MRO[2]物料自助采购
供应商自动推荐

供应商选择
外协件自动核价
新品优选供方及物料
自动推送

订单管理
配件计划自动获取
订单自动生成
在线跟踪
配额自动待办

申请付款
供方应用自助报账

供应商准入
供方画像自动生成
供方证照表单自动生成
审查结论自动生成

合同签订
采购价差自动预警
年度合同自动待办
联动合同自动签订

收货入库
货物运输状态可视
送货自动预约

供应商业绩
数据自动获取
自动评估、业绩可视
自动识别短板

图 7-1　RPA 机器人在采购业务中的应用场景

1　RPA 机器人，也称为机器人流程自动化（Robotic Process Automation，RPA），是以软件机器人及人工智能为基础的业务过程自动化科技（一种应用程序），它通过模仿最终用户在计算机上手动操作的方式，实现最终用户手动操作流程的自动化，能够自动帮助或代替人工操作。
2　MRO 是 Maintenance, Repair and Operating 的缩写，指维修与作业耗材，也可解释为非生产性物资。

场景1：供应商准入审核

业务场景： 企业的供应商达到一定的规模后，不同类别的供应商往往由专人管理，而且供应商资质要定期审核。每次审核都需要供应商上传营业证照、银行账号及企业法人等大量数据信息，且数据形式复杂多样（例如图片版、PDF 版、纸质版、Excel 表格等），导致每次审核供应商资质都要消耗大量的人力物力，且极易出错。据统计，企业供应商管理岗每人每天平均只能审核 50 家供应商的资质信息，想要完成 1000 家供应商资质审核至少需要 20 人，如果加上因供应商信息不合格重复提交造成的重复工作量，最终可能需要每天 23 ～25 人。这项业务如果借助 RPA 机器人进行，预计只需要 10 分钟便可完成审核与响应通知，效率提升近 2000 倍。

RPA 机器人应用： 供应商准入审核 RPA 机器人应用之后，业务处理将随之发生改变。

- 第一，系统会按照品类分别制定供应商的准入标准，并将这些标准形成供应商画像。
- 第二，供应商提交的资质信息将被标准化（既符合供应商画像要求，又实现数据格式统一）和在线化。
- 第三，通过光学字符识别（Optical Character Recognition，OCR）技术，实现对供应商提交的准入申请信息（例如营业执照）进行批量智能识别。
- 第四，系统自动检索国家市场监督管理总局工商注册信息库、各大银行开户信息等，自动比对供应商营业执照、开户许可证等，自动判别信息真伪，并根据供应品类自动划分供应商类别。
- 第五，如果在审核过程中发现信息比对失败，将自动驳回申请认证并自动触发邮件、短信等通知供应商。
- 第六，如果发生产品设计变更、更新迭代等情况，导致供应商准入标准发生变化，则只需要在系统里变更供应商画像即可，RPA 机器人会自动通知供应商再次认证。

场景2：供应商报价比价

业务场景： 企业的供应商资源丰富，但供应商规模、管理模式、运营体系各异。既有国内厂商也有国外厂商，既有管理规范的 500 强企业也有管理粗放的中小微企业，这就导致商务协同的响应速度、协同效率不一致，从而影响整个供应链运行效率。这其中供应商响应企业报价请求（Request For Quotation，RFQ）就属于比较典型的业务场景。

在实际业务开展中，不同国家、规模的供应商，响应 RFQ 的速度、流程、反馈模式、报价方式都差异巨大，这就导致企业的 RFQ 执行进度被极大延缓。

通过使用 RPA 机器人，企业品类经理将缩短 RFQ 以及技术协议的编制时间。从编制询价单—收集技术协议—RFQ 发送给供应商并通知到位—供应商回复报价—品类经理编制比价单—核对报价的寻比价全过程，传统人工操作至少需要 3 个小时，应用采购寻源比价 RPA 机器人后，从第 3 步开始就可以由 RPA 机器人自动完成，整体效率提高两倍。

RPA 机器人应用： 在应用 RPA 机器人进行供应商报价比价后，业务处理将随之发生改变。

- 第一，供应商可以自行选择由供应商门户登录、邮件等不同模式进行报价。选择邮件模式的供应商将由 RPA 机器人自动推送报价格式要求。
- 第二，供应商依据报价格式使用供应商门户登录或邮件提交报价和技术协议。
- 第三，系统收到报价信息后，会将信息做统一格式处理并存入数据库，RPA 机器人会根据系统预置规则进行信息筛选与过滤。
- 第四，RPA 机器人将按品类、供应商、索引号自动匹配到对应 RFQ。
- 第五，根据各家供应商报价，RPA 机器人将自动出具比价结果。

⚙ 场景3：合同自动生成与录入

业务场景： 在传统模式下，一份采购合同完善条款及谈判大约需要 3～4 天才能完成，然后由品类经理提交合同管理员并走内部签署审批流程，最后合同邮寄到供应商处进行签署盖章并寄回，这又需要 2～3 天。

RPA 机器人应用： 合同签署 RPA 机器人应用后，业务处理将随之发生改变。

- 第一，合同签署前，根据供应商绩效表现以及品类认证情况，RPA 机器人会自动匹配合同条款和合同模板。
- 第二，合同匹配完毕，系统会自动将合同发送给供应商审核。
- 第三，供应商审核完毕后，可以在线使用电子合同，在线签章。
- 第四，供应商签署合同后，由 RPA 机器人自动匹配适用的审批流程，例如会签、转签或其他特殊签批模式。
- 第五，合同签署流程完成后，RPA 机器人会自动将合同归档，并将成交价格记入价格库。

通过合同签署 RPA 机器人应用，企业可将原来的手动模式转变为在线、自动模式，时间缩短到两天，效率提高一倍。合同电子化使寄送费用和纸质成本得到降低。

⚙ 场景4：采购三单匹配

业务场景：越来越多的企业筹建财务共享中心，发票、合同与入库纸质单据加上它们的影像文件的处理是与财务共享中心交互最多，但也是工作效率最低的环节。通过采购三单匹配 RPA 机器人应用，财务共享中心—应付款管理组的工作效率将比传统模式效率提高两倍，准确率也将大幅提高。

RPA 机器人应用：三单匹配 RPA 机器人应用后，业务处理将随之发生改变。

- 第一，捕获发票，通过 OCR 技术将供应商上传的纸质发票影像文件，识别读取形成结构化发票信息，如果是电子发票，则系统直接读取并存储。
- 第二，规则执行，通过定义发票单价、品类、税额差异调整等规则，RPA 机器人可以完全模拟人工操作，根据规则进行采购订单、收货单、发票的三单匹配。
- 第三，完成立账，对于满足条件的应付账款，RPA 机器人自动启动一笔合格的申请付款流程。
- 第四，驳回检查，对于未满足条件的应付账款，RPA 机器人会提醒错误原因，以供检查。

上述 4 个采购 RPA 机器人场景都是企业较为常见的业务场景，在实现初步价值提升后，企业会自发从 IT 部门、采购部门抽调专人成立临时 RPA 机器人优化小组，诊断和寻找适用场景，从概念验证试点转为持续拓展阶段，逐步将 RPA 机器人内化为企业提升效率的能力。

基于机器学习，实现智慧采购应用

企业在采购过程中往往会遇到很多选择性难题。例如，选择国外供应商还是国内供应商？选择几个供应商？是否需要在不同时期使用不同的供应商？什么样的采购频次和运输方式是合理的？现有库存和可用库容如何影响采购的数量和时间？如何制订合理的备货和采购计划来确保旺季供应……

此时，企业采购管理者往往需要采购业务系统提供更加智能的决策建议。随着人工智能、大数据以及机器学习技术的发展，数字采购平台充分积累了海量内外部交易数据。算法可以让数据发挥更大的价值，实现数据驱动的智慧采购，典型应用包括品类经理智能驾驶舱，采购参数智能修正供应商智能推荐，供应商风险管理等。

⚙ 机器学习工作原理：数据+特征+算法

数据驱动的智慧采购，离不开人工智能的核心——"机器学习"。机器学习的重点是如何让计算机模拟或实现人类的学习行为，以获取新的知识或技能，并重新组织已有的知识结构，不断改善自身性能。机器学习的工作机理主要由数据（Data）、特征（Features）和算法（Algorithms）3 个部分组成。

- **数据（Data）**。想了解企业不同部门对间接物资商品的品牌偏爱程度，就必须获得历史采购样本；想分析不同评标专家的评分习惯，就需要分析他们过往的评标活动记录；想预测某品类物资的价格，则必须找到其历史价格信息。因此，数据是机器学习的基础，数据越多样化、越全量化，机器学习的结果就越好。

- **特征（Features）**。特征也可以称为"参数"或者"变量"，例如，供应商的地理信息、产品品类、产品成本及价格、合同文档中的词频等，都属于机器学习过程中的数据特征或考量因素。在机器学习过程中，选择适当的特征通常比机器学习的其他步骤需要耗费更多的时间，而且特征选择往往也是机器学习误差的主要来源。在特征选择的过程中，我们特别注意要尽量避免根据人性中的主观倾向来做出特征选择。

- **算法（Algorithms）**。算法是机器学习中最显而易见的部分，针对问题可以提供不同的解决方案。企业选择的算法会最终影响模型的准确性、性能以及规模。需要注意的是，如果数据质量差，那么即使采用最好的算法也无济于事。

⚙ 机器学习应用场景：供应商资源推荐

我们以某制造企业采用层次分析法，为生产类高频直接物资推荐供应商的应用场景为例，说明机器学习如何应用。

从推荐供应商的业务实现路径看，它一般要经过构建品类推荐指标体系、发放调查问卷、建立品类指标成对比较矩阵、核算指标权重、品类评价指标取数、供应商综合评分、供应商推荐 7 个步骤。第一步是由品类经理完成，核心工作是按物料品类搭建与其适配的品类评价系统，完成品类推荐指标体系的构建。第二步的执行主体依然是品类经理，核心是按照实际情况对各自所负责的物料品类的调查问卷进行答复。第三步建立品类指标成对比较矩阵，将问卷数据信息放置到矩阵中。第四步则由系统完成，主要是按照系统预置的算法，核算指标体系内各项指标的权重占比。第五步的执行主体也是系统，任务是从采购系统、ERP系统、其他业务系统中按照系统取数逻辑与公式，获取相应数据并进行相关核算。第六步是系统自动计算多级指标得分与指标权重的乘积，得出供应商综合评分。第七步则是系统按供应商得分情况，自动实现排序并推荐给品类经理，完成供应商资源智能推荐。供应商推荐的业务路径如图 7-2 所示。

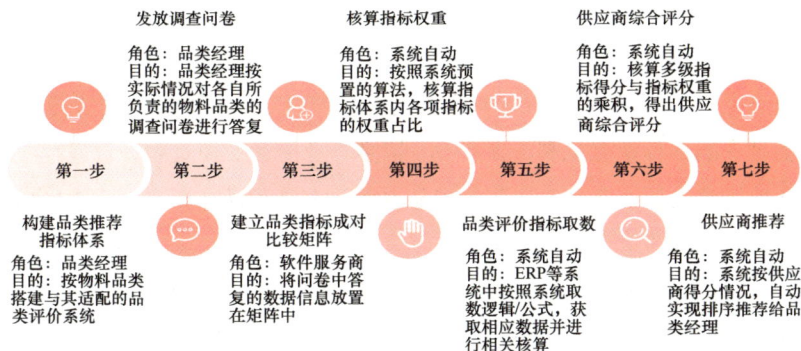

图 7-2 供应商推荐的业务路径

从机器学习的视角看供应商推荐的实现过程。首先基于供应商的历史交易数据，结合质量、成本等内部指标，历史交易次数、金额、报价次数等品类交易情况，以及这些数据特征的趋势。其次是参照专家打分对供应商定位进行分类，然后通过机器学习来训练预测模型，逐步完善算法，最后实现智能推荐供应商。

在机器学习赋能下的供应商智能推荐，既可以提升单品物资供应商的聚合度，又可以通过供应商认证的自动定位来减少人工收集、交接资料的耗时及差错，同时还能通过供应商邀请的自动排序来减少人为查询、判断供应商邀请条件的不便，还可以减少新入职员工或者不熟悉该品类采购业务的品类经理进行线下确认的时间。供应商智能推荐全过程如图 7-3 所示。

图 7-3 供应商智能推荐全过程

上述供应商智能推荐是企业采购的常见场景。除此之外，还有诸如采购计划、采购配额定期优化、采购对库存水平影响、采购对物流模式选择等，可以基于企业沉淀的自有数据、行业数据，来满足企业采购智能化方面的应用。

采购+区块链，构建商业创新的价值网络

区块链作为一种在不可信的竞争环境中低成本建立信任的新型计算范式和协作模式，其凭借独有的信任建立机制，正在改变诸多行业的商业模式和运营规则。以数字采购相关的落地场景为例，典型应用包括交易过程的记录、跟踪和追溯，连接物理世界和数字世界，共享企业信息和数据，同步存证信息，保护个人和企业隐私等。

在企业采购管理领域，每家企业都存在于整个社会的供应链协作网络之中，从原材料采购到最终将产品送达客户，中间经历众多增值环节，涉及买卖双方、银行、税务、物流服务商、保险、海关、广告媒体、营销商、渠道商等参与方，区块链应用的基本场景就是在这个复杂的交易网络中实现交易追溯。供应链协作网络的区块链应用如图7-4所示。

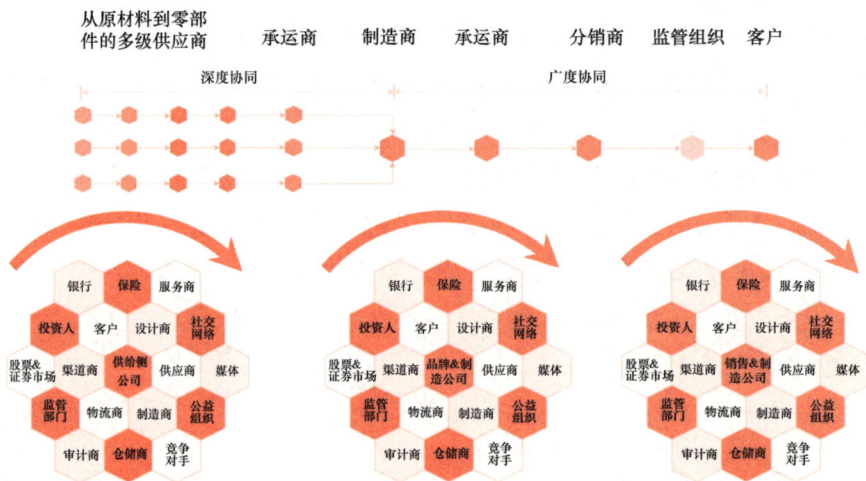

图7-4　供应链协作网络的区块链应用

场景1：采购合同存证

基于区块链的存证保全与司法服务是根据区块链合同流程与特性，在合同准备、合同创建、合同谈判、合同签署、合同存证、合同履约的每个业务环节里，把整个合同签署的行为和数据进行保全，进而形成基于区块链的合同数据链。区块链在电子合同中的

应用如图 7-5 所示。

图 7-5　区块链在电子合同中的应用

⚙ 场景2：招投标中的区块链赋能

目前，在很多政府采购业务场景中，区块链技术已经得到了广泛应用。例如，对所有参与方的实名认证，确保参与方身份合法、真实可信；招标数据全程上链、数据确权、全程留痕，确保无盲点、数据共识和不易篡改；招投标数据安全加密、隐私保护，保障招投标流程的合法合规；智能合约代码化法律法规、招标规则，自动控制招投标进程，保障招投标人权益；保存所有环节、时间节点的数据，实现招投标过程可追溯等。区块链在电子招标中的应用如图 7-6 所示。

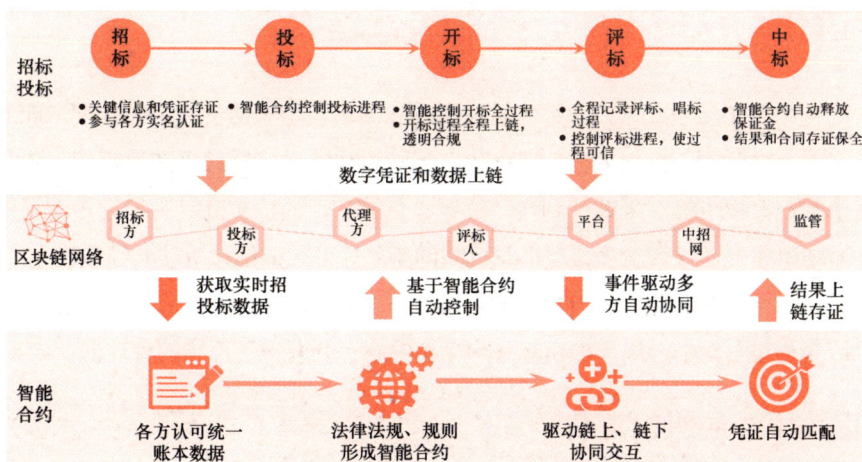

图 7-6　区块链在电子招标中的应用

场景3：多级供应链端到端网络协同

从原材料到零部件的多级供应商，到物流商、制造商、分销商、监督组织再到最终客户，实现整个业务链全程追溯。区块链技术应用核心是从供给侧角度进行跨企业的自动化协同，实现整个产业链的可视化、可追溯。区块链在多级供应链协同中的应用如图 7-7 所示。

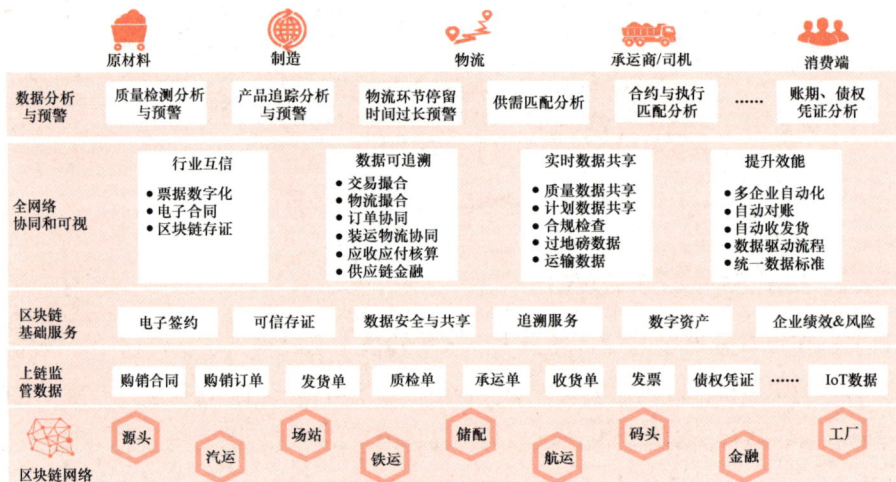

图 7-7　区块链在多级供应链协同中应用

职能进化：从成本中心到采购卓越中心

采购的数智化转型，一方面强调旨在提高业务运营中采购的数字化程度，即通过引入人工智能、物联网、机器人流程自动化、云端协作等技术升级采购管理信息化、数智化，赋予其全流程可控、采购计划自动执行、更加广泛的供应商寻源能力等增强能力。另一方面则聚焦于通过管理模式与组织机制创新，提升采购组织效能和绩效。

目前，越来越多大型企业开始将卓越中心（Center of Excellence，CoE）的理念引入采购组织变革与创新中，逐步构建起采购卓越中心，并取得了不错的管理创新效果。

采购卓越中心的组织定位

当下，大型企业的组织变得越来越复杂，多元化企业内部各个产业版块的采购团队常常处于自己的"竖井"中。尽管他们的各类技能在各自发展，但处于不同组织的采购团队及人员间无法共享知识、难以融合资源，这在很大程度上制约了企业采购业务的绩效改善与效率提高。而采购卓越中心的出现让这一问题得到解决。采购卓越中心可以跨组织识别专业采购知识和技能，并将内部资源聚集在一起，以便在组织之间共享，这样就提高了组织效率、优化了组织效能。

🔧 传统采购组织的不足之处

第一，管理分散。 在大型集团型企业中，采购管理组织较为分散，管控的方式较为落后。很多集团型企业具有分/子公司众多、产业版块多元的组织特点，而企业内部各组织单元的供应商管理、采购流程采购行为却各自独立，采购组织各行其是、各自为政，没有实现统一管理，内部资源缺乏共享，存在寻源范围小、管理不透明等问题。

第二，流程监管难。 集团型企业各分/子公司采购工作多数仍为线下，采购流程不一，缺乏规范的流程监管，采购业务在合规方面存在风险。同时集团型企业覆盖行业较多，增加了跨行业监管的难度。另外，集团型企业各级组织通常选择各自建设供应商库，供应商的准入流程、准入标准都存在巨大差异。而且在供应商管理的过程中，由于管控方式落后，并且受该岗位人员的业务经营、主观判断等人为因素的影响较多，所以供应商管理工作监管难。

第三，业务效率低。 传统采购工作环节多、流程复杂，不但增加了时间成本和人力成本，而且效率较低。集团型企业各部门与分/子公司的采购业务往往各成体系，导致信息化系统重复建设。供应商重叠、采购流程繁杂、采购周期长，导致采购过程中业务流不畅。信息流割裂、物流分散、资金流不透明，导致采购成本升高、业务效率降低。

第四，采购成本高。 对于企业来说，控制采购成本，削弱潜在突发事件的影响是采购工作的重中之重。但是多数集团型企业尚未实现集团采购，难以发挥采购的规模效益，而且各公司采购价格波动大，无形中增加了采购成本。当前，企业正面临一个全球原材料价格上升、数字经济对传统商业模式带来冲击的复杂、多变的商业环境，因此很难掌控采购资源、控制采购风险和采购成本。这就要求企业突破传统模式，在更大范围内获得和管理采购资源，防范采购风险，提升采购集约化程度。

第五，数据分析能力弱。 传统采购方式相对单一，依赖个人经验及能力，对价格控制缺乏有效的决策依据和大数据分析能力。在业务流程方面，人工环节过多，缺少基于数据的科学支出情况分析。

采购卓越中心的业务定位

如今，构建以推动采购管理创新和变革为目标的采购卓越中心，正成为集团型企业解决这些问题的最佳答案之一。采购卓越中心这个新的组织形态，可以是实体部门，也可以是虚拟部门。其成立的关键在于鼓励来自不同领域、专业的成员共同协作，评估、试验和推动采购业务的创新与变革，促进采购业务更加透明，充分共享采购资源和知识。采购卓越中心是围绕组织整体业务目标，而不是单个部门指标采取的一种强有力的组织模式。采购卓越中心的成立将帮助企业实现以下 8 个目标：1）建立创新的服务交付模式；2）支持集团战略；3）提升企业价值；4）支撑管理者意图；5）加强管控能力；6）规范运营标准；7）提高工作效率；8）降低成本费用。

基于上述定位，采购卓越中心首先要优化利用现有资源，通过对多元化产业版块的采购业务流程进行标准化、精练化、自动化、科技化改善，确保同等投入下获得更高回报，实现劳动力套利。其次要不断推动技术创新、业务创新，引入新技术、新方法来革新传统的采购业务，持续改善采购流程，持续优化采购工具，持续创新采购业务模式。

采购卓越中心的建设思路

采购卓越中心负责人的胜任要求

采购卓越中心负责人的胜任非常考验其综合能力。一般要求其拥有跨行业、跨领域的工作经验，要求对于采购和供应链有完整的结构化认知，并拥有比较全面的采购及供应链工作经历。具体到岗位的胜任能力，主要包括趋势前瞻能力、敏锐的业务应对能力、卓越运营能力。

第一，趋势前瞻能力。 了解行业市场发展趋势，及时预判市场环境变化对企业采购业务的影响，充分了解技术的发展趋势，并能够快速将新技术引入到企业采购和供应链管理中来。

第二，敏锐的业务应对能力。 能够将发生的事件与公司 / 组织的业务发展快速关联，并做出相应的快速反应。例如，如果采购经理人指数（Project Management Institute，PMI）和国内生产总值（Gross Domestic Product，GDP）双降，采购卓越中心负责人要能够快速与企业的材料成本、物流成本等建立关联，并在合理预测未来趋势的同时，快速制定应对策略。

第三，卓越运营的能力。采购卓越中心的每位员工都管理专门的事项，例如流程管理、合同管理、标准交货周期管理等，人人都是项目经理。但是采购卓越中心没有直接汇报团队，只有虚拟团队。这更需要采购卓越中心负责人和团队成员有卓越的执行力和项目运营能力，方能保证采购业务的顺畅执行。

采购卓越中心的运营模式

在一般采购卓越中心的组织模型中，采购卓越中心对外负责外部服务供应商的管理，对内则向企业总部及分 / 子公司提供专业型、规模型及现场型的业务服务，并协助总部和分 / 子公司满足外部监管机构的规章和要求，而这些一般按照商定的数量和价格来收取相应的服务费用。企业总部负责管控型业务，制定企业采购政策和管控方法，确保采购政策合法合规，出台采购管理策略，保障企业战略性采购和维系合作关系。分 / 子公司则负责经营型业务，全力支持企业管理层决策和企业独特的业务，确保企业运营计划（例如采购计划等）有序执行，及时与共享服务沟通并获得服务支持，开展高价值工作（例如重大项目采购策略、质量监控等）。大型企业采购卓越中心运营模式如图 7-8 所示。

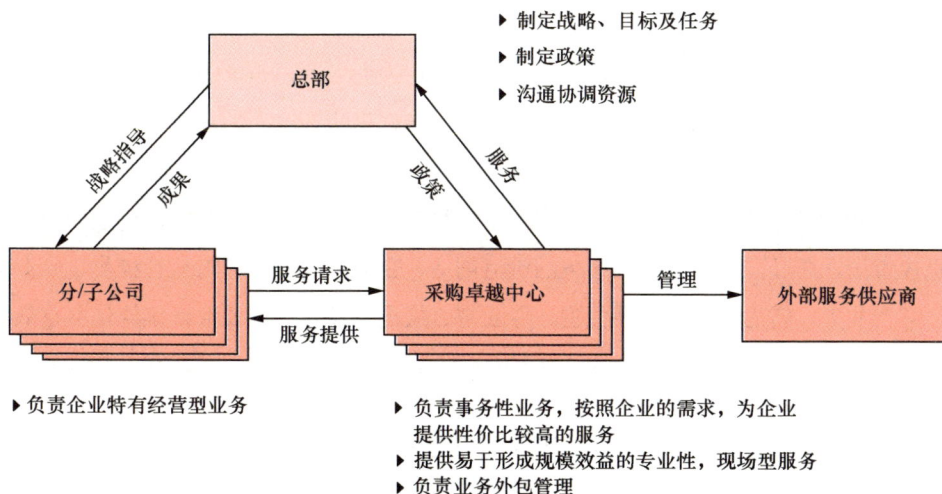

图 7-8　大型企业采购卓越中心运营模式

采购卓越中心的组织建设

采购卓越中心作为采购的新型组织，如何在保持高效率运行的同时还能真正做到让用户、员工、供应商满意呢？除了要与内部用户保持有效沟通，及时了解并满足他们的需求外，高层领导的大力支持，各级管理层的积极参与和推动是必不可少的。

建设采购卓越中心是一场巨大的组织变革，需要安排专人负责变革管理工作。**首先，要对组织和流程进行梳理，将流程标准化，并且明确迁移范围，清晰切分流程界面，以保证可以最大限度地提高效率，降低风险。其次，设计人员岗位，在这个过程中要根据岗位工作性质来确定员工的技能需求，并制订合理的员工招聘与培养计划。再次，变革项目的负责人需要全面了解企业的业务、端到端流程以及相关内控规定，这有助于卓越中心的成功建设，制定明确的切实可行的运营制度及考核制度，合理制定绩效考核指标。最后，采购卓越中心要进入价值创造阶段，需要均衡考虑服务质量和服务成本，从而确保当前和未来的经营利润。**

采购卓越中心的创新价值

未来十年，国内大型企业的采购卓越中心将快速发展，这将为中国企业采购带来全新的体验与创新价值。

价值1：精准把控市场，降本增效

随着大数据、云计算、物联网和人工智能等技术的发展，数字经济与数字商业发展加速，更多的企业开始对"如何优化采购成本、提升采购效率"的问题进行深度思考，采购工作承担着更多的降本增效职能。

引入新技术打造企业自己的数字采购共享平台，实现智能采购，可以让企业更精准地把控市场。通过采购共享中心服务的价值创造，企业采购的范畴将从管控类、专业类及事务类业务，转为管控型、经营型、专业型、规模型及现场型业务，集约化共享效益明显提升，实现降本增效的目的。

价值2：唤醒企业向全流程、数智化的采购模式迈进

传统的企业采购方式以线下采购为主，范围局限在企业所在城市或地区。进入互联网时代后，企业业务运营逐渐向线上转移，通过数字技术实现了信息化采购。得益于

产业互联网的发展和新型基础设施的完善，企业通过在技术与服务横向拓展上的积极探索，其数字化采购所涵盖的内容也扩展到包括供给端的寻源、匹配、采购，管理和需求端的需求统计、上报、采购、分发的全链条泛采购概念。从数字化向智能化升级，企业实现了"在线下单、物流配送、用户服务"的供应链闭环。采购业务将在充分数字化的基础上实现智能化，建成生态型采购。

⚙ 价值3：智慧采购的功能及服务

企业数量的增长带来了大量的采购细分需求，企业供应链承压、资金短缺、采购难、采购贵、服务不到位等问题是数字化新采购发展的契机，传统电商平台、采购数字服务商不断涌现，它们充分发挥自身的资源整合优势，为企业提供线上采购服务。综合技术实力更强、有深厚技术积累的厂商，其产品和服务将更具优势，将为企业提供包括采购寻源、在线协议、电子发票、自动对账等更多种类的服务。

通过组织优化，结合整体数字采购解决方案的顶层设计，智慧采购将更贴近需求、更智能、更安全，将使企业采购业务变得更加便捷、高效、规范和完整。

采购网络：社会商业，平台服务

随着企业数字化采购平台的日渐成熟与扩展，平台间的连接、共享与协同也日益频繁。融合供应链各个环节资源与角色，互联互通的供应链协作数字网络正在形成。这个协作网络呈现出参与角色多元化、资源配置社会化、协同机制网络化的基本特征，我们称之为社会化采购商业网络。

通过构建社会化的采购商业网络平台，物理世界中的采购商与供应商、采购员与业务员、贸易供应链过程中的仓储、分拣设施、司机、车辆、码头 / 物流园、银行、海关、检验检疫等设施和机构都实现了数字孪生，形成了数字世界与虚拟世界的一一映射。同时借助数字世界中的"商业运行规则"（例如数据算法），物理世界中的采购交易在技术与数据的驱动下，变得更高效便捷、实时可视。

越来越多的企业不断加入采购商业网络平台，平台的采购交易金额不断增加，企业将通过平台积累大量用户的基本信息（包括供应商和采购商）、交易信息和访问行为信息等，对这些数据的发掘和分析将为平台中的企业带来全新的商业增值服务模式。下面介绍目前两种常见的平台商业新服务。

平台供应商资源智能推荐

为保障供应链的稳定，企业在寻找供应商时，通常每个品类要储备3～5家合格供应商，企业采购人员在进行供应商询价、样品检测试用、供应商背调、供应商预约、实地验厂考察等一系列的工作后，才能将所有的供应商目录及品类策略标签化并完成供应商认证。

在采购商业网络中，如果许多供应商在平台上经过成百上千家采购企业的标签化认证，最终就形成了可信的供应商资源池，同时平台会基于真实交易的供应商评价体系、供应商动态与风险的洞察完成供应商的可信认证。企业搭建数字化采购平台，在线接入采购商业网络，就可以在采购商业网络平台上获取更多可信的供应商资源，并通过招募供应商的方式让这些资源为自己所用，并享受平台提供的物流跟踪、金融服务、商品推荐、价格比对等服务。

⚙ 采购企业对可信供应商资源的需求

以供应商环节的风险为例，在遭遇新冠肺炎疫情这类"黑天鹅事件"时，工程建设类的大型企业由于供应商数量多、地域分布广，所以在工程重启时面临部分环节的材料断供风险，此时就需要及时调整采购策略，例如选择其他城市的备选供应商。这类需求在传统模式下很难被快速满足，但借助采购商业网络，企业可以快速匹配到适合的可信供应商资源。

此外，当出现供应商违约风险或者因不可抗力产生潜在违约风险时，采购商业网络会及时提供风险预警，帮助企业做经营规划方面的调整，有助于提升供应链各个环节的协同效果，赋予企业更强的风险抵抗能力。当企业采购与内外组织形成网络协同后，可扩展实现更丰富的商业服务价值。

⚙ 采购商业网络平台中供应商资源的特点

采购商业网络平台中有着丰富的可信供应商资源，这个平台上的供应商资源具备覆盖广、数据真、全动态、高效率的特点。

- **覆盖广**。平台拥有海量的优质核心供应商资源，覆盖千万余种产品分类，可以满足企业各类采购需求。
- **数据真**。平台拥有百亿级采购规模企业的优质供应商资源，综合各企业供应商收入的严格要求，建成"供应商诚信体系"，通过对接工商数据、授权企业、业绩公示、平台历史沉淀数据等多种方式进行供应商资料全面认证，可信度较高。平台基于供应商的经营能力、产品能力、业务能力、服务能力以及风险监督等方面做全方位综合分析，使企业采购合作风险最小化。

- **全动态。**平台通过多渠道的数据资源对接，在线实时维护供应商资料、深度运营、深化行业品类，可以全方位实时洞察供应商市场。同时通过供应商在线培训课程、供应商微信社群运营、供应商线下活动运营，保障平台供应商数据的实时动态更新，搭建"活"的供应商资源库。
- **高效率。**平台支持在线精准搜索、查看、寻找供应商，提供可靠的采购商和供应商最佳网络合作场所，根据企业实力对供应商进行分层分级，分别授予供应商不同的权益，同时根据其履约、供货、绩效等维度进行认证。

供应商智能推荐：基于采购行为精准匹配

运用采购商业网络平台上的多维度标签，采购企业可以全方位筛选优质供应商，对供应商实力的综合评价、企业信息、产品信息一目了然。同时平台借助大数据及人工智能算法，基于需求物料和物料价格，可以向采购企业智能推荐合格、优质供应商。

基于采购行为的供应商智能推荐，还表现在基于人工智能技术的深度应用。平台可以对企业的采购行为进行预测，实现从采购需求预测，到智能寻源、供应商多维度评估、自动匹配需求商品、多方横向比价，以及辅助企业完成定价、风险管控、智能对账结账等采购管理动作，进而帮助企业实现对多类型供应商与采购渠道的管理，有效把控采购的各个环节，从而实现采购决策效率的整体提高。

另外，供应商智能推荐服务不只服务采购企业，还服务优质供应商。平台可以将供应商内部物料数据与平台商品智能匹配，并根据采购企业的寻源物料、需求周期、供应商资质、规模要求等条件，系统自动精准匹配满足采购需求的供应商，并自动定向推送采购需求至供应商后台。换言之，系统既可以为采购企业智能推荐合适的供应商，也可以为供应商智能匹配精准的采购需求，实现供需对接，撮合交易。

平台供应链金融服务

在我国经济发展转型的过程中，存在着大量的中小微企业，这些中小微企业在国民经济的发展中起到了重要的支持作用，却往往受制于企业流动资金不足，面临企业发展停滞的问题。让中小微企业有效地嵌入到供应链中，帮助它们在适合的时间获得适当的资金支持，是保证产业链健康发展的关键所在，也是供应链金融服务的重要着力点。

供应链金融服务全景框架

在供应链数智化基础上的供应链金融服务平台，打通了从寻源到支付的全流程，在整个链条不同的阶段，创新数字资产，对接数字化金融服务产品，支撑全链条的金融服务。

在供应链金融平台中，通常提供包括招投标阶段的电子保函、订单阶段订单融资和数据融资、发票入账阶段的可流转权证、正反向线上保理，以及支付阶段的发票动态折扣和承兑汇票支持 5 类服务。平台供应链金融服务如图 7-9 所示。

图 7-9　平台供应链金融服务

典型应用1：订单融资服务

订单融资实际上是数据信用融资。在供应商接到订单以后，如果有融资需求，资金端会根据供应商与核心企业的真实贸易关系、历史交易状况，并结合供应商信用，在确认核心企业或第三方平台上的订单数据后，方可提供贷款服务。订单融资服务如图 7-10 所示。

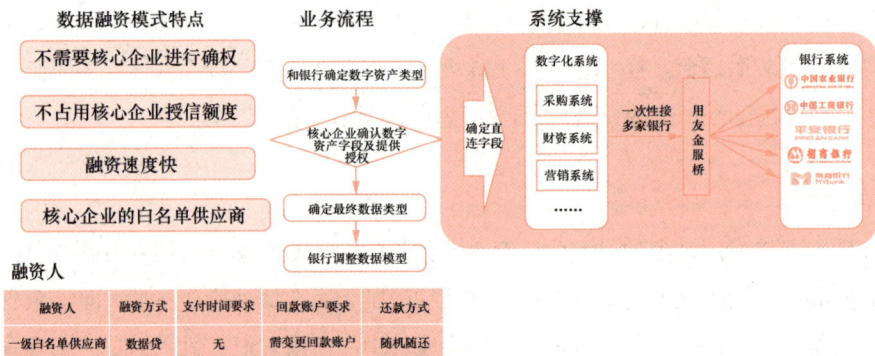

图 7-10　订单融资服务

典型应用2：多级权证流转

多级流转权证是基于区块链的企业信用流转电子凭证，平台联合多家银行共同为核心企业和供应商搭建在线付款、融资云系统。核心企业基于与供应商的应付账款开立电子凭证，供应商签收电子凭证后可用于融资，核心企业到期兑付。多级权证流转服务如图 7-11 所示。

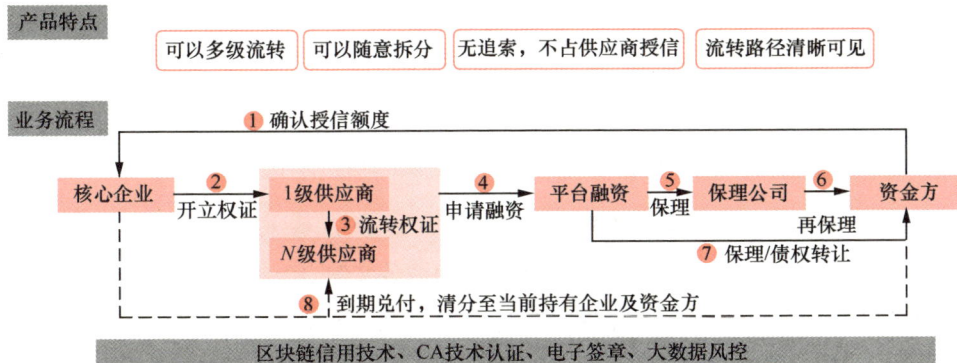

图 7-11　多级权证流转服务

典型应用3：发票动态折扣

发票动态折扣是将核心企业与供应商联系在一起的资金营运市场利用独特算法在应收账款和应付账款之间进行匹配，既帮助核心企业获得应付账款折扣收益，又帮助供应商提前回款，解决短期现金流不足问题，为供需双方提供了利益双赢方案。发票动态折扣服务如图 7-12 所示。

图 7-12　发票动态折扣服务

139

转型路径：基于价值创造的采购数智化新架构

采购数智化充分利用数字技术，并在技术赋能下实现采购数字化场景创新；建设数字化采购平台，并在平台的支撑下成立企业采购卓越中心，驱动采购部门的职能转型；秉持数字商业新理念，构建社会化采购商业网络，实现跨组织、跨平台的供应商社会化协作创新，这些是数字经济时代背景下，企业价值创造的采购数智化新架构、新范式。

采购数智化的发展趋势

企业采购数智化的总体发展趋势一般具备以下特点。

趋势1：采购流程在线化、电子化

涵盖企业所有的支出类别（物资及服务）以及供应商的直接采购/间接采购流程、供应商评估流程全面在线化，强调采购交易过程中所有商务文件的在线化、电子化，并且持续优化在线流程，降低传统人工操作带来的业务延时、人工成本高企，以及人工出错率高的页面影响。例如，在线寻源、在线询价与比价、在线招标与投标、在线订单响应与协同、采购订单智能识别与推送、电子发票智能验伪等。

趋势2：采购执行与风险管控感知

越来越多的数智化采购平台借助机器学习技术从数百家企业的历史采购数据中进行学习，并基于数据+算法驱动，实现采购执行、风险管控的智能感知、自动化执行、智能化预警，帮助企业在纷繁复杂的采购支出数据中识别欺诈，杜绝浪费和低效。从采购到付款的全程采购执行环节，数智化采购平台将提供自助式采购服务，自动感知物料需求并触发补货请购，基于规则自动分配审批任务、执行发票及付款流程，从而加速实现采购交易自动化，有效控制风险和确保合规，大幅提升采购执行效率。

未来，当企业所有的供应商都实现在线连接并不断沉淀交易数据，就可以通过基于机器学习、深度学习、复杂网络的多种算法来构建企业可感知的采购商业网络；同时通过 RPA 机器人大幅减少手工操作。通过采购商和供应商的社会化参与，共建协作网络，实现产业链价值创新、多方共赢。

趋势3：采购决策过程数据化、智能化

数智化采购平台必须提供与 B2C 电商平台同等的易用体验，但不同之处在于：在数智化

采购平台的 B2B 采购业务中，第一要求采购人员必须遵守采购策略、协定供应商管理政策和支出限额等企业采购管理的约束条件；第二企业采购人员缺乏时间、耐心或动力来全面评估平台中的数十个采购结果来获取最佳采购资源。因此数智化采购平台要比 B2C 电商平台更具规范性，同时也需要提供个性化推荐，用量身定制的相关性算法和精选内容帮助采购人员快速、轻松地匹配到他们的需求，并指导员工平衡价格与价值，进而做出明智的采购决策。

采购数智化的业务框架

大型企业的数智化采购体系包括智能采购、数字仓储及物流、全景质控三大业务链框架。在这个框架中，企业通过内部跨专业深度协作、外部供应链高效协同，建立供应链运营中心以实现采购业务智慧决策。

⚙ 采购数智化新框架下的业务场景

智能采购涵盖采购需求管理及预测、采购计划、采购品类策略及方案、采购线上寻源、电子合同、收发货协同、对账结算发票协同、采购商城、供应链金融等业务场景；而数字仓储及物流则包括出入库及仓库盘点、物资代储代销、物资调剂及处置、配送管理及物流跟踪、全局库存、联储联备、备件共享等业务场景；全景质控则涵盖了供应商生命周期管理、质量检测及数据采集、质检报告等质量控制场景。

另外，通过将区块链技术嵌入可信供应商认证、合同、招投标、金融服务、多级供应链等业务场景中，实现了采购交易网络中的实时交易追溯和独特的信任共享机制。而RPA 机器人的嵌入，则帮助大型集团企业实现了上下游联动的供应链网络化协同，并利用动态感知及预测技术打造了需求大数据分析及人工智能引擎，通过整合和共享供应链数据，最终打造端到端支撑的采购卓越中心。

⚙ 采购数智化新框架下的能力升级

基于采购卓越中心的企业采购数智化新框架，将帮助企业在需求管理、战略寻源、供应商管理、采购执行和仓储物流 5 个方面取得能力升级。

- **需求管理能力**。规范统一的需求标准可以实现智能精准的需求预测，满足科学合理的库存管控，与供应商保持高效的供需协同，最终实现可视化的闭环过程监控。
- **战略寻源能力**。建立标准清晰的品类划分，以此来实现多维度的支出分析和支出管理。结合外部实时高效的供求市场分析和公开的价格数据，支持多种类、灵活、合规的采购寻源方式和策略。

- **供应商管理能力。** 建立统一供应商资源库，精准高效的准入管理。并基于算法实现动态的供应商分类、分级优化，引入量化联动的供应商绩效评估，精选优造供应商。

- **采购执行能力。** 能够与供应链规划进行结合，自动完成库存补货感知，高效订单触发管理，并能够全程监控供应链风险，实现供应链动态供应保障，支持供应商智能匹配付款申请。

- **仓储物流能力。** 为企业构建全面共享的可视化库存管理平台，通过联储联备满足库存高效灵活周转的要求，借助智能互联的仓储作业实现动态感知库存水位和敏捷服务水平。通过内外部物流交付的动态可视，科学合理保障运力配置。

采购数智化新框架的核心应用

- **统一平台。** 建设统一的采购及供应链管理信息系统，实现所有业务在系统上运行，所有人员在系统上操作，所有数据在系统上产生。

- **全流程管控。** 实现对采购全流程的线上覆盖，包括计划管理、采购管理、合同管理、物流管理、仓储管理、质量管理、结算管理、供应商及承包商管理、统计分析等。

- **内外协同。** 内部协同包括与现有各地子公司的管理系统对接，实现需求与计划、合同履约下的大宗原辅料、进口管理、设备资材及质量情况实时跟踪；与法律部合同管理系统对接，实现定标信息与合同文本的协同交互；与企业主数据管理、数据治理等系统对接，确保数据在各系统中标准统一；与资金管理、财务共享、审计分析等系统对接，为其他部门业务开展提供数据支持。外部协同包括采购单位和外部供应商通过端到端的整体协同加快供应链响应效率、降低供应成本、提升供应质量；与国家市场监督管理总局企业信息、工业品电商平台等外部系统对接，获取最新的企业工商信息与外部市场行情。

- **全程可视。** 全供应链数据可视化，实现企业范围内信息共享，实现采购全过程跟踪和追溯。一是为企业管理层、企业内部用户、外部合作方等提供渠道，支持 PC 端、移动终端、大屏等多种展示设备，进行业务数据查询、获得数据分析结果。二是实现从需求计划、采购计划、采购方案、采购结果、采购订单、入库单、出库单（参照需求计划）、发票校验全过程完整单据流信息查询及多维度分析，图形展示。通过数据的标准化、统一的数据中台、业务中台实现供应链全程可视化。

- **智能管控**。汇聚内外部数据，支持供应链各方协同运作，分析业务情况，发现业务规律，不断改善供应链运营效率和效益，实现有序运作、智慧运营。采购供应链数字化新框架如图 7-13 所示。

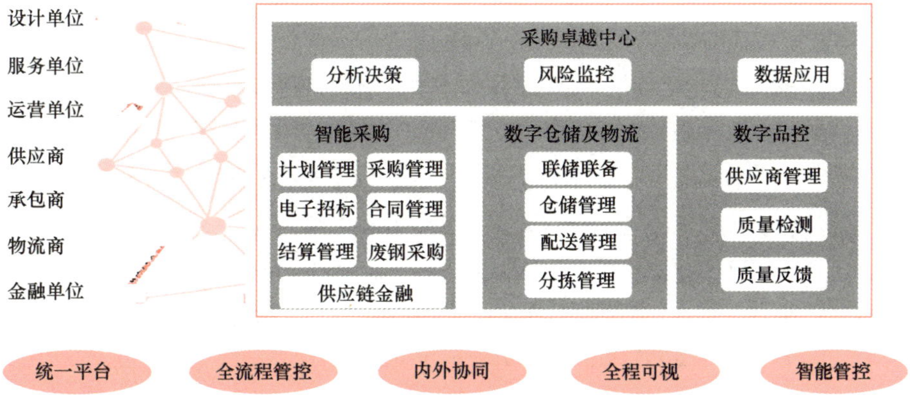

图 7-13　采购供应链数字化新框架

企业采购数智化进阶路径

打造企业数智化采购供应链，不仅要加大在采购供应链软硬件等 IT 基础设施建设上的投入，更需要更新数智化时代的管理理念，建设数智化的管理体系。只有具备了"三位一体"的综合能力，企业才能在供应链上建立起核心竞争力。

数智化采购供应链的"三位一体"综合能力

- **管理理念**。实现采购供应链的数智化，首先要求企业管理层必须统一认知，将供应链管理提升到企业未来竞争力的战略高度加以重视，改变过去供应链只负责供应和生产的观念，未来的采购及供应链管理旨在塑造以用户需求为驱动的价值供应链，端到端全面整合的供应链。

- **管理体系建设**。体系建设从顶层设计开始，包括战略、组织、职能、架构、流程、策略和方法等。供应链管理是一门科学，需要不断地深入研究与持续改善。

- **数智能力**。数智化不仅需要软硬件技术上的投入，还需要扎扎实实地加强基础管理，实现管理从标准化到信息化再到数智化的跨越式转型。数智能力建设离不开供应链数智化人才建设，人才不仅要懂供应链管理，还要能驾驭数据建模及高级分析。

这三者互相支持和补充，缺一不可。

⚙ 采购供应链数智化的发展路径

供应链竞争力的打造不是一蹴而就的，需要企业因地制宜，结合自身的经营战略、行业特征以及管理水平等多方面情况，制订适合自己的改革创新计划。对于企业数字化转型方面的投入，特别需要关注采购供应链数智化的发展路径。

- **第一步：流程标准化。** 把战略目标、组织绩效和流程体系、策略方法等作为采购数字化的首要工作，这是"万里长征"的第一步，也是必不可少的一步。
- **第二步：业务在线化。** 作为端到端的业务，需要将采购供应链流程中每个工作活动都在线化，企业内部门之间、企业与供应商之间、物流承运商之间等，通过在线化将所有工作行为结构化记录并形成数据价值沉淀。
- **第三步：自动化和智能化。** 通过引入 RPA 机器人和机器学习等新技术，让数据驱动采购供应链业务运营，结合采购卓越中心创新、创造更大的价值。

采购供应链数智化进阶路径如图 7-14 所示。

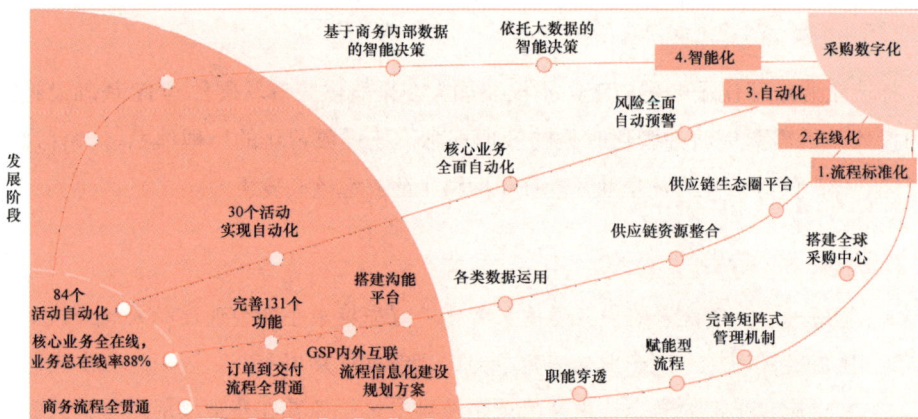

图 7-14　采购供应链数智化进阶路径

基于采购业务持续发展创新的需要，大多数企业正在或已经打造了全流程管控、内外协同、全程可视、智能管控的采购供应链一体化的全新数智化供应链框架。而推动内部供应链向产业链上下游延伸和拓展，则取决于社会公共数字化基础设施（物流仓储、税务、银行、海关等）的全面连接，只有连成片、织成网，才能让企业在智慧物流管理、供应链风险识别、协同一体化管理等新模式创新方面有更大的空间，在提升产供销平衡、精细化管控和市场响应能力等方面收获更多。

中国的采购数字化转型发展之路任重而道远，需要社会各界精诚合作、兴利除弊、砥砺前行、持续创新，同时我们能看到采购数字化转型的前途光明，它将为中国制造业发展，甚至全社会发展提供持续动力，产生直接而深远的影响。

案例：采购运营"轻装上阵"，共享"好货"

某招标有限公司是某集团公司的全资子公司，也是集团公司招标业务的归口单位，专业从事货物、工程、服务项目的招标采购及咨询服务，管理5万多家供应商，年采购规模超千亿元，拥有中央投资、工程建设项目招标资质和政府采购、国际机电产品、军工涉密项目招标资格。成立以来，该招标有限公司一直以通过领域、需求和模式、方法的不断创新集成，做中国招投标行业的开拓者，成为最具竞争力的招标采购服务商为发展目标。

业务诉求

某集团公司作为生产制造型企业，生产资料成本是企业经营的主要成本且占比巨大，不论外部环境如何，成本管控是直接影响企业效益的关键因素，尤其是在外部环境变幻无常的大背景下，降本增效显得尤为重要。

增长放缓，如何激活采购

某招标有限公司作为集团公司招标业务的归口单位，以往的服务对象都是集团内部成员单位，招标公司的业务量也随着集团公司的发展水涨船高。但近年来钢铁行业起伏不定，使集团层面的业务量增长放缓，"靠天吃饭"仅能维持"温饱"，这让该招标有限公司切实感受到自身业务范围的局限性。

同时，封闭分散的经营模式，未能充分发挥集团公司庞大的供应商资源，优质供应商"淹没"在供应商库中，难以发挥其"产业升级帮手"的作用。采购活动日渐"稳定"，供应商管理尾大不掉，过去的"铁饭碗"优势已经变成掣肘该招标有限公司发展的枷锁和集团公司降本增效的障碍，重新激活采购活动、寻找新的效益增长点迫在眉睫。

采购信息化滞后，如何突破

在信息化方面，该招标有限公司以建成的电子招投标平台服务于日常的招标采购业务。但随着集团公司招标采购业务不断拓展，以及新型业务模式持续创新，老的招投标平台基础架构薄弱、扩展性差的问题日益突出，已严重影响该招标有限公司的业务发展与数字化转型。

精细化管理来袭，如何应对

在供应商管理方面，粗放的管理模式持续多年，集团公司下属各级公司各管一摊。从表面上看，集团公司拥有大量的供应商，但由于管理分散、标准不一，导致供应商数量庞大但质量不高，"优质"供应商无法充分发挥作用，"劣质"供应商退出机制模糊，开始出现"劣币驱逐良币"的苗头。而且管理成本居高不下，不能有效调动供应商的积极性，更别提降本增效了。

应用模式

"把脉"业务痛点，绘就转型蓝图

针对采购业务的挑战与痛点，该招标有限公司整合优化各类采购需求和管理要求，结合当前实际和未来发展趋势，制订了采购业务数字化平台建设计划，涵盖供应商管理、电商平台和招采平台建设三大版块，融合当前最新理念、技术与商业思维，绘就数字化转型蓝图，旨在统一规范采购管理要素及业务流程，整体提升集团公司采购运营的数字化水平，逐步实现向招标采购业务的社会化服务平台的转型。集团公司招标采购数字化转型架构如图7-15所示。

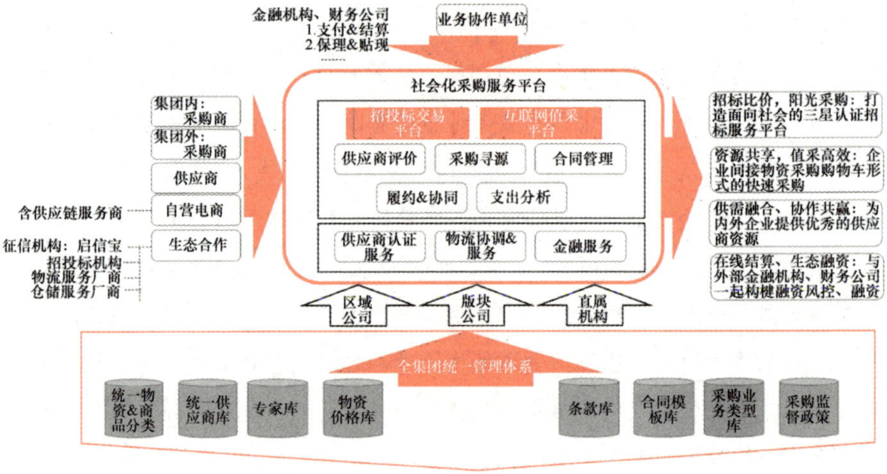

图 7-15　集团公司招标采购数字化转型架构

社会化运营重塑采购

在供应商管理平台建设过程中，集团公司多业态经营、各级公司众多差异大、供应商独立管理、无可借鉴经验等是显著的困难。

引入社会化运营思维，重塑传统采购模式，整合以往封闭分散的供应商资

源，打破只对内提供采购服务的业务模式，引入第三方 B2B 电商平台供应商资源等，是招采平台数字化转型遵从的重要指导原则。项目组在总结集团各子公司供应商管理经验的基础上，通过广泛深入调研、前瞻性思考策划、广泛性适用共享、标准化差异兼容，坚持以领先开放、集成延展和量化智能等要求，开展平台建设工作，最终敲定"（供应商＋用户）×共享"的业务模型，建设客商共享平台，以实现全集团公司资源共享最大化。

关键应用

关键应用一：构建客商共享平台

涵盖集团生产运营所需的货物、工程、服务采购的供应商和财务共享系统的全部销售用户，目前已随业务的开放向社会共享优质供应商资源。

- 在供应商共享方面，主要围绕供应商注册、分类分级、资格认证、过程监控、评价考核、分析改进 6 个流程要素。
- 在标准化业务流程方面，客商共享平台实现了集团公司统一的企业型供应商和用户以及非企业型供应商和用户等共计 12 个标准和业务流程，设置了可差异选用的供应商分级标准和业务流程、供应商资格认证标准和业务流程，初步完成了集团公司供应商在招标采购、合同履行、使用效果等方面的评价标准和业务流程设计工作，并可依据子企业的供应商数据建立集团公司供应商库。
- 在 API 数据对接方面，客商共享平台无缝对接政府工商信息和权威的第三方企业数据服务网站，做到供应商信息实时更新和自动核实标记，杜绝信息滞后和信用风险。

关键应用二：构建全新的电子招投标交易平台

该招标有限公司全新的电子招投标交易平台，是基于《中华人民共和国招标投标法》《电子招标投标办法》等法律法规的要求和集团公司招标采购业务实际需求设计的，达到了三星检测认证的标准，并融合当前招投标领域最新的设计理念及应用模型，实现了直接连通中国招标投标公共服务平台。

全新的电子招投标交易平台具备明显的规范化、自动化、智能化特征，全程在线、标书制作工具、软加密应用、虚拟开标大厅、远程异地评标、生物特征身份识别等一批新模式＋新技术的应用，显著提高了招标采购质量和效率。

同时，随着对外服务的开放，非招标采购业务也即将在该招标有限公司开展，为社会提供优质、专业的招标采购服务，引导社会化招标向规范化、自动化、智能化的方向转变。

关键应用三：值采平台，超市化采购服务

值采平台是互联网超市采购平台，是集团公司在探索采购数字化新型模式过程中的又一次成功尝试。该平台依托用友采购云平台的"云采超市"模块，结合目录化采购的实际需求，有机结合、大胆创新。

标准化商品和社会化运营是值采平台最大的特点。集团公司依托自身体量和管理优势，引入国内知名的专业垂直电商平台，遴选出集团公司内优质协议供应商，面向集团公司及社会企业提供超市化自助采购服务，主要为办公、劳保、IT、礼品、福利及标准工业品提供"一键下单，'好货'上门"服务，帮助企业实现简单、快捷、透明、高效的零采规模化、集采个性化。目前该平台已上线 1051 个品类共 678250 种商品，上线 4 个月的时间以实现约 419.7 万元交易额。

🖧 应用价值

值采平台基于"自建的 IaaS+ 用友云 PaaS"模式，可以很好地支撑新应用的快速上线，降低企业的开发成本和运维成本，真正实现"轻装"上阵。应用效果包括供应商数量达到 50000 多家，年交易额达到 1000 多亿元，单日值采订单峰值 140 多个，单日招标次数峰值 300 多个，采购周期缩短了约 20%，成本降低了约 10%，实现了平台社会化运营目标，为企业创收。

值采平台打造出高效率高效益运作、面向钢铁行业的第三方行业集群生态圈，盘活并运行集团公司的各类资源，进一步扩展盈利模式。

第八章　新商业：产业互联，生态共创

在新一代数字技术的支撑和引领下，产业互联网已经在各行各业展开实践，驱动产业发展从人口红利的"量"的增长转向创新红利的"质"的提升。产业互联网正在以数据为关键要素，以价值释放为核心，以数据赋能为主线，对产业链上下游的全要素数字化升级、转型和再造，通过数字化、网络化、智能化手段进行全方位赋能，推动产业效率变革，实现大范围的智能生产、柔性生产、精益生产、大规模个性化定制等产业创新。产业互联网是一片"蓝海"。具备核心优势的产业互联网平台将凭借对实体资源的把控，借助平台的力量重构产业逻辑，实现对产业标准、规则、信息、交易、定价的全面掌控。

产业洞见：从产业数字化到产业互联网

随着数字技术的深度应用，各行各业都在经历数字化的洗礼，"传统产业被颠覆，传统商业被重构"正在成为司空见惯的商业现象。与此同时，企业经营面临诸多的不确定性因素：既有来自政策调整、市场竞争、需求变化、技术演进等多个方面的宏观环境因素；也有来自研发设计、生产制造、产品服务、产业链协作等多个价值链环节的微观环境因素；还有来自员工、合作方、竞争对手以及用户等多个主体的利益相关方因素。这些不确定性因素交织在一起，使企业管理者面临市场需求多样化、产业资源错配化、产品服务增值化、生产过程复杂化、产业协作多维化等前所未有的考验。

面对无法回避甚至无法预测的挑战，企业数字化、产业数字化已然成为产业界化解和应对环境变化带来的不确定性问题的共识。

从企业数字化到产业数字化

随着连接力、算力、算法、数据的进一步发展，新型数字化基础设施逐渐与产业融合，数智化商业范式蓬勃兴起。它正在加速经济结构的优化升级，对企业生产经营和产业链生态产生深远影响，同时也带来全新的业务挑战。产业互联网是化解这一难题的良方。

精准洞察并响应市场需求变化

网络社交媒体凭借实时连接，即时互动的特性，打破了用户与企业之间信息不对称的格局，消费行为不再受企业控制。与此同时，"众筹购物，定制消费"打破了生产商、品牌商、零售商与用户之间的边界，用户正在向"生产用户"转变，成为消费行为的创造者，成为企业产品设计与研发，乃至定价决策的主动参与者。生产商、品牌商、零售商的权威正在逐步消失，用户主权意识日益崛起。

在这种情况下，如何更加精准地洞察市场发展趋势、用户消费习惯和特定需求，并且通过线上线下融合的服务体系贴近用户、无缝隙传递服务，如何通过快速的产业链反应速度，满足用户愈加多元化、个性化的产品和服务需求，这些正在成为企业数字化变革过程中必须面对的业务挑战。

越来越多的实践表明，产业互联网正在成为应对这一挑战的有效解决方案。它可以借助数字技术重构产业链中的业务场景，通过数字化连接、生态化协同、社会化共享的全新产业运营模式，提高产业链各个环节市场洞察力、市场需求响应能力及响应速度。

跨越从价值链增值到价值网络增值的鸿沟

工业经济时代，产品从需求调研、研发设计到生产销售的整个流程是线性的，各个环节分工明晰。我们经常提到的"向管理要效益""通过精细化管理来降本增效"是传统价值链增值的核心手段。

而数字经济时代，供应商不再只是原料的提供商，而是产品原型设计和工艺设计的深度参与者。用户不再被动地接受批量化、大众化的产品，用户的反馈会及时被研发人员关注，反映在新一代产品中。互联网降低了交易成本，加强了产业链上各利益相关方的连接，聚合了群体共创的力量，供应商、厂商、用户、合作伙伴都越来越深入地参与到价值创造的活动中。价值不再是单一流向，传统的线性结构的价值链将演化成网状结构的价值网络。

在这种态势下，如何实现从工业经济思维到数字经济思维的转变，如何实现从传统的价值链增值向价值网络增值的跨越，是很多企业需要深度思考的命题。越来越多的产业数字化实践告诉我们：产业互联网是实现这一跨越的捷径。数字经济条件下，商业活动的各个参与方比以往更紧密地参与到价值创造中，过去相对独立的各个环节相互连接，商业活动和商业系统比以往更复杂。构建或融入产业互联网平台，重构产业生态与产业格局，是企业实现从价值链增值到价值网络增值跨越的关键路径。

⚙ 适应被不断打破的业务边界，赢得未来竞争

数字技术已经消除了许多传统意义上的组织、产业和经济边界，为一些产业带来了翻天覆地的持久性改变。产业处在一个全新的发展模式中，企业管理者需要用产业再造的逻辑去看待每个产业，而不能仅仅依赖于自己的经验。

产业边界、组织边界以及生产者与消费者边界被打破，各个产业的特征变得愈加模糊。智能互联产品不但会影响企业的竞争，更会扩展到影响整个产业链的竞争。竞争的焦点会从独立的产品本身转移到产品相关的产业链生态的竞争。

数字经济时代，产业链中的参与者不再进行一次性的简单交易，而是结成密切的合作伙伴关系，形成利益共享的价值共同体，通过整合资源，以开放、共生、共享、互利、协作的方式，共同创造和分享价值。根据梅特卡夫定律，随着基于产业互联网平台的价值网络中参与节点增加、价值增长，每个参与者都可以从中获取价值，每个参与者获取的价值会增多。

在这种全新的竞争格局下，产业链参与者唯有与合作伙伴维持共生、共享、共融、共创的商业关系，才能够获取可持续的竞争优势和创新能力，才能在未来的竞争中立于不败之地。

产业互联网发展恰逢其时

全球新一轮产业革命已经发生，新技术供给相当活跃，为世界各国发展提供了历史性机遇。以互联网、移动互联网、物联网、大数据、云计算、人工智能等为代表的新一代信息技术在多个领域被深度应用和广泛渗透，给商业创新与升级带来深刻影响。

产业互联网将迎来黄金十年

我们正处于新一轮科技和产业革命蓬勃兴起的新时代，在"新基建"的加持下，产

业互联网是一个风口，是一片"蓝海"，未来十年是产业互联网的黄金十年。

产业互联网的本质就是产业链中的核心企业通过构建产业互联网平台，提供一套符合整个行业中最佳实践的产业标准，产业链中的中小企业入驻平台后将会产生数据和算法，而这些数据和算法的结合将会驱动产业资源配置的不断优化与迭代，从而带来产业协同效率的大幅提升，产业创新力的极大提高。

当然，一家企业做的平台如果对行业没有价值，那么平台就是平台而已，对产业链上下游企业不会有任何吸引力。但是如果企业基于产业痛点，构建出一个撬动产业价值的平台，那么其他企业就会蜂拥而至，会把线下的价值链原封不动地搬到平台上来。

这个过程会淘汰掉一些在原本价值链中无法转化出商业价值或转化低效的企业。在传统产业中，可能至少有 1/3 的企业会被淘汰掉，最终在产业平台上的企业会重新构建出新的价值链和商业模式，而且通过平台实现的产品品质和服务体验，将带来远远超过过去低效的整合模式所带来的价值和竞争力，从而真正推动产业变革。

商业认知：揭开产业互联网神秘面纱

产业互联网的基本定义

产业互联网是基于新一代数字和智能技术，通过资源整合、产业协同、生态共赢、社会共享等方式，对传统产业要素进行解构、升级和再融合，重塑传统产业链和企业价值链，创新改变新型生产力与生产关系，从而实现产业更强竞争优势、更高经营效益和更可持续发展的平台化经营模式。

产业互联网是一种新的经济形态，是数字经济时代各个垂直产业的新型基础设施，一般由产业中的核心企业牵头建设与运营。产业互联网构建的过程是利用数字技术与互联网平台，以数字技术赋能产业，以共享经济模式重构产业链，打通产业链中各个环节的内外部，充分发挥互联网在生产要素配置中的优化和集成作用，整合优化产业链，去除冗余环节，精准匹配供需，驱动传统产业整体转型升级的过程。

作为产业级的互联网平台模式，产业互联网因为不同产业的数字化程度差异，以及平台构建企业的资源优势和行业影响力等方面的差异，产业互联网会以产业能力共享平台、产业垂直电商平台、产业协同制造平台、产业交易撮合平台、区域产业互联网平台等不同形态存在。

随着数字经济的迅猛发展，企业数字化转型实践的不断深入，"互联网＋"、企业数字化、工业电商、工业互联网、产业数字化等各种概念层出不穷，导致很多人对这些概念与产品互联网概念的差异含混不清。

⚙ 易混概念1：产业互联网与"互联网＋"

产业互联网与"互联网＋"是延展关系，二者的区别之一体现在强调的重点不同。

"互联网＋"强调的是"＋"的动作，强调的是一种过程——互联网与经济社会各个领域的渗透融合，侧重人（消费者、员工）与企业的外部连接，通过连接实现将已有的产品或服务高效地传递给消费者，满足消费者的个性化需求。而产业互联网强调的是结果——互联网与产业深度融合的产物即是产业互联网，侧重实现跨组织、跨产业、跨领域、跨终端的泛在连接，围绕业务在线、数据在线、设备在线、用户在线、员工在线、协作在线的经营管理模式转型，实现企业乃至产业的整体升级。

另外，在概念范围上，二者也有大小之别。理论上，"互联网＋"可以融合万物，例如，经济、文化、政治、社会等。产业互联网则属于经济范畴，更聚焦制造业、农业、交通、物流等细分产业。

⚙ 易混概念2：产业互联网与工业互联网

在英文中，产业互联网和工业互联网同根同源。工业和产业两个词语在中文语义中有着严格的区分，而在英文中二者是同一个词"Industry"。

从两个概念的字面上理解，产业互联网与工业互联网是包含关系。产业涵盖各个产业，工业只是众多产业中的一个分支，因此产业互联网既包含了工业互联网，还包含不同产业间跨界互动和融合形成的新产业的互联网，范围比传统产业更广泛。

从当下的业务实践来看，产业互联网和工业互联网是两种不同的数字化平台构建路径。工业互联网平台的构建者一般是数字技术应用与实践能力较强的企业，而产业互联网的构建者一般是某个特定区域、特定行业中具备丰富行业经验，拥有优势产业资源或行业话语权的龙头企业。

从构建路径来看，工业互联网平台立足技术，赋能制造业转型升级，率先实现设备的互联互通，解决传统制造业在设计、制造过程中的自动化与信息化、数字化融合等突出问题，旨在在价值创造过程中提升效率，降低成本，控制风险和质量；另外，工业互联网平台还可以通过技术赋能产业链和商业流程的优化，从而全面重塑产业格局与商业范式。而产业互联网平台聚焦于技术赋能产业链商业流程的畅通，率先在价值实现过程中创新业务模式，优化产业链格局，而后再进一步聚焦到技术赋能产业链中的核心环节，通过提升其数字化程度来降本增效，控制风险与质量。

易混概念3：产业互联网与产业电商

产业互联网与产业电商是企业在数字化转型过程中最容易混淆的概念。在过往项目经历中，我们发现很多企业管理者有个误区，认为构建产业互联网平台就是搭建一个垂直产业电商平台而已，然而二者的差异巨大。

在消费互联网模式的影响下，产业电商是企业在构建产业互联网初期最容易产生的业务构想或切入点。然而，从业务实践来看，产业电商与产业互联网同样服务于产业，其差异在于各自在产业链上提供的价值不同。产业互联网聚焦全链条增效、增值，而产业电商是产业互联网的重要切入点。

产业电商连接产业供需两端，主要服务于交易流通环节，而产业互联网则致力于连接全产业链，打造产业数字生态，通过对原料供应、研发设计、生产制造、交易流通等全产业链环节的数字化改造来实现产业整体升级。交易作为企业关注的重点，是各个产业发展的核心环节，正逐步成为产业互联网平台发展的重要切入点。因此聚焦产业交易流通环节的产业电商也正在成为产业互联网的主要推动者之一。产业电商与产业互联网的关系如图8-1所示。

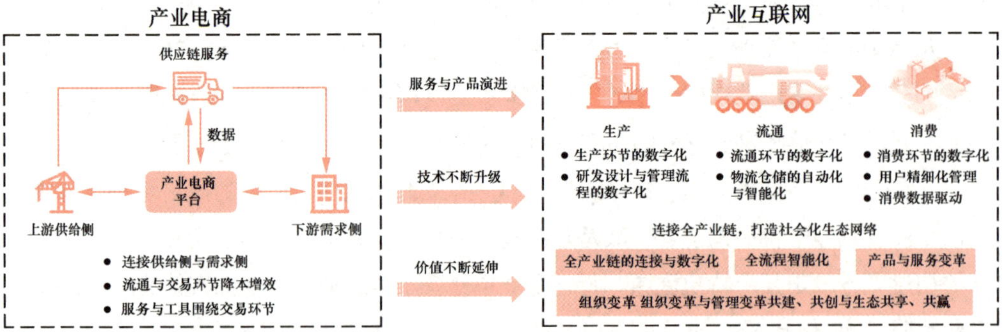

图 8-1　产业电商与产业互联网的关系

业务新思：从商业认知到运营逻辑

产业互联网的创新对象

产业互联网将互联网的服务主体从消费者转向了机构组织，是以机构组织为主体的渐进式创新。同时产业互联网以促进传统产业协同升级，为传统产业提供新动能、新模式为目标，是在遵循客观商业规律和问题的前提下，面向传统产业链的渐进式创新。它并非要盲目追求颠覆式创新，并非要替代传统产业。产业互联网核心在于打通人流、物流、信息流、业务流、数据流乃至资金流，实现产业供需的高效协同与创新。产业互联网的创新对象与逻辑如图 8-2 所示。

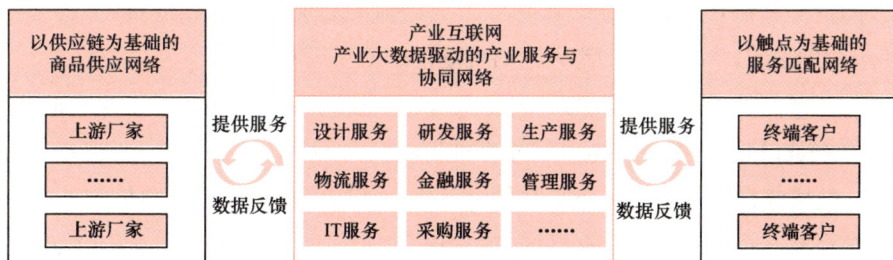

图 8-2 产业互联网的创新对象与逻辑

产业互联网的基本特征

产业互联网作为数字化商业范式下的典型商业创新模式，具有网络化连接、生态化协同、社会化共享的基本特征。

网络化连接。在产业互联网平台上，连接不仅是我们常常提到的人与人、人与组织、人与机器、机器与机器的连接，而且是实现了跨组织、跨领域、跨产业链的连接。产业互联网平台通过连接产业链上下游企业、消费者、行业协会、研究机构以及政府等产业链相关方，将互联网从消费端带入生产端、流通端、服务端以及监管端，从而形成全新的产业级的价值网络。

生态化协同。在产业互联网平台上，协同不仅是单一组织内的不同员工，不同部门间的日常工作协同与社交沟通，更关键的是借助产业互联网平台打通产业链多节点、多环节，以消费者为中心，实现多元产业角色、多维产业组织间跨产业、跨地区、跨组织、跨平台、跨业态的生态化业务协同与交易，进而构建贯穿价值链的协同创造平台。

社会化共享。产业互联网平台不同于传统产业链协作的最重要的特征就是打破了组织边界、产业边界，实现全产业链中资源、数据、能力、信用的社会化实时共享，从而打破传统产业协同中的"信息孤岛"，进一步提高信息流通速度，改善产业协同信任环境，提升产业协同效率。同时，产业互联网平台还使企业可以融入 API 经济及共享经济思维，把企业自身的优势能力面向平台上的业务相关方进行社会化的输出与共享，从而提升产业链的整体竞争力。

产业互联网平台的价值创造

产业互联网平台打破了传统产业体系下以品牌商为核心的，从设计端到生产端再到市场端的单向、线性、紧耦合的组织间协同控制关系，重新构建了以用户需求为中心的价值网络，实现基于多维、实时、海量数据驱动的网状连接、双向并发、实时智能的跨组织、跨平台、跨领域的大规模网络协同与共创。

产业互联网体系下，数据的产生是全方位、实时、海量、流动、共享的。企业间的协作则是以用户需求为核心，借助产业互联网平台，将人流、信息流、物流、资金流、数据流在产业链的各个环节实时共享，从而实现产业中不同角色 / 组织间网状、双向并发、实时的协同共创，同时也使产业链上 C2B、C2M、B2M、C2C、B2C 等多种业务模式共同繁荣。产业互联网的价值创造过程如图 8-3 所示。

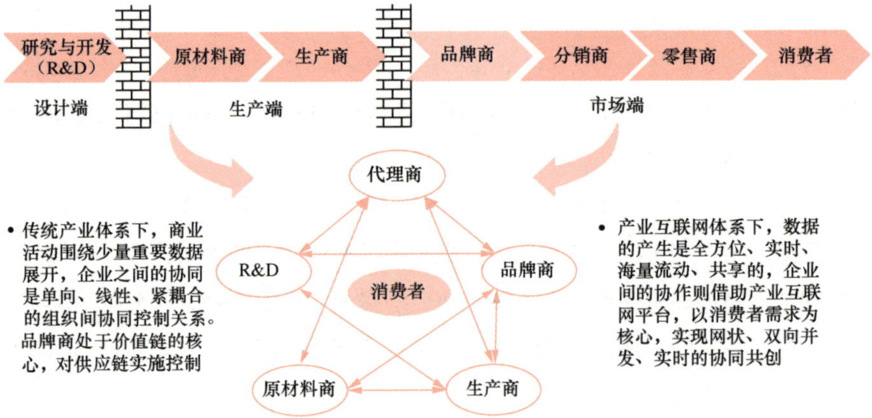

图 8-3　产业互联网的价值创造过程

产业互联网平台的运行方式

产业互联网平台的运行方式不同于"公司→用户"的传统产业链运行方式，而是一种"服务商＋平台＋用户"的新型运行方式。在新的运行方式下，平台成为服务、交易的主要媒介，遵循资源共享、信任共享、交易公平、阳光透明的基本运行规则，产业链中各个环节不再是单独的上下游关系，而是互为协作方，互为服务商，平台上的每一个主体都可以承担服务提供商和服务购买商的双重角色，平台上的交易与服务是双向的、网状的。

与此同时，从平台定位和服务内容看，产业互联网平台既是产业资源共享平台，又是产业链业务协同平台；既是信息聚合、交易撮合平台，又是产业能力输出与共享平台。从技术视角看，产业互联网平台既是开放的技术平台，又是一个涵盖多元业务应用的生态服务平台，同时通过云＋端的模式让服务更加便捷高效，使用成本更低。产业互联网的运行方式如图 8-4 所示。

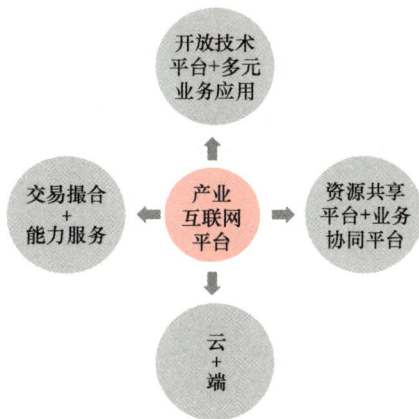

图 8-4　产业互联网的运行方式

平台构建：产业互联网构建方法论

产业互联网的3种切入模式

产业互联网的构建过程并非一蹴而就，构建模式也不能一概而论。不同的构建产业互联网平台的企业，在行业影响力、话语权以及所处的产业链环节、地位各有不同，同时擅长的资源整合方式以及自身拥有的核心资源优势或核心能力优势也千差万别，这就决定了不同的构建主体将采取不同的切入点和不同的运营模式着手构建所处行业的产业互联网平台。我们提倡在产业互联网构建过程中要秉持"先解构再重构"的构建逻辑，企业在正式启动产业互联网项目前，要审视产业环境，精准识别自身优势与行业痛点，进而找到能够充分整合产业资源，发挥自身优势的产业互联网构建的切入点。

从产业互联网的构建实践看，我们认为产业互联网的切入模式可以分为能力共享型、用户运营型和产业优化型 3 种。

⚙ 切入模式1：能力共享型

能力共享型模式适用于产业链关键环节，例如，在供应链、设计、研发、生产、

157

服务等某一个或多个领域具备独特竞争力的行业龙头企业。这种模式以龙头企业为核心构建产业互联网平台，并将其打造为产业级服务能力共享平台，将龙头企业自身的某项或某类可规模化、标准化、体系化的核心业务能力（例如，供应商资源、物流网络、研发设计能力、生产制造能力、数据服务能力等）予以解耦，通过平台将这些能力向产业链上下游及关联产业开放，从而使企业得以拓展新的业务增长点，而产业上下游及相关产业伙伴以更低成本、更高效率享受行业领先的优质服务，共享行业领先的业务能力，进而实现产业资源的重新配置，并且大幅提升产业协同效率，降低平台整体运行成本。

如今，企业以能力共享型模式切入产业互联网的成功实践越来越多。例如，功夫集团打造的"功夫鲜食汇"平台、海底捞打造的"蜀海供应链"平台，都已成为餐饮业龙头企业基于供应链能力行业共享构建产业互联网的典范；天瑞水泥集团打造的"大易物流"平台，以及传化集团打造"传化物流"平台，都已成为传统制造企业基于自身物流能力的社会化共享构建产业互联网的典范；鞍钢集团的"鞍钢值采平台"、中国大唐集团的"大唐电商平台"，都已成为传统大型集团型企业基于采购和供应链能力的社会化共享构建产业互联网的典范等。

切入模式2：用户运营型

用户运营型模式适用于具备优势用户资源，拥有产业话语权，技术实力强，资金雄厚，资源整合能力强的行业领先企业。这种模式以核心企业为龙头构建产业互联网平台，并将其打造为所在行业的产业服务数字化共享共创平台。平台建设与运营则聚焦目标用户需求，围绕发挥自身用户资源优势、产品及服务优势这一中心议题，充分整合产业链资源以及相关产业服务资源，构建产业级服务生态，为用户提供高度融合、无缝衔接的一站式综合型优质服务。服务的范畴涵盖信息服务、产品服务、交易服务、金融服务、技术服务等。

以这一模式切入产业互联网的企业实践比比皆是。例如，用友 YonBIP 商业创新平台定位于数字化商业的应用基础设施和企业服务产业的共享共创平台，其核心在于围绕企业及公共组织的数字化商业创新需求，以用友 YonBIP 平台为依托，汇聚了咨询公司、学术机构、IT 服务商、系统集成商等 7000 余家生态伙伴，提供超过 15000 款多样化应用服务，为企业在营销、制造、采购、财务、人力、金融、供应链等多个领域的商业创新与管理变革提供一站式解决方案与服务。海尔卡奥斯 COSMOPlat 平台的核心在于以用户为中心，通过 COSMOPlat 平台将用户需求和整个智能制造体系连接起来，让用户可以全流程参与产品设计研发、生产制造、物流配送、迭代升级等环节，以"用户驱动"作为企业不断创新、提供产品解决方案的动力，把以往"企业和用户之间只是生产和消费关系"的传统思维转化为"创造用户终身价值"。

⚙ 切入模式3：产业优化型

产业优化型模式适用于具备较强的产业链资源整合及配置能力，拥有行业话语权以及行业标准制定能力，产业级综合优势明显的龙头企业。这种模式旨在通过产业优化与整合，构建涵盖全产业链的服务共享平台、在线交易平台、信息交互平台。以这种模式构建产业互联网平台，要求平台构建者充分借助自身综合资源优势，解构产业链关键要素与服务，整合产业链全要素资源，重构产业链形态、角色与分工，重新定义产业链产品及服务标准，进而通过产业互联网平台的构建来推进产业数字化、网络化、智能化升级，从而提升产业协同效率，优化产业配置效益。

企业通过这种模式切入产业互联网相对困难，需要长期投入且见效慢，而且这种投入不仅有资金的投入，还有人力、物力、技术等多种资源的综合投入，同时这个过程也是企业不断整合产业资源，优化产业资源配置的过程。当然，在这种模式下，也有很多企业的实践已经初具规模，卓有成效。例如，国家电网公司协同能源领域相关企业打造的"能源工业云网"，以"电"为中心创新价值链，以"数"为要素贯通业务链，以"智"为要义升级产业链，赋能各类市场主体，服务政府行业管理的能源工业互联网生态圈。"能源工业云网"围绕能源生产、装备制造、能源消费三大领域，建设了制造、招采、电商、租赁、物流、工程、运维、信用、金融9项基础应用，提供45个公共服务组件，33个数据算法、工业机理等模型，49个功能服务模块，10套行业数字化整体解决方案，建立数字化改造、电商交易、物流配送、在线运维、数据变现、产业金融等价值驱动的新型商业模式，形成"能源全域场站服务、制造企业生产协同、在线溯源质量控制、严选专区全线上交易、数字工程全过程管理"等18个典型场景应用。

构建产业互联网平台的7个步骤

构建产业互联网平台对于任何一家企业而言都是一项全新的业务探索，也是一项全新的业务挑战，对于传统企业尤其如此。它要求企业既要熟悉产业现状、痛点与未来趋势，又要充分了解数字技术驱动下的产业应用场景变化与业务模式创新；既要有能力整合产业资源、产业伙伴，又要有实力重构产业配置规则，重新定义产业标准；既要有产业互联网平台的构建能力、商业模式设计能力，又要有产业互联网平台的运营能力和治理能力。

基于此，结合用友服务的数十家行业龙头企业的实践，我们梳理出构建产业互联网平台的 7 个步骤，即描述产业构成、分析产业痛点、解耦产业能力、重塑产业价值、运营产业平台、共赢产业生态、持续产业治理。构建产业互联网平台的 7 个步骤如图 8-5 所示。

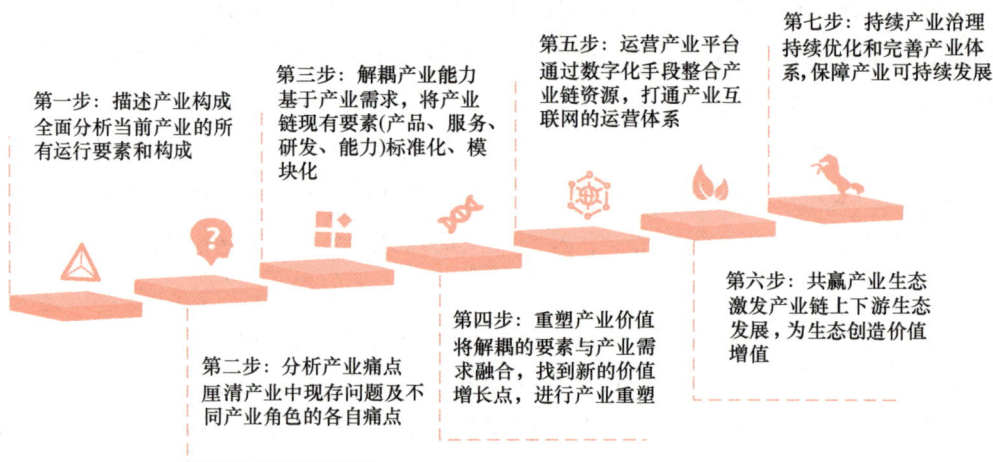

第一步：描述产业构成
全面分析当前产业的所有运行要素和构成

第二步：分析产业痛点
厘清产业中现存问题及不同产业角色的各自痛点

第三步：解耦产业能力
基于产业需求，将产业链现有要素(产品、服务、研发、能力)标准化、模块化

第四步：重塑产业价值
将解耦的要素与产业需求融合，找到新的价值增长点，进行产业重塑

第五步：运营产业平台
通过数字化手段整合产业链资源，打通产业互联网的运营体系

第六步：共赢产业生态
激发产业链上下游生态发展，为生态创造价值增值

第七步：持续产业治理
持续优化和完善产业体系，保障产业可持续发展

图 8-5　构建产业互联网平台的 7 个步骤

第一步：描述产业构成

这一步是构建产业互联网过程中最重要的步骤，是成功构建产业互联网的前提。这一阶段的主要工作是全面描述产业链全貌，明晰当下的行业发展布局。既要分析当前产业所有的运行要素和构成，明确分析产业链中全环节、全角色的价值定位以及业务相关性；又要同时通过 PEST 分析（对政治、经济、环境、技术等宏观环境的分析）等战略工具以及价值链分析工具，从宏观视角全景洞察行业发展趋势与挑战，对产业的走势和预期、发展痛点和发展瓶颈进行系统性分析。

第二步：分析产业痛点

这一步侧重于对产业链的微观分析，进而依据分析结论明确未来产业互联网平台的定位和构建方向。这一阶段的主要工作任务是分析产业链不同角色或环节面临的核心痛点，从中分析产业数字化的机会。可以分别从互联网平台、大数据以及产业生态发展等多个角度分析行业发展战略上有可能给整个产业带来的价值增值点。例如，产业原料供给货源不稳定、价格浮动大，或者关键环节服务质量参差不齐造成产业发展不均衡等。

⚙️ 第三步：解耦产业能力

这一步的主要工作是基于产业需求，将产业链现有要素（产品、服务、研发、能力）标准化、模块化，这些能力服务将是未来产业互联网平台商业模式构建中需要重点关注的要素资源。就平台构建者（企业）而言，能力解耦的过程就是充分识别其自身在产业链中资源优势、独特能力以及行业影响力的过程，以便在未来的平台建设与运营中充分发挥自身优势。与此同时，能力解耦的过程也是解耦产业中重要主体或重要环节的能力的过程。在这个过程中，要分析与识别产业链环节中其他产业角色可以规模化、标准化、结构化的产业能力或服务，因为这些能力或服务将是调动产业链相关主体参与平台建设与运营积极性的重要驱动因素。

⚙️ 第四步：重塑产业价值

这一步的核心目标是设计产业互联网平台的商业模式与规划总体战略，进而企业将解耦的要素与产业需求融合，找到新的价值增长点。重塑产业价值是为了给企业带来新的生机，整合行业的一些优势资源和服务能力。帮助企业找出自己所在行业的价值位置。这一步的工作包括明确产业互联网平台的定位、切入点，设计平台的商业运营模式，勾勒产业互联网平台的整体服务内容、业务框架、运营规则以及战略规划等。

重塑产业价值的关键在于基于企业自身在行业、产业中的地位及优势，尤其是在产业生态中的位置和竞争力，企业能够找出发展的机遇，明确未来可能的发展位置和竞争优势，创造新的战略布局。

⚙️ 第五步：运营产业平台

产业互联网平台的运营重于建设，这是产业互联网项目成功的关键。常有人说"三分产品七分运营"，也就是说企业经营不是将产品做好，将平台搭建好，就一定可以发展获益的。产业互联网能否如期发展，能否与产业生态共赢，能否在产业平台上利用互联网思维，让产业的效能和企业的模式变得更耦合，创造更大的社会价值，实际上是取决于运营效果的好坏的。

这个过程中的关键在于企业通过数字化手段整合产业链资源，构建数字化业务场景，重构产业链产品及服务体系，搭建产业平台的高效运营体系，并通过平台化、互联网化、生态化的运营模式，充分调动产业链中各个参与主体的积极性，并持续保持参与主体的活跃度、认同度，增强用户的黏性以及平台的依赖性。

⚙ 第六步：共赢产业生态

无生态，不平台。共享、共创、共赢的产业生态思维是产业互联网平台的关键战略思维，产业互联网平台的构建、运营主要是依托生态的力量，没有生态就没有产业互联网平台。生态的聚合是产业互联网平台构建的前提，生态的融合是产业互联网平台成功运营的关键。

产业互联网平台不是平台构建者独占的，而是产业共享共创平台，要将它定义为产业生态伙伴信任的，资源共享、利益共享的产业资源配置、产业服务交易的平台。要想打造产业生态伙伴赖以生存、活跃度高、有吸引力的产业互联网平台，在构建及运营的过程中，就要以产业生态伙伴的需求以及利益诉求为出发点，构建业务场景，设计商业及运营模式，构建产业生态伙伴共赢、共荣的生态圈。

⚙ 第七步：持续产业治理

平台治理是产业互联网平台长期稳步发展的重中之重，是产业生态共赢、共荣的有效保障。产业互联网平台是一个涉及政府、产业上下游企业/个体服务者、行业协会、教育机构、专业服务机构、终端用户等多元主体的经济形态，唯有多元共治模式才能有效保障产业生态的可持续发展。

同时，产业互联网平台的治理规则制定将是一个逐步演化、不断迭代的过程。企业应该不断地应对平台运营过程中出现的各种新问题、新挑战，并听取平台参与者的声音，进而不断调整对策与规则。

变革篇：
数智化管理

数智商业范式下，数字技术与管理场景的深度融合带来了全新的管理模式与管理体验。越来越多的企业正在通过引入共享服务模式实现财务、人力、采购等领域的管控模式变革，正在借助数字技术重塑业务流程，重塑员工体验，构建平台型、进化型组织，正在践行数据驱动下的实时运营，智能决策。

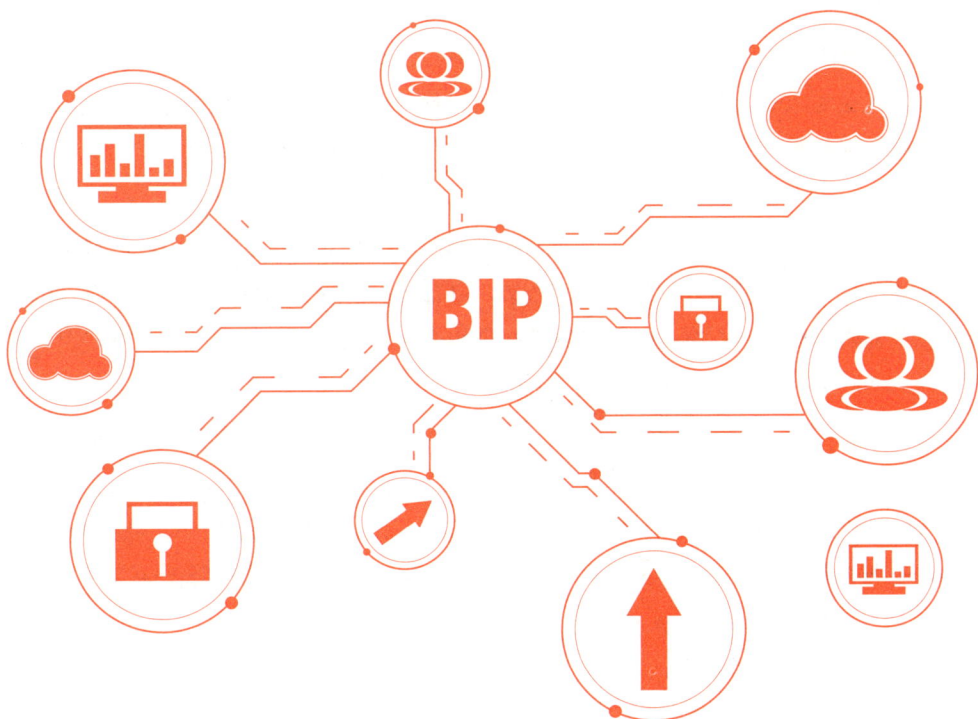

第九章　新财务：智能财务，实时会计

共享财务：全共享、深赋能

共享服务推动的业务变革

{☼} **业务模式变革：平台化业务模式的建立**

财务共享服务是集团型企业对其整体的财务工作和各级财务组织进行业务重组和职能重构。企业对原来分散的、各自为政的和相对独立的业务组织进行业务模式优化，在业务组织重组的基础上，借助现代信息技术的手段实现重构，这就是财务工作的平台化业务模式。

对财务共享中心平台进行规划，首先要理清各项工作目标、方法和内容，再着手建设，具体规划内容包括组织架构、岗位人员、办公场所、服务流程、运营管理、技术平台等一系列的管理设计方案。这些方案有些是由企业自己设计完成的，有些是交由咨询机构、共享服务的 IT 平台提供商来完成的。

财务共享中心在整个财务管理体系中是一个会计服务单元。基本任务是完成日常会计工作的核算服务，按专业化管理的要求建成专业、高效、规范化的财务共享服务中心。共享服务中心是服务组织，是会计核算组织，是以"主体不变""核算与管理分离"为基本原则的业务组织方式，旨在实现标准化财务运营，通过规模化降低运营成本。这是大多数财务共享中心初期建设的基本定位。

在建设财务共享中心的实践中，很多企业的期望是借助财务共享模式，以加强企业财务管控，强调共享中心的管控职能，即加强财务监督、提升内控水平、强化风险管控和资金监控等职能。现在看来，企业管控与会计核算服务并重的目标定位，已经成为当前国内许多企业进行共享服务建设的发展趋势。

业务流程变革：基于共享的财务核算业务流程

建设财务共享中心的过程本身就是企业财务流程进行重建的过程。企业原有的报账、核算、结算的流程分散在各个独立的业务单元。建立财务共享中心应按照统一的要求，调整各业务单元现有的财务业务流程，并将简单事务性的会计核算工作向企业总部集中，建立标准化的业务和财务流程。

流程的统一和标准化将影响企业内部各信息系统之间的连接，流程的优化和提升有助于财务核算业务效率和服务质量的提升。

业财融合方式变革：基于共享的业务财务系统整合

财务共享服务模式是一次财务体系的重大变革，既涉及财务组织、核算体系、核算流程等方面的重大变革，也涉及其他相关业务的相应调整，尤其对供应链业务集成方面影响最大。因此，企业要结合实际状况进行深入调研，从全局出发进行通盘考虑，形成切实可行的方案。

财务共享服务组织将原来各家企业和业务单位的财务业务集中在财务共享中心，拉开了财务与业务运营单元的距离，客观上形成了财务管控与业务运营的分离状态，削弱了财务对业务的支持能力。因此企业在建设财务共享中心的同时，必须考虑对财务业务体系的规划和财务业务一体化的系统建设方案，以保障财务对业务的有力支持与管控。

管理职能转变：专业化人才队伍

财务人员的转型和专业团队建设是实施财务共享服务的重要保障要素。企业要制订清晰、透明的职业发展通道和岗位职业规划，特别是在基础财务和业务财务方面。企业要让财务人员了解业务、学习业务，要建立完善的全体财务人员的知识管理与员工培训机制，把其纳入企业人才发展战略，要给予足够的支持。

财务共享服务模式是对传统财务管理模式的转型和升级，对财务人员按照"战略财务、业务财务、共享财务"的原则重新划分，这会给传统财务人员带来挑战。因此，企业需要对财务共享服务模式下财务人员转型路径做出规划，为财务人员提出明确的发展和晋升通道。共享服务模式下财务管理职能变革趋势如图 9-1 所示。

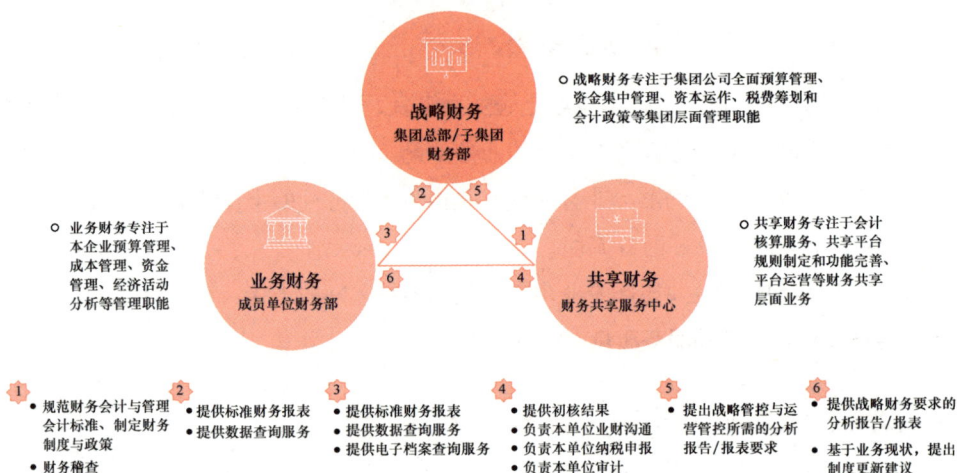

图 9-1　共享服务模式下财务管理职能变革趋势

⚙ 信息化平台升级：财务共享中心

从信息系统层面来讲，财务共享中心也是一个系统工程，涉及企业原有的会计核算、预算管理、资金管理、供应链、运营管理、人力资源管理、销售等不同的信息系统的整合，同时增加电子影像系统、扫描系统、网上银行和银企互联系统、企业商旅管理系统等综合管理系统，这些不同的业务系统实现无缝集成是财务共享服务成功落地的关键。

近年来，财务共享中心已经充分融入了众多的新技术。例如，用友 YonBIP 是以企业内外部资源为对象，广泛连接企业、行业和产业链上下游合作伙伴，支持平台化、生态化和社会化的数据智能服务系统，它是数智驱动、辅助业务发展、支持管理变革、赋能产业增效、服务生态效能的商业创新平台。用友 YonBIP 财务共享服务整体应用架构如图 9-2 所示。

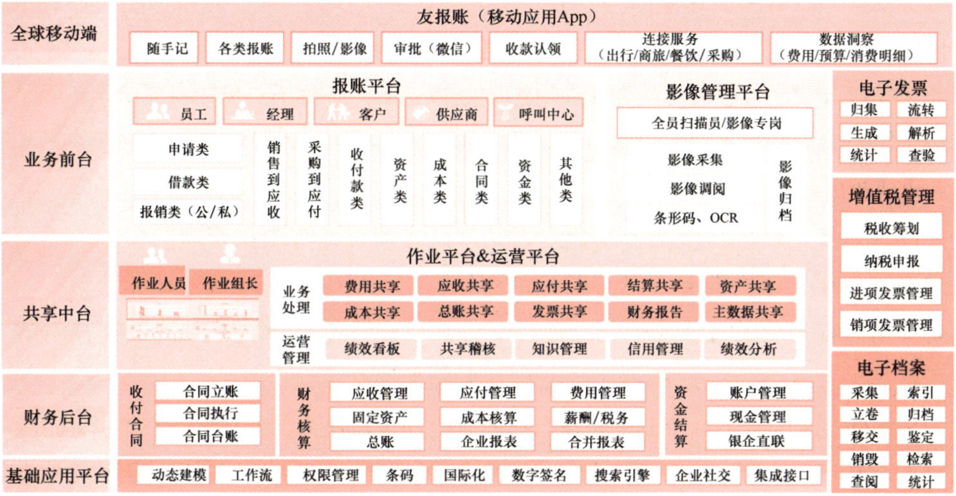

图 9-2　用友 YonBIP 财务共享服务整体应用架构

从信息系统上看，智能财务共享服务对信息系统数据收集、数据治理、数据存储、数据算力、数据展示提出了更高的要求——具备构建社会级大数据中心的能力，具备人工智能新技术，例如，影像识别、语音识别、电子签章、知识图谱、预测系统、机器学习等。

如今，财务共享中心一般以报账平台、影像平台、作业平台、运营平台、集成平台为基础，支撑费用共享、应收共享、应付共享、合同共享、资金共享、资产共享和总账共享，与供应链、资产业务系统无缝集成，能够支撑企业实现全员、全业务、全流程财务共享服务，帮助企业实现业务、财务、税务、资金管理的一体化、自动化和智能化。

企业财务共享中心将推动财务的组织架构、标准规范、数据基础、系统架构等基础设施建设，为企业全面建立适应数字经济环境的财务管理体系和管理会计的应用奠定基础，从而推动财务管理数智化转型。

财务数据资源的汇聚融合

企业整合财务资源形成统一的财务资源中心，即财务管理的数据中心，这意味着企业所有财务数据已经被集中在一个数据中心，未来，业务、财务数据的积累和扩展整合将变得更加容易。这是因为财务共享中心解决了"大一统"过程中的财务规范、数据标准、业务流程等基础问题，对新财务体系进行了基础设施建设。

建立财务共享中心之后，企业在组织扩张和业务扩展时不必另建财务组织，而是直接将新的财务数据并入财务共享中心，其中的财务数据中心能够随着组织和业务的扩张得到快速集聚起来的数据资源。

推进业务、财务深度融合是建立大共享、实现财务大数据管理的关键。然而财务共享服务模式下的业务、财务融合路径与以往有所不同。传统的业务、财务一体化是采用流程驱动的方式实现的，而在财务共享服务模式下，基于大数据技术的业务、财务融合理念、模式和方式方法将发生颠覆性变革。

传统的业务模式下，企业一般是通过业务流程传递业务单据到财务，再以此自动进入财务处理流程完成财务记账和报告。这种典型的结构化业务流程仅适用于结构化数据的处理。当然，企业在过去也能够运用和处理的主要是结构化数据。尽管业务过程本身包括图片、文本、视频、声音等多样化的数据，但在业务的结构化流程驱动下，只有结构化的数据才能进入信息系统，这也决定了在传统信息系统架构下是无法实现财务大数据的应用与管理的。

大数据时代，业务、财务融合的理念、模式和方式方法将发生颠覆性变革。既有的流程驱动模式已不再适用，基于共享模式建立财务大数据需要以数字化思维来完成。财务数据直接与交易事项相连接，我们需要实时记录多维度、多类型的交易事项数据，并将这些数据送入财务数据中心，形成财务的大数据中心。

数智化赋能下的财务管控

在企业建成财务数据中心后，深层挖掘数据价值，用数据管理，用数据决策，赋能经营成为财务转型的重要一环。企业从经营决策和管理需求出发，对采集数据进行清洗、关联，建立数据加工处理模型，对数据进行进一步加工处理，再通过数据分析建模工具进行关联分析、聚类分析、分类分析、回归分析、序列分析等，以深层挖掘数据价值，赋能企业战略决策和业务经营活动。YonBIP 业务事项数据的沉淀过程如图 9-3 所示。

利用图表、图像、大屏等视觉展示工具，将数据分析结果进行可视化，让使用者能够更直观地感知数据的内在价值，进行数据洞察，从描述发生什么，到为什么发生，再到将发生什么，最后到我们该如何应对，以及支撑管理层做出科学的判断和决策。

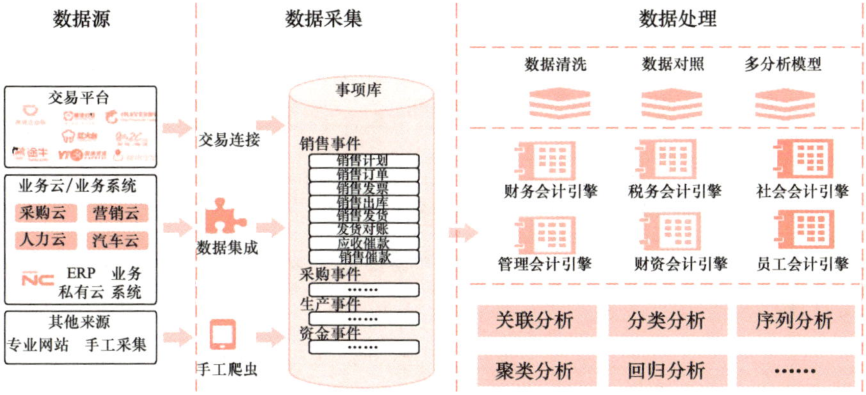

图 9-3　YonBIP 业务事项数据的沉淀过程

⚙️ 赋能之道："数据赋能管控之道"——管控模式升维，从人、制度、流程的管控提升为数据赋能管控模式

早期的企业管控以"人治"的方式进行，后期过渡到"制度管控"，这两种方式的监督控制成本高且效果缺乏保障。随着企业开展全面的信息化建设，虽然以系统流程为支撑的新一代企业管控机制不断完善，强化了管控制度的约束力，但仍然受限于系统能力，复杂的管控逻辑艰难融入系统，流程审批比较刚性，造成业务被系统流程"绑架"，管控成本较高，满意度却较低。

依托数据关系来体现业务逻辑，依托数据校验来执行流程审批，数据赋能管控方式涵盖事前审批、事中监控、实时预警，将可规则化的审核类职能赋予智能应用，使管控聚焦于决策与判断类职能，在降低管控成本的同时赋能管理层。"数据赋能管控"成为企业财务管控发展的必然选择，此模式按业务事项设计灵活的授权机制，通过事前、事中、事后多类型的管控手段，让管控更加精准、高效、敏捷、智慧。

与此同时，财务管控的内核也在发生变化，正在逐步从资源的强管控进化为数据全价值链的精益管控，从管资源转向管价值，从强约束转向激发活力，逐渐从基础财务管控职能扩展到覆盖全价值链的精益管控体系。这种管控体系在延续企业财务管控"统筹、高效"管理理念的同时，也围绕数据深度应用为管理赋能，扩展价值内涵，以期实现企业自身价值倍增和社会整体生态价值的共赢。

⚙ 赋能之法：**"算法和模型赋能决策之法"——管控工具创新，从制度和流程管理转变为基于算法的决策赋能**

- **业务数字化。**依托企业级数据图谱反映价值流，实现对企业经营过程中每一个业务场景进行结构化的数字描述，提升记录价值信息的能力，并且紧密贴合业务实际操作，以数据驱动业务精准重塑。

- **业务自动化。**依托数据项级的流程管控，实现一体化敏捷运营，将系统内可规则化的数据项释放出来，实现数据流程最短，操作步骤最简，推动业务决策的敏捷化改造。

- **以模型算法为基础的决策。**依托数智驱动，实现经营过程的数字再现，让业务创新发展不再受传统经营模式的边界束缚。基于算法模型模拟推演，建立多维度的风险预警及管控模型、业务决策模型等，助力企业提高战略风险管控能力促进企业高质量发展。

⚙ 赋能之术：**"技术驱动赋能管控逻辑之术"——运用基于数字重构、技术驱动、数据决策的落地举措，实现数字化、智能化的管控**

- **数字重构。**借助数字化手段重构企业的交易链、价值链、供应链，汇聚企业经营的全业务数据，并通过主数据治理，实现数据标准化、流程统一化，从而提升企业的运营效率。

- **技术驱动。**借助数字化手段重塑财务的核算、资金、预算、报销等管控流程，让财务处理在线化、透明化、实时化；借助云服务模式以及数据共享、管理，让财务共享中心转型为财务基础服务提供者，进而成为商业数据运营伙伴；深度应用人工智能技术，借助基于多维决策模型数据分析服务，优化企业决策模式。

智能财务共享的价值

智能财务共享可以提升财务的七项核心能力。**一是基础财务处理能力，主要是指采购应付、销售应收、员工报销、商旅服务、成本核算、资产核算、税务处理、资金结算、总账核算、月结报表、财务报告、会计档案等基础财务处理质量、处理效率的提升。二是专业支持能力，主要是指通过建立财务专业技术知识研究团队，输出专业技术咨询成果，为集团型企业战略财务及业务财务提供专业支持，包括财经政策研究、财务专业培训、财务专业咨询服务等。三是数据挖掘能力，包括财务数据收集、加工、分析与展示能力，以及**

数据赋能战略与业务方面的能力提升。四是财务流程优化能力，主要是指在统一企业财务流程的基础上，不断提升财务流程的标准化程度和自动化、智能化水平。五是风险监控能力的提升，通过升级财务监督与管控层级，由对下属单位部门级的监督管控升级为企业专业机构的监督管控，聚焦经营业务财经风险、管控风险、内控风险监控等。六是财务人才培养能力的提升，即通过培养具有全局视野的、懂财务专业的财务人员，向业务财务和战略财务输送高质量财务专业人才，拓展财务人员的职业发展通道，加快财务人员培养。七是财务智能运营能力的提升，尤其是推动数字技术，例如，人工智能、流程自动化、影像识别、语音交互、机器学习、智能分析等深度应用于财务共享服务。

业务财务：实时化、智能化

技术支撑下的创新应用

新一代数字技术为财务的数据处理提供了丰富的技术工具。互联网、移动互联网技术扩大了业务财务应用数据集成的边界；云服务扩展了业务前端的应用边界，提升了获取和使用数据的能力；大数据技术扩展了会计核算数据的类型和计算能力，以 RPA 机器人为代表的人工智能技术提高了会计核算自动化处理的能力，同时电子发票、电子会计档案等则改变了传统的业务模式，大幅提升了财务工作的效率。数字技术支撑下的创新应用如图 9-4 所示。

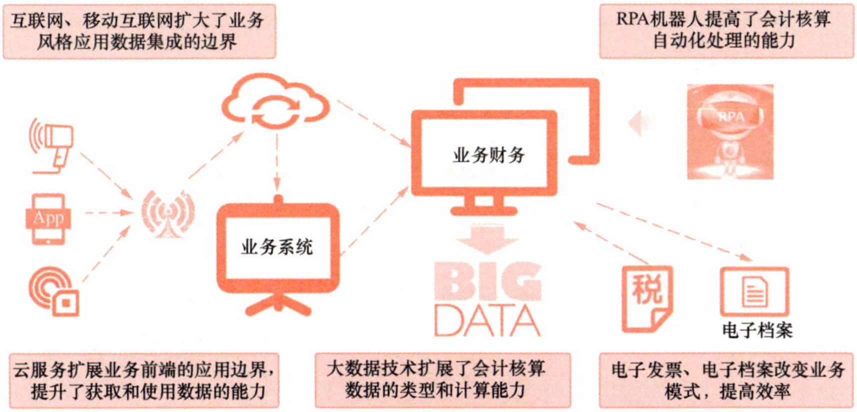

图 9-4　数字技术支撑下的业财应用

数字技术在业务财务一体化融合场景中的深度应用有很多，其中，比较典型的是业务数据的实时采集、核算数据的自动化处理。

业务数据的实时采集是指基于各种数字化设备采集各类业务处理的数据，并传输到业务系统，业务系统将业务数据，例如业务原始票据、生产经营活动中的数据等传输到核算系统。

核算数据后的自动化处理是指要按照配置规则进行财务相关的事务处理，并生成相应的会计凭证。这个过程首先是将包含业务事项相关信息的核算数据处理后形成业务事项核算明细数据库，然后再针对不同的数据使用目的来进行相应的核算处理。

业务财务核算基本逻辑

数字化的业务财务核算体系以业务系统为源头，可以将业务处理的数据进行自动采集，同时按照企业的各种核算目的及相关核算原则进行核算，进而形成核算的凭证并将其收集到核算模型数据库中。在这一体系下，业务与财务核算紧密融合，改变了原来财务会计月末才做账出报表的状况，实现实时财务核算，并能够实时提供经营管理所需要的各种经营分析报告。

在财务核算上，为了满足对外财务报告、报税以及内部管理需求，企业往往需要建立财务会计、税务会计、管理会计等多个不同的核算体系来满足业务处理数据的不同使用要求。而借助数字技术，企业可以通过构建多维核算数据库的模式来满足这一需求。多维核算数据库作为业务信息内容最完整的数据，可以为企业的经营决策提供更加丰富的数据，既可以满足企业日常对内、对外报告的数据处理需求，还可以通过智能分析平台的不同决策模式和业务逻辑帮助企业对数据进行深度挖掘和多维分析，进而为企业决策提供科学、实时的个性化分析报告。

用友 YonBIP 智能分析平台服务架构如图 9-5 所示。

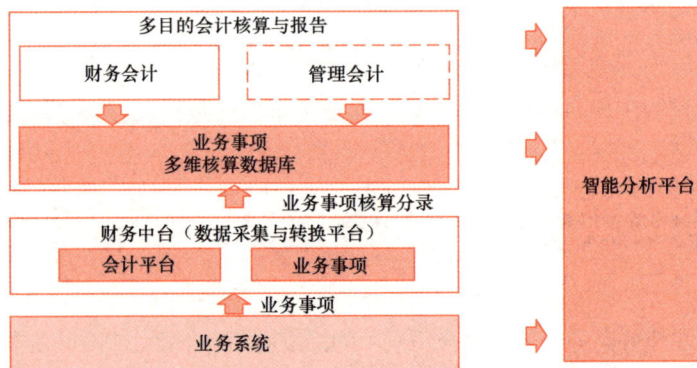

图 9-5 用友 YonBIP 智能分析平台服务架构

⚙ 业务系统

业务系统是指企业应用的支持业务运行的系统，例如，供应链系统、生产制造系统、资产管理系统、人力资源管理系统、资金管理系统、费用管理系统等。这些系统中的业务处理的数据全部被传输到集成平台，与后续的核算进行贯通。

⚙ 业务事项

每个业务系统都可以看成由一组对应的业务事项构成，对每个业务系统的各种情况的处理体现为具体的业务事项。例如，采购业务中的采购订单、采购到货、采购发票、采购结算等，销售业务中的销售订单、销售发货、销售发票、销售结算等，资产业务的资产采购、资产使用、资产维护、资产折旧、资产处置等。业务事项上会记录该业务处理所包含的相关业务信息。

业务系统与核算系统通过业务事项进行集成。转换业务核算通过已经发生的相关业务事项来执行，而会计核算则通过业务事项执行过程中所对应的核算规则来形成会计核算的描述性信息。

⚙ 财务中台（数据采集与转换平台）

财务中台提供数据采集对接的数据接口，既可以对接前端业务系统中的业务事项数据，也可以对财务中台中的业务事项数据进行加工和转换，进而形成会计核算的处理数据及有关数据。这个平台主要通过"配置规则、执行转换"两项功能来实现业务事项数据的采集、转换规则的配置，以及业务事项的转换处理。

财务中台一方面可以实时采集业务事项的数据，同时进行实时的核算处理，进而形成会计核算所需要的数据信息、对应的科目、币种、金额等数据；另一方面可以根据不同的核算目的生成对应的核算数据，而业务事项的数据及有关核算的会计数据则被保存到多维核算数据库，构成会计核算所需要的数据。

⚙ 多目的核算与报告

业务财务的多目的核算是指按照不同类型的会计主体、不同核算口径和核算规则建立起来的核算与报告体系，其核心数据由业务事项多维核算数据库构成。

业务事项多维核算数据库。它是将各业务模块的相关事务处理结果按照预设的格式进行记录的明细数据集。数据库中包括业务处理涉及的多维度数据，也包括财务会计需要的有关核算目的、科目、核算币种等核算数据。

多目的核算。它是指根据不同的核算目的，形成相关的核算数据。这样就可以根据不同的要求从不同的核算数据中去提取相应的数据。多目的核算数据一般会按照财务会计、税务会计、管理会计等核算体系进行设置。

多维度核算。由于数据库中保留了完整的业务处理数据，记录了业务交易处理的相关维度，所以企业可以从数据库中按照统计分析的维度获得各种角度的分析信息。

业务事项多维度核算数据库提供了实时的、全面反映业务和多角度核算要求的数据基础，为未来数据的深度应用提供了坚实的基础。

业务财务的数智化升级

业务财务的数智化升级核心在于从业务到管理，再到核算的整个业务处理过程实现基于数据驱动的自动化会计核算。这个业务处理过程不需要人工进行干预，让财务人员彻底摆脱了手工录入会计凭证、人工审核会计凭证等事务性工作。同时此业务处理过程可以生成满足多核算目的、涵盖多业务维度的会计核算数据，彻底解决了传统财务系统中会计凭证缺少业务信息的问题。在业务财务的数智化升级过程中，比较典型的应用场景包括业务数据的自动采集、业务事项数据的自动化处理、业务财务核算的智能化应用 3 个方面。业务财务数智化应用场景如图 9-6 所示。

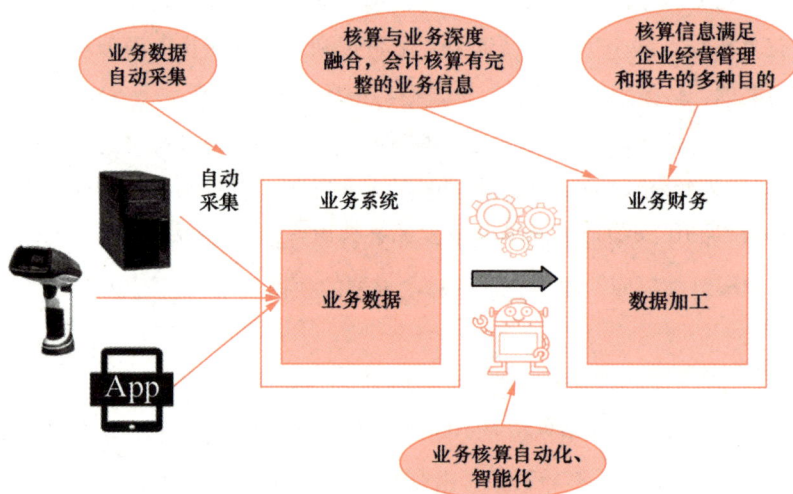

图 9-6　业务财务数智化应用场景

⚙️ 场景1：业务数据的自动采集

- **对于业务票据的信息采集**。例如，对于日常交易过程中收到的纸质票据，首先通过 OCR 方式识别出票据上的结构化业务信息，然后将这些信息按照不同的业务对象自动分类存储到统一的数据平台，作为进一步会计核算处理的业务事项数据；对于银行对账单等业务票据，首先通过银企直联接口从银行自动获取，然后根据对账单信息对后续收款信息等相关业务事项数据进行比对、存储与核销处理。

- **多终端、多系统的业务数据采集**。随着各种移动智能终端及数字化设备的应用场景（例如扫码识别、自动磅秤称重、自动仪器仪表计量、质量检测等）愈加普遍，企业可以实时采集更准确、更实用的业务数据，并可以基于不同的应用场景生成相应的业务数据。与此同时，借助移动互联网、物联网以及 5G 技术，这些分散在各类装置和不同的业务系统上的实时业务数据可以被实时传送到统一的数据平台。在这个统一的数据平台上，我们既可以基于统一的标准对数据进行归集、分类，也可以通过这些基础数据对实际发生的业务进行还原，为会计核算提供全面的数据支持。

⚙️ 场景2：业务事项数据的自动化处理

业务事项数据的自动化处理主要体现在两个方面。一个方面是对业务交易数据的自动化处理，另一个方面是会计核算的期末会计处理的自动化。

- **对业务交易数据的自动化处理**。它主要是指基于业务事项驱动的自动化会计核算处理过程。在这个过程中，系统按照预置的会计处理规则对业务事项数据进行自动化处理，生成包含业务数据和核算数据的会计核算分录，而后再根据业务的性质和会计核算的相关内容进行自动化的会计处理。例如对于销售收款这一业务事项，系统可以实现应收账款自动核销的会计处理。

- **会计核算的期末会计处理自动化**。它主要是指关账、结账、分摊、结转损益等需要在会计期末处理的工作，可以在既定的时间节点，借助 RPA 机器人按照预置的执行规则实现自动化的业务处理。

⚙️ 场景3：业务财务核算的智能化应用

业务财务核算的智能化应用主要包括业务流程的自动协同处理和业务事项的智能化处理。

- **业务流程自动协同处理**。它主要是指业务执行流程在衔接环节的自动化协同与推进。以应付账款到期支付为例，一般传统处理方式是供应商提出付款需求后，在采购人员、财务人员对采购执行情况进行人工审核后完成，基本操作周期在 7～30 天，而且这个过程受人为因素影响较多。然而如果采取自动付款的模式，系统会在采购到货、质检合格、付款期限已到等条件下实现自动付款，进而有效避免人为因素造成供应商漏付或不满足付款条件就付款的现象，在提高业务处理效率的同时也有效控制支付环节的财务风险。

- **业务事项的智能化处理**。它主要包括业务核算过程中对于业务风险的智能识别、业务合规性的智能校准，以及关键管理控制节点的智能监控等。例如纸质发票的识别和验伪、不符合企业支出要求的费用项检查，费用支出进度监控和预警等。

财资管理：全域化、集约化

财资管理的业务框架

企业管理以财务管理为核心，财务管理以财资管理为核心，这已经成为业内共识，因此，企业数智化转型必然以财务数智化转型为核心，财务数智化转型又必然以财资数智化转型为核心。

财资数智化转型升级可以从优化资金可视性、优化资金流动性、提高资金效率、有效控制风险等方面入手，让资金融入企业经营的各个环节，实现资金的合理配置、高效利用和安全稳健。借助财资管理数智化，实现财务部门从资金管理者向资金经营者和服务者转型升级的目标。

实现财资管理数智化，需要构建"业、财、税、资"一体化的融合体系，实现业务流程、资金流程、会计流程、管理流程紧密结合；需要构建价值驱动的财资管理体系，实现资金资源的协同运营，内外部金融资源的高效融合，动态数据的前瞻性预测，从而提高资金使用的效率和效益，强化风险管控，确保企业长远稳健发展。

⚙ 前台—中台—后台，重构财资管理业务

数智化财资管理将通过统一的财资管理平台，从前台、中台、后台 3 个层面重构财资管理业务，形成完整的资金业务管理闭环。同时，通过对接业务经营、财务共享、全

面预算等业务版块，实现业务、财务、资金的深度融合。企业财资管理整体服务及功能架构如图 9-7 所示。

图 9-7　企业财资管理整体服务及功能架构

- **前台**。前台对接企业业务经营，提供现金池服务、票据及资产池服务，为投融资运营业务、外汇及风险管理业务提供灵活多变的业务场景和丰富的金融工具。
- **中台**。中台侧重于对企业财资管理运营的数据赋能。主要借助大数据分析工具支撑企业做出战略决策，帮助企业提升资金运营质量，有效管控资金风险。
- **后台**。后台提供高效的资金结算服务和集合对账服务，包括收付结算服务、银企互联服务、资金归集平台服务等。

一站式融合服务，构建财资管理新生态

数智化财资管理将灵活满足企业不同规模、不同管理模式和不同业务复杂程度下的财资管理需求，同时运用"科技＋金融"创新，在传统财资管理软件的基础上，嵌入银行各类特色金融服务，为企业提供"一站式""定制化"的财资管理服务，帮助企业轻松实现与银行连接，帮助企业优化经营流程，提升管理效率，降低信息成本，并支撑企业管理模式和商业模式变革。

"一盾在手，跨行管理"，畅享银企直联新便利

数智化财资管理将通过银企直联的方式，实现"一盾在手，跨行管理"。企业用户只需要使用一个 U 盾（网银安全卫士）登录，即可实现多银行余额实时查询、回单查

询、支付及付款状态查询、跨行资金归集、跨行资金调拨、联动调拨等业务处理，不需要再使用其他银行的U盾。企业不需要部署各银行前置机，即可实现与境内外上千家银行快速直联，以及与支付宝等第三方支付机构的连接。

⚙ 内外互通，深度集成，贯通财资管理全流程

实现财资管理数智化的关键之一就是实现企业内外部业务系统的深度集成与融合，进而实现财资管理全流程的贯通。深度集成报账服务、会计核算、收付款合同、电子会计档案等应用，实现多业务系统的无缝集成、流程对接以及数据共享。企业财资管理—业务集成服务架构如图9-8所示。

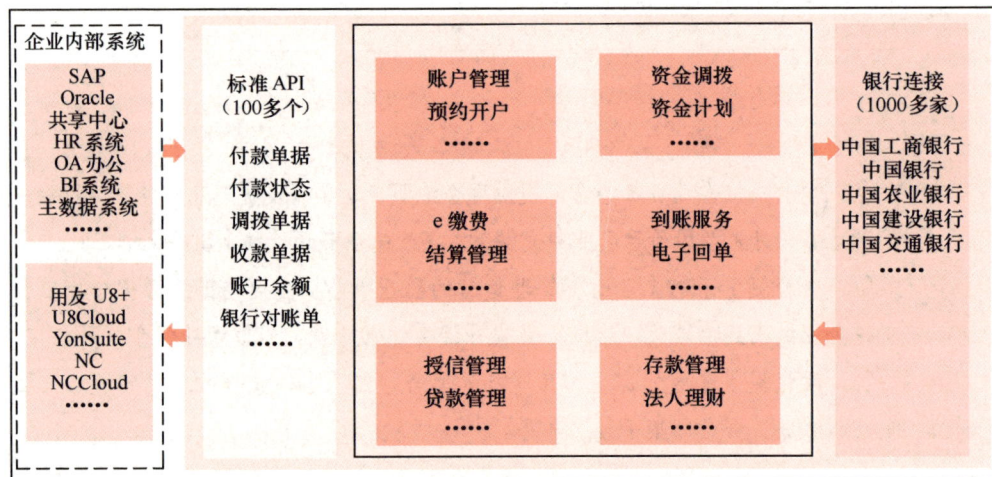

图 9-8　企业财资管理—业务集成服务架构

如今，很多企业的集团管控和财务共享服务建设路径从资金集中管理和资金结算共享服务开始，然后再扩展到财务业务的其他领域。这是一种稳妥、有效的财务数智化变革推进思路，值得更多的企业借鉴。

资金收付：统一平台

随着数字经济快速发展，越来越多的集团型企业通过建设统一平台，实现资金实时收付结算功能，彻底改变集团成员企业依靠传统网上银行服务的局面，将资金服务延伸到集团成员企业的桌面。

资金实时收付的核心是收付功能，标准化的网上电子支付功能一方面可以向集团成员企业提供网上支付、网上查询、票据结算等服务，另一方面可扩展至其他网上银行服务的项目。资金收付统一平台的推广应用可以充分发挥企业总部的统一支付通道功能，以企业电子化支付和远程票据管理为手段，进一步整合集团型企业各类资源，提高信息化水平，加速集团型企业的资金周转。企业财资管理—资金收付管理服务架构如图 9-9 所示。

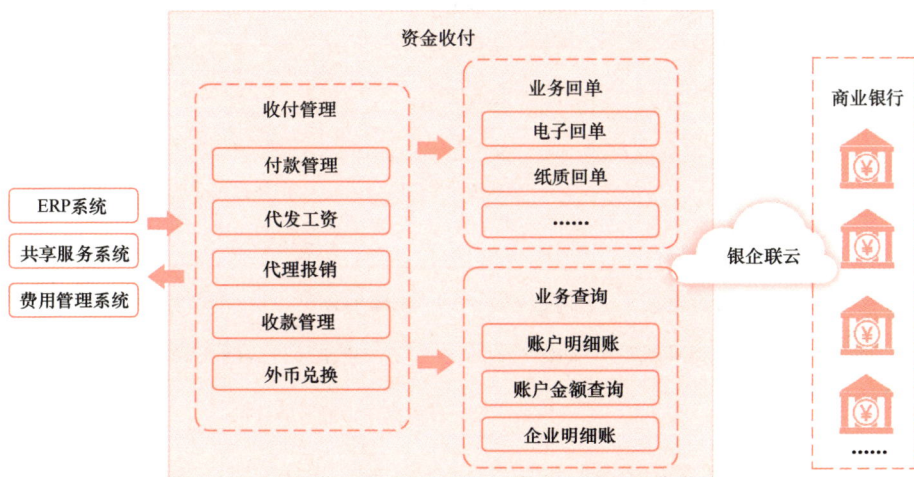

图 9-9　企业财资管理—资金收付管理服务架构

以用友 YonBIP 财资管理云平台为例，在该平台上，资金收付可以实现全方位、便捷的收支结算与管理功能，企业既可以根据自身财务授权与管理需要，在系统中设置各个账户支付交易的授权审批流程，也可以结合资金计划进行有效控制。同时，该平台支持直联银行支付，支持多家银行批量代发工资、代理报销等功能，支持 ERP 系统支付数据自动导入和交易结果数据自动导出等功能。

资金管理：智能集中

集团型企业为解决资金使用效率低的难题，使用资金集中管理已成为主流方案。资金集中管理通过上收、下拨、调拨业务处理，既支持企业资金组织归集资金和划拨资金的业务流转模型，也支持企业上级与下级之间的归集资金和划拨资金的业务流转模型，同时还支持资金组织或上级组织将一个所属单位的富余资金调拨给另一个资金短缺的单位。资金集中管理主要的业务处理包括下拨申请、申请受理、资金下拨、资金上缴、资金上收、调拨申请、资金调拨等资金流动过程的管理。企业财资管理—资金集中管理服务架构如图 9-10 所示。

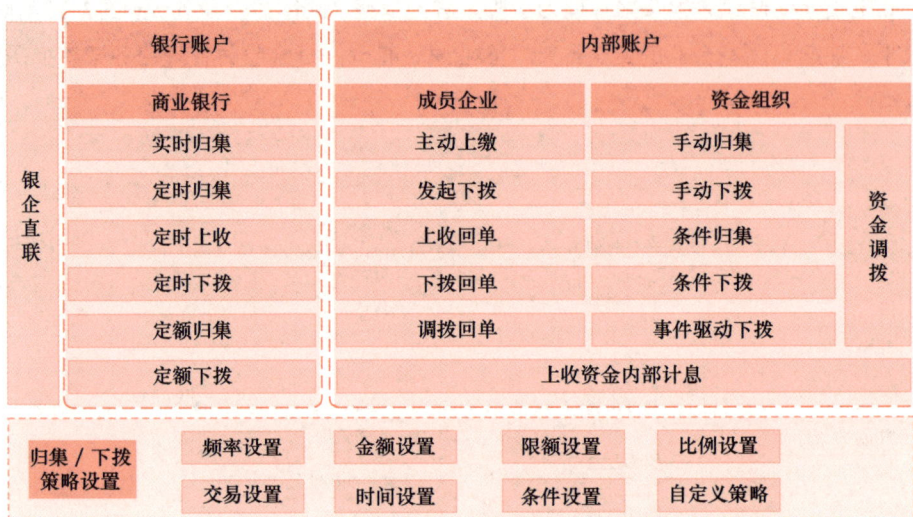

图 9-10　企业财资管理—资金集中管理服务架构

　　资金集中管理提供多种资金归集与资金划拨方案，支持按资金组织的委托关系进行资金调度，同时支持按资金管理体系的上下级关系进行资金调度。银企直联的集成应用可实时进行资金的调剂，提高资金在企业内的使用效率，降低资金的使用成本。

资金计划：全程在线

　　资金计划作为一种控制机制和制度化的程序，是实施资金集中管理的有效模式，它在建立健全资金计划管理机制的基础上，把涉及资金收付的编制、分析、考核制度，以及企业生产经营活动中的资金收支纳入严格的资金计划管理程序之中。智能化技术的广泛运用为资金计划的事前申报、事中管控及事后分析提供了可行性。

　　结合资金存量，资金计划平衡企业未来的资金收入与支出，做出符合管理目标的安排。资金计划的在线化管理包括资金计划组织体系建设、表样设计、计划编制、汇总、调整、批复、版本管理等。

　　建立精确的资金计划管控体系是智能资金管理的重要内容。资金计划管理服务架构包括计划的申报、审批及核算过程中的控制及事后的分析，完成企业计划数据的收集、汇总、调整、审批、下达。企业总部年度预算编制后，将各预算指标进行分解，编制各成员企业的资金计划，形成整个企业完整的预算体系。年度结束后，企业总部对企业全年预算及资金计划执行情况进行全面的考核及分析，找出影响预算及资金计划完成的各项因素，发现不足，进而提高企业的经营管理水平。企业财资管理—资金计划管理服务架构如图9-11所示。

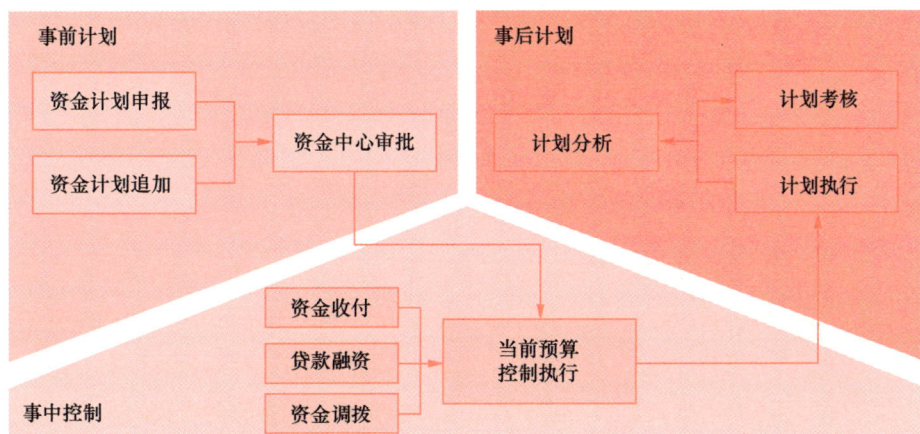

图 9-11   企业财资管理—资金计划管理服务架构

筹融资：全周期管理

融资管理是指企业向企业外部有关单位或个人以及从企业内部筹措集中生产经营所需资金的财务管理活动。从业务角度来讲，融资管理的数智化包含基础档案（融资机构、品种、利率、期限等）、管控要素（担保抵押物、担保合同、授信协议等）、融资业务（申请、合同、放款、计息、还款等）、数据分析（融资情况统计、授信额度占用情况统计、资产负债率限额等）。

融资管理数智化主要是通过构建统一的融资信息口径，建立企业统一的融资安排和分析体系，汇总成员企业内部的融资信息，根据资金流动和重大项目安排及时筹措资金，做到事前计划、事中控制、事后分析与预测。企业财资管理—融资业务管理服务架构如图9-12所示。

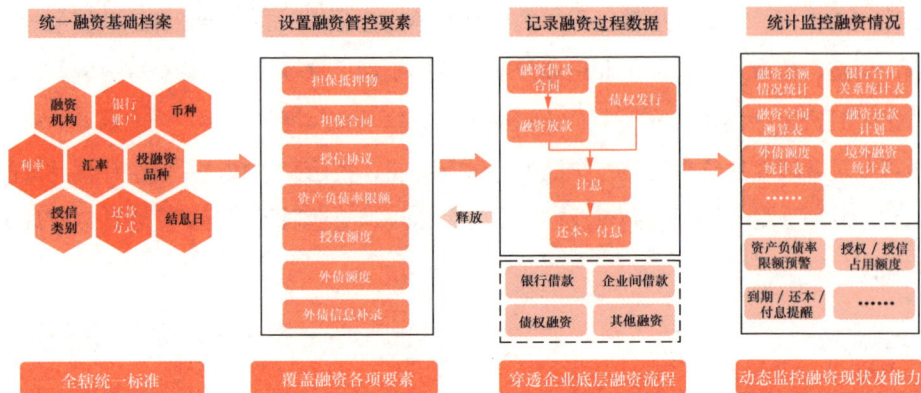

图 9-12　企业财资管理—融资业务管理服务架构

智能融资管理平台的作用是企业总部能够对成员企业的融资业务进行知悉、管控和信息集中，从而使企业能够为决策者提供融资的相关数据。企业可以通过融资管理模块对各成员企业发生在各行的信贷融资业务进行统一的信息化管理。各成员企业按照相应的分类进行登记后，智能融资管理系统自动进行到期提醒和额度管理。智能融资管理系统能够准确统计出相应业务品种的额度占用情况。同时，可进行登记管理的业务品种随着应用的深入而不断增加。未来，随着各商业银行开放信贷数据的查询权限，企业融资管理有望实现与银行融资管理的实时同步。

智能财资管理的业务场景

⚙ 场景1：智能支付管理

在日常的资金业务中，企业可以实现所有直联银行账户实时付款及自动对账等业务，对日常业务收付款项以及内部往来款项划拨的控制与管理实现规范资金操作，降低费用成本，把好内部资金关口的目标。这个过程中付款管理、自动对账是比较典型的业务场景。

- **付款管理。**通过智能资金管理平台，成员企业可以在单一页面内实现所有直联银行账户实时付款，同时平台支持与企业内部业务系统对接。并且 ERP 等业务系统中的应付申请可被传至智能资金管理平台，自动生成付款指令，减少财务人员二次录入付款信息工作，提升工作效率，提高准确率。

- **自动对账**。通过智能资金管理平台，可以自动下载银行回单并与结算交易进行绑定，财务人员打印时可同时打印结算单据和银行回单，免去逐个对账和逐个交易回单绑定的工作。同时智能资金管理平台根据指令定期对成员企业银行账户自动对账并出具余额调节表，根据预先设置的对账规则，例如，结算方式、结算号、金额等信息自动核对，找出相匹配的记录。企业财资管理—智能支付业务流程如图 9-13 所示。

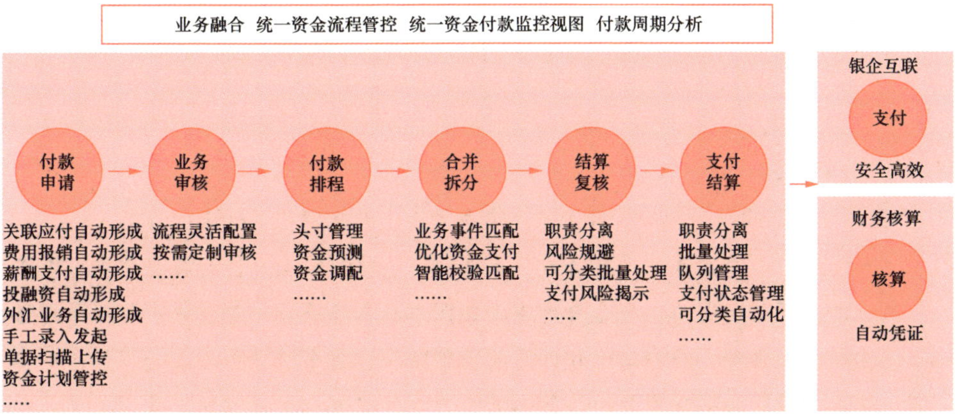

图 9-13　企业财资管理—智能支付业务流程

场景2：智能收款管理

资金归集是企业资金管理的重要环节。外部收款到达成员企业账户后，定时被划转到企业主账户（即企业"资金池"），同时在内部账户中生成记录。资金对外支出时，成员企业发出支付指令，最终由企业"资金池"下拨该笔资金至成员企业银行账户，随即成员企业银行账户对外支付至外部客商。资金归集到企业后，成员企业被归集的资金在所有权和使用权方面均没有发生变化。

智能化的收款管理全面支持收支两条线资金归集模式和收支一体化资金归集模式。智能资金管理平台通过银企直联接口实时获取直联银行账户银行交易流水信息，而未纳入银企直联体系内的银行账户则可以通过银行网银获取银行交易流水信息，并将其整理为系统格式导入智能资金管理平台，智能资金管理平台后续依据该交易流水进行收款确认及银行对账。企业财资管理—智能收款业务流程如图 9-14 所示。

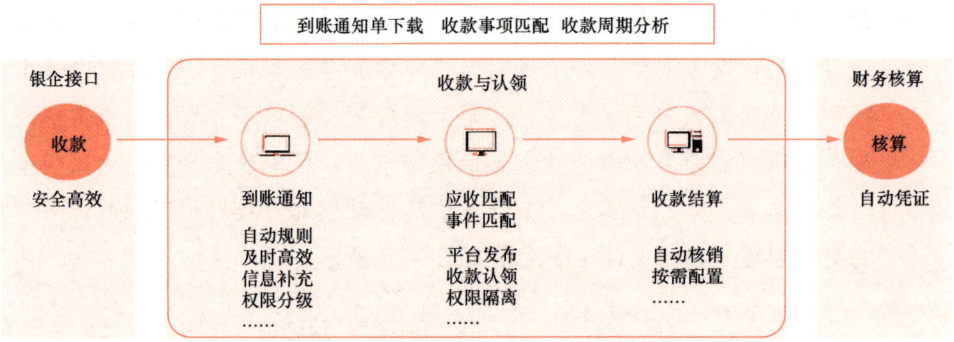

图 9-14　集团财资管理—智能收款业务流程

⚙ 场景3：资金集中管理账户体系

一般而言，企业资金集中管理的账户体系分为内部账户和银行账户两类。

- **内部账户。** 内部账户是指各成员企业（所有核算级次单位）在资金管理中心开立的内部收支账户。资金管理中心按照"开户扁平化，管理垂直化"原则进行内部账户管理。开户扁平化即所有内部账户在资金管理中心部为平级，对各成员企业设置内部账户权限，能够满足现有的管理和查询需要。管理垂直化即企业总部根据各成员企业的管理级次，在内部账户中逐级进行资金拨付，而实体资金在资金池内不动。

- **银行账户。** 银行账户是指企业在商业银行开立的银行账户。企业总部确定"资金池"的银企直连银行，各成员企业开立银行账户原则上应在直联银行体系内开立。资金管理中心将其在直联银行开立的银行账户作为企业总部"资金池"实体资金归集账户。实行资金收支两条线归集模式的成员企业可开立多个收入账户、实行资金收支一体化归集模式的成员企业可开立多个收支账户。各成员企业可开立一个办理取现、报差费等零星业务支付的账户（一般设定为基本账户）、办理专项支出（例如工资、社保、税款、保证金等）的专用账户若干个。各成员企业的账户开立后，均需要与银行办理授权资金管理中心支付协议，纳入企业总部"资金池"。

⚙ 场景4：智能电子回单

电子回单作为重要的电子会计档案之一，可以作为电子凭据入账，直接作为原始会计电子凭据进行电子档案归档，促进会计档案电子化。企业在打通银企直联实现资金业务直联的同时，商业银行也逐步放开了电子回单的业务通道，解决了银企之间"最后一公里"的难题，让企业既可以实现自主打印归档，也可以建立电子化档案管理建设。企业通过电子回单实现业务、财务、回单一体化联查机制，极大地解决了财务人员电子档案管理困难的问题，提升了企业的信息化水平，帮助企业实现无纸化办公，大幅减少了企业管理银行回单的成本。

与此同时，过去文档版式没有统一标准，国内应用情况比较混乱，格式不统一，访问接口不一致，对应用需求的支持不完整，导致工作人员交流困难、相关文件无法长期存档。加之传统业务模式下，企业取得银行回单后，应将其与对应的单据、凭证匹配粘贴，该项工作均由手工操作完成，业务量较大，是企业财务人员非常头疼的工作之一。如果企业交易频繁，工作量就会成倍增加，特别耗时费力。

针对这一情况，数字技术加持下的智能电子回单解决方案支持银企直联获取、下载电子回单，实现收付款单据与回单的自动匹配、一键打印，彻底解决企业银行回单管理困难的问题。

⚙ 场景5：电票票据池

企业通过建立票据管理平台实现票据业务全面线上化管理和运营，既能满足企业基础的应收（背书、贴现、质押、托收等）、应付（签发、承兑等）票据业务管理，又能将企业庞大的票据由实物管理转化为信息化数据管理。企业还可以建立内部票据池体系，实现内部票据资源共享，有效盘活企业票据资源，或者通过银企直联与银行票据池联动，实现票据实时入池、出池、池内贴现、质押、托收等业务。票据池通过质押业务获取的银行质押额度可由企业内部分配各成员企业共享使用，企业管理者可实时掌握各成员企业票据业务数据，并根据管理需要进行大数据分析，管理更高效，使用更便捷。

建立票据管理平台既解决了企业票据量大且分散，管理起来流程烦琐、费时费力、缺乏灵活性等问题，满足企业票据管理的基本需求，又能够帮助企业发挥票据资源价值，提升企业资金管理的效益性，有助于企业的长期稳健经营。企业财资管理—票据池业务范围如图9-15所示。

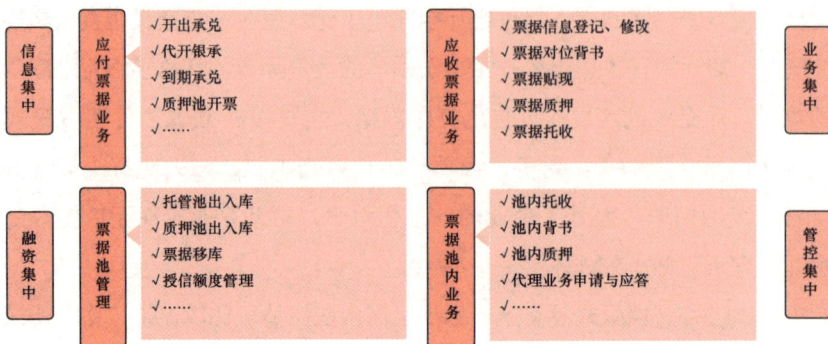

图 9-15　企业财资管理—票据池业务范围

管理会计：融战略、重管控

管理会计体系的业务逻辑

管理会计体系是由"目标规划与预算（Plan）→执行与过程控制（Do）→核算与差异反馈（Check）→业绩评价与提升（Act）"（简称"PDCA 循环"）4 个部分构成，是一个周而复始的业务循环。PDCA 循环作为管理循环过程的 4 个阶段，每一个循环过程的终点，同时也是螺旋提升进入新的起点，是在管理水平提升基础上的再循环，是更高阶段、更高水平的开始。集团管理会计业务循环如图 9-16 所示。

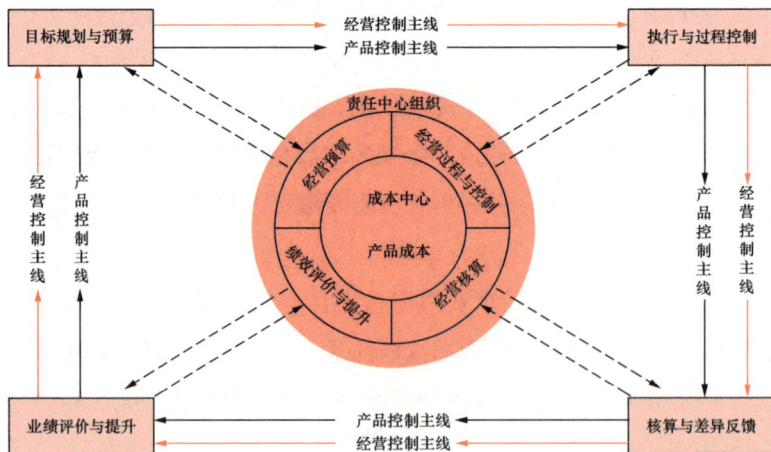

图 9-16　集团管理会计业务循环

由 PDCA 循环构成的管理会计业务循环，是一个典型的管理控制系统架构，这个管理控制系统由两个循环构成：外层的大循环和内层的小循环。

外层的大循环是指管理会计从总体上由"P、D、C、A"四块业务和两条核心业务主线构成的管理控制系统。

管理会计业务主线之经营控制

经营控制是企业管理会计业务的第一条核心主线。经营控制的主体是组织或人，这类主体在管理会计环境中称为责任组织或责任中心，可以统称为责任主体。

⚙ 目标规划与预算（P）

在经营控制循环中，可以认为一次（初次）循环的起点是从目标规划与预算（P）开始的，这里的目标规划与预算显然是指从整体的战略目标到具体的全面经营目标的规划，从具体的各类业务预算、专项预算、资本投资预算到综合的全面预算的确立，这一阶段是管理会计控制业务循环的起点。经营目标和预算数据需要被分解落实到责任组织，并达成一致，这需要经过从上到下、再从下到上的多次平衡才能完成。

管理会计人员要完成这一阶段的任务，可以根据企业实际的需要选择适合自身业务特点的管理会计工具和方法。这些工具和方法的使用可以参考财政部发布的《管理会计应用指引第 100 号——战略管理》《管理会计应用指引第 101 号——战略地图》《管理会计应用第 200 号——预算管理》《管理会计应用第 201 号——滚动预算》《管理会计应用第 202 号——零基预算》《管理会计应用第 203 号——弹性预算》《管理会计应用第 204 号——作业预算》，这些文件中给出了管理会计工具和方法的使用在应用环境、应用程序等方面最为权威的解释说明。

预算管理的实质是通过构建一个统一的体系、完整的系统来实现对整个价值链过程、控制点（责任体系）的总体控制。企业完成全面预算编制并将其分解下达到责任主体，系统的执行控制任务具体的控制动作实际是转移到下一环节——执行与过程控制来完成的。

⚙ 执行与过程控制（D）

广义的控制概念是指把整个系统作为控制体系，是基于管理模式构建实现体系化、结构化控制的系统。狭义的控制就是过程控制环节和单元控制点的具体业务控制。控制单元控制点的目标是将总目标和预算分解到责任组织。责任主体在管理会计中分为利润中心、成本中心、投资中心、收入中心和费用中心等，不同性质的责任主体具有不同的控制内容和控制指标。

执行与控制是由确定标准、执行控制、过程反馈、纠正偏差构成的回路过程。

- **确定标准**。标准是控制的尺度，控制标准的建立是以预算为依据的，控制的实施目的是实现责任组织的目标。各个责任主体的控制目标和控制标准的建立基于预算分解下达的目标和指标，以本级的业务预算为基础来确定。

- **执行控制，在过程中纠正偏差**。系统对执行业务事项进行刚性控制或弹性控制，对偏差业务直接判断是否通过，或进行弹性的有条件（对偏差进行调节）通过处理，对偏差数据进行记录反馈，进入核算会计环节。系统通过内嵌规则、计算模型以及智能化机制，利用现代信息科技的监控手段实现经营生产过程的管控一体化，实现业务在执行环节的实时控制。这些应用技术将人们对过程管控的思想直接嵌入系统，实现过程控制。

- **结果反馈，在下一轮循环中纠正偏差**。会计方法对偏差的纠正动作往往要滞后到再循环过程，使再循环在更高标准的基础上运行。这是管理控制系统与其他控制系统不同的地方。

- **过程控制的受控要素**。经营与生产过程的物流、能源流、作业流、资金流等资源的投入产出都可以建立控制标准，进行建模控制。

信息系统条件下的控制过程实际上也是数据的收集过程，收集的数据包括实际执行数据和脱离标准的差异数据，这些数据会转入下一管理环节，即实际核算与差异反馈（C）阶段。

核算与差异反馈（C）

系统要为责任组织和业务单元建立完整的记录，收集执行过程中的实际执行结果，并将执行结果与目标控制数据比较，对过程差异进行反馈，按管理要求定期形成会计期间的核算报告。

从整个循环来讲，核算环节是执行控制中的信息反馈系统，好的核算系统能够反映经营过程中价值运动的真实动态，利用信息跟踪过程的有效信息进行实时在线管理。建立在 IT 技术基础之上的核算系统的价值体现在实时快速和动态准确两个方面。

具体到业务层面，执行会计业务是经营会计核算的主要内容，按经营会计流程需要建立责任中心单元，设立核算账簿，建立核算流程，设置交易核算规则，进行经营核算。其具体内容将在经营会计部分展开介绍。

🔘 业绩评价与提升（A）

利用管理会计核算信息进行业绩评价，发现问题，追溯原因，从而改善管理，提升整体业绩，既是一次循环的终点，也是二次循环的起点。

从系统的内在逻辑来讲，业绩评价环节与其他三大环节是环环相扣的。

- **与控制环节的关系**。业绩评价的主题、指标、维度就是控制环节需要设置的主题、指标和维度。其内容和口径应该一致。
- **与核算环节的关系**。业绩评价需要评价什么内容，核算系统就要核算什么内容。其内容和口径也应该一致。
- **与目标规划及预算的关系**。业绩评价的体系、目标、评价指标要求，都应该纳入预算体系中。如果有问题，就在二次循环中纳入新的预算体系。

管理会计业务主线之产品控制

产品控制是企业管理会计业务的第二条主线。这条业务主线比较容易理解，它是沿着产品控制展开的，也就是我们所说的产品的全成本控制循环。

🔘 目标规划与预算（P）

在新产品的规划与预算阶段，企业应对设计成本进行评估改进，形成目标成本，以及对再生产的产品进行技术和管理改进评价，形成新的目标成本。这一阶段的结果形成产品成本数据库，成本数据会以成本物料清单（Bill of Material，BOM）的形式展现。

成本 BOM 数据是产品成本预算编制的基础。但是一个期间的生产成本预算不只是依据成本 BOM 来生成的。

🔘 执行与过程控制（D）

产品成本的执行与过程控制也是由确定标准、执行控制、过程反馈、纠正偏差构成的回路过程。

- **确定成本控制标准**。企业要根据当前生产条件的技术工艺和管理基础建立产品生产过程中产品消耗的控制标准，此处的标准一般是以产品的制造工艺 BOM

为基础建立的成本标准（有成本制造 BOM 的条件下）。

- **执行控制和过程纠正偏差。**产品控制的控制流程和控制点一般是根据生产工艺和生产组织方式决定的。

- **从控制策略上可以按照不同的成本类型进行控制。**一般分为材料成本（即产品实体原材料成本）控制和制造费用（即产品加工制造成本）控制。材料成本是指构成产品实体的材料成本。控制的起点应从产品 BOM 用料的技术设计开始，也就是从产品生产前的物料配置开始。接下来才是将各环节的投料点作为成本控制点进行材料成本控制。企业可以根据成本的制造 BOM 分投料工序建立成本控制标准，进行成本控制，并按控制点收集实际消耗和差异数据。制造费用一般是以成本中心以及工作中心作为成本控制点，按产品生产需要的制造资源消耗建立控制标准；按作业标准、工时或机时标准等来设置成本标准；按标准进行成本控制，并按控制点收集实际消耗和差异数据。

制造环节成本控制的难点和重点是制造资源成本的控制，除了产品的原材料外，其他资源在生产过程中是怎样被产品消耗的，这是控制的主线。控制制造成本建立控制模型时有一种方法值得重视，那就是建立产能成本控制模型。它包括能力资源成本的测定、剩余能力成本的计算与处理等。

⚙ 核算与差异反馈（C）

产品核算与成本差异反馈是成本信息系统日常最重要的业务之一。系统要以产品为对象，按生产流程建立完整的成本数据记录，收集产品生产过程中各个环节的实际成本数据，包括物料实际用量和消耗量差，制造资源的实际用量和量差，并将执行结果与控制标准数据进行对比，将过程差异进行反馈，按管理要求定期形成期间的成本核算报告。

⚙ 业绩评价与提升（A）

产品成本业绩评价的第一步是测定成本控制效果，成本控制效果是以目标成本控制标准为基础，通过对比实际完成数据与成本标准数据进行差异计算。

产品成本分析评价一般采用因素分析法。分析的因素包括量差因素，即脱离标准量对成本的影响，包括材料消耗量、资源消耗量、机器及人工消耗量等；价差因素，即实际消耗的原材料、使用资源的价格变化对成本的影响；产品技术变更因素，一般包括产品结构变更、材料变革或替代、工艺变更等因素。需要说明的是，这里的产品技术变更是指在制造成本标准确定之后的情况，在成本标准确定之前的变更不在此变更范围中。

管理会计业务之责任中心管理

企业责任中心会计 PDCA 业务循环如图 9-17 所示。

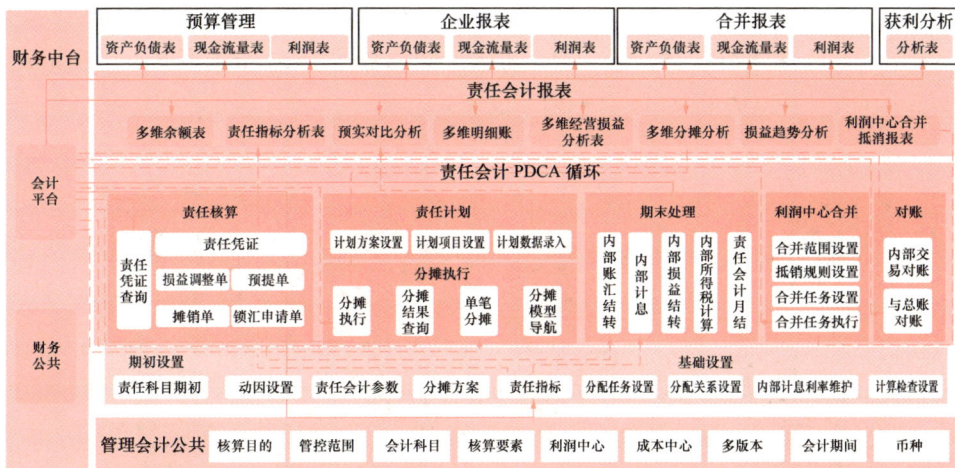

图 9-17　企业责任中心会计 PDCA 业务循环

责任中心是管理控制体系中的基本控制单元，从理论上讲，有以下 4 点共识。

所有的企业总目标（数值）都要分解落实到每一个责任中心，所有的预算对资源的配置都要落实到每一个责任中心。

所有的执行和过程控制活动都是以责任中心为主体进行的。

所有的实际结果数据都源自责任中心单元的核算数据。

所有的绩效都出自责任中心的业绩贡献。

若干个责任中心实体构成管控会计系统的业务循环体系。这里每一个责任中心 / 成本中心都有本中心的目标规划与预算（P）、执行与过程控制（D）、核算与差异反馈（C）、业绩评价与提升（A），由此构成一个小循环。业务上它与大循环是局部与全局的关系，在数值上是分解与合并的关系。

管理会计业务之产品成本管理

产品（或服务）是一家企业全部经营活动的产出物，在一个经营期间企业全部的资源配置、经营投入最终的成果就是产品。企业的产品通过市场交换最终实现经营成果的增值回报。在管理会计中，为了能够评估产品的交换价格抵补企业在产品上的资源投入，就要计算产品成本。在市场经济条件下，交换价格由市场环境竞争决定，因此企业为了能够在经营过程中获得更高的增值回报，就要尽可能地控制在产品生产过程中的资源投入，为此而形成的全过程的价值管理工程就是成本管理。

以产品为对象进行核算就是成本核算。围绕产品对象的目标规划与预算（P）、执行过程控制（D）、核算与差异反馈（C）、业绩评价与提升（A），同样构成一个产品成本管理的小循环。产品成本控制循环如图 9-18 所示。

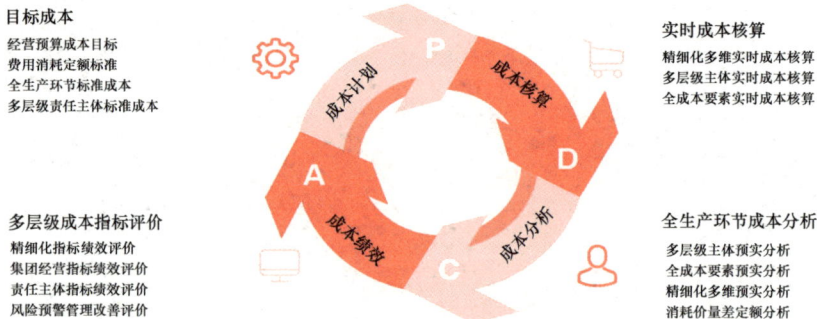

目标成本
经营预算成本目标
费用消耗定额标准
全生产环节标准成本
多层级责任主体标准成本

实时成本核算
精细化多维实时成本核算
多层级主体实时成本核算
全成本要素实时成本核算

多层级成本指标评价
精细化指标绩效评价
集团经营指标绩效评价
责任主体指标绩效评价
风险预警管理改善评价

全生产环节成本分析
多层级主体预实分析
全成本要素预实分析
精细化多维预实分析
消耗价量差定额分析

图 9-18　产品成本控制循环

案例：新钢联冶金有限公司阿米巴经营实践

新钢联冶金有限公司（简称"新钢联"）成立于 2007 年，是国内规模较大的集生产、研发、销售、贸易为一体的跨地区、集团化民营铬铁生产企业，经过十多年的快速发展，该公司的规模已经稳居国内铬铁行业第一。

应用模式

新钢联构建了以矿产公司为采购中心，工厂为生产中心，财务公司为融资中心的三大经营中心，执行集团内部独立核算管理机制，初步具备阿米巴经营理念，并不断在经营机制上进行完善，树立全员阿米巴经营意识。

新钢联实施阿米巴经营，从组织、内部价值链、预算、核算、绩效 5 个方面着手，构建了阿米巴经营体系。为了实现实时管理要求，每个阿米巴提供经营日报表，为管理者掌握企业运营情况、实时决策分析提供支持。阿米巴经营体系如图9-19所示。

图9-19　阿米巴经营体系

关键应用

关键应用一：划分阿米巴组织体系

新钢联基于阿米巴经营核算模式，构建了内外部两套组织体系，满足对外报告和内部管理的双重需求。外部组织（法人合并组织）是基于法人组织的组织架构，是对外纳税的主体，也是对外报告的主体；内部组织（管理合并组织）是基于内部管理的组织架构，即阿米巴核算组织，是业务开展的主体，也是内部管理的主体。

关键应用二：建立企业内部价值链

从阿米巴经营角度出发，新钢联形成以经营利润核算为基础的全价值链核算管理主线，通过内部定价、内部交易的方式进行交易，通过制订公平、公正的内部结算策略，将各个环节上阿米巴组织创造的价值进行核算，从而实现对各阿米巴组织的利润实现能力予以客观计量和经营绩效的客观评估。阿米巴内部结算关系示意如图9-20所示。

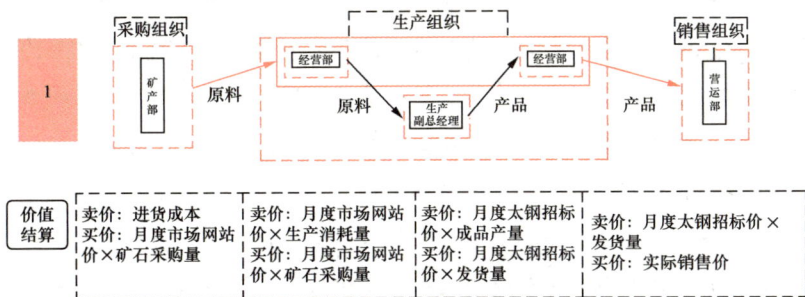

图9-20　阿米巴内部结算关系示意

关键应用三：建立阿米巴经营预算体系——新钢联预算树

新钢联以目标利润为导向，建立起一套"产、供、销"一体化预算体系，将集团总体利润目标分解为生产利润目标和经营利润目标。其中，生产利润目标分解到各家工厂，各家工厂再进一步分解到各个炉座；经营利润目标分为采购组织的利润目标和销售组织的利润目标，形成一棵逐级分解的预算树。阿米巴经营预算体系如图 9-21 所示。

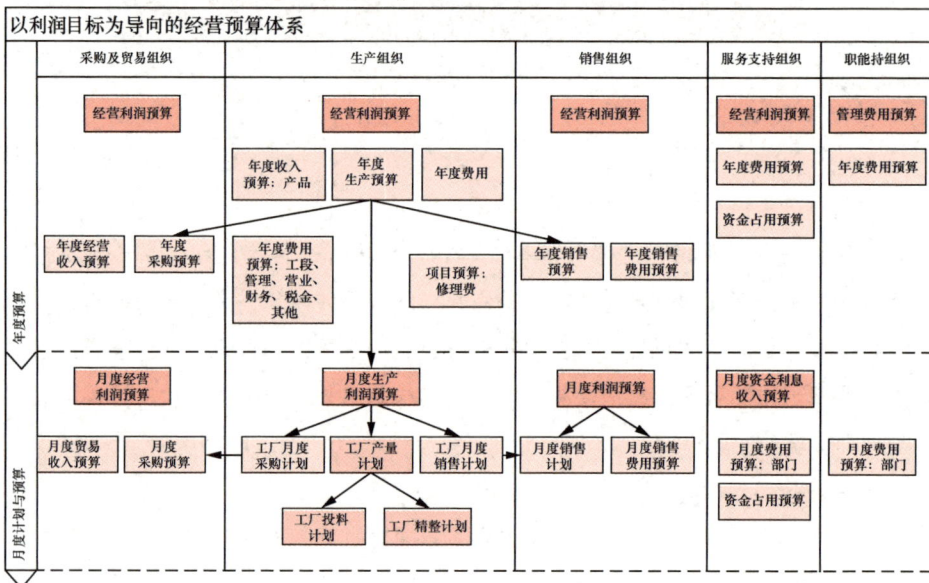

图 9-21 阿米巴经营预算体系

关键应用四：阿米巴经营核算体系

新钢联按照阿米巴组织体系进行核算，建立了一套阿米巴经营核算体系，通过阿米巴经营核算体系来支撑新钢联的经营活动。阿米巴经营核算从组织的计划预算到核算、报告，最终给出阿米巴经营的绩效结果，建立了独立的阿米巴核算体系和经营台账，从业务源头进行业务处理数据的归集，形成阿米巴会计的账簿，通过账簿的数据统计出经营和管理所需要的各类分析报告。

与此同时，新钢联传统的会计核算体系正常运行，按照法人主体建立一套对外的财务核算体系，满足对外法人组织的财务核算、对外报告的基本要求。而业务系统则保持与阿米巴经营核算体系和传统会计核算体系两套体系的数据集成，自动核算两套核算体系的数据。

关键应用五：阿米巴绩效考核体系

在新钢联，阿米巴以利润考核为导向，尤其对生产改变了以往以成本考核为导向的做法，转而以内部利润为考核的主要指标。以利润目标为核心的绩效考核体系如图 9-22 所示。

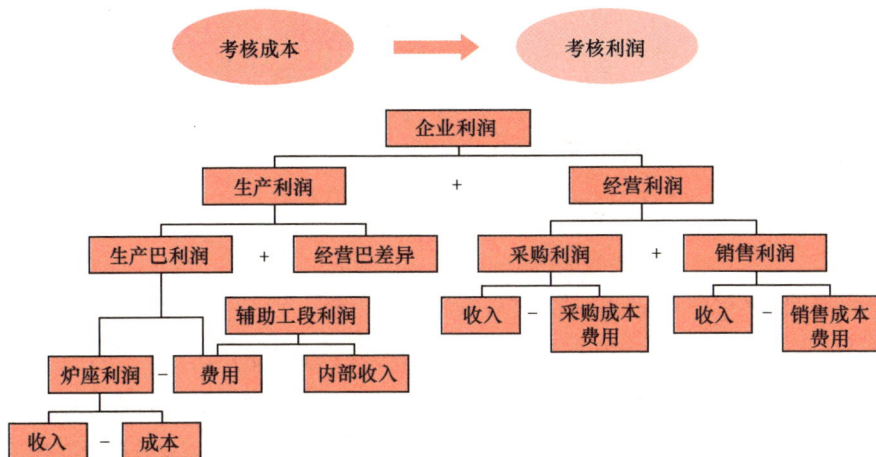

图 9-22　以利润目标为核心的绩效考核体系

应用价值

实施阿米巴经营核算模式为新钢联带来了巨大的价值，包括管理模式变革、全员参与经营、加强目标意识、可视化经营、"上情下达"和"下情上传"的协调、提升经营效益、改善部门绩效、优化沟通机制等多个方面。

- **管理模式变革。** 基于阿米巴核算体系的信息化平台建设，支持阿米巴管理模式变革与业务融合的要求，在打通业务系统间的壁垒、优化业务流程等方面起到了重要的作用，从而助力企业改进经营，创造价值。

- **全员参与经营。** 所有的组织和员工都在阿米巴组织体系下进行独立核算，并根据阿米巴的内部利润进行考核和奖励，使所有人都关注自己实施阿米巴的效益，实现全员参与经营。企业通过激发所有员工的积极性和主观能动性，从而实现每个阿米巴组织的经营目标。

- **加强目标意识。** 通过将经营目标下发到每个阿米巴组织，并及时报告每个阿米巴组织的经营贡献，让员工及时了解组织的经营状况与绩效偏差，使每个阿米巴组织高度关注各自目标的达成情况。

- **可视化经营。** 借助阿米巴信息化平台，及时出具阿米巴经营日报，彻底改变传统财务按月出具报表导致的经营情况反应滞后的问题，让阿米巴组织每天的经营过程、经营绩效以及存在的问题及时反馈，实现全面可视化经营。
- **"上情下达"和"下情上传"的协调。** 阿米巴经营体系使企业上层管理者及时了解下级的经营情况，也使下级员工及时了解企业上层管理者的目标实现情况，使传统的经营信息不通畅的问题得到解决。

财税管理：在线化、数据化

税收征管新形势

近年来，税务部门积极深化税收征管制度改革，推行"互联网＋"税务，依托金税工程，将税收大数据运用到税务执法和监管的全过程，税收征管的信息化、数字化程度越来越高。2021 年 3 月，中共中央办公厅、国务院办公厅印发了《关于进一步深化税收征管改革的意见》，作为"十四五"时期税收征管的"线路图"，该文件标志着税收征管从信息化、数字化向智能化转型，从"以票管税"向"以数治税"的数智化转型大幕已经拉开。

⚙ 以专票电子化改革为突破口，深化税务改革

增值税专用发票（专票）电子化改革作为税务局推进税收管理和纳税服务的网络化、信息化、智能化的重要举措之一，随着增值税电子专用发票改革的逐步深入，将给税务管理带来全新的变化。一方面，专票电子化让"数据控税"模式取代了"以票控账""以票审计""以票查税"等模式，让税务机关可以掌握企业所有的电子发票信息，对企业进行更加严格的管控，使企业偷税、漏税无机可乘。另一方面，专票电子化加速了企业财务及税务信息化进程，发票事务处理将实现集中化、自动化和智能化，例如自动开票、智能审票、验伪去重等。并且专票电子化将实现企业与供应商、用户、员工的紧密关联，打通企业与利益相关者之间的数据传递通道，提高交易的处理效率。

⚙ 大数据驱动，精准实施税务监管

随着国家全面推进税收征管数字化升级和智能化改造，大数据驱动的精准分类实时税务监管得以实现，主要体现在以下 3 个方面。

- **精准施策，充分保证守法纳税人正常生产经营，做到"无风险不打扰"。** 税务

机关充分运用大数据，精准掌握纳税人、缴费人行为，并进行自动分析；建立健全的以"信用＋风险"为基础的新型监管机制，实行纳税人、缴费人动态信用等级分类和智能化风险监管。

- **精准治理，依法严厉打击涉税违法犯罪行为，做到"有违法要追究"。**税务机关充分发挥税收大数据作用，依托税务网络可信身份体系与国家"互联网＋监管"系统，使涉税违法犯罪行为惩处从事后打击向事前、事中精准防范转变，有效打击各种违法行为。

- **精准防控，加强重点领域风险防控和监管，做到"全过程强智控"。**对逃税、避税问题多发的行业、地区和人群，税务机关以"双随机、一公开"为基本方式适当提高抽查比例，对隐瞒收入、虚列成本、转移利润以及利用"税收洼地""阴阳合同"和关联交易等逃税、避税的行为，加强预防性制度建设，加大依法防控和监督检查力度。

⚙ 深化各部门数据共享，开展协同共治税收

税务机关与公安、银行、海关、财政、社保等部门建立数据共享协调机制，推进内外部涉税数据汇聚联通，加强信息共享和利用，对纳税人进行常态化、多维度、跨部门的风险监测、评估、分析与检查，随时掌握并共享企业违法涉税行为信息，对纳税信用差的纳税人进行多部门联合惩戒。在税收共治的环境下，纳税信用已经成为企业最重要的资产之一。企业一旦失信，将寸步难行，甚至走入僵局。

税务管理新挑战

企业税务管理的主要目标包括税务合规、风险管控、税务分析与筹划。随着业务的扩展、规模的壮大，大型企业税务管理部门的工作量越来越大，有限的财税人员疲于应对日常繁重的工作，更无力进行税务风险管控和筹划等工作，难以跟上企业的发展速度，税务管理难度越来越大，挑战也越来越大。

⚙ 挑战1：合规成本高

企业在日常的发票管理、计税、报税等税务合规性方面需要处理大量重复性、事务性工作。财税人员的工作量大且出错率高，整体工作效率低，导致企业的合规成本居高不下，尤其是对于一些发票量大、业态多、业务流程复杂的企业而言，合规成本是一笔巨大的支出。

⚙ 挑战2：统筹管理难

大型集团型企业在税务管理上还普遍存在统筹管理难的问题。一方面是大型集团企业缺少系统支持导致集中有效的数据基础缺失。该方面主要表现在不同信息系统之间相互割裂、无法联动，数据分散，传输滞后，企业无法及时获得全面的税务信息，难以实现数据的一次采集、多次使用。以纳税申报与税务分析为例，在缺乏系统支持的情况下，财税人员只能依赖手工进行，导致工作效率低下，数据来源与分析过程不透明，无法进行有效的统筹管控。另一方面是大型集团企业缺乏统一标准。大型集团型企业的业态多、层级多、业务流程复杂，加上缺乏统一的税务标准和业务规范，导致不同的成员企业上报数据的标准、口径不一致，最终无法进行统一的管理和分析。

⚙ 挑战3：风险管控弱

风险管控弱是企业在税务管理方面的又一挑战。首先，很多人认为税务风险管控只是财税部门的事情，与其他业务部门没有什么关联。这种错误观念是企业税务风险管控，甚至是企业整体风险管控的致命伤。其次，信息脱节造成风险管控滞后。无论是横向的业财税信息不联通，还是纵向的企业总部与成员企业之间税务管理信息不联动、规范不统一，企业税务管理部门都无法及时掌握相关的业务信息，税务风险管控的时效性、手段和范围十分有限，无法起到税务风险预警的作用，无法做到全过程风险管控。最后，财税人员的专业度不够。"放管服"改革后，税务审批环节和税务备案资料报送环节大量简化，这需要企业强化风险自检。然而财税人员疲于应对日常合规性事务，加上税收政策复杂多变，财税人员可能无法及时掌握相关的政策要求，导致政策在执行中应用错误。

面对外部税收征管的压力和内部税收管理的挑战，只有通过数智化改革，实现"以数治税"，企业才能及时、全方位地掌控风险，降低税收违法成本。

数智化税务场景

税务管理数智化利用大数据、人工智能、机器学习等技术，实现税务数据的标准化，从多方面校验税务合规结果的准确性和可靠性，并通过数据智能重建企业税务分析、管控和决策机制，使税务分析、管控和决策机制由基于经验和部分信息人为决策转变为基于数据的实时、精准、智能决策，实现税收筹划的智能化，倒逼企业进行业务重构。本节将重点从业财税一体化、税务合规管理、税务风险管控、税务筹划与分析4个维度阐述数智化税务场景。税务管理数智化场景如图9-23所示。

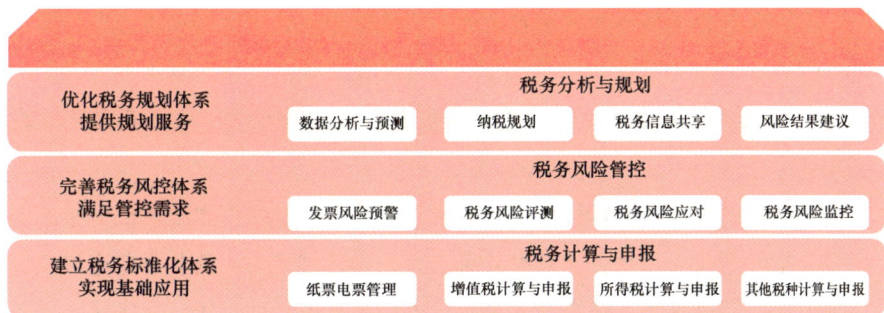

图 9-23　税务管理数智化场景

场景1：业财税一体化

以大数据为支撑的企业业财税一体化机制，打破了企业各部门数据无法实现共享的现状，推动业务、财务、税务有效融合，已成为当前企业关注的重要课题。以业务为源头，数据为桥梁，业财税一体化才是智慧税务时代企业"以数治税"的有效路径。要实现业财税一体化，破解企业税务管理的当前困境，企业需要从以下 4 个方面着手。

- **发票为抓手。** 专票电子化的到来打破了业务数据传递的障碍，可将业务、财务、税务等相关数据连接起来，真正实现业财税的数字化联通，为企业自动开票、自动查验、智能勾选、自动计税、一键申报、系统自动对账、税务风险预警与测评等提供帮助，使企业税务管理完全信息化，以及创建全新的智能高效的业财税管理模式成为可能。因此，在业财税一体化的建设中，发票必然是所有数据连接的核心点。

- **标准一体化。** 集团型企业建立统一的税务管理信息化平台，借助统一的税务制度、标准和流程，解决财税人员各自为战的问题，实现业务、财务与税务，分子公司、共享中心与总部税务部门的连接，支撑起日常税务共享运营及企业集中管控，从而提高企业税务管理的运营规范性和效率。

- **数据一体化。** 集团型企业通过将税务信息系统与各类业务系统、财务系统进行集成对接，实现数据的一次采集、多次使用，确保业务、财务、税务数据充分联动，逐步实现上下游企业间的数据共享，实现业务、财务、税务真正的一体化融合。数据一体化可以将税务合规的各项要求嵌入业务、财务的各个环节中，例如，合同签订条款、发票开具、获取要求、税务标准规范等，从而规范企业的税务数据基础，降低人为判定影响。同时通过数据一体化，可以将税务

199

风险管理的各类指标和要求前置到各个环节中，提前做好风险预防，实时监控风险并及时应对，变被动为主动。并且集团型企业可以根据自身情况定义个性化税务风险管控模型，实现"千人千面"式风险管控，从而实现真正的风险防范。

- **有力的技术支撑。** 业财税一体化的实现，除了通过内部各种系统对接，实现内部数据的联动外，还会涉及税务局端系统的连接能力，例如，与增值税发票查验平台、增值税发票综合服务平台、电子底账库等的连接，以实现全票面信息的获取、发票的验真、勾选、抵扣、一键申报等功能，解决了企业日常税务操作和风险管控方面的问题。因此，需要有力的技术来帮助企业建立统一、衔接和标准的数据接口，实现企业各系统数据之间的互联互通。业财税一体化场景概览如图 9-24 所示。

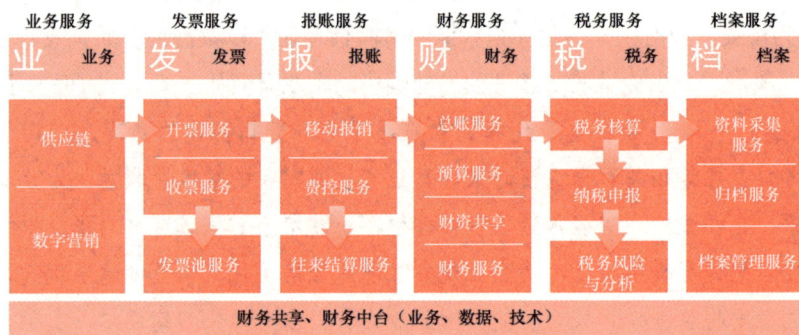

图 9-24 业财税一体化场景概览

🔧 场景2：税务合规管理

税务合规管理是指构建企业全税种核算及申报管理的信息化体系，通过数智化手段替代手工操作和人工计算等重复性高、出错率高、效率低的工作，实现自动开票、自动计税、一键申报等业务，在降本增效的同时，通过自动化流程实现企业全税种、全流程规范化、标准化、集中化管理。

- **自动开票、回写。** 通过接入统一发票服务平台，对接销售系统，并根据销售订单、出货等时间节点触发开票，根据企业业务特点，匹配相应的开票方式，自助开票，支持批量开具、红冲、作废、存储、多渠道推送和便捷查询下载，支持通过短信、邮件、微信公众号等方式推送电子发票下载链接至消费者，并将开票数据回写到业务系统，在财务系统中进行记账。发票自动开票与回写流程如图9-25所示。

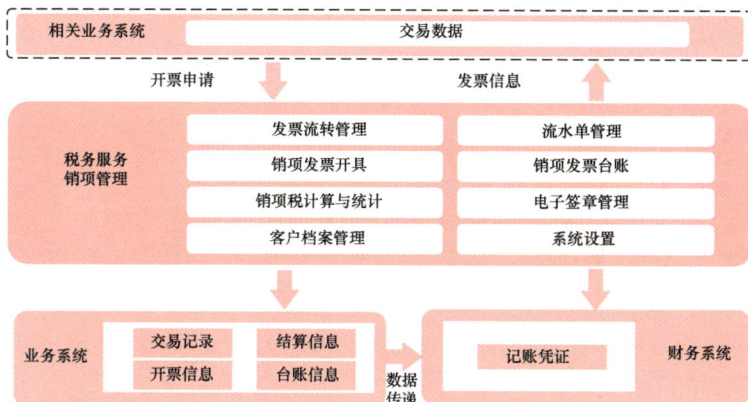

图 9-25　发票自动开票与回写流程

- **发票自动验真、查重、智能认证。**企业通过统一的发票服务平台，建立企业发票池，并关联发票查验平台，将发票池与企业报销、采购等系统打通，将验真、防重工作设计嵌入报销、采购等业务流程中，利用 OCR 技术、二维码扫码、解析 PDF、打开固定布局文档（Open Fixed-layout Document，OFD）等方式，自动调取发票全票面信息，在发票保存到发票池前自动检验其原始性和真伪性，自动查重，取消人工查验，减少人工录入，提高准确率。同时企业可以通过接口自动在税务局增值税发票选择确认平台进行勾选，实现增值税专用发票自动勾选、智能认证、认证过程全程可追溯的目标。发票智能验伪与认证业务架构如图9-26所示。

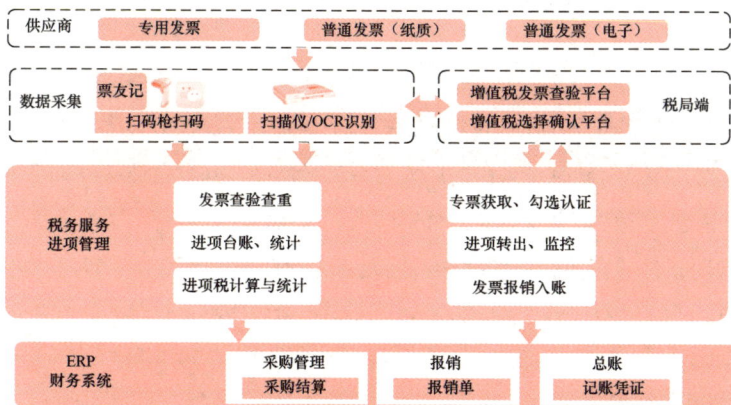

图 9-26　发票智能验伪与认证业务架构

- **自动计税、一键申报。** 业财税一体化联动，企业可实时掌握业务、财务、发票等大数据信息，获取企业计税信息，设置各税种取数规则，自动计税，并直连税务局端的电子税务局，实现一键申报。

场景3：税务风险管控

通过业财税一体化，企业设置税收风险监控指标，包括金税三期监管指标、企业内控指标、发票合规预警指标、黑名单等，构建企业税务风险管控体系，并利用数字技术，将税务风险管控由"期间型管理"升级为"实时性监控"，对全流程税务风险进行有效管控，实现企业税务风险管理纵向到底、横向到边的全方位、全过程的多维度管控。税务风险管理业务框架如图 9-27 所示。

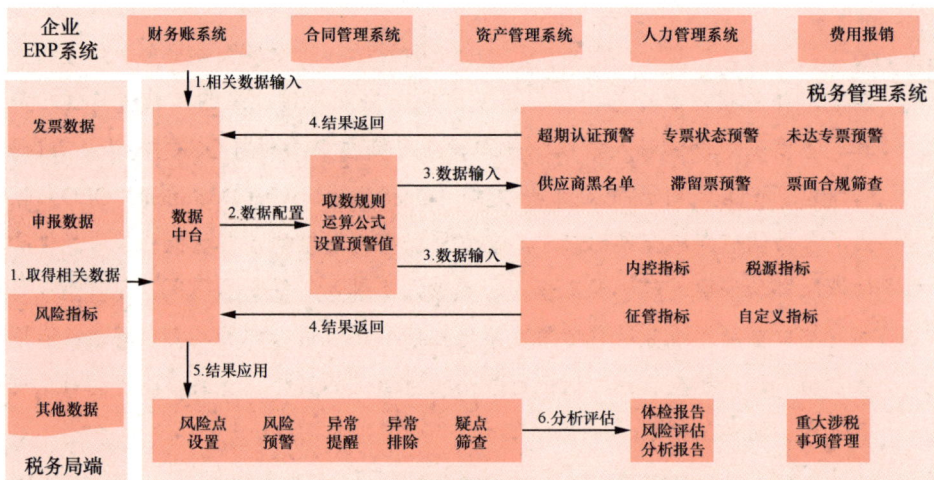

图 9-27　税务风险管理业务框架

通过税务风险管控体系，企业可实时监控税务风险，并能及时做出应对举措。需要注意的是，由于数据、模型等限制，系统的风险提示未必精准。同时企业税务风险不是形成在一个封闭的内部生态环境中，会受到企业外部政策、执法、市场监管、法治水平、供应链各方管理程度和管理条件的直接影响和制约。因此，企业在发现风险疑点时，一方面需要根据提示分析问题，控制风险；另一方面也需要不断优化风控模型，让税务管理越来越精准。

场景4：税务筹划与分析

数智化赋能税务筹划与分析，一方面是进行税务分析，通过数据智能化，重建企业税务分析、管控和决策机制，使税务分析、管控和决策机制由基于经验和部分信息人决策，转变为基于数据的实时、精准、智能决策；另一方面是通过税务筹划的智能化，倒逼企业进行业务重构和顶层设计，全面提升企业的市场竞争力。

税务筹划与分析的数智化是基于大数据进行的，企业通过对大数据的高效综合应用达到筹划的目的，但目前大多数企业税务筹划与分析还处在数字化转型的道路上，还需要依赖大量的专业人员的专业知识与分析，不可能完全通过智能化大数据系统在短期内实现，因此税务筹划与分析的数字化转型任重道远。

某环保企业的全税管理平台

某环保企业为国有控股上市公司，是集研发、设计、咨询、制造、投资、建设、运营、管理于一体的生态环境综合服务商。其业务涵盖供水、城镇污水处理、农村污水治理、污泥处置、中水利用、集中供热、建筑垃圾处置及资源化利用、环保设备制造、光伏发电、市政建设、园林绿化、水环境综合治理及技术研发等领域，形成具有战略性和全局性的产业链。全国各地设立了 30 余家分公司，实现了多区域发展布局。

业务诉求

该环保企业深入实施创新驱动高质量发展战略，建立健全企业治理体系、经营管理体系、创新发展体系、风险控制体系，以创新求突破，以改革促发展，全面提升市场竞争力和发展引领力，做强、做优、做大，致力成为市场化、现代化、国际化的环保企业集团。但面对多行业、多业态、多层级的组织结构，企业在税务管理方面存在诸多亟待解决的难题。税务管理痛点分析如图 9-28 所示。

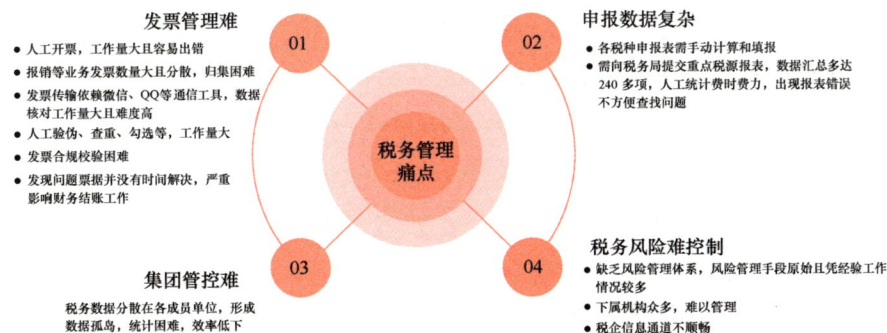

发票管理难
01
- 人工开票，工作量大且容易出错
- 报销等业务发票数量大且分散，归集困难
- 发票传输依赖微信、QQ等通信工具，数据核对工作量大且难度高
- 人工验伪、查重、勾选等，工作量大
- 发票合规校验困难
- 发现问题票据并没有时间解决，严重影响财务结账工作

申报数据复杂
02
- 各税种申报表需手动计算和填报
- 需向税务局提交重点税源报表，数据汇总多达240多项，人工统计费时费力，出现报表错误不方便查找问题

税务管理痛点

集团管控难
03
税务数据分散在各成员单位，形成数据孤岛，统计困难，效率低下

税务风险难控制
04
- 缺乏风险管理体系，风险管理手段原始且凭经验工作情况较多
- 下属机构众多，难以管理
- 税企信息通道不顺畅

图 9-28　税务管理痛点分析

应用模式

结合企业发展现状，该环保企业于 2018 年 10 月进行了智能税务系统的规划与建设，以业财税一体化为核心路径，以发票为入口，将其与业务系统关联，实现发票的全生命期管理，并实现自动计税、自动申报、自动记账，税务数据实时回传业务和财务系统，并进行比对，提高税务管理效率，降低税务管理风险。

关键应用

关键应用一：打通业务、财务、税务系统，构建税务大数据平台

该环保企业打通 NC 财务系统、网上报销系统、影像管理系统、供热业务系统和税务管理系统，并连接税务局端，构建税务大数据平台，实现基于税务需求的深度数据获取，为企业的税务合规管理、风险管控、税务分析规划等建立标准数据库。税务管理平台应用架构如图 9-29 所示。

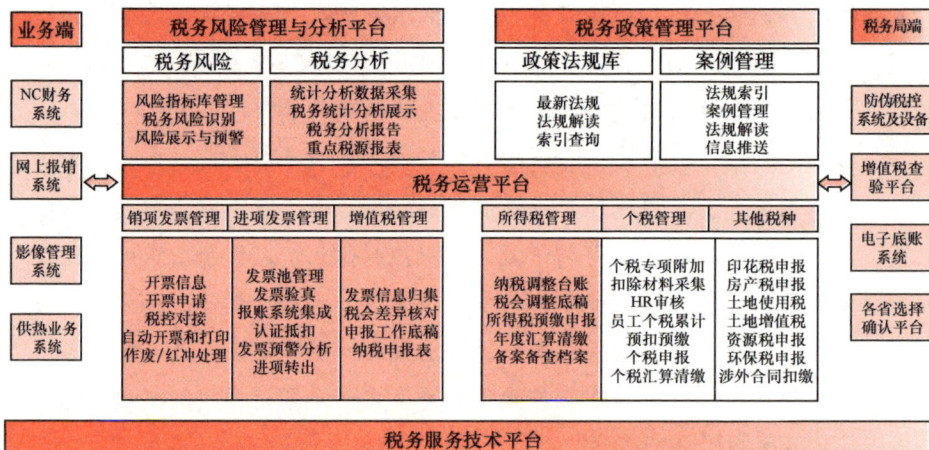

图 9-29　税务管理平台应用架构

关键应用二：基于税务大数据平台，实现增值税发票的全生命周期管理

税务大数据平台基于企业的业务，统筹开票与收票，通过发票信息集中管控来规避纳税风险，通过与业务系统之间的对接，实现一键开票及打印发票，并记录交付方式。电子发票直接被发送到人力系统记录的用户邮箱中，并实现纸电票一体化管理。

关键应用三：基于税务大数据平台，实现纳税申报自动化，降低税务风险

税务大数据平台帮助企业快速准确编制纳税申报表，提高税务会计的工

作效率，记录纳税申报的数据线索，方便追溯报告数据的业务来源。同时，纳税申报数据还可以用于后续的税务数据分析，帮助企业平衡税负，减少税务风险。具体包括以下 3 个方面。

一是纳税申报表、重点税源报表自动取数计算，实现及时、准确申报的目标。二是税企沟通，降低企业财务与税务管理成本，搭建企业税务筹划数据平台。三是帮助税务会计记录日常税务台账，使各纳税申报表数据有据可循。

关键应用四：基于税务大数据平台，实现业财税一体化联动

在业务系统报销过程中，业务系统连接税务管理平台进行发票验伪、查重及合规性校验，杜绝假票、重复报销等情况。在整个过程中监控发票状态，可根据发票"报销已完成""报销已记账"等状态，在税务大数据平台实现批量筛选、智能认证的功能。

发票系统与财务系统进行衔接，应收单上可直接开具发票，发票开具完成后，状态回传 NC 财务系统中。应付单可关联进项发票，被关联的发票直接通过接口保存到税务云采购台账中，实现价税分离，节省人工计算时间。

应用价值

该环保企业借助智能税务系统实现了自动化开票、多场景应用、多样化选择，提升了用户体验；实现了邮件、短信、公众号多渠道推送，实时精准到达，降低企业运营成本；对接企业网报系统，实现发票自动归集、真伪查验、入账控制，降低财务风险，提高运营效率；实现自动获取各分公司数据，集中管理，集中监控，规避虚开风险，降低涉税风险；实现业财税票一体化、数字化管理，帮助企业实现基于税务筹划视角的税务风险以及全面税务管理。

第十章　新人力：激活组织，赋能员工

伴随工业时代的不断进步，越来越多的人脱离了土地，进入工厂，现代企业制度下的人力资源管理观念逐步深入人心。这个变革过程中决定企业向前发展的因素更依赖于机械和设备的改良，以及标准化的管理体系和流程，因此传统的人力资源管理始终以降低成本、提高效率为目标。

数字化时代，决定企业发展的关键因素变成创新，如何激活组织、赋能员工成为企业家们关注的重点。人力资源管理开始真正聚焦重构人才管理机制，帮助员工实现价值，发挥人才的"协调能力、融合能力、判断力和想象力"。

这要求企业树立明确的愿景与目标，搭建从人才招募、人才利用、人才测评、人才盘点到人才发展的完整闭环人才管理体系，通过愿景吸引和驱动人才，依赖人才驱动和实现战略，进而实现人才发展和组织激活。

激活组织

组织能力是企业可持续快速发展、应对环境不确定性的基石；组织活力是组织长盛不衰、良性发展的最直观衡量标准。在数字化时代，组织的边界不断被打破，市场瞬息万变，传统的"深井式"组织审批路线过长，权责分工过于明确，无法适应当前管理的要求。在此背景下，企业管理者开始重新审视新一代组织模式，例如敏捷型组织、平台型组织。同时，为了持续激活组织，企业管理者还需要结合企业战略发展和组织目标，通过创新人才管理机制、绩效管理机制等体系建设，构建进化型组织，从而真正激发组织活力。

⚙ 赋能员工

传统雇主与雇员的关系是一种雇佣与被雇佣的关系，也是一种管理与被管理的关系，雇员需要在雇主的既定规则下完成其对应要求的工作。在数字化时代，企业发展的核心动力转变为创新，伴随着"95后"进入职场，传统的自上而下、管控型的人力资源管理机制与理念遇到挑战。因此，构建人力资源共享服务平台，将员工参与引入人力资源管理机制中，提升员工体验；打造数字化人才管理体系，通过社交应用、人才市场、学习平台建设等持续挖掘员工潜能，进而提升员工的满意度和敬业度，构建赋能员工的人才管理机制是新时期人力资源管理者面对数字化挑战的首要选择。

总之，赋能员工是人才管理的思维创新，激活组织是人才管理的价值定位，如何通过人力资源管理变革引导强化目标共识，由愿景和目标牵引组织发展和人才发展，从而实现员工赋能和组织激活，是数字经济时代人力资源数字化转型的核心。

人力共享：全渠道触达，体验至上

如何将人力资源的重心转移到员工素质的提升、企业战略绩效的落实和人力资源能力的建设上来，真正实现战略性人力资源管理是摆在所有企业人力资源专业人员面前的一个重大难题。大量的人力资源管理实践表明，人力资源共享服务作为一种新的高效管理模式，实现了人力资源管理过程中战略性工作和事务性工作的分离，是解决这一难题的有效途径。

如今，越来越多的企业开始评估并着手建立人力资源共享服务中心，该中心承担原来人力资源管理工作中大量的事务性工作，人力资源部门将工作重心向战略性事务转移，真正实现战略性人力资源管理转型。

人力共享的由来及发展困境

1997 年，管理学者戴维·尤里奇提出了人力资源"三支柱"模型，将人力资源从过去执行传统系统工作方式转变为"围绕用户细分和综合性服务组织"。这种新模型由人力资源共享服务中心（Human Resources Shared Services Center，HRSSC）、人力资源业务伙伴（Human Resources Business Partner，HRBP）和人力资源专家中心（Center of Expertise，CoE）组成。人力资源"三支柱"模型如图 10-1 所示。

HRSSC

HRSSC 是指企业将各业务单元所有与人力资源管理有关的行政事务性工作（例如，员工招聘、薪酬福利、社会保险、人事信息服务管理、合同管理、员工培训、员工投诉与建议处理等）集中在一起，建立一个人力资源服务的共享中心，面向企业所有的业务单元提供标准化的人力资源管理服务。

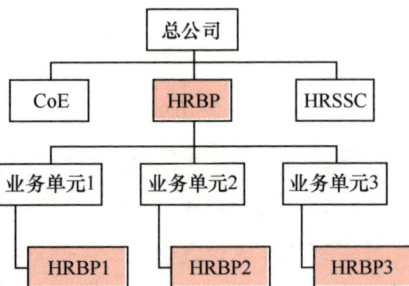

图 10-1　人力资源 "三支柱" 模型

HRBP

HRBP 实际上是企业派驻到各个业务单元的人力资源管理者，主要协助各业务单元及经理在员工发展、人才发掘、能力培养等方面的工作。HRBP 作为企业人力资源与员工的沟通桥梁，将企业的战略决策和运营流程等内容制成相应的沟通文件，向全体员工传达。HRBP 参与业务单元的战略制订，并审核其所需要的资源，确保业务单元与人力资源各职能部门沟通的有效性。

CoE

CoE 在招聘、薪酬与福利、员工发展、组织绩效、员工关系领域拥有丰富的知识和经验，指导整个共享服务中心制订人力资源整体的战略决策和实施方案。同时，人力资源专家关注各个人力资源领域的最新发展趋势，例如，了解行业的薪酬给付水平并做出相应调整，以符合企业的发展需要。此外，根据人力资源的不同职能，CoE 为企业设计相应的人力资源配套计划，并制订具体的操作流程和规范，不同业务单元根据自身的实际状况，从中选择适合的人力资源计划。

共享服务中的角色关系

HRSSC、HRBP、CoE 三者之间关系紧密。HRBP 关注业务单元的人力资源需求，当业务单元的人力资源问题超出其解决能力时，HRBP 就会把问题反映给 CoE。CoE 利用他们的专业知识制订相应的解决策略，再交由 HRSSC 执行。HRBP 作为战术层，其职能主要是发现问题；而 CoE 作为战略层，其职能主要是设计方案；HRSSC 作为操作层，其职能主要是交付执行。HRSSC、HRBP、CoE 三者的关系如图 10-2 所示。

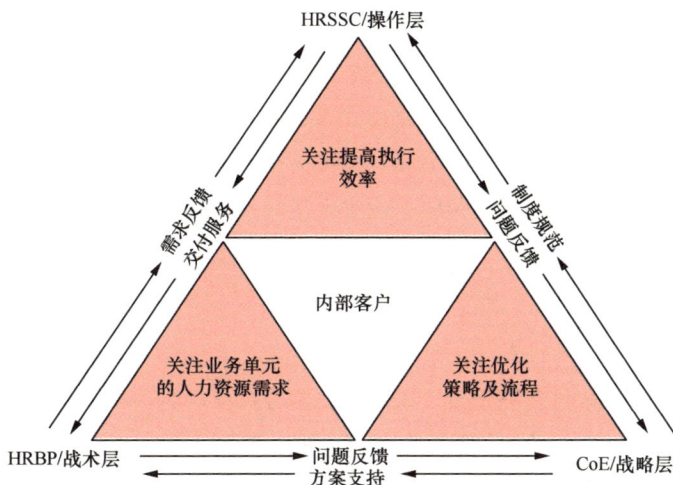

图 10-2　HRSSC、HRBP、CoE 三者的关系

　　三者相互配合，既高效地完成了传统人力资源管理职能，还作为人力资源战略的制订者和执行者增强企业人才管理、领导力管理、组织文化和绩效管理等。人力资源部门参与各业务单元的业务，不仅有利于降低成本，还能为企业创造价值，充分发挥战略人力资源管理的作用。

人力资源共享的发展困境

　　在数字化时代以前，人力资源共享服务的对象并不是员工，而是企业和人力资源部。人力资源共享平台产生的首要目的也并非为员工提供服务，而是通过将人力资源部的事务性工作从传统的业务模块中剥离，集中处理，从而达到更高层面的标准化，带来集约效应，提高事务性工作处理的效率，节约企业日常运营的成本。

　　正因如此，HRSSC 团队的平均薪酬要低于 CoE 和 HRBP 团队。由于工作内容高度固化且毫无挑战，HRSSC 的员工离职率较高，导致人力资源"三支柱"模型由原本定义的"三角形"演变为金字塔型这一另类的人力资源"三支柱"模型。另类的人力资源"三支柱"模型如图 10-3 所示。

　　为了打破这一困局，人力资源部门不得不重

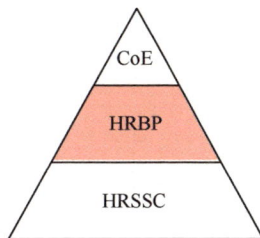

图 10-3　另类的人力资源"三支柱"模型

新审视人力资源"三支柱"，而数字化的发展正好帮助企业解决了这一难题。

数字技术带来的"二次革命"

人力资源"三支柱"的转型可以看作人力资源共享的第一次革命，在这次革命中，企业赋予了人力资源共享服务中心生命。而数字技术给人力资源共享服务中心带来的是"二次革命"，这次革命则真正帮助企业实现了成本节约、员工体验提升、"三支柱"体系重新被激活。

⚙ 价值提升1：成本节约

通过搭建数字化共享服务平台，采购自助服务终端，引入智能在线客服，企业将人力资源共享服务中心之前承担的面对面沟通答疑、资料审核、合同签订、证明开具等事务性工作移到线上处理，节约了大量的人工成本。

- **构建数字化共享服务平台**。在传统面对面服务的模式下，一名人力资源共享服务中心的服务专员在一个时间段只能服务一名员工；而在新的在线共享服务平台，一名人力资源共享服务中心的服务专员可以同时服务 3～4 名员工，效率提升 3～4 倍。
- **采购自助服务终端**。人力资源部 24 小时为员工提供服务是许多人力资源部门领导者思考的问题之一，自助服务一体机的出现使这一想法成为可能。广大业务经理和员工借助这个自助服务终端，可以更自主、更便捷地处理各种日常工作，例如，打印各类证明、合同，办理员工卡、饭卡等。
- **引入智能在线客服**。智能在线客服以 AI 为核心，以工单系统为基础，在充分了解员工日常实际需求并进行大量信息采集的前提下，搭建知识图谱和关键字索引，当员工输入关键字时，智能在线客服自动检索相关信息集并推送，极大减轻了原有模式下客服中心的工作量，实现了"7×24"小时的服务。

⚙ 价值提升2：员工体验提升

以往的人力资源服务大厅采用一对一的人工服务，员工需要自行前往、取号、排队、解决问题，然后回到工作岗位。这中间耗费了大量的时间，员工体验感较差。呼叫中心的出现，解决了员工来回奔波的路程问题，但在咨询高峰期，员工的等待时间过长（仍旧只能一对一服务），而且在等待期无法挂断电话，容易耽误重要工作等影响体验感的问题又相继出现。

新的数字化人力资源共享服务平台通过在线互动，极大地节约了员工的等待时间：70% 的员工问题和需求可以通过在线智能平台自助解决，20% 的问题通过提交工单排期解决。员工可以随时追踪查询自己以前提出的问题及答案，也可以搜索其他员工提交的问题和答案，自助解决自己的疑问，这带来了员工体验感的提升。

⚙ 价值提升3："三支柱"体系重新被激活

在数字技术的加持下，传统的 HRSSC 发生了服务定位、服务模式、服务对象及服务技术的四大转变，通过"高定位，高发展"的业务模式，吸引人才加入 HRSSC 团队并深耕发展，真正实现人力资源"三支柱""三足鼎立"的业务模式，重新激活"三支柱"体系。

- **转变 1：服务定位由"事务处理中心"转变为"卓越中心"**。面对未来越来越复杂的业务环境，HRSSC 仅仅是"标准服务的提供者"已经难以满足员工需求，在将大量基础性事务工作交由智能 AI 助手服务的同时，HRSSC 应当拓展专业服务范围，拔高定位。HRSSC 的定位已不再是事务处理中心，而是能为业务提供价值的服务中心或卓越中心。例如，京东的 HRSSC 从原来的共享服务向运营专家模式转变，且出于商业利益考虑，京东采取内部的市场化机制，对所有服务对象采取收费模式，将服务产品化，支持企业的技术转型战略。

- **转变 2：服务模式由"执行"升级为"设计—执行"**。传统模式中的人力资源工作通常按模块划分，例如，人力资源部下设薪酬绩效组负责薪酬管理与绩效管理的全部事宜。在人力共享"三支柱"发展的早期阶段，流程中心由 CoE 团队主导，HRBP 辅助，HRSSC 执行。在数字化时代，业务流程的边界再次被打破，基于员工体验的流程设计成为人力资源数字化转型成功的必要条件，在此前提下，HRSSC 作为连接 CoE、HRBP 和员工的桥梁，无疑成为 HR 业务流程新设计的最佳角色。同时"三支柱"体系坚持以用户为导向，始终站在员工的视角而不是生产的视角看待自己业务的性质，意味着其不能停留在能够提供什么服务，而是要提供用户需要的服务，善于主动发现、创造、调动和满足用户的需求。

- **转变 3：服务对象由"内部用户"到"外部用户"**。HRSSC 在搭建初期，其服务的对象通常是企业内部用户。随着信息技术的发展和数字化平台的搭建，

HRSSC 的大量事务性服务从线下迁移至线上，这中间会释放出大量的劳动力资源，从而使人力资源共享服务的服务对象从企业内部用户延伸到企业上下游供应链的合作厂商，甚至到外部用户，从而 HRSSC 完成由"成本中心"向"利润中心"的转型。

- **转变4：服务技术由"人工处理"向"人工智能"转变**。共享服务的发展与人工智能等数字技术的发展密不可分，智能化是共享服务的未来。随着企业基础性、事务性业务全面被纳入共享，HRSSC 掌握了宝贵的数据资源。下一步，随着企业转型的推进，企业对挖掘数据价值支持经营发展决策、风险防范需求越来越大，HRSSC 要充分发挥共享自身的专业优势、数据分析加工优势，加快开展大数据分析服务，为企业提供有价值的数据分析、数据洞察、数据建模等各种数据共享服务，助推企业转型升级。

人力资源共享的企业应用实践

人力资源共享的概念是在 21 世纪初被引入国内的，迄今为止已有 20 余年，但人力资源共享在中国企业真正落地还不足 10 年。2009 年，华为与 IBM 公司的 HR 转型合作项目被视为国内第一个人力资源共享转型的实际案例。之后，阿里巴巴、海尔、腾讯紧随其后，在 2015 年迎来了人力资源共享服务中心在国内应用的高峰期。在那个时期，人力资源共享服务中心无论是定位还是选址，都与当前完全不同。人力资源共享服务中心的变迁如图 10-4 所示。

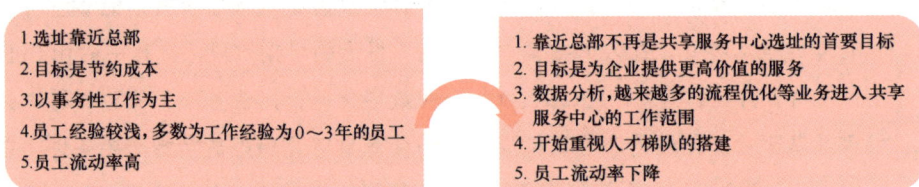

1.选址靠近总部 2.目标是节约成本 3.以事务性工作为主 4.员工经验较浅，多数为工作经验为0～3年的员工 5.员工流动率高
1.靠近总部不再是共享服务中心选址的首要目标 2.目标是为企业提供更高价值的服务 3.数据分析，越来越多的流程优化等业务进入共享服务中心的工作范围 4.开始重视人才梯队的搭建 5.员工流动率下降

图 10-4　人力资源共享服务中心的变迁

⚙ HRSSC在中国发展经历的4个时代

1.0 时代，HRSSC 主要承担工资核算、入职 / 离职等事务性、流程性的工作。其目的是规范管理，提升标准化程度。2.0 时代，企业在员工管理上更看重全流程生命周期管理，此时 HRSSC 开始提供更加智能化、个性化的报表，并引入移动化自助服务等。

其目的是提升效率，节约成本。3.0 时代，HRSSC 的工作重点开始变成生产价值，并通过更具交互性的系统，利用大数据预测、控制和分析组织变革和人才发展。此阶段的目的是提升价值，支撑决策。而 4.0 时代，数字技术驱动下的 HRSSC 的智能化、自动化水平大幅提升，运营效率更高，此阶段的目的是为员工提供更好的体验，提升组织活力和赋能企业文化。

⚙️ HRSSC建设成功的关键

在人力资源共享的 4.0 时代，区块链、云平台、图像识别等技术不断被深度应用。例如，传统的共享服务专员在帮助员工办理入职手续时，需要手工录入数据，费时费力且容易出错；而在新的图像识别技术进入人力资源共享服务应用场景后，员工可通过身份证拍照、银行卡拍照，甚至人脸识别等智能手段，较大限度地减轻共享服务专员的工作强度，同时也确保了数据的准确性，降低了业务风险。

基于此，数字化 HRSSC 真正实现了其最初的使命——降低成本，提高效率。那么，我们不禁要问，建设数字化 HRSSC 成功的关键是新技术的应用吗？数字化 HRSSC 当然离不开新技术的应用，但核心的是利用新技术帮助数字化 HRSSC 搭建完整的分层分级的用户高感知的运营模式。HRSSC 分层分级运营模式如图 10-5 所示。

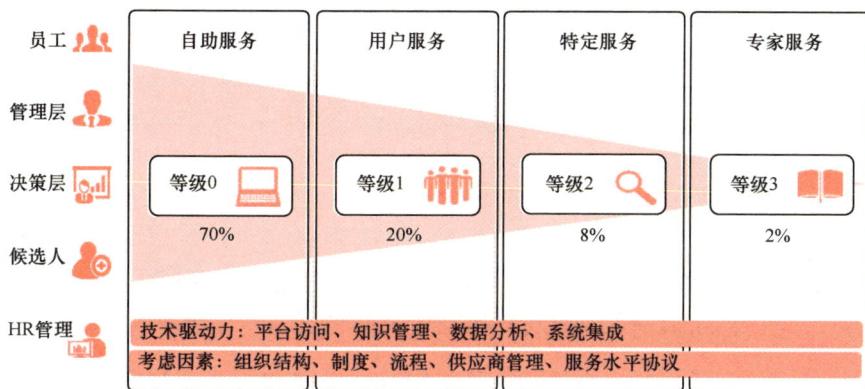

图 10-5　HRSSC 分层分级运营模式

⚙️ 搭建数字化HRSSC的思路

搭建数字化 HRSSC 一定要密切围绕"以用户为中心"这一核心要素，通过梳理员工在企业生命旅程的关键节点，找到员工在工作中的痛点，并提供解决方案。

第一，围绕员工全生命周期设计覆盖全场景的自助服务，借助技术手段实现企业与员工的数字化触点，无论是通过网页门户、智能 App 助手，还是 RPA 机器人和智能一体机，其目标是将 70% 的员工需求通过员工自助服务平台解决。数字化 HRSSC 业务运营流程如图 10-6 所示。

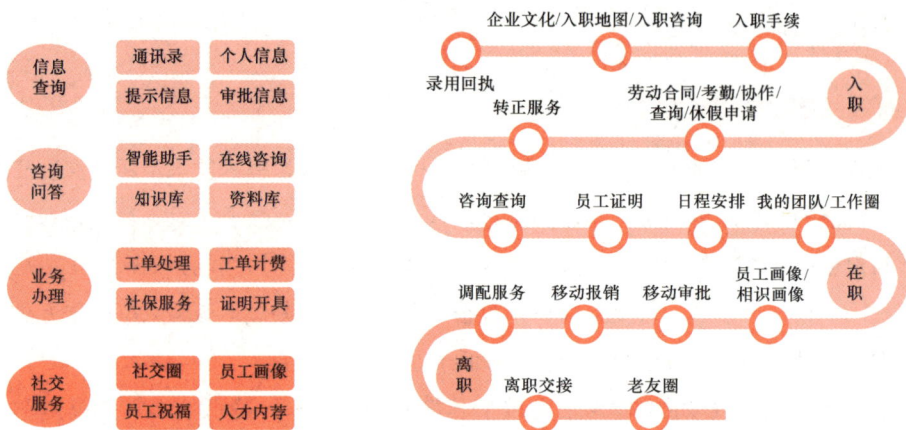

图 10-6　数字化 HRSSC 业务运营流程

第二，员工在无法通过自助服务解决问题时，可以通过工单系统提出诉求，经由人工 / 智能派单，或者自助抢单模式进入共享服务中心的后台，再逐级解决。

第三，共享服务平台让员工能够即时通过工单系统自助跟踪和查询工单处理的进度和反馈，并能够与解决问题的其他员工即时互动，大大提升业务处理的透明度和员工的参与度。

人才管理：发展人才，成就组织

人才即优势，没有人才，企业的发展和未来无从谈起。 面向未来，企业需要什么样的人才？企业目前的人才结构是否合理，人才缺口有多大？关键岗位是否具备充足储备？数字技术如何帮助企业掌握更全面的人才数据，实现更精准的人才识别？如何进行有针对性的人才培养发展？

人才管理模式解读

人才管理的概念被广泛应用于企业招募、发展和保留人才的过程中。管理者已经意识到人才的重要性，但如何定义人才呢？在数字经济时代，企业新的业务增长点来自于创新，因此企业对于"思路灵活"的创新型人才的重视程度越来越高。我们发现，如今很多大型企业在削减管理费用的同时，却在大力增加研发投入，大幅提升研发人员的薪酬福利。这说明人才管理是无法脱离时代背景的，不同的公司对人才的定义不同，同样的公司在不同的时代，对人才的定义也不尽相同。人才管理需要配合时代一起发展，才能保证企业长盛不衰。"一年之计，莫如树谷；十年之计，莫如树木；终身之计，莫如树人"。人才对企业的重要性在于创新，而创新的重要性对于数字经济时代的企业更是不言而喻。

人才管理的挑战

越来越多的企业意识到人才对企业未来持续发展的重要性，也有很多企业已经开始构建本企业的人才标准体系、盘点体系、发展体系，但仍存在一些亟须解决的问题。

- **人才标准欠缺或未达成共识。**有些企业聘请咨询公司为企业制定人才标准，但并没有在全公司达成共识，也有很多企业没有清晰的人才标准。
- **人才数据不完整。**很多企业对人才信息的掌握只有基础的人事档案，包括学历、职称、工作履历、业绩表现等，并没有掌握员工的能力、潜力、个性、动机、标签、影响力等信息，无法全面识别人才。
- **人才盘点结果未有效应用。**盘点是重要的人才管理过程，但是盘点本身并不是目的，根据盘点结果进行有针对性的人才招聘、人才培养、人才发展才是目的。但现在大部分企业存在业务断点和"数据孤岛"问题，导致人才盘点结果无法真正有效应用。
- **培养发展过程缺乏有效跟踪。**不少企业对人才培养发展没有体系化的动态跟踪，没有及时进行相应的调整。
- **高层、业务部门参与度不够。**高层、业务部门因为参与度不够，所以对人才标准、人才认知、培养计划没有达成共识，只觉得人力资源部门培养人才速度太慢，关键岗位缺人时不能马上找到合适的人员。

人才管理的业务架构

人才管理工作是一个全方位的工作，涵盖人才定义、招募、盘点、发展以及保留等内容。企业需要立足于战略发展目标，完善人才盘点和人才发展体系，识别企业面对未来挑战必须具备的关键能力，识别关键岗位以及关键岗位的能力素质要求，进行人才盘点以识别人才的数量和质量差距，同时制订有针对性的人才供给计划，包括外部招聘计划、内部培养发展计划。基于战略目标和企业关键能力的人才盘点与人才发展体系如图 10-7 所示。

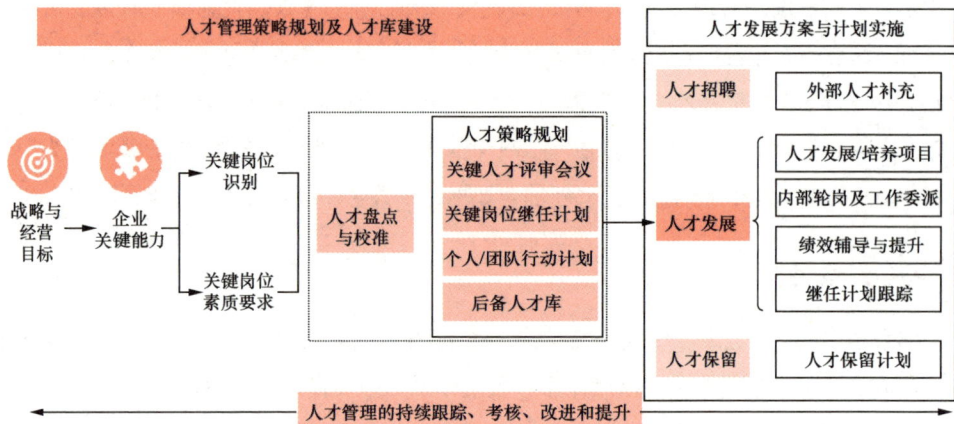

图 10-7　基于战略目标和企业关键能力的人才盘点与人才发展体系

人才管理数字化场景

通过大数据、人工智能等技术，建立绩优画像、岗位画像，更加精准地识别人才，更加快速地招募到合适的人才，更加有针对性地培养关键人才，打造持续的人才供应链，是数字化时代企业人才管理的要务所在，这也是人才管理数字化场景的关键。

场景1：搭建以员工体验为中心的数字化人才管理平台

人才对于企业的重要性是不言而喻的。研究表明，员工体验每提升 1%，企业业绩就会增长 3% ～5%。与传统人力资源信息系统不同，数字化人才管理平台更强调全员应用、智能连接、数据驱动、卓越体验。其核心要素是连接、智慧、体验和开放，即通过数字化移动工作台连接人与人、人与组织、人与事。在连接过程中，数字化人才管理平台加入智能技术，例如，意图识别、逻辑判断、智能推荐、情感分析、行为分析、人脸识别、数字孪生、深度学习等，让连接更紧密、更高效、更有黏性。同时，基于数字技术，企业能够充分为员工授权，同时使员工更愉悦地使用、参与平台设计，企业能够激发员工的正向情绪，驱动全体员工充分发挥才能，激发潜能。数字化人才管理平台非常重视生态连接、社会化商业与定制化能力，维护人力资源生态的开放性，这既满足了新时代人才管理的诉求，也能充分体现人力资源部门的服务能力。

以体验为中心的数字化人才管理平台如图 10-8 所示。

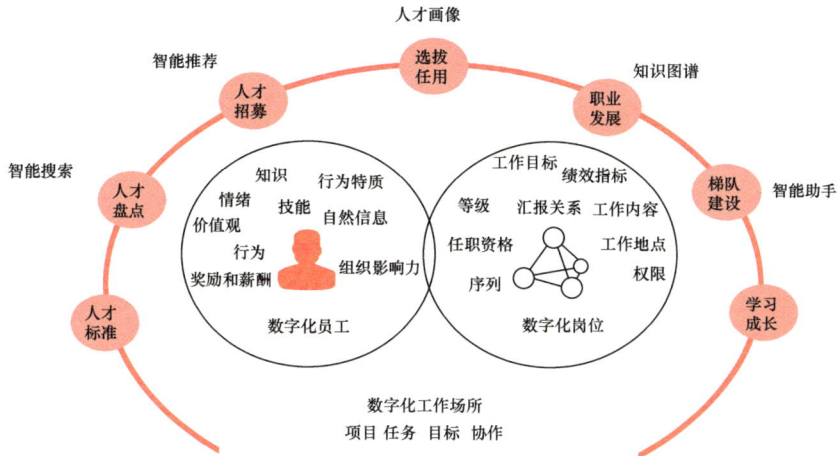

图 10-8　以体验为中心的数字化人才管理平台

场景2：丰富多样的动态数据人才池

为了避免人才断层，保障持续的人才供应，搭建满足企业需求的不同层级、不同类别的人才池是很有必要的。根据不同人才池的选拔标准，系统经由大数据分析进行人才智能推荐，帮助企业快速找到高潜人才、关键岗位后备人才等。而对于某些特殊类型的人才，企业可以通过智能搜索定位人才后入池。同时，系统还会定期比对人才的绩效表现，对于绩效表现低于核心人才基准线的员工，自动发起预警，提醒企业管理者和人力资源专家，真正搭建动态入池、动态出池的核心人才池。数据驱动的动态人才池运营流程如图10-9所示。

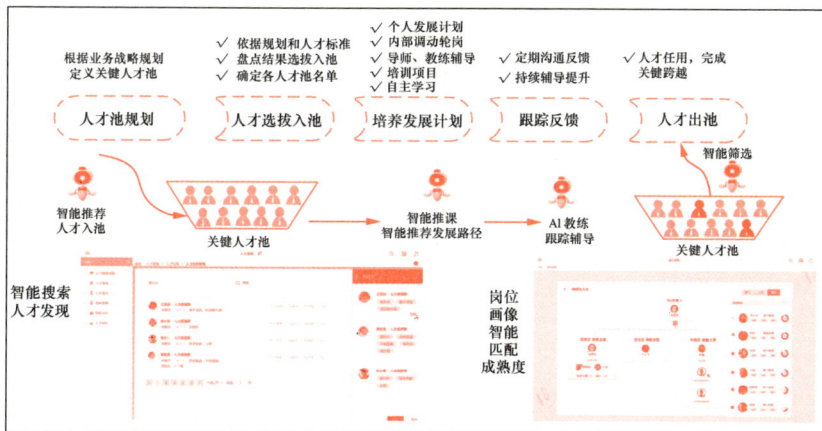

图 10-9　数据驱动的动态人才池运营流程

场景3：关键岗位继任计划

关键岗位继任计划是指根据企业业务战略识别关键岗位，建立关键岗位胜任力模型，然后为关键岗位建立继任计划，并对继任人选进行选拔、培养、任用。这个环节可以通过数字技术实现人才画像快速推荐、锁定继任人选，并对培养过程进行动态跟踪、动态监控、实时对比继任人选的工作表现。

场景4：人才培养计划的动态跟踪

智能化的员工培训主要是基于大数据和 AI 的知识推荐体系，为员工打造移动化、视频化、社交化、个性化的学习体验平台。学习体验平台将根据核心岗位画像、人才画像、发展计划等要素为员工智能匹配学习知识，实现智能推课，打造"千人千面"的学习内容。同时，学习体验平台支持核心人才根据个人学习意愿智能搜索相关知识。智能化员工学习平台业务运营架构如图 10-10 所示。

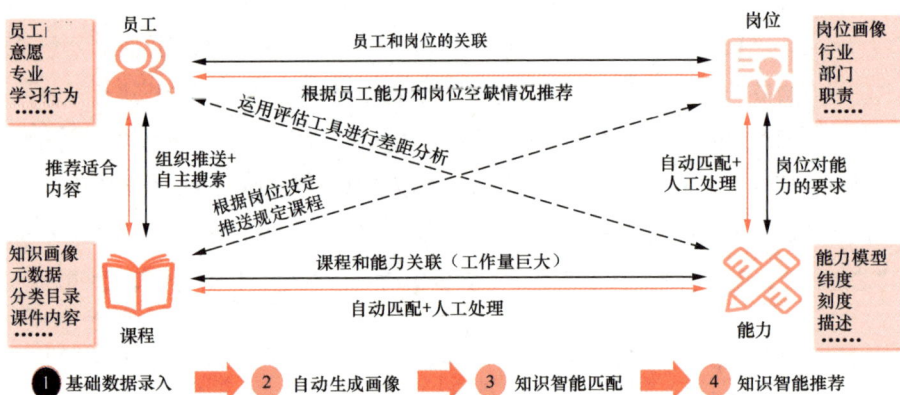

图 10-10　智能化员工学习平台业务运营架构

人才培养计划帮助企业建立实战（职位晋升、内部轮岗、在职历练）、培训（各种商学院外部培训、内部培训、自主在线学习）、教练（导师、持续反馈、发展辅导）相结合的立体培养机制，在培养人才的同时，丰富企业的内部知识库，将人才的核心技能留在企业。

场景5：360°的人才画像

企业对于人才的关注，绝不只体现在对人才晋升、发展的关注，还体现在对人才日常表现的激励及人才大数据的研究上。通过绩效评价得到的人才评价体系往往不够精准和全面，虽然很多企业的人才评价融合了培训数据、测评数据等一系列数据，但对于实现 360°人才画像仍然是杯水车薪。

近几年，越来越多的企业通过用友 YonBIP 协同云，搭建企业数字化工作门户，打造内部的"荣耀"体系和数字激励平台，实现文化和激励的数据化。通过电子设备及员工之间互赠荣耀豆，企业能够获取丰富的日常表现数据；通过业务流程审批的时间间隔和审批时间，企业能够获取核心人才工作状态和时长数据。这些数据都将作为 360°人才画像的输入数据为企业绘制出最精准的人才画像。360°人才画像示意如图 10-11 所示。

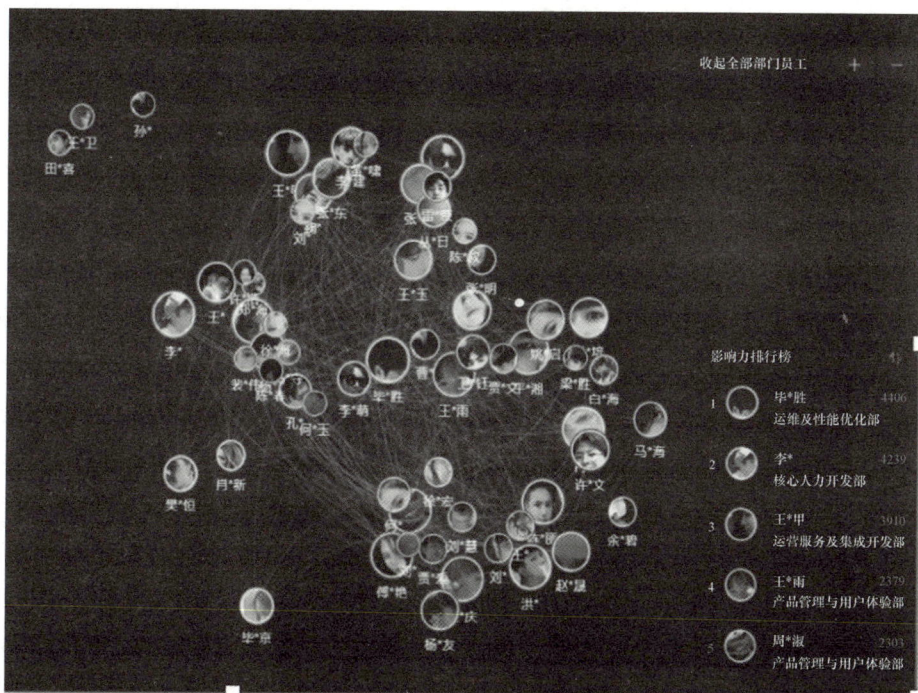

图 10-11　360°人才画像示意

绩效管理：目标共进，激活组织

作为人力资源管理和企业管理的重要工具，绩效管理在提升组织效能、促进个体价值提升等方面作用明显。通用电气（General Electric，GE）公司原董事长兼 CEO 杰克·韦尔奇说："对企业经营者来说，最有效的管理手段就是绩效管理，它是建设一个伟大组织的全部秘密。"

绩效管理何去何从

在长期的绩效管理实践中，我们积累了丰富多样的管理工具与评价方式，例如关键业绩指标（Key Performance Indicator，KPI）、平衡计分卡（Balanced Score Card，BSC）、个人事业承诺（Personal Business Commitment，PBC）、目标与关键成果法（Objectives and Key Results，OKR）等。这些工具在不同类型的企业获得了相应的价值与收益。

然而，即便已经拥有如此多的绩效管理工具，绩效管理在执行过程中依然容易陷入具体指标的实现。企业战略目标的前瞻性决定了它不可能细化到每一个执行细节，加之在传统的绩效管理过程中，受绩效指标事先设定、采用周期性评价方式、注重绩效评价的流程等因素的影响，战略目标的调整无法及时反映到绩效指标中，绩效管理往往陷入与战略目标脱节的尴尬局面。

与此同时，随着知识型员工在企业劳动力中的比重不断上升，传统绩效管理模式在时效性、灵活性、透明性等方面正面临着前所未有的挑战。由于创新绩效管理方式适应组织的飞速发展和经营环境的快速变革，已成为众多企业思考并探索的重点。

打破传统绩效管理的刚性评价，强调挑战性的目标管理和持续绩效，正成为中国企业在绩效管理实践中的共识。如今，越来越多的企业开始借鉴持续绩效管理[1]（Continuous Performance Management，CPM）思想，将其与目标管理[2]（Management By Objectives，MBO）紧密结合，强化目标设定、目标分解、目标跟踪、目标反馈与沟通等环节，尤其突出了持续的沟通反馈及跟踪目标的执行情况并适当调整和优化。

绩效管理数字化创新

通过目标管理和持续绩效管理，组织目标与个人目标虽然被紧密关联并有效跟踪，但由于目标跟踪与评价的周期性，在目标执行过程中往往受日常行为的突发性、随机性、不可预测性等因素的影响，二者容易出现脱节。即使在跟踪反馈节点可以发

---

1 持续绩效管理基于敏捷管理和实时反馈的原则，使管理者和员工能够定期交流反馈以实现近期的业务目标，是对绩效的持续管理和追踪的过程。对话（Conversation）（绩效指标的沟通与确认）、反馈（Feedback）（绩效执行过程的实时、持续反馈）、认可（Recognize）（关键绩效结果的认可）是其中 3 个关键环节。

2 美国著名管理学者彼得·德鲁克于 1954 年提出了"目标管理"的概念。其经典管理理论认为：目标管理以目标为导向，以人为中心，以成果为标准，是使组织和个人取得最佳业绩的现代管理方法。目标管理俗称责任制，是指在企业个体员工的积极参与下，自上而下地确定工作目标，并在工作中实行"自我控制"，自下而上地保证目标实现的一种管理办法。

现问题，也仍有可能会面临错失最佳调整时机的风险，这就使目标管理常常沦为绩效考核性质的事后评价工具。此时，绩效目标任务（Goal Objectives Task，GOT）作为一种能够将目标管理与日常行为紧密结合在一起的创新绩效管理工具，逐渐被人力资源从业者推崇。

⚙ GOT的定义

组织绩效与团队目标、个人目标、日常任务不仅是分解和承诺的关系，还需要目标共识在实现分解和兑现的同时，能够不断迭代，进而实现组织的持续激活和组织绩效的高效实现。这种充分借鉴 OKR 思想精髓、目标绩效与持续反馈的思想，也延伸到日常行为（任务）级的绩效管理创新，我们将其命名为"GOT"。**其中，Goal（G）代表的是组织绩效，即组织的目标与业务目标，是企业的愿景和战略确定的组织目标；Objectives（O）代表的是团队目标，以及对应的岗位绩效，是对组织绩效和企业战略目标的分解落地；Task（T）代表的是日常行为或日常任务，遵循目标管理（Specific Measurable Attainable Relevant Time-bound，SMART）原则，可执行细粒度日常工作事项。**

GOT 通过目标绩效和持续反馈，实现组织绩效与个人目标的充分关联和持续提升，并依赖人才盘点、个人发展计划、人才画像等管理工具的引入，聚焦人才生态与组织激活，进而重塑组织能力，实现互信、目标明确、组织敏捷的团队构建。目标绩效管理和人才供应如图 10-12 所示。

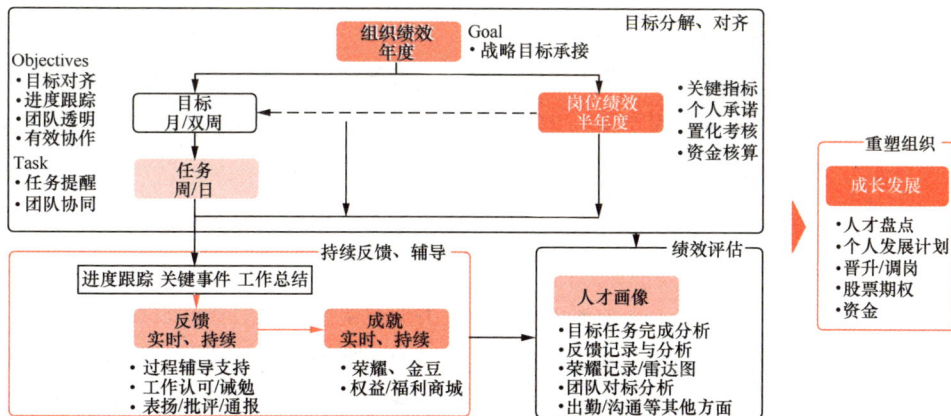

图 10-12　目标绩效管理和人才供应

GOT应用场景

GOT 的核心思想在于区分组织绩效和业务目标，激励团队围绕业务目标持续奋斗，而不是单纯地围绕组织绩效的考核评价推进工作。组织绩效代表的是企业对于团队的评价维度和期望，是综合评价的结果。而业务目标代表的是团队和组织基于愿景、在充分思考中长期业务发展策略的基础上设定的当期组织目标，因此业务目标的挑战性要高于组织绩效，是从成长和发展角度，团队对自身发展的定位和期望。

目标共创和持续反馈是 GOT 的两大思想精髓，因此它在中长期业务规划、年度业务计划、跨组织目标连接与业务协同、季度业务回顾与目标聚焦、创新业务目标共创、团队目标共识共创等应用场景下，能够发挥出更大的价值。这些场景可以具体到某个项目、某个专题或某个小团队的目标共识，也可以是产品研发年初规划、总部业务年初规划、跨组织目标连接、用户经营目标等覆盖面更广泛、应用层级更高的目标共识。

借助 GOT 方式既能够确保组织目标、团队目标、个人目标的有效衔接，实现愿景、目标的高度共识，又能够利用目标管理指导企业员工的日常行为，将日常行为高度协调一致。高质量保证日常行为的高度协同一致最终可以确保充分实现组织目标。

GOT的核心价值

- **价值 1：提升组织的透明度**。组织的透明度可以产生自治性，提高自我控制能力，进而提高组织的工作积极性、速度和效率。当组织发展变得敏捷，并且建立在消息灵通、授权充分、积极思考的员工个体基础上，决策速度、效率及质量也就得到了提升，组织能够更快地响应市场变化，组织变革会更加容易。GOT 强调目标的共识和持续沟通反馈，并通过日常行为的跟踪和协调纠正，从而达到提升组织透明度的目的，即通过目标的共创共识、日常行为执行、持续绩效沟通反馈，在强化组织目标和团队目标的共识基础上，提升组织透明度，在此基础上将组织的愿景、战略、目标落实到每一个独立的个体上，并通过独立个体的目标实现，强化团队协作的氛围，积极快速地响应市场。

- **价值 2：目标共识与团队凝聚力**。只有当个人目标和组织目标达成一致时，组织效能才能最大化。管理者与团队成员共同建立目标，当团队目标与个人目标融为一体时，可以大大提高团队的生产效率。同时，定期检查和反馈目标的进展情况，运用过程目标、表现目标以及成绩目标的组合，利用短期目标实现长期目标，设立团队与个人的表现目标等都有利于培养团队的凝聚力。GOT 的独特之处在于将组织目标、团队目标、个人目标三位一体化，达成高度共识，在提升团队战斗力的同时增强团队凝聚力。拥有共同目标的团队对成员具有吸引力，高度公开透明、高效协作的团队与成员之间相互吸引，对团队潜能的发挥有很重要的作用。

- **价值3：组织激活与个体发展**。在数字化时代，只有敏捷型组织才能在市场中立于不败之地。敏捷型组织既要实现组织的激活与创新，又要兼顾员工个体的良性发展与不断提升。只有组织和员工同步发展，才能确保员工更有激情和具有主观能动性，才能促进团队内部相互沟通和提升团队凝聚力，才能有助于业务创新和单点突破，才能释放组织活力和突破个体价值。GOT的价值在于通过组织目标与个人目标的紧密关联和持续反馈，设定具有挑战性的目标来激发员工个体的自驱力和进取精神，进而激活组织的活力。因此，GOT帮助企业建立充满活力的个人价值，实现平台支撑个体发展，通过个体发展和组织发展，实现组织的激活和组织活力的保持。

- **价值4：组织发展与人才发展**。人才发展是人才管理的核心，关注人才的全生命周期管理和发展，帮助组织发挥长期优势，是为组织持续提供人才的关键所在。人才发展具体体现在关键人才招募、薪酬福利、绩效管理、胜任力模型搭建/任职资格体系建设、人才盘点、人才发展、继任者计划等。组织的发展定位为组织能力的持续提升和变革创新做好规划，即让组织不断地适应外部环境的变化，让组织可持续性地健康发展，让员工个体、团队、组织的潜能得到最大化释放。从组织发展的视角来看，GOT的组织绩效来自企业战略，日常目标执行与反馈是对战略目标的分解，沟通反馈则是对组织绩效的周期性回顾和检验，因此，GOT的价值在于帮助企业连接战略与执行，把握组织实际上的运行状况，验证企业的业绩，从而确保组织跟上内外部商业环境的变化。从人才发展的视角来看，GOT通过人才盘点匹配组织能力要求和个人能力差距，据此制订个人发展计划，并结合相应的薪酬、晋升等激励措施，实现个人的职业生涯管理和个人能力的持续提升。

GOT实施的整体流程

基于目标管理、持续反馈、任务协同的原则，GOT的流程主要包括组织绩效对应的目标设定、组织绩效对应的目标分解、业务目标的共识共创、业务目标的跟踪与持续反馈、岗位绩效评价、组织绩效评价（员工绩效评价）、目标绩效管理应用等主要环节。

步骤 1：组织绩效对应的目标设定。无论是企业、部门还是团队，组织绩效或者组织目标是业务发展的行动指引，根据企业的战略和组织的业务发展目标，从平衡计分卡的 4 个维度（财务、用户、内部运营、学习与成长）初步设定组织目标，以作为组织绩效的评价指引。这个过程就是组织绩效对应的目标设定。组织目标设定需要遵循 SMART 原则，将组织绩效落实为切实可行的行动计划。

步骤 2：组织绩效对应的目标分解。组织绩效或组织目标设定完成后，在组织中的每一个团队需要结合自身的业务发展目标，基于组织设定的目标，分解、细化形成自身可执行的目标和行动计划，这个过程就是目标分解的过程。每一个组织单元或业务单元（公司、部门或团队）在承接上级组织目标的同时，需要根据自身业务的发展要求，分解设定或调整、增加自身的组织绩效对应的组织目标。

步骤 3：业务目标的共识共创。组织共识共创会议是业务目标达成共识共创的重要手段。业务目标的共识不是对组织绩效的共识，而是对更有挑战性和发展性的业务发展目标的共识。业务目标共识共创会议一般由骨干员工参与，遵循创新设计思维的方法和流程来组织。该会议旨在通过市场洞察、愿景分析、业务发展概况、业绩差距分析、机会差距分析等形成高度共识；基于初步分解的组织绩效目标，在组织和团队内部开展充分研讨，确定行动策略和制订具体的行动计划，确保组织中每一个成员对组织的目标充分认识和高度认同。然后在此基础上，组织成员共同确定愿景驱动的业务目标和具体实施的阶段性组织绩效要求。

业务目标共识共创会议的价值在于通过共创的形式，充分研讨组织绩效与业务目标，既要保证企业根据战略发展要求的组织绩效落实到责任主体，并形成详细可执行的行动计划，同时又要兼顾业务长期战略发展和愿景导向的业务目标设定与共识。业务目标共识共创会议的流程由人力资源部门主导，具体研讨环节由业务部门主导并深度参与。

步骤 4：业务目标的跟踪与持续反馈。团队成员根据确定的业务目标开展日常业务。在日常业务开展的过程中，应加入并强化目标的转型跟踪与持续反馈。团队管理者或业务负责人在目标执行过程中要定期与团队成员或下属员工进行目标执行的跟踪和沟通，围绕目标的执行情况、员工工作中潜在的障碍和问题、各种可能解决问题的措施，以及可能需要的帮助、下一步的行动计划等进行深入、正面的沟通，进而分享各类与绩效和目标相关的信息。团队需要有每月一次以上固定的正式沟通，包括但不限于定期的书面报告、一对一正式面谈、定期的会议沟通等；同时还要根据业务进行不定期的非正式沟通。非正式沟通更容易拉近团队管理者和员工的距离，是持续绩效反馈不可或缺的组成部分，能够更有效地完成目标的持续反馈。

当然，持续绩效沟通和反馈并不仅在业务目标执行环节，在目标分解阶段、绩效辅导阶段、绩效评价和反馈阶段均需要对应目标绩效开展持续反馈工作。

步骤 5：岗位绩效评价（员工绩效评价）。业务目标的执行需要发挥每一个团队成员的价值和积极作用，因此，周期性（年度、半年、季度或月度）的岗位绩效评价也是 GOT 的重要环节，它与传统绩效管理的员工绩效评价方式几乎一致，唯一的差异在于 GOT 强调对员工目标绩效的评价是基于业务目标而不是基于组织绩效的，旨在充分调动员工的创造力。

步骤 6：组织绩效评价。组织绩效评价是对团队目标绩效执行情况的评价，是企业战略目标分解实施后执行情况的客观评价，由人力资源管理部门或组织绩效管理部门基于财务、用户、内部运营、学习与成长等多个维度的组织绩效目标进行评价。

步骤 7：目标绩效管理应用。目标绩效管理的价值在于激励人才发展，从而实现业务目标，因此 GOT 强调在目标绩效管理中强化基于组织能力和人才发展的人才盘点、个人发展计划、薪酬激励体系建设等目标绩效管理应用。对于人才盘点，GOT 强调的是基于业务目标盘点人的绩效匹配度，强调持续反馈沟通中的意见，发掘人的潜能。

GOT实施的关键点与风险点

- **第一，业务目标与组织绩效的平衡。**业务目标是基于组织、业务和团队愿景的发展目标，而组织绩效则是业务团队承接企业战略发展的目标，是企业对团队评价的依据，因此，GOT 的实施需要平衡支撑企业战略发展的组织绩效和支撑业务不断发展的业务目标来设定。一般来说，业务目标的挑战性、广泛性要高于组织绩效的要求。

- **第二，目标分解与目标共创共识。**GOT 的一个关键理念是对业务目标的充分共识和共创。目标分解的过程也是团队思考业务发展和行动计划的过程，同时更是团队成员结合愿景设定组织业务目标的重要方式。因此，GOT 思想强调在目标分解过程中，团队成员要开展充分研讨和深入沟通，确保团队成员的深度参与，结合组织发展的愿景和阶段发展计划，发挥团队成员的创造性，通过共创的形式确保团队成员对目标的高度共识，进而形成步调一致的行动计划。

- **第三，日常的持续反馈与即时激励。**GOT 的另一个关键理念是强调目标在执行过程中要持续反馈，管理者需要形成日常正式和非正式持续反馈的管理习惯，并充分发挥即时激励的价值，激励、辅导、帮助员工成长，只有员工成长才能推动组织的发展。因此，在施行 GOT 的过程中，管理者的人才发展思维尤其是人才激励的思维需要被强化。

用友依托GOT实现组织能力升级

随着中国企业互联网发展和数字化转型的逐步深入，用友的核心服务随之进化为提供数字化转型解决方案，但作为传统软件公司，用友的服务向数字化整体解决方案过渡，一是面临着优秀人才向新兴互联网公司流失的风险，二是面临着经营管理模式的创新。因此，用友需要围绕价值创造、价值评价、价值分配的主线在员工意识、人才能力结构、企业文化、组织架构、业务模式、目标设定与评价、即时激励等方面全面升级。如何保证各方面的变革能够快速落地以应对快速变化的市场环境，是摆在企业面前的核心挑战。

用友结合行业特性与自身发展的实际情况和面临的挑战，基于存量人才结构提升需求和增量人才融合挑战，提出了 GOT 绩效管理思路。

一是基于"战略导向"的经营策略，从战略目标出发，将组织目标和组织绩效自上而下地指定与分配 KPI，升级为涵盖业务负责人和核心骨干的共创会议，通过共同研讨、共同参与的方式实现组织目标的共同设定与制订，前瞻性地思考组织战略与单元业务战略的逻辑关系，以及未来发展和当前业务开展的约束关系，不再是简单地围绕完成任务制订行动计划，而是围绕组织发展设定组织目标，从被动地认领任务变革为主动洞察市场商机，思考未来的业务目标。

二是在此基础上，依据 SMART 原则将目标分解到位，落实到人，并落实到日常执行环节的每一个明确的活动或动作。

三是按照月度例行反馈和日常不定期直线主管的实时反馈，从组织目标执行情况、个人发展情况进展、组织发展建议等视角关注执行既定目标的情况，并结合实际调整和设定更高的挑战性目标，形成"作战地图"，全面跟踪目标执行情况，进行日常反馈与即时激励等。

用友在推行 GOT 的实践中，围绕员工意识转变、目标行为化提升、文化牵引等关键环节，通过共创会议、试点应用等方式，实现了全集团近20000人、60 多家二级组织和一级部门的绩效管理变革。

GOT 帮助用友实现组织长期发展目标与短期业务目标的结合，员工个人发展与组织发展的契合，保证组织目标与员工日常行为的高度关联，并通过持

续的反馈，紧密连接员工个体与组织，进而在达成组织目标的基础上，实现人
才发展与组织激活。

智慧运营：数据驱动，运营转型

"人力资源数据智能分析"是近几年人力资源领域讨论最热、关注度最高的话题之
一。未来影响组织对人才需求的因素包括大数据和高级数据分析技术，数据分析最终的目
的是将数据转化成知识，转化成洞察，预测未来行为，给出行动建议，辅助人才决策。

人力资源面临的数据分析困境

一是技能缺乏。传统 HR 部门缺乏数据分析所需的 IT 和分析技能，加之传统的人力资
源管理系统缺失相关的分析工具，这让很多企业在推行人力资源数据分析方面举步维艰。

二是"布德罗之墙[3]"难以跨越。HR 擅长描述性分析报告，例如，假勤统计、绩效
分析、结构分析等，这些描述性分析都很容易进行。一旦 HR 想开展预测性分析和指导
性分析，就撞上了一面"布德罗之墙"。跨越"布德罗之墙"既需要 IT 部门的密切配合，
也需要各个业务系统提供经验丰富的业务顾问，与 HR 部门共同研究，找出业务数据与
HR 数据的融合和支撑点。HR 难以跨越的"布德罗之墙"如图 10-13 所示。

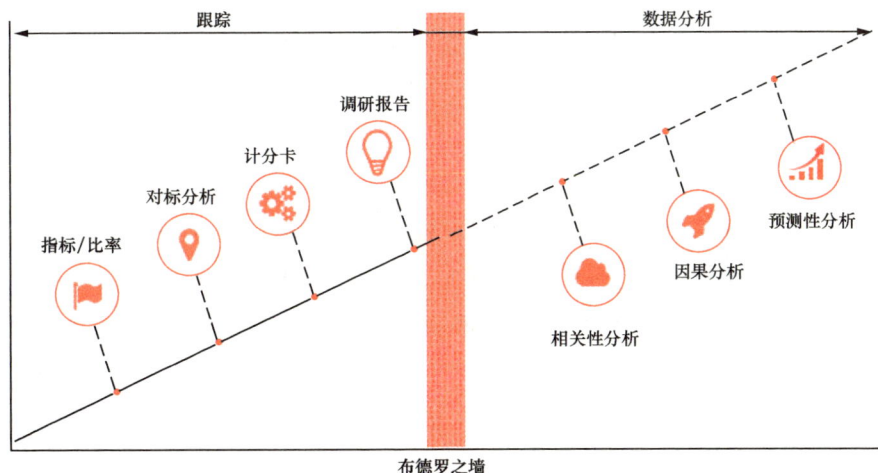

图 10-13　HR 难以跨越的"布德罗之墙"

3　"布德罗之墙"于 2010 年由美国学者布德罗和卡西奥提出，主要是指来自组织内部的多套
IT 业务系统各自建设形成了"Block Wall"，进而导致多业务系统中的数据不互通、不共享。

人力智能分析成熟度模型

著名的人力资源学者乔治·贝辛创建了四级人才分析成熟度模型。这个模型一方面可以帮助企业识别目前组织的人力资源分析水平；另一方面可以帮助我们厘清掌握成熟的人力数据分析能力的步骤与思路。四级人才分析成熟度模型如图 10-14 所示。

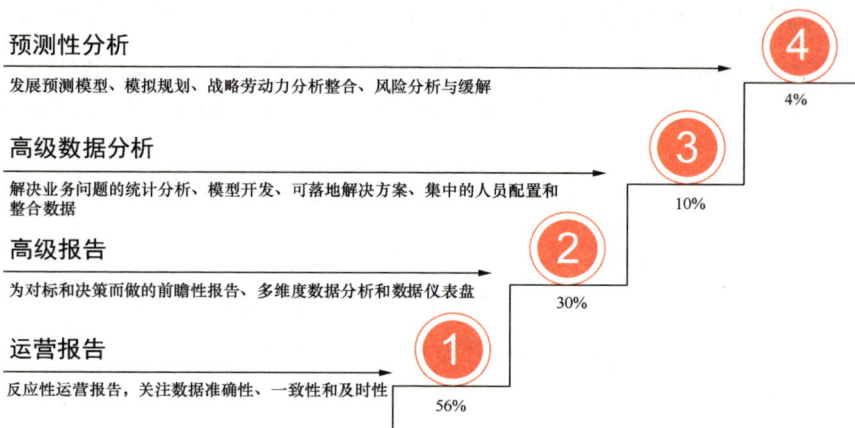

预测性分析 ④
发展预测模型、模拟规划、战略劳动力分析整合、风险分析与缓解 4%

高级数据分析 ③
解决业务问题的统计分析、模型开发、可落地解决方案、集中的人员配置和整合数据 10%

高级报告 ②
为对标和决策而做的前瞻性报告、多维度数据分析和数据仪表盘 30%

运营报告 ①
反应性运营报告，关注数据准确性、一致性和及时性 56%

图 10-14　四级人才分析成熟度模型

第一层级：运营报告。56% 的组织处于人才分析成熟度的第一层级，HR 部门的工作局限在传统的运营报告上，例如，人员编制、离职率、人工成本、培训成本等。一套良好的人力资源管理系统可以帮助组织保持员工记录的准确性和一致性，运营报告可以快速、自动生成，这样 HR 也可以将更多的时间花在更具战略意义的工作上，然后努力向人才分析的下一层级提升。

第二层级：高级报告。大约有 30% 的组织处于这一层级，HR 能够主动提供多角度并且足以影响决策的报告。此阶段可通过数据仪表盘（领导桌面）为中高层管理者展示 HR 指标，但此阶段要谨慎，不要投入太多时间去建立新的 HR 指标，应该聚焦在能够为业务挑战带来真正价值的指标上，直面问题，清晰的数据仪表盘有助于将 HR 指标转化为有用的决策依据。

第三层级：高级数据分析。大约有 10% 的组织处在这一阶段，HR 使用模型来解决业务难题。HR 通过高级数据分析可以积极地识别问题，帮助组织有效地降低风险，有力地开展人力资源规划和人才供应链建设。

第四层级：预测性分析。大约只有不到 4% 的组织能够达到这一层级。HR 部门需要专职的数字分析师来做预测建模，其技术含量已远超出简单的数据分析。预测模型需要智能平台的支撑，通过机器学习、深度学习等算法模型来执行预测性分析。例如，用工需求预测、高潜预测、离职风险预测等，此时 HR 在组织的战略决策中发挥着重要作用，是具有战略意义的角色，能够识别出人力政策对战略的影响。

智能分析如何体现价值层次

人力资源数据分析的核心是价值分析，它体现在纵向深度价值分析以及横向业务驱动分析。我们以离职率分析为例来说明纵向深度价值分析，"离职率 = 离职人数 /（期初人数 + 入职人数）"或"离职率 = 离职人数 /（期末人数 + 离职人数）"（很多人会把这个公式弄错或者弄反，把分母当成期初人数加期末人数再除以 2，这是错误的）。怎样才能体现离职率的数据分析的价值层次呢？人力资源智能分析价值如图 10-15 所示。

图 10-15　人力资源智能分析价值

第一层，整体的离职率，例如，小张向总经理汇报，公司的离职率是 10%，总经理说，小张你这个数据不对，我们公司一共有 4 个副总，已经离职了 3 个，副总这一级别的离职率是 75%。由此可见，这类宏观数据分析的实际价值是有限的，例如，平均年龄并不能体现一家公司员工的年龄特点，平均房价也不能体现一个城市的房价特点。笼统数据不能体现问题，颗粒度变小才能发现问题，因此 HR 要将数据细分，例如，分类、分层、分时段、分人员、不同工龄、不同性别、不同年龄段的离职率分析。

第二层，细分人才离职分析，例如，关键人才离职分析。公司 4 个副总离职了 3 个，这属于关键人才，我们需要去分析主动离职的影响因素，尽可能挽留关键人才，这才是数据分析的价值所在。关键人才离职率有个变异指标叫关键人才留任率，这是一种管理思维的转变。

第三层，比人才留任率更好的一个统计指标叫离职预测分析。依据离职要素与离职关键行为分析进行离职预测分析，随着大数据技术的广泛应用，机器学习、深度学习为 HR 所用，例如，利用随机森林等算法模型进行离职倾向性分析，经过一段时间的算法模型训练后，预测的准确度是非常高的。

横向业务驱动分析主要是从业务目标出发，观察员工的行动、决策与行为模式，以及其行动与决策对业务目标的影响，找到关键的成功要素，进行人才与业务驱动因素分析、激励与留任因素分析等。

加速人力资源数据分析能力提升的路径

许多企业以项目的形式来开展人力资源数据分析推进工作，在起步阶段，整体规划与顶层设计是尤为重要的。企业根据自身特征，准确判断人力资源数据分析的目标、价值和应用蓝图，为此项工作指明方向。随后，企业围绕目标与价值来设计持续、高效、清晰的建设路径，配合搭建 HR 数字化系统和增强人力资源部门的数字化意识，持续完成数智型人力资源管理转型。

第一步：总体规划和实施路径设计

总体规划和顶层设计是做好这件工作的前提，总体规划和顶层设计需要根据综合人力资源信息标准、基础数据、业务动态数字、发展状态、组织问题、人才问题等企业自身特点来制订，并没有标准答案。下面以某集团为例，介绍基于总体规划的实施路径设计。人力资源智能分析建设的 4 个阶段如图 10-16 所示。

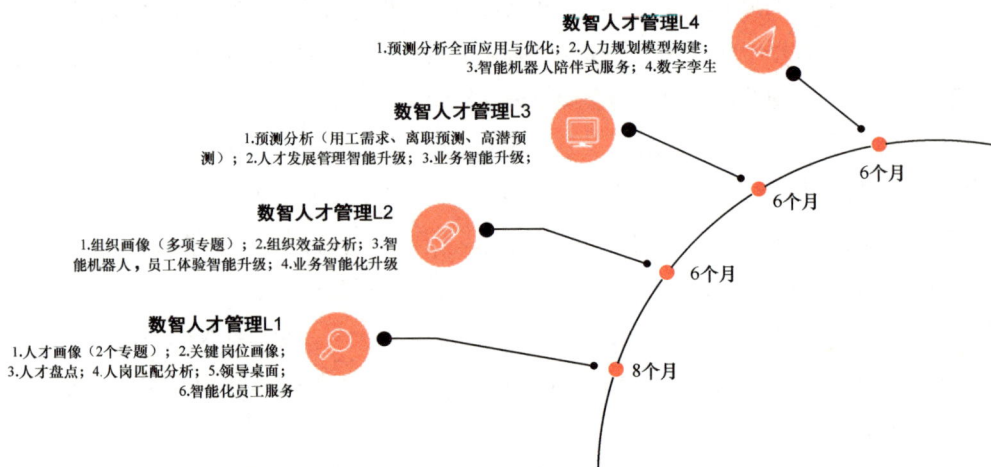

图 10-16　人力资源智能分析建设的 4 个阶段

这家集团共花费 26 个月进行了人力资源数据分析，共分为 4 个阶段，逐步实现了数智分析的最终目标。

- **阶段一：数智人才管理 L1**。该集团搭建起集团人力资源数字化、智能化总体规划，建设智能数据分析基础平台，从人才视角、智能应用升级切入，业务内容包括人才画像、人才盘点、岗位画像、人岗匹配分析、领导桌面、智能化员工服务。

- **阶段二：数智人才管理L2。**分析内容扩展到组织视觉，基于内部数据、历史数据、外部数据进行高级数据分析，内容包括组织画像、组织效益分析、智能机器人、员工体验智能升级、业务智能化升级。

- **阶段三：数智人才管理L3。**分析内容升级到预测分析，支撑人才管理向更高阶业务开展，内容包括预测分析（用工需求、离职预测、高潜预测）、人才发展管理智能升级、业务智能升级。

- **阶段四：数智人才管理L4。**预测分析优化及更广泛应用，内容包括预测分析全面应用与优化、人力规划模型构建、智能机器人陪伴式服务、数字孪生。

第二步：最佳实践成果导入，快速启动人力数据分析

在总体规划和实施路径确定清楚后，用友借鉴行业二十多年的实践积累，引入优秀企业人力资源数据分析结构与指标，帮助这家集团快速启动数据分析工作，在应用实践中不断提升人力资源部门的数据分析能力。人力资源分析的指标示意如图10-17所示。

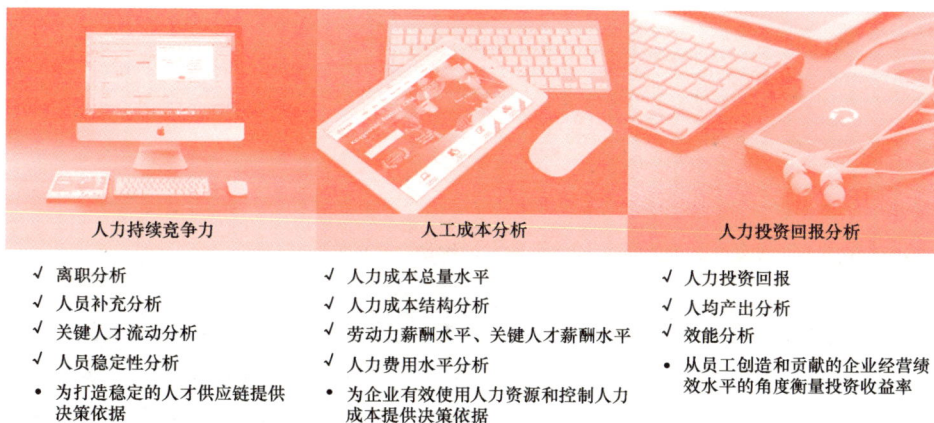

人力持续竞争力	人工成本分析	人力投资回报分析
✓ 离职分析	✓ 人力成本总量水平	✓ 人力投资回报
✓ 人员补充分析	✓ 人力成本结构分析	✓ 人均产出分析
✓ 关键人才流动分析	✓ 劳动力薪酬水平、关键人才薪酬水平	✓ 效能分析
✓ 人员稳定性分析	✓ 人力费用水平分析	• 从员工创造和贡献的企业经营绩效水平的角度衡量投资收益率
• 为打造稳定的人才供应链提供决策依据	• 为企业有效使用人力资源和控制人力成本提供决策依据	

图 10-17　人力资源分析的指标示意

第三步：分析成果初见成效，从数据分析到数据预测

数据分析的初级阶段只是现有数据的总结分析，我们通过业务流程的线上化和数据化获得人力资源大数据，再通过多维度的对比分析得出具有指导意义的结果，赋予数据

新的意义。

例如，员工的请假数据是大量的，且并没有什么深层意义。但当我们将员工的请假数据和员工的年龄数据结合，发现在 30～45 岁年龄区间和 21～30 岁年龄区间的员工的请假数据具有截然不同的特点。21～30 岁的员工会集中在圣诞节、元旦、情人节等节日前后休假，而 30～45 岁的员工则多数聚集在 7～8 月休假，或者孩子放寒假期间。

截然不同的请假数据特点指出了我们可以去优化员工体验，HR 部门甚至可以提前做好休假安排，让员工提前确定休假日期，提前订酒店和机票，在为员工节约旅行成本的同时，也可以提升员工对企业的满意度。

在数据分析的高级阶段，我们通过更多的业务数据集成，例如，结合员工请假数据和员工报销数据，发现员工离职的趋势。

在某家化工企业，人力资源部门将请假数据与财务报销数据进行了二维分析，发现某个部门的员工休假率提升，报销审批效率也变快了。人力资源部门因此判断整个部门可能会有较高的离职风险。果不其然，不到两周，该部门的负责人和业务骨干就纷纷提出了离职。

虽然我们已经取得了一些人力资源大数据分析的成果，但对数据的利用还在快速发展之中，在数字化时代，数据替代生产资料成为企业最重要的核心资产只是时间问题。如何在这一赛道抢占先机，从而使企业在新时代保持活力，是每位企业管理者最为关注的问题，人力资源数据在其中的重要性也不言而喻，越来越多的企业选择与用友携手，在新的赛道上持续发力。

进阶路径：技术驱动，持续创新

人力资源数字化转型背后的驱动力，归根结底是技术，技术已经从支撑业务变革转变为引领业务变革，移动互联、大数据、人工智能等技术成为管理变革、业务创新的赋能工具，驱动了业务场景重塑、管理模式重构。以招聘场景为例，基于岗位与人才的数字孪生，借助机器学习能更精准、更智能地进行人岗匹配、人才识别与人才推荐；基于区块链技术可实现候选人背景调查服务；基于智能客服、电子化劳动合同等技术实现了无人值守入职流程。

创新的技术产生了创新的价值，使企业可以更高效、更快速、更精确地锁定人才，同时给候选人营造更好的体验氛围。在人才争夺战日趋激烈的数字化时代，新技术能够有效地重构企业识别人才、获取人才的关键组织能力，助力企业赢得人才争夺战，进而更好地支撑企业的战略目标的达成与可持续的创新发展。数字技术重构人力资源各业务场景如图 10-18 所示。

招聘	组织
■ 基于AI的人才识别推荐 ■ 基于社会化生态的背景调查 ■ 无人值守录用单发放、入职流程	■ 扁平化组织 ■ 敏捷团队/动态组织结构 ■ 平台和组织模式
绩效管理	薪酬福利
■ 实时绩效数据 ■ 目标管理 ■ 持续反馈	■ 实时薪酬激励 ■ 薪酬福利灵活性和多样化选择
人才管理	员工敬业度
■ 技能导向的晋升 ■ 基于技能获取与提升的IDP[4] ■ 分散/民主测评	■ 问题实时更新 ■ 日常敬业度指针 ■ AI评估（行为数据/ONA[5]）
离职流程	人才来源
■ 声誉评分 ■ 雇主和同事评议	■ 基于技能需求确定目标人才 ■ 技能/社会化人才平台 ■ 基于任务/角色

图 10-18　数字技术重构人力资源各业务场景

⚙ 人力资源数字化转型全景图

新技术与人力资源管理结合将重构人力资源各个业务场景，进而重构组织所需的关键能力。然而如何有效借助技术驱动实现人力资源的数字化转型与创新呢？我们提炼总结了人力资源管理数字化转型"12345 全景图"。在实践中，"12345 全景图"是人力资源管理数字化转型的顶层设计，能够帮助企业更加清晰地进行数字化转型目标定位，更明确地确定转型路径的选择，更聚焦有效的组织能力建设路径。人力资源数字化转型"12345 全景图"示意如图 10-19 所示。

4　IDP: Individual Development Plans，个人发展计划。

5　ONA: Organizational Network Analysis，组织网络分析。

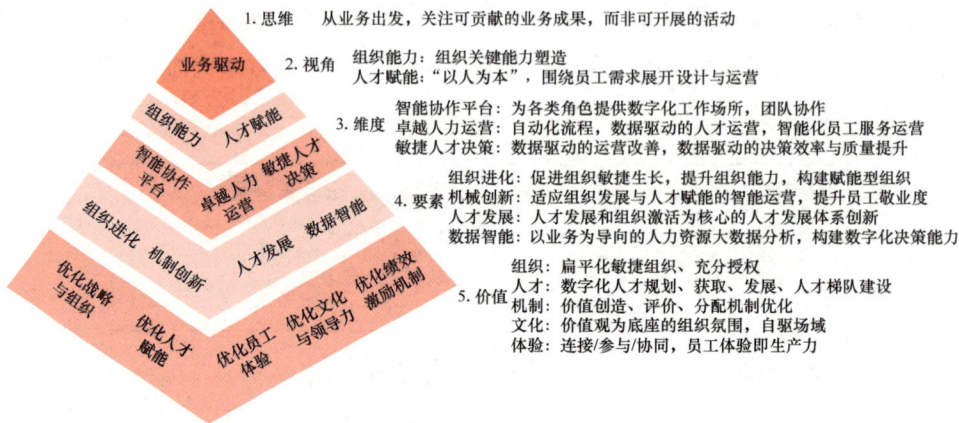

图 10-19 人力资源数字化转型 "12345 全景图" 示意

一是思维的转变，人力资源管理和数字化转型需要明确定位，为从企业业务出发，关注人力资源可以帮助企业实现和达成的业务成果，而非传统人力资源管理职能活动的线上化，既要考虑将人力资源业务数字化，更要考虑将人力资源管理通过数字技术智能化并转化为业务。

二是关注人力资源数字化转型的两个视角，即从组织视角考虑组织能力建设，从人才赋能视角考虑人才发展和团队赋能。

三是要从 3 个维度展开人力资源数字化转型：智能协作平台、卓越人力运营、敏捷人才决策。不要从单纯的人力资源信息化或流程化等视角考虑问题，而是要从工作环境、工作流程、组织发展等视角考虑问题。

四是实现 4 个要素，从组织进化、机制创新、人才发展、数据智能 4 个核心要素全面规划和推进人力资源管理数字化转型。

五是实现 5 个方面的价值，即通过人力资源管理数字化转型，全面实现组织发展、人才发展、机制创新、文化引领、员工体验的价值，切实提升企业的组织能力。

案例：某健康产业集团的人力资源共享

某公司是中国具有一定规模和影响力的健康体检与医疗集团。截至 2020 年年底已在全国 300 余座核心城市布局 600 多家体检中心，拥有由行业专家、医技护人员等近 35000 人组成的专业服务团队，近 5 年来累计已为超过 1.1 亿人次提供专业健康服务。

业务诉求

2019 年 10 月，阿里巴巴集团、蚂蚁金服和云锋基金战略入股该公司，助力公司提升数字化、智能化发展水平，构建协作创新的技术平台。该公司通过完善各类医疗信息化和大数据系统，优化线上业务流程，多平台打通客服入口，加快数据中台建设，实现产品和服务的全面数字化、智能化。

该公司持续重视从组织体系和业务流程方面加速数字化转型，在管理层面提高工作效率与风控水平。该公司凭借技术手段，不断提升内部组织运营效率和医疗服务质量，用数据驱动科技创新，为专业品质持续赋能。

应用模式

2019—2021 年，该公司根据自身业务特点提出相应的人力资源共享转型战略，融合数字平台、分层分级、服务员工的核心理念，构建数据驱动一体化智能化人力资源共享平台，实现基于"分层分级＋用户感知"的数字化用户识别与用户需求全面洞察。该公司通过高质量人力服务建立持续的员工连接，梳理全生命周期中员工体验的关键节点，引入智能机器人应答和一体机自助服务，打造高定位、高价值的人力资源共享数字化平台。人力资源共享整体方案如图 10-20 所示。

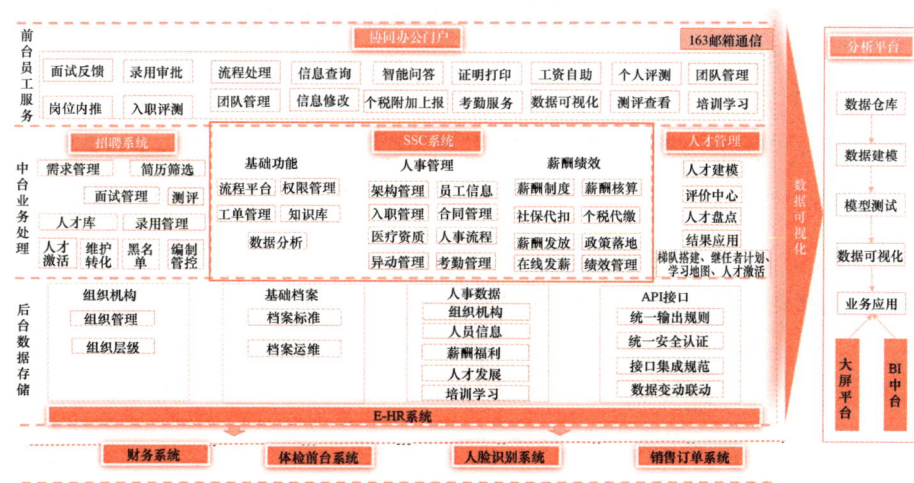

图 10-20　人力资源共享整体方案

关键应用

关键应用一：加强集团管控

该公司通过建立统一的人力资源共享服务平台，统一集团组织架构管理、规范岗职体系，增强现有人力资源相关的信息数据，实现人力资源基础数据的共享、整合和有效控制，保证各项决策信息的及时、全面、准确，提高人力资源事务性工作的效率和标准化水平，形成规模效益。

关键应用二：加强业务协同

该公司通过信息技术手段优化人力资源管理制度与业务，并固化至人力资源共享服务平台，确保各组织间、各职能部门间的业务协同；并通过日常业务流程数据的分析，持续优化业务流程，进一步提升人力资源管理工作的科学和有效性。

关键应用三：提高员工满意度

借助移动互联网、企业社交平台等先进技术，该公司为员工提供更便捷的服务，提高员工和用户的满意度，从而提升公司的核心竞争力，达成组织发展战略目标。

关键应用四：提质数据沉淀

该公司通过系统集成，杜绝"数据孤岛"，加强数据间的流通，增强数据的准确性与及时性，同时通过各种数据校验提高数据质量，为大数据分析沉淀高质量的数据基础。

关键应用五：助力 HR 定位转型

人力资源共享服务平台通过数字化手段促进人力资源共享服务模式转型落地，将人力资源管理者从事务性工作中解脱出来，并提升人力资源队伍的专业能力，专注于人才建设工作，以提高公司作为业务合作伙伴的能力。同时，公司扩充 HR 的战略性相关职能，使人力资源管理人员有能力、有精力为公司科学决策提供必要的战略支撑，成为战略支持伙伴，进而优化人力资源管理的成本结构。

应用价值

- 搭建共享服务中心，有效整合人力资源，实现业务标准化，提高人力资源工作效率，降低人力资源职能管理的时间成本和信息系统的投入成本。
- 统一管理组织职务体系，加强集团人力资源管控，确保战略落地。
- 端到端的业务流程再造，加快信息传递与决策，提升人力资源管理效率，助力 HR 战略转型。
- 系统集成消除"数据孤岛"，增强数据的准确性与及时性，奠定大数据分析基础。
- 进行全方位的员工服务，提高员工对公司文化的感知度，提高员工的满意度。

第十一章　新协同：数字工作，智慧协同

近年来，数字化协同市场发生了翻天覆地的变化。从企业高频服务到刚需服务，数字化协同办公平台与工具已经不再是企业功能应用的诉求，更是对企业数字化转型的核心诉求。

协同进化：从办公平台到协同门户

协同办公领域的各项研究报告显示，我国的移动协同办公市场已经在逐渐沉淀，并趋于稳定。厂商不再是急于拓展用户数量，而是更注重满足用户的需求，改进产品，大中型企业市场成为厂商竞相角逐的重要战场。越来越多的大中型企业开始尝试并重视移动协同办公应用，同时应用范围从单点、通用场景逐渐向深度应用、整体连接发展。

企业协同的发展趋势

数字经济高速发展，中国企业焕发了新的活力，企业经营也从单一作坊式的工厂壮大为跨区域、产业链融合的社会化协作模式，更加注重内外部的数字化连接与网络化协同，此时，企业协同呈现为以下四大趋势。

第一，企业协作和高效敏捷经营的平台。群组、日志、日程、项目、任务、微邮、公告、公文、知识库、移动签到等新时代协同的应用覆盖广度和深度不断加强，并且零代码协同应用建模可以轻松搭建微服务应用，用以满足企业个性化的协同办公需求，例如车辆管理、劳保用品领用等。

第二，统一工作入口，企业数据深度连接的平台。信息化需要解决的是"信息孤

237

岛"的问题，而在云时代，"互联网孤岛"更加突出。所谓"互联网孤岛"就是各个业务单元根据自身业务需要建设的互联网应用，却因为多样的入口而变得更复杂。企业亟须通过统一服务入口和数据级的集成，将企业内部系统和外部应用中深度的数据级连接在一起，发挥整体效应，实现所有业务应用在统一服务入口完成登录、使用与操作。

第三，垂直产业链的经营协作。企业经营不仅要靠自己，还要涉及合作伙伴、供应商、用户等其他不同的角色，新时代要求协同办公平台能够帮助企业将外部产业链上下游的人和事协同起来，从而实现从原料供应、设计研发、生产制造到营销服务的全价值链高级协同，快速满足消费者需求。

第四，社会化融合协作。数字经济时代的到来颠覆了很多传统领域，强化了商业环境的数字化，更直接促进了社会化融合。无论是社会化的个体、企业组织，还是既有的产业链关系，它们不再是孤立的存在或者只是在垂直领域协作，而是更需要横向的融合与协作。数字经济时代的不确定性更是要求企业站在社会化的角度协作，因此越来越多的企业开始建立社会化融合协作的生态平台，让不同行业、不同领域中不同的社会组织可以基于自身建立垂直的协作关系，也可以通过统一的社会化 ID 建立横向的融合关系。

企业协同的价值诉求

在数字化转型逐步深入的今天，"办公协同工具"向"企业信息化统一平台"演进。以用友为例，其数字化协同办公服务——YonBIP 协同云就聚焦于打造企业服务入口，在提供社交沟通及协同办公应用的基础上，通过协同云平台连接其他业务领域的管理信息系统，整合企业内外部资源，打造"工作协同—业务协同—集成协同—生态协同"的企业协同闭环，实现企业内外部及产业生态间的资源共享、信息共享、相互协作。

企业协同未来的发展，需要从企业"泛协同"的需求出发，秉承"夯实信息化建设基础，助力企业信息化平台建设"原则，以为企业提供全方位的"数字化协同办公统一平台"为目标，引导企业实现"社交化协同、智能化应用、数据级集成"管理，解决"信息孤岛""统一平台""数据基础"等协同难题。

⚙ 打通企业"信息孤岛"

通过"统一服务入口"的角色定位，在为企业提供全方位的协同办公应用服务的同时，用友 YonBIP 协同云也提供了"财务、人力、采购、营销"等一系列功能业务服务，实现不同业务之间根本上的互联互通，解决企业"信息孤岛""互联网孤岛"问题，实现"账户互通、功能互通、流程互通和数据互通"的建设目标。

⚙ 构建企业"统一平台"

用友 YonBIP 协同云通过供应商服务体系内产品的统一技术标准、UI 设计等，实现产品功能及业务的深度融合应用；同时依托产品开放性集成平台，提供统一技术接口标准，实现外部异构系统的集成应用。为企业构建"信息交互、功能服务、业务流转"的统一建设平台，更深层次地实现企业信息化建设的"统一标准、业务集中、开放扩展"需求。

⚙ 奠定企业"数据基础"

用友 YonBIP 协同云通过针对多产品及异构系统的统一数据标准，以及营造平台系统的"主数据"环境，为企业大数据分析及应用夯实基础；为企业提供"安全保障、数据贯通、深度分析"的数据服务平台。

企业协同迎来社交协同时代

新一代数字技术发展迅猛，无线通信设备（包括笔记本电脑、平板电脑、手机等）与信息技术融合，同时随着社交媒体在消费者市场的发展，为企业沟通管理带来新的发展契机，使多平台的信息交互成为可能，也使主流协同产品具有平台化特征。此时的协同办公服务 / 产品不仅具备跨组织、跨区域、跨时间能力，而且具备企业资源一体化管理能力，把企业原来分散的人力资源、资产、文档、产品、项目、用户等全部统一到一个平台上。当各种协同平台被广泛应用于多种工作场景时，企业随时随地办公已不再是一句空话，万物互联的大协同时代已经到来。

近年来，工业互联网、大数据、云计算、区块链及人工智能等技术的兴起推动着社会飞速发展，协同领域也随之进入一个新时代——社会化协同时代。在这个时代，协同应用最显著的特点是全员应用、产业链协同。

传统协同应用的共同特点是在产品设计和管理理念上都是面向企业内部的，解决的是企业内部流程电子化的问题以及沟通管理、知识管理方面的问题。

而社会化协同的特点在于颠覆了传统协同只面向内部信息的局限性，它在统一服务入口的基础上，充分借鉴个人社交充分连接的特性，连接企业内外部信息和资源，从产业链角度实现涵盖用户、合作伙伴、供应商、企业内外部人员的垂直协同与协作，从生态高度涵盖社会化用工、社会化协作和生态融合。

工作协同：突破传统办公的桎梏

当企业从科层制管理走向扁平化管理，从"以流程为核心"走向"以任务、协同、话题等为核心"的社交化网状管理模式，也就意味着组织间的"墙"被推倒了。无边界沟通带来高效协作，员工得到更多关注，团队创造力得到释放等，这些都是社会化协同带给我们的应用空间。

工作协同的机遇与挑战

过去十年，新技术渗透到我们工作生活的方方面面，工作场所发生了巨大的变化：更自动化、更具有竞争力、更年轻和全球化。在此背景下，企业需要关注管理对象的变化，提供增强协作的工具和自由度，进而让个人和团队能够更深入地参与工作；需要关注工作场景需求的变化，构建一个高度灵活、员工体验较好的数字化工作场所，以提升个体生产力，提升组织协同效率；需要关注社交属性在工作过程中的融入，借助社交化平台，实现人与人、人与企业无缝的连接、沟通与协同。

管理对象的变化。"90 后""00 后"的快速成长，正在给企业经营与管理带来极为巨大的影响。建立以人为中心的平等关系是企业拥有创造力的基础。因此，企业管理者越来越重视年轻干部和员工的培养。然而，让他们的创造力、潜力、能力得到最大发挥的前提是建立一个符合时代需要，激发年轻一代热情的工作环境与文化。

网络社交的兴起使年轻一代的沟通方式与传统工业时代截然不同。建立平等的沟通关系、开放的沟通氛围、具有趣味性的沟通内容将帮助企业激发年轻人的活力和创造力。数字化工作的存在价值就是为员工提供一个平等开放的沟通环境，每个人都可以选择自己关注的内容，每个人都可以对内容和事件提出建议，每个人都可以分享自己的见解。当年轻人的潜能充分发挥时，企业就拥有了更强大的生产力，而更能聚集代表未来的年轻人加盟，企业也就拥有了美好的明天。

工作的概念正在被重新定义。互联网尤其是移动互联网的应用，极大地强化了人与人之间的连接，进而改变了人们的生活方式。过去，人们一直认为工作需要在同一个工作场所，工作场所就是每天实现员工高效工作的固定地点。如今，已经很少有人将这一概念与现代化工作场所联系起来了。砖混建筑、办公隔间以及储物柜逐渐被包含大量虚拟工具的安全的数字化工作空间（包括电话会议、视频会议、虚拟空间、社交工具等）替代。

同时，消费互联网极大地释放和强化了用户体验，各类业务都在过程与服务交付方面不断寻求更高水平的敏捷性，自然需要员工达到一定的灵活性，因此数字化工作平台成为各行各业越来越强大的竞争优势。

在虚拟工作模式下，所有的数据、通信以及工作所需要的资源，都可以通过简单的点击来获取。因此，新时代的工作被重新定义为围绕共同的目标、在任何地点、以相对灵活的方式解决各类问题。

社交应用推动协同走向社交化、智慧化。社交化、移动化和虚拟化在企业中的应用直接催生了全新的工作模式，这将深刻影响员工的工作方式以及员工为组织创造价值的方式。研究表明：在社交化、智慧化的工作模式下，企业解决问题的能力得到了大幅提升，与此同时，企业的用户服务能力、组织的协同能力也随之大幅提升。

社交化协同的最大价值在于将人与人、人与企业实现无缝连接，实现员工在个人生活与工作中拥有一致的卓越体验，进而提高员工的工作效率并创造更大价值。与之相应的智慧化协同，以企业社交为出发点，重构了企业日常沟通社交的各种场景，在实现企业内部应用高度互联和外部信息充分交互的同时，加入了安全和事后追溯等层面的内容，例如，聊天水印、聊天记录长久保存、文档统一管理等，在保证便捷性的同时，还为企业信息提供了安全保障。

智慧协同重新定义数字化工作平台

研究发现，提高关键员工的工作效率，就是提高其移动灵活性，这就是移动应用的作用；要解决企业管理信息高速公路的融通，就要强化信息的管理；要使各类组织和产业链之间的协同共赢，则需要多空间、多视角的信息共享。因此，这就需要一个以社交化、智慧化的数字化工作平台为载体的数字化工作场所。

⚙ 以"人"为中心，基于数据信息的数字化工作平台

组织是一种人们有目的地组合起来的社会单元，它由两个或两个以上的个体组成，在一个相对连续的基础上运作，以实现一个共同目标或一系列共同目标。个人与组织的关系本质上是点对面的关系，只不过此时组织将多个人的共同愿景、目标、利益、文化、规则等固化，个人可以直接打交道，而不需要和组织中的所有人再次协商。例如，组织中的每个人都按规定的时间上下班，以保证组织成员的工作步调一致、互相配合，而不是每天都彼此重新确认明天的上班时间。因此，人与组织的协同就是与组织中固化的社会关系进行协同。

除此之外，人在工作的过程中会按照工作要求、工作习惯、职位岗位等不同产生许

多信息。这些信息有的是过程类信息，有的是结果类信息，无论是哪一类信息都与某一个员工有关联。因此，在协同系统的设计理念中，研究人员认为，社会化协同的数据信息应该是以"人"为中心的。

数据信息以"人"为中心，即当用户登录系统，一方面，在点击查看某个人的信息时，当前与之相关的日程、流程、历史档案等均会自动调出；另一方面，当某用户在发起相应的审批流程时，例如，报销流程，系统会给审批人自动调出当前审批发起人的一段周期内的历史报销信息，以便确认当前报销的合规性，系统甚至能够产生相应的分析图表供审批人参考。

以赋能员工为使命，打造卓越体验的数字化工作平台

随着数字技术的快速发展，越来越多的平台已经不仅限于满足对资源的简单管理，平台希望能够借助愈加现代化的科技手段为员工提供更多有价值的知识服务和更多有人文关怀的业务服务。因此，个性化服务、"一站式"服务、自助式服务等平台服务方式随之产生。

- **无间沟通**。要想充分利用企业员工的潜力，企业需要一个能够激发创造性思维的系统和环境。多项研究表明，联系紧密的员工能够带来更好的生产力，对于企业雇主、合作伙伴和用户均是如此。因此，新时代数字化工作平台需要搭建一个员工高度参与、卓越体验、深度交流的环境，以保证员工之间、员工与管理者、员工与合作伙伴、员工与用户等的无间沟通。借鉴个人社交的高效，企业经营同样需要随时随地、简洁高效地沟通，基于包括即时通信、公告、群组、智能助手等新的信息技术搭建的智慧协同在无间沟通方面做出了很多有益的实践探索。

- **灵动知识管理**。传统的协同办公系统中都会由文档管理或知识管理等相关模块来充当企业知识文档管理的角色，虽然对企业知识的沉淀、管理起到了一定的作用，但对于企业来讲，文库如同一个存放资料的柜子，如果员工不主动到柜子里找资料，那么这些资料对员工不会产生价值。社会化协同将知识库升级为富有生命活力的灵动的知识管理，将主动的信息推送、被动的知识学习和及时的同步动态有机结合起来，既可以满足业务驱动的知识检索，又能够支撑主动的系统知识学习。系统能够根据用户的需求进行文档分类、每个文档会有自身的标签；同时，系统可以根据不同用户，自动推送或建议用户学习相关方面的文档。最重要的一点，当用户在系统发起流程或处理其他事项时，例如，新建

了"××项目"，系统就会提示用户"你可能需要××文档，点击打开"；或者用户在聊天群组里发送了一条消息"公司的营业执照扫描件在哪里？"智慧文库捕捉到这个信息后，会自动发送提醒消息给该用户"公司营业执照扫描件存在××路径下，点击打开"。当然，这一切不只是能够通过文本交互互动，用户也可以通过智能穿戴设备或手持终端与系统进行语音对话来获取。

- **落地文化**。基业长青的企业组织都需要文化的支持与传承，落地文化、确保组织激活是数字时代企业经营管理的重要课题。因此，智慧协同能够通过建立荣誉墙、即时激励（点赞、积分等）、话题、兴趣小组、年会等形式，形成企业内部的个人展示、团队协作，进而将企业所倡导的文化鲜活地传播到每一个独立的个体，通过实际的案例展示，将文化融入每一个个体的血液中，进而形成组织所期望的文化氛围，保持组织的持续活力。

- **智能服务**。未来，社交化智慧协同能为企业提供的服务将涉及各个领域。如今很多企业依然要通过考勤的手段来解决员工的薪酬计算、考勤绩效等问题，但未来在智慧化协同领域，智能服务机器人将完全替代这一项工作，届时我们可以完全放弃传统的指纹考勤机、打卡考勤机，也不需要掏出手机进行各种角度的面部识别来考勤。未来的智能考勤将融合 AI 技术，当员工在步入公司大门时，智能感知机器人即可快速捕捉该员工的图像信息并在数据库中进行比对，完成考勤确认。这一操作完全是毫秒级的，员工是无感知的。

以降本增效为目标，不断扩展应用服务的数字化工作平台

协同办公平台作为当下流行的企业管理应用，带给企业最直观的价值就是降本增效。所谓降本，就是降低企业的运营成本，这些成本一般是隐性成本或者间接成本；而效率的提高确实是显而易见的。

例如，地处江苏省江阴市的某综合型集团于 1982 年创业起步，经过 40 多年的专注与创新，已经从单一的中央空调制造发展成为集机械制造、化工新材料、酒店服务于一体的大型综合性企业集团。2016 年，该集团使用了用友协同云服务，实现了集团统一移动门户的建设，通过混合云部署方式集成了 ERP、OA、CRM 等系统移动应用，全面实现了企业业务办公移动化。这帮助该集团在 2017 年节约办公耗材成本 49 万余元，流程审批效率比以前提高 3 倍。

企业在实际管理过程中，还会出现一些新的协同管理需求。这些需求在市场上有可能无法找到合适的业务应用，即便有业务应用往往也需要企业付出高昂的代价。而对于企业本身来讲，实现的需求不达到一定体量的话，又不值得支付高额成本。例如，在很多企业，尤其是集团型企业内的 ERP、HR、CRM 等各类系统，各自独立部署，形成一个个"信息孤岛"，并且一般不会覆盖全员，因此 CIO 希望在协同平台中实现企业所有业务系统的统一集成、登录。

福建某轻纺集团是福建省人民政府国有资产监督管理委员会监管的 15 家国有控股集团公司之一，是一家拥有纸业公司、盐业公司、建筑轻纺设计院等 14 家二级企业的现代大型企业集团。其经营范围涉及林浆纸、食用盐、光电子、医药、商贸、设计、安装、科研等行业。该集团于 2019 年使用了用友云协同服务，最初上线了协同服务的标准功能，包括门户、审批、微邮、日程、考勤签到等。在使用一段时间后，该集团又通过用友云协同服务的业务建模平台，构建了"车辆管理"应用，满足了用户需求。

另外，为了提升自身产品的竞争力，各大厂商对此类需求也是趋之若鹜，纷纷把它们当作协同管理的重点内容来进行规划、设计、研发。因此，现在市场上的主流协同服务产品都具备了这类功能。

业务协同：跨越组织协同的鸿沟

业务协同的数字化场景重构

数字化时代的协同，借助数字技术的深度应用，正基于统一智能的企业协同门户，通过以数据为载体的信息的高度集成与共享，实现人与人、人与组织、组织与组织之间的无缝互联，无间沟通，以及业务驱动的流程自动化、服务与协作的智能化等。智能门户、数据共享、流程自动化、智慧协作等场景的扩展，正在帮助企业跨越组织协同的鸿沟。

智能门户

企业经营管理需要各种领域的应用系统支撑，无论是普通员工、中层管理者还是高层管理者，均需要在不同的应用系统中履行相应的职责，以推动企业达成经营目标。因此，能够统一流程、统一审批、统一信息并能够提供智能化工作助手的智能门户必然是社交化智慧协同的首要构成要素。智能门户不仅展示了协同系统自身的各类信息，还集成了企业各个系统的数据、报表、流程。智能门户真正实现了企业统一工作桌面的目标，还按照用户对各个模块的访问频率、热度自动调整展示内容的顺序，确保企业经营管理者能够在第一时间简便、快捷地获取信息、处理业务。

⚙ 数据共享

企业经营需要全面的数据连接以辅助决策，任何用信息连接人与人、机器与机器或人与机器的技术都是数字化的，因此数字化工作平台需要确保企业内外部信息的充分、无缝连接，同时又要确保人与人、人与企业之间的数据连接是畅通的。在企业经营服务活动中，深度的、数据级的互联互通是核心诉求，无论是 ERP、财务、人力资源等资源管理，还是营销、渠道、用户服务等业务管理，以及生产、供应链等经营管理，均需要在同一个工作平台上高度、无缝连接，为企业经营服务提供数据支撑。

⚙ 流程自动化

卓越企业经营的重要特征是流程透明化。业务流程是企业经营管理的重要工具，基于智慧协同理念，利用新的信息技术的业务流程也将更加先进。未来智慧协同的流程服务将更加智能化。智能流程不仅可以根据流程的失效条件判断处理情况，甚至可以和智能穿戴设备集成，通过智能穿戴设备在合适的时间提醒用户处理流程。

⚙ 智慧协作

智慧协同的终极目的是实现智慧协作，通过即时通信、群组、日程、日志、任务、微邮等实现无间的信息交互；通过公告、知识库、公文、移动签到、直播、视频会议等可实现数据联动为基础的高效业务协作和敏捷经营；通过构建不同的企业空间，建立用户服务门户、项目管理平台、事件跟踪平台等，可实现垂直产业链上下游的经营协作；通过跨企业空间的社会化和生态化协作，例如数字营销、云采购、人才招募、人才服务等生态级的融合，可实现社会化协作。

智慧业务协同的进阶路径

⚙ 第一步：建立以"人"为中心的高度互联的数字化工作环境

组织管理的核心是对"人、财、物、事"进行管理，除了"人"之外，"财、物、事"也是围绕人存在的，也是人在驱动的。因此我们认为，数字化智慧协同转型的第一步就是要建立以"人"为中心的高度互联的数字化工作环境。

数字化工作环境是利用软件、硬件、增强现实（Augmented Reality，AR）等技术，帮助用户打造更加安全、便捷、高效的一整套体系。数字化工作环境并不是我们的想象，在我们周围的很多场景已经应用了数字技术，帮助我们达成某种自身无法完成或者企及的事情。

⚙ 第二步：搭建深度数据集成、高度互联的数字化办公平台

数字化办公平台可以帮助企业内部之间实现更加高效、紧密的协作关系。目前，国内很多企业的管理手段还停留在传统阶段或信息化建设初级阶段，行政、财务、人力资源、生产运营等彼此割裂，协作效率低下。企业在这种运营状态下，面对市场环境和内外部竞争时必然会底气不足。

企业内部协同网络如图 11-1 所示。

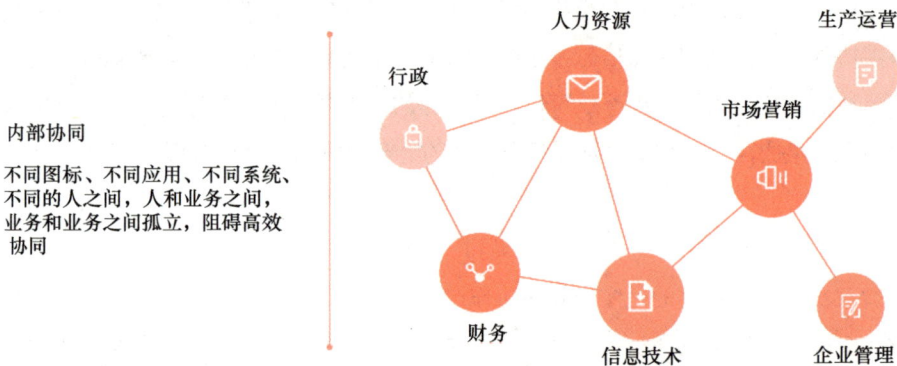

内部协同

不同图标、不同应用、不同系统、不同的人之间，人和业务之间，业务和业务之间孤立，阻碍高效协同

图 11-1　企业内部协同网络

⚙ 第三步：打造业务和流程驱动的业务协作体系

数字化时代，组织边界逐渐淡化，封闭的传统企业将变成开放的生态平台。企业与供应商、销售渠道、服务商等上下游的关系从零和博弈变成利益共享与价值传递。平台经济的核心是开放，这提高了基于价值链的多方协作难度，警惕"大企业病"，尤其需要借力数字化手段打通企业内外流程的壁垒。

构建基于混合云的跨组织的业务协作平台，可提供跨组织的通讯录和跨组织协同应

用，用户可同时跟企业内部同事或外部好友协作，在保障企业数据安全的同时，将企业内部信息系统外延到企业上下游合作伙伴，实现跨时空移动赋能、跨流程闭环协同、跨组织全程协同，为企业提高效率，让工作更高效。

集成协同：联通 IT 信息的"孤岛"

伴随协同办公产品的迅速发展，企业"协同办公工具"的功能应用层次已经无法满足企业日常信息化管理要求。伴随各类"精益业务"的功能性产品如雨后春笋般涌出，"系统集成困难、技术标准不统一、'信息孤岛'严重"等问题同时成为企业信息化建设过程中的痛点。企业针对"统一入口、统一平台、统一数据"的需求日渐凸显，成为企业信息化建设过程中的核心诉求。

从企业信息发展看集成协同

集成协同是企业信息化的必经之路。针对企业信息化、数字化的阶段性需求，不同企业经历的路径不尽相同。传统企业的信息化经历了从无到有、从有到优的一次次转型和升级，一般来说，主要经历了 3 个阶段。

⚙ 第一个阶段：初始建设阶段

在企业数字化、信息化建设初期，企业的多数需求来源于业务场景的"临时性应激需求"，例如，即时通信、视频会议等。各类工具化应用同时带给企业的也是临时性的、非持续性的价值产出。

此阶段企业主要根据发展的需要，建设具有业务归属或者使用范围的业务信息系统。在此阶段，很多企业选择就地建设，很多信息系统快速启动，信息化效果明显，从业务环节处理或者业务管理层面，对传统业务的改良起到良好的推进作用。但是，大量信息系统的"硬着陆"导致企业构建以单位、部门等为"一隅"的"信息孤岛"，很多信息之间的协同困扰着信息化建设团队。

⚙ 第二个阶段：协同集成阶段

伴随企业对数字化办公需求的深入，企业开始对"流程办公、门户应用、个性化定制"等各类需求深化经营。此时，它们带给企业的价值也逐渐呈现出各种逻辑性依赖和持续性产出。

此阶段是如今大部分企业所处阶段。传统软件之间的"隔离墙"成为制约企业数字化转型的壁垒，统一门户、统一身份等成为技术服务企业数字化转型的第一步。此阶段，企业通过统一门户、集成平台对传统业务系统进行改良。这个集成过程十分艰难，成本和效益无法成正比。

⚙ 第三个阶段：集成协同阶段

随着数字化办公应用的深入，企业开始对协同办公的"平台型"角色越发重视，开始刚性依赖统一门户的集成建设。此时，协同办公在企业中已经成为"平台性部署、一体化经营"的重要角色。此阶段的企业信息化趋势发展差异较大。一般企业在数字化转型阶段的协同，凝聚在产业协同、互联网升级或者行业协同等维度。

此时，传统企业信息化再次面临分水岭：一方面是企业协同平台优化，对传统的业务系统利用软件进行自我修复或者改良，例如大型企业专属云等成为数字化企业转型的特点；另一方面依靠互联网、大型集成商等提供对口的解决方案，以用户认证为支撑，帮助企业改良。

综上所述，企业"信息孤岛"是一个一个阶段产生的，也是很多企业信息化的必经之路。因此有效地通过改良或者诊断解决此问题，将成为企业信息化建设的落地点。集成协同是基于此背景产生的，大量的软件服务融合是关键课题。

从企业统一服务入口看集成协同

企业数字化、信息化建设是一个循序渐进的过程，也是一个从无到有、从少到多的过程。在这个过程中，如果企业在最初阶段没有做数字化咨询和整体数字化规划的话，那么整个建设必然需要率先解决业务问题、财务问题等。

因此在信息化过程中，很多企业一般是先实现财务核算信息化，然后再逐步推进综合管理、项目管理等信息化系统建设。然而，当企业信息化系统越建越多之后，我们会发现一个问题，那就是我们原本期望通过系统化建设提高我们的工作效率，但信息化系统太多，反而会降低我们的工作效率。

例如，企业新招聘了一个员工，那相应的负责人可能需要在这个员工所在岗位涉及的各个系统中都为他增加一个账户，设置相应的权限。而当这个员工在使用系统时，也需要记住每个系统的账号密码，工作中可能要不停地在各个系统之间切换……

如果我们将各个系统都集成起来会是什么效果呢？人力资源负责人只需要把这个新员工的档案录入 HR 系统中一次，该员工的信息就会自动被其他系统同步更新。当该新员工正式工作时，所有数据只需要在系统中录入一次，就可以被其他系统调用或者关联，这才是令人向往的简洁高效的工作状态。

系统集成一直是协同系统建设过程中不可避免的需求。这类需求发展到现在不仅不是一个简单的单点登录能够解决的，而且还会要求两个系统之间有流程交互、数据交互、信息交互等。

企业建设统一服务入口，无非通过两个关键点：移动门户或者网页门户。其中，移动门户主要是移动端入口。在互联网时代，移动端的服务入口让企业更容易接受，并且能够快速部署、运营，成为企业信息服务入口的首选。网页门户即传统门户，是企业内部管理门户的聚合，融合了统一信息、统一待办、统一审批、统一报表等服务，融合企业软件应用，打破"信息孤岛"，构建数字化转型利器。

不管从哪一个维度定位企业统一服务入口，对企业现存信息服务的建设都是不可避免的。在选择更加有效的融合方案上，选择定位精准的统一服务入口是企业管理者的首要依据。

其中，企业统一服务入口的内容尤为重要。集成生态服务成为大型企业特别是集团型企业的重要考量标准，差旅、招聘、财税等服务内容成为企业服务生态融合的标准配置。

从软件集成角度看集成协同

时代不断进步，传统企业在对目前信息系统改良时，必然会对软件集成提出更合理的要求。因此，从软件集成角度分析集成协同对企业更有帮助。然而，企业如何有效完成集成协同呢？

首先，企业应选择合理的落地方案，分析"信息孤岛"产生的原因，调研信息系统的技术体系或架构，形成整体的目录模式。在此，很多中型企业选择 OA、网站服务商作为集成服务标准，存在一定的偏差。主要是因为虽然很多管理层使用 OA 集成，网站服务商具有良好的用户体验，但是 OA 集成属于为了审批而集成，让更多的业务系统参照审批模式，通过开发实现一定程度的集成，但协同性、业务性极差；网站服务商的主要问题是技术门槛低，对信息服务软件的业务规划合理性有待商榷。因此，很多中型企业的错误定位和尝试导致集成协同陷于泥潭。

其次，企业要根据实际情况对现有的软件业务体系进行分析或者改良设计，从移动门

户或网页门户两种维度重新定义集成协同。从中台的角度，很多软件服务商提出新的理念：既然信息系统整合难度大，那么我们构建统一的数据中台，把用户、机构、数据、业务等全部形成企业中台服务，此定位从一定程度上转移了企业的注意力。把集成协同定位成第三方工具，让企业通过中台模式改善、改造，存在一定偏差。中台的产品不是集成协同的必要选择。

最后，从业务定位上，企业集成协同主要看软件服务的类型，从包括业务体系、管理体系、营销体系、组织体系等多个维度，形成统一的集成通道。例如组织体系，统一用户身份模型，采用第三方标准认证方式统一衔接等。

我们认为集成协同的过程，就是通过企业协同门户形成统一信息、统一认证、统一待办、统一报表，来构建基础性的集成协同标准，为企业打造信息聚合、认证聚合、审批聚合和数据聚合4个维度的集成模式。同时，协同门户按照平台化模式为企业用户提供生态融合方案，包括用餐服务、体检服务、差旅服务、财务服务、人力服务等融合方案，让企业的集成协同更具成熟的迭代空间。

数字化企业对于集成协同的定位更聚焦于企业内部服务、社会化服务和互联网服务等。一方面，我们要做好系统分析，从用户、组织、免登、信息、流程、文档、报表等维度提供可行的融合方案，打造企业集成协同的统一标准；另一方面，我们要根据企业集成协同标准，打造基于软件平台上的服务载入，包括软件集成服务、生态融合服务、产业互联网等，使其真正成为企业集成协同的通道，帮助企业告别"信息孤岛"。集成协同是一个不断迭代的过程，企业需要从成本、应用上选择适合自己的方案。

生态协同：重塑产业协作的逻辑

数字化冲击与数字化颠覆几乎每天都在发生，在这一系列的颠覆与被颠覆过程中，新的可能性不断呈现，企业已经不能仅从行业或者企业自身的视角来理解环境，还需要理解"创造"本身的特性去引导制订企业自身的战略。

产业生态协同的能力诉求

一切都在重构之中。认知重构、价值重构、思维重构，这些是数字商业时代正在发生的事实。这些重构需要企业拥有一个更加广泛的视野、更加互动的关联以及更加开放的格局，这类似于一个复杂、多元、自组织、持续演进与共生共享的"生态系统"逻辑。这就要求企业具备一些新能力，例如跨组织的链接能力、柔性价值网络构建能力以及生态共生共享能力。

跨组织的链接能力

在数智商业范式下，链接是其三大基本特征之一。在无限链接的世界里，企业成为一个开放的、社区化的组织形态，而在企业外部则表现为以消费者为核心的相互链接的价值共同体。

在这种组织形态下，企业内部分工多元化，消费者与企业之间的互动多向化；企业的角色随着终端消费需求而发生改变，并在不同价值网络里扮演不同的、多样化的角色；价值网络里各个角色之间是"超链接"和松散耦合的关系，已经不再是管控与命令式的关系。组织从一个线性、确定的世界，走向一个非线性、不确定的世界，柔性化成为数智商业时代最突出的特质。

随着网络协同运作逻辑的持续演绎与扩散，企业的商业模式、组织模式、企业之间的协同模式、企业与消费者之间的协同模式都在发生巨大的改变。消费者不再满足于单纯地获得产品，也不再满足于既有的供应链模式，相反，消费者开始介入产品设计、生产、交付的全过程，C2B定制模式逐渐成熟。同时，传统的价值链模式正逐步从原来线性、固化的供应链，向着柔性的协同价值共同体不断演化。这一切的变化，都要求企业具有一种新的适应能力——跨组织的链接能力。

柔性价值网络构建能力

提高供应效率，真正发挥供应链的价值并让消费者有所感知，是工业时代的一大挑战。同时，供应效率也是衡量一家企业快速响应市场和消费者需求的重要指标，是一家企业能够领先的重要竞争力指标之一。企业到底如何提高供应效率呢？最近几年，在供应链管理领域，基于价值网络的产业生态协同逐步成为管理者的共识。未来10年，单向、僵化的供应链将不再是企业间协作的主要模式，而灵活动态的价值网络协同模式将变得越来越普遍。

这种动态的价值协同模式的典型场景是以一个任务、项目或订单为中心，快速涌现和聚合一批能够协同工作的企业或个人组成"柔性共同体"。在这个虚拟组织中，每个角色都各有专长，各司其职，待任务完成后这个临时性的"柔性共同体"自动解散。

按照这个模式，企业完全可以以消费者为中心，快速组合有效的价值协同者，让不同要素在一个共同目标下工作，并完成这一目标。一旦消费者的新需求出现，同样可以围绕着这一新需求，构建一个新价值网络，由新价值协同者提供新价值。这就要求企业具备第二种新的适应能力——柔性价值网络的构建能力。

⚙ 生态共生共享能力

在数智化商业环境中，无论是竞争对手，还是行业边界，都已经愈加模糊。这对于企业而言，需要拥有一种生态共生共享能力，帮助企业连接上下游的合作伙伴，连接相关产业的合作伙伴，并与其他产业、资本、消费者等利益相关方组合在一个生态网络里，共同成长。例如，微信所构建的共生共享生态，连接了强相关、弱相关的合作伙伴，连接了一个又一个的个体，让全新的场景以及共生的意义被创造出来。

商业模式创新已经是当前企业应对变化的基本选择，而创新商业模式的核心需遵循生态共生共享逻辑，以达成价值共生、利益共享的商业生态。所以，无论企业目前处于什么阶段、什么位置，打造生态共生共享能力都是一个必要的选择。生态共生共享逻辑与传统价值链的根本区别在于，前者注重共同成长设计，后者注重价值分配。在一个重新定义价值的环境下，分配价值的可能性越来越小，只有成长才会创造价值，也才有可能带来价值共享的可能。

在这样一个以"连接、协同、共享"为基本特征的数智化商业环境中，企业必须具有整合能力，并构建开放、整合、创新的组织协同生态，不仅可以使企业更加柔性，与环境做出协同，还可以使企业能够组合到新的成本结构、不同的价值创造并拥有足够的灵活性。

典型的产业生态协同方式

产业生态协同方式多样，各有利弊，比较常见的协同方式有以下两种。

⚙ 第一种：企业自建生态链

这种协同方式下，企业依靠自身资源自行寻找上下游生态伙伴，彼此建立联系与协作，从而产生生态效应与规模化效益。这种协同方式的好处是，一旦建立联系，彼此之间的关系比较稳固，产业上下游合作的协同效率高，可以通过资源共享、网络化协同快速满足市场需求。但弊端是，上下游合作关系稳固之后，上游供应商和下游经销商的竞争必然会减少，从而导致上游供应的议价能力和下游营销策略的制订能力随之降低，从而出现非充分竞争形势下的效益和效率降低等问题。

⚙ 第二种：融入产业生态链

这种协同方式主要是指企业加入政府牵头组建的工业互联网平台以及垂直行业 / 领域的产业互联网云平台中，成为产业生态中的重要环节，承担重要角色。这种协同方式尤其适合中小型企业。在平台上，企业可以快速、高效、准确地找到适合自己的上游厂商和下游伙伴，并能够随时发起彼此之间的协作沟通；同时平台还提供了政企合作渠道，企业可以在第一时间了解当地的政策变化等。

2017—2020 年，用友先后与湖北、湖南、江西、浙江等 30 多个省市达成战略合作，借助 YonBIP 协同云、YonBIP 采购云、精智工业互联网、iuap 云平台等 SaaS 及 PaaS 服务为各级政府和企业构建工业互联网云平台，帮助当地企业和政府建立沟通渠道，企业与企业之间加强沟通，政府在第一时间掌握当地企业的运营状态等。某省企业云服务平台如图 11-2 所示。

图 11-2　某省企业云服务平台

构建全产业链生态协同云平台

数字商业时代的到来颠覆了很多传统领域，强化了商业环境的数字化，更直接催生了社会化融合，企业不再是孤立的存在或者只是垂直领域的协作。无论是社会化的个体、企业还是既有的产业链关系，都需要横向的融合与协作。

云端协同，打破组织边界

基于云端的生态协同打破了产业链各端相互割裂的壁垒，将企业与产业链各端连接在一起，企业内外部及合作伙伴之间实现了资源共享、信息共享、相互协作，随时随地以他们喜欢的方式，在喜欢的设备上进行沟通协调，实现企业与产业链各端的深度协同。

与此同时，企业借助云端协同平台，从产业链视角来看，将实现涵盖消费者、合作伙伴、供应商、企业内部和外部人员的垂直协同与协作，从生态高度实现涵盖社会化用工、社会化协作和生态化融合。数据驱动的数字化协同生态如图 11-3 所示。

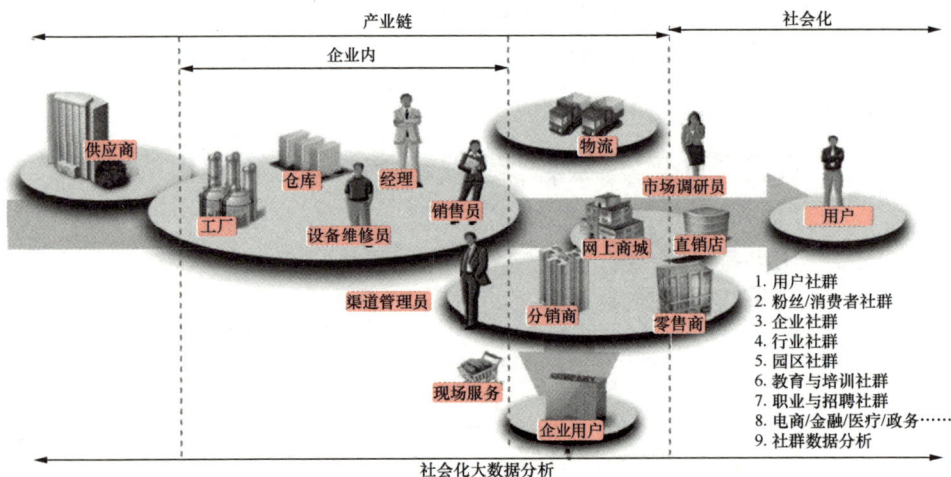

图 11-3　数据驱动的数字化协同生态

融合共享，网络化生态协同

数字商业时代的模糊性、复杂性和不确定性，更加要求企业站在社会化的角度协作，因此建立社会化融合协作的生态平台，可实现在不同行业、不同领域、不同社会组织、不同服务数字化生态协同体系中建立自身垂直的协作关系，并通过统一的社会化 ID 建立横向的生态融合关系。数字化生态协同体系可以帮助企业管理内外部、上下游之间的协作，它的终极目标是服务社会，建立协同生态，服务社会大众。

一方面，数字化生态协同平台将构建经销商社区，帮助经销商从交易服务、业务管理、营销推广、经营支持等层面进行推广、提升、包装等；另一方面，通过产业链与伙伴社区的建立，数字化生态协同平台可帮助企业提升生态链协作效率、降低进货成本等，实现业务管理、经营协同、资源共享和业务合作。业务驱动的经销商服务及产业链伙伴协作如图 11-4 所示。

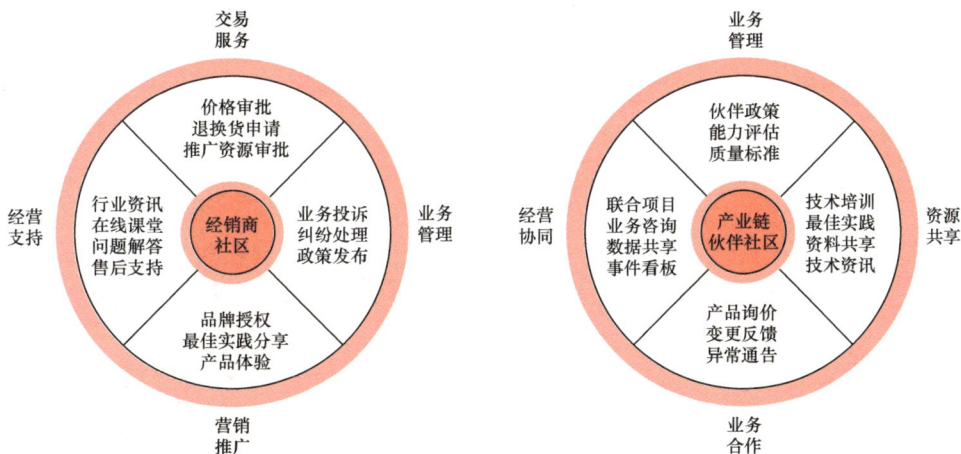

图 11-4　业务驱动的经销商服务及产业链伙伴协作

案例：深圳创维酷开，携手用友YonBIP协同云开启数智化工作新模式

深圳市酷开网络科技有限公司（以下简称"创维酷开"）是深圳创维 -RGB 电子有限公司旗下专注智能产品自主研发的高科技互联网公司，聚焦智能电视系统研发和智能电视运营增值服务，涉及影视、广告、购物、游戏、教育、应用分发、音乐等业务。2018 年，创维酷开与百度达成全面战略合作，并先后接受爱奇艺、腾讯投资入股，成为国内 OTT（英文 Over The Top 的缩写，指互联网公司越过运营商）行业首家估值近百亿的"独角兽"企业。截至 2019 年年底，创维酷开系统激活用户超过 6000 万人，日活跃量达 1345 万人次。

业务诉求

随着创维酷开业务的不断扩展，业务运营与协同不顺畅的问题愈加明显，主要表现在业务系统多、维护和融合成本高、操作体验较差；传统 OA 应变流程烦琐、业务联动开发难、业务衔接落地难；与人力、财务共享等服务不衔接，部门协同管控难。

在内部运营及协作方面，创维酷开亟须一款智能协同办公产品，构建统一平台贯通业务管理，打破沟通壁垒和各种边界束缚，提升工作效率，降低运营成本，达到赋能企业数字化、高效运转的目的。

应用模式

创维酷开借助用友 YonBIP 协同云构建企业应用统一入口，将常用的员工服务与业务应用全部嵌入，打造多端统一的应用中心和服务入口，开启创维酷开智慧工作新方式。创维酷开统一工作门户如图 11-5 所示。

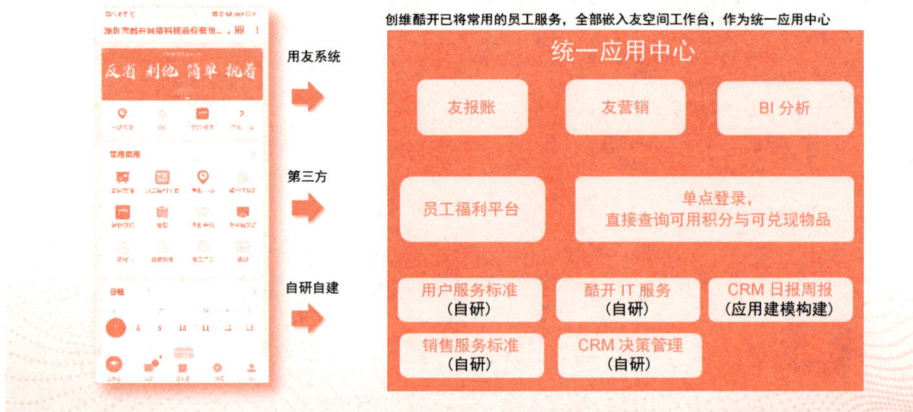

图 11-5　创维酷开统一工作门户

关键应用

关键应用一：统一登录入口，统一审批中心，统一消息中心，统一待办中心，统一报表中心

- 统一登录入口。企业信息化窗口，通过酷开友空间工作台，快捷访问公司所有内部系统。同时该中心打通友空间、友报账、友人才、友营销、NC ERP 等多业务系统密码体系，在任何一个系统修改密码，其余系统端同步更新。对员工而言，不需要记住各种密码，只需要记住一个密码，即可登录所有业务系统。

- 统一审批中心。一体化操作体验。行政事务 OA 类、加班请假补卡 HR 考勤类、财务费用报销类、ERP 业务单据类，一个 App 审批中心快速办结。

- 统一消息中心。真正的"一个通知入口"。该中心不仅将空间、报账、人力、移动审批相关的消息通知统一，还将用户自研应用，无缝嵌入统一推送提示。创维酷开统一消息中心如图 11-6 所示。

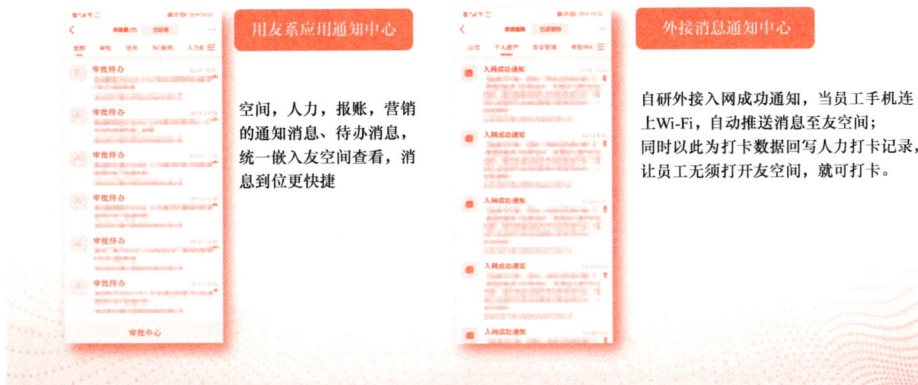

图 11-6 创维酷开统一消息中心

- 统一待办中心。定位用户，着眼关键应用，让员工／领导集中办理待办业务。该中心还打通业务、行政的管理信息系统的业务办理路径，直接通达。
- 统一报表中心。各类自研报表均在创维酷开统一门户。人力凌晨会将数据备份至指定地方，系统定期抓取，进行人力报表分析。其他基于 BI 设计的报表，逐步迁至统一门户进行查阅。友赢销每天凌晨会将数据备份至指定地方，系统定期抓取，进行 CRM 报表分析。

关键应用二：建立统一的协同新模式

- 集团公告发布、传播和反馈更有效。例如，按范围发送公告，支持发布审批，支持发布效果预览；系统支持已读未读人员查询及数据统计，为后续因劳务纠纷需收集证据时提供依据；同时支持公告的自由评论，互通反馈。
- 全面无纸化在线会议。视频会议、远程决议，企业内外部沟通不断线，实时业务在线协作更流畅、更高效。该模式支持移动端、计算机端快速开启，多端同步联动；支持视频会议、电话会议自由切换；同时支持参会限制、邀请、聊天、共享屏幕、录制、分组讨论、资料共享等专业功能，满足各类使用场景。

- 会议室预定更规范，参会提醒更智能。创维酷开智能会议室管理，可通过移动端便捷查看空余会议室，快速预订，减少了与前台沟通会议室的时间成本，提升了会议室使用管理的效率，满足了企业日常的"刚需"。

关键应用三：流程审批全员应用，应用建模匹配个性化需求

- 企业专属办公，创维酷开实现了所有事项申请、审批的全面在线化和行政 OA 全面云化，日常管理敏捷高效。

- 通过云审批，实现全公司行政类、事务类、请示类的线上流程，移动端发起、移动端审批，全员稳定使用的目标。据统计，创维酷开累计上架流程 75 条，累计发起流程 14384 条。创维酷开流程审批应用如图 11-7 所示。

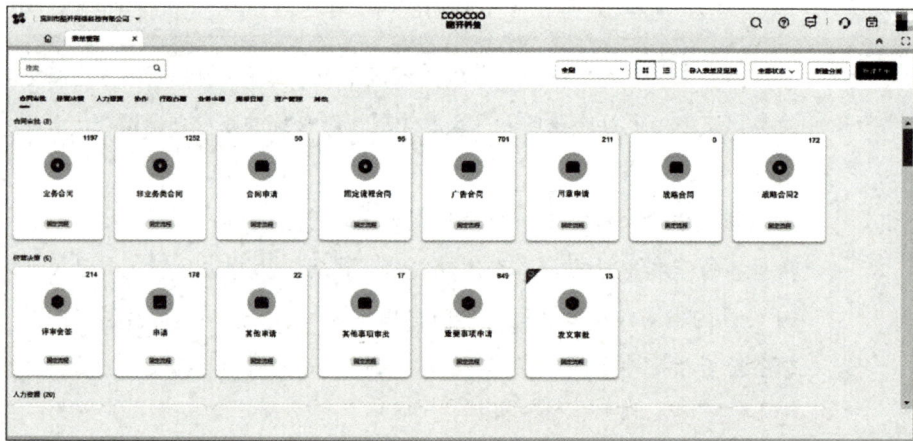

图 11-7　创维酷开流程审批应用

- 基于现有的 CRM 日报填写不能满足业务部门的需求，通过应用建模，构建 CRM 日报周报填写应用，可按需实现报表分析。

应用价值

借助用友 YonBIP 协同云，创维酷开构建了企业数字化统一工作平台，打破了"信息孤岛"，实现了 ERP 等多业务系统与云端的基础档案、业务数据同步，多业务高度一体融合，内部运营协作高效敏捷，开启了创维酷开数字化人力与社交办公新方式。

- **集成互联，打破"信息孤岛"，便捷高效。**据统计，多系统审批来回切换所耗时长，占日常审批工作时长的 15% 左右；而借助企业数字化统一工作平台，大大降低了多系统登录切换耗时，总体提升审批效率 20% 以上。以移动审批为例，移动端便捷发起审批，单据审批，移动化操作体验，使同类单据审批耗时同期缩短约 25%。

- **模式创新，商旅企业支付，降本提速。**员工使用数字化统一工作平台，从发起出差申请到自行定好机票和酒店，总耗时缩短约 30%，员工出差的整体满意度显著提升。员工差旅报销填报便捷性多次优化，据调查，2020 年差旅报销填报耗时同比 2019 年下降 40%。同时借助统一工作平台实现了合规性自动校验，有效避免订票超标不合规现象的发生。据抽查统计，2020 年同一出差地点、同样的出差时长总的差旅费与 2019 年同比下降约 5%。

第十二章　新决策：数据驱动，智能运营

数据革命：从信息资源到数据要素

数据成为关键生产要素

在经济学中，生产要素是人们用来生产商品和劳务所必备的基本资源，主要包括土地、劳动、资本、企业家才能和数据。在不同的经济形态下，生产要素有着不同的构成和不同的作用。新生产要素的形成会驱动人类社会迈向高质量的发展阶段。

在长达数千年的农业社会，经济发展的决定因素是土地和劳动。18世纪60年代，以蒸汽机的改良为标志，以机器替代人力、以大规模工厂化生产替代个体工场手工生产的工业革命爆发。"机械化"是工业革命的基本特征，机器、设备等资本成为决定经济发展的第一生产要素。19世纪下半叶，以"电气化"为基本特征的第二次工业革命推动了社会化大生产的发展。资本的作用在这个阶段得到进一步强化，与此同时，资本的所有权与经营权日益分离，企业家从劳动力大军中脱颖而出成为一个新的群体，企业家开始成为独立的生产要素。自20世纪90年代开始，数字技术和人类生产生活以前所未有的广度和深度交会融合，全球数据呈爆发式增长、海量式集聚的特点。数据的充分挖掘和有效利用，优化了资源配置和使用效率，改变了人们的生产、生活和消费模式，提高了全要素生产率，推动了诸多重大而深刻的变革。数据日益成为重要战略资源和新生产要素。

2020年4月，《中共中央　国务院关于构建更加完善的要素市场化配置体制机制的意见》公布，明确提出：将数据作为与土地、劳动、资本、技术并列的生产要素，要求

"加快培育数据要素市场"。数据要素涉及数据生产、采集、存储、加工、分析、服务等多个环节，是驱动数字经济发展的"助燃剂"，对价值创造和生产力发展有着广泛的影响，推动人类社会迈向一个网络化连接、数据化描绘、融合化发展的数字经济新时代。不同经济发展阶段的生产要素构成见表12-1。

表12-1 不同经济发展阶段的生产要素构成

历史阶段		生产要素	代表人物 / 事件
农业经济时代		土地、劳动	威廉·配弟，庞巴维克
工业经济时代	第一次工业革命	土地、劳动、资本	亚当·斯密，萨伊，约翰·穆勒
	第二次工业革命	土地、劳动、资本、企业家才能	马歇尔
数字经济时代		土地、劳动、资本、企业家才能、数据	《中共中央 国务院关于构建更加完善的要素市场化配置体制机制的意见》

数据要素场景化应用日益广泛

以自动化和信息化为代表的第三次工业革命以来，工业不断发展的过程也是数据传输和处理效率不断提高、数据质量不断提升、不确定性因素的应对效率不断增强的过程。通过建立包括产品定义数据、工艺数据、生产过程数据、在线监测数据、使用过程数据等在内的产品全生命周期数据治理体系，企业可以有效追溯产生质量问题的原因，并持续加强生产过程的质量保障能力。通过关联企业内外部多数据源的数据分析，企业可以发现复杂质量问题的根本原因。

工业互联网的核心是通过智能联网的器件感知机器本身状况、周边环境以及用户操作行为，并通过这些数据的深入分析来提供（例如资产性能优化等）服务。工业互联网的本质是以机器、原材料、控制系统、信息系统、产品以及人与人之间的网络互联为基础，通过对工业数据的全面深度感知、实时传输交换、快速计算处理和高级建模分析，实现智能控制、运营优化和生产组织方式的变革。

如今，越来越多的行业依托工业互联网平台打通消费与生产、供应与制造、产品与服务之间的数据流和业务流，大力发展平台经济、共享经济、产业链金融等新业态。

数据要素价值创造模式逐渐成熟

在"数据＋算法"定义的世界中，利用数据的自动流动性化解复杂系统的不确定性，优化资源的配置效率，这便是数据创造价值的基本逻辑。在这个基本逻辑框架下，数据要素创造价值有 3 种模式：资源优化（优化传统要素的资源配置效率）、投入替代（替代传统要素的投入和功能）和价值倍增（提升传统单一要素的生产效率）。

模式 1：资源优化。数据要素不仅带来了劳动、资本、技术等单一要素的倍增效应，更重要的是提高了劳动、资本、技术、土地这些传统要素之间的资源配置效率，这才是数据要素真正的价值所在。

模式 2：投入替代。移动支付慢慢替代了传统 ATM 和银行营业场所，电子商务减少了传统商业基础设施的大规模投入，政务"最多跑一次"减少了人力和资源的消耗，数据要素用更少的投入创造了更高的价值。

模式 3：价值倍增。数据要素融入了劳动、资本、技术等单一要素，能够提高单一要素的生产效率，实现单一要素的价值倍增。

数据要素创造价值的不是数据本身，数据只有和基于商业实践的算法、模型聚合在一起的时候才能创造价值。我们需要连接物理和网络两大空间，打通状态感知、实时分析、科学决策、精准执行等环节，解决发生了什么、为什么会发生、接下来会怎么样、应该怎么办等问题，突破隐性数据显性化、隐性知识显性化等关键问题，构建"数据—信息—知识—决策"的数据自动流动的闭环，最终实现创造、创新数据要素价值的目标。

业务变革：从延时运营到实时运营

诺贝尔经济学奖获得者、信息不对称理论的研究奠基人约瑟夫·斯蒂格利茨指出，我们正在进入由新一代数字技术推动新经济时代，一个充满不确定性、高利润与高风险并存、快速多变的"风险经济"的时代。在这个时代，过去的"大鱼吃小鱼"不再是一般规律，取而代之的是"快鱼吃慢鱼""信息充分的鱼吃信息不充分的鱼"，速度成为新经济时代的重要的淘汰方式之一。

创建"实时企业"（Real Time Enterprise，RTE）可以有效利用数字技术发掘企业数据资产，消除企业关键性业务流程中管理和执行的延时，实现企业管理运营实时化，通过更加快捷、高效的协作帮助企业及时掌握信息，变不确定为确定，认准方向、加快发展，进而提高企业的核心竞争力。

数据驱动下运营策略更迭

实现数据驱动下的实时运营，打造"实时企业"是大数据时代企业运营策略的最大变化之一，那么到底如何实现呢？我们可以将其分为基础设施建设、描述性分析、数据智能与生产部署 3 个阶段来逐步推进。

⚙ 基础设施建设：基于数据湖的数据治理

这个阶段的关键在于存、管、用数据，同时考虑数据平台和原有业务系统的互联互通。从技术视角来看，越来越多的企业选择基于数据湖（Data Lake）的数据存储与管理模式，进而对数据进行集中处理、实时分析和机器学习等操作。

数据湖是一个以原始格式存储数据的存储库或系统，它汇集了数据仓库、实时和高速数据流技术、分布式存储等各种数据形态，逐渐发展成为一个可以存储所有结构化和非结构化的任意规模数据，可以运行不同类型的大数据工具，例如存储结构化数据（关系型数据库中的表）、半结构化数据（CSV、日志、XML、JSON）、非结构化数据（电子邮件、文档、PDF）和二进制数据（图形、音频、视频）。数字湖参考服务架构如图 12-1 所示。

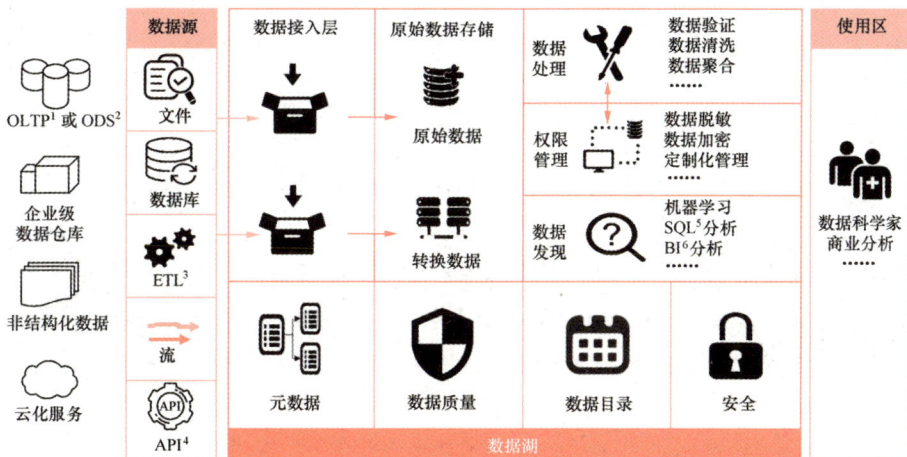

图 12-1　数字湖参考服务架构

注：1. OLTP（On-Line Transaction Processing，联机事务处理过程）
2. ODS（Operational Data Store，操作数据存储）
3. ETL（Extract Transform Load，数据仓库技术）
4. API（Application Programming Interface，应用程序接口）
5. SQL（Structured Query Language，结构化查询语言）
6. BI（Business Intelligence，商业智能）

描述性分析：基于数据中台的数据可视化

这个阶段主要是通过构建数据中台，利用离线或在线的方式对数据进行基本描述统计和探索式可视化分析。

我们这里讲的数据中台是一个企业加工生产数据的业务系统，它不是一个传统意义的技术平台而是一个生产系统，它的生产资料是数据，它的产品是对业务产生洞察和价值的服务。如今的企业数据系统，正从封闭架构（例如数据仓库）走向开放架构，演进为一个建立在渐进式架构之上的开放平台，在数据应用方面呈现"五大转变"，即从统计分析向预测分析转变、从单领域向跨领域转变、从被动分析向主动分析转变、从非实时分析向实时分析转变、从结构化数据向多元化数据转变。

一般而言，数据中台以数据移动、数据仓库、大数据和人工智能等数据加工处理技术为基础，提供主数据管理、数据开发、画像标签、关系图谱和智能分析服务等产业标准服务，包括数据资产、数据存储、企业画像、智能分析等业务模块。数据中台参考服务架构如图 12-2 所示。

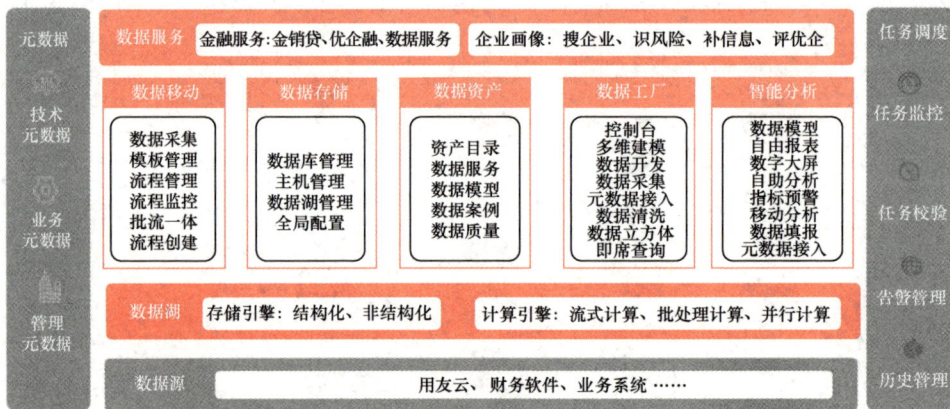

图 12-2　数据中台参考服务架构

数据智能与生产部署：基于智能中台的智慧运营

这个阶段是在实现了基于数据湖的数据治理和基于数据中台的数据可视化两个阶段后，在数据稳定成熟的条件下形成的实时数据驱动下的机器学习与智能化高级预测分析的阶段。这个阶段的关键是基于智能中台实现数据驱动的智慧运营。

作为企业智能中台的典型代表，用友 YonBIP·智多星是用友打造的面向企业内外部开发者、独立软件开发商（Independent Software Vendors，ISV）、生态伙伴、用户的创新载体，拥有智能工场和智能机器人两大核心能力。

智多星·智能工场由算法库、场景化模型库、计算引擎、模型工场、模型管理五大服务构成，预置了超过 40 种主流 AI 算法，数十种预训练场景模板，全面兼容主流机器学习、深度学习、迁移学习、增强学习、联邦学习框架，支持多智能体自主协同、单机时滞学习、多点同步学习、准时自主学习，支持专业开发者随时贡献新算法、新模型、新场景模板，为算法科学家、业务专家、零基础应用人员等提供具有"数据—智能—业务"深入融合的事件联想能力，帮助用户实现以场景为导向的群智激发。AI 中台参考服务架构如图 12-3 所示。

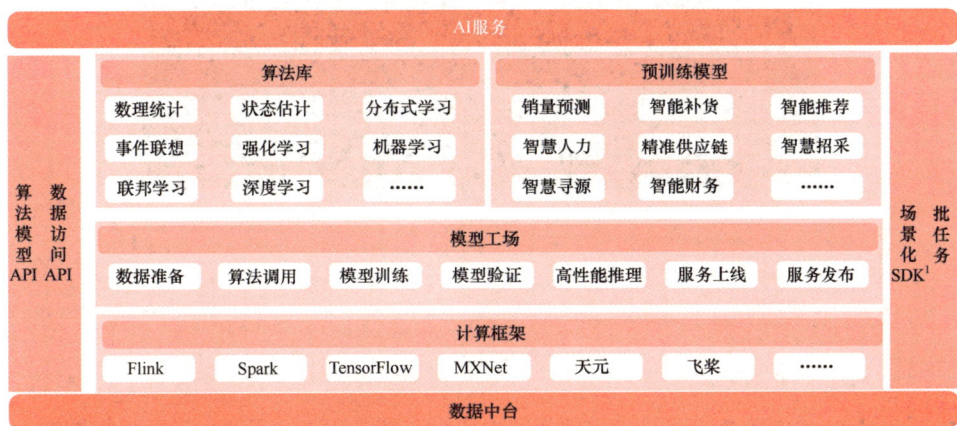

图 12-3　AI 中台参考服务架构

注：1. SDK（Software Development Kit，软件开发工具包）

数据驱动下运营系统升级

数据驱动的"实时企业"强调的是"系统的系统"，是通过全程、全链条的数据化获得更智能、更高效的系统化能力。其中"数据"是关键，产品 / 服务因为有了"数据"的特征而拥有更高的附加值；生产制造过程因为数据化，实现制造流程最优化，从而更加精益化、柔性化、智能化；市场营销因为有了"数据"的支撑，从而实现目标用户精准定位，市场趋势实时洞察，用户个性化需求被即时获取并满足；企业管理者因为全面掌握实时数据，可以战略性地运用大数据分析工具，掌握并预测以用户为中心的市场状况和变化趋势，并根据数据洞察生成最佳决策的行动建议；企业将因为拥有从用户到制造、到销售，再到服务的全生命周期数据而实现经营效益最大化。

数据驱动下的"实时企业"需要一个融合数据中台与智能中台的一体化智能决策管理平台，进而对这些海量的异构数据进行多维度分析，提高数据分析的实时性和可视化，利用人工智能和大数据分析技术分析数据隐含的关键信息，实现基于数据驱动的战略决策。数字决议厅如图 12-4 所示。

图 12-4　数字决议厅

数据驱动下智能运营场景

为了满足企业对数据的深度识别、广泛共享和深度挖掘，诸多企业已经付诸行动。数据分析和主数据系统的建设、数据共享中心的实施，在一定程度上满足了短期内企业对于数据应用的需求。但对于数据资产真正能帮助企业并形成数据驱动业务发展而言，这仅仅迈出了一小步，并没有服务业务、驱动业务，缺少统一的、可复用的数据服务能力和深度挖掘数据的价值。

基于用友 YonBIP 云平台的"数据＋智能"双中台，用友与众多企业共创共建数据智能驱动实践。在数据智能层面，以海量数据结合我国企业的数据战略价值认知，通过更加广泛的数据采集汇聚，融合数据治理、场景机理沉淀，并充分结合 AI 能力（例如算法模型最佳实践、深度学习等），实现从数据到知识、附加价值的不断叠加，从而构建更多数据驱动的创新业务场景。

场景一：实时大数据支撑下的供应商风险管控体系

供应商风险管控是围绕供应端展开的，是指需求和供应之间的不匹配导致目标利润的减少，对供应商风险的识别是防止因后方供应链出现质量或交货的风险影响企业和用户的经营活动，属于运营层面的风险管控。供应商风险管控体系如图 12-5 所示。

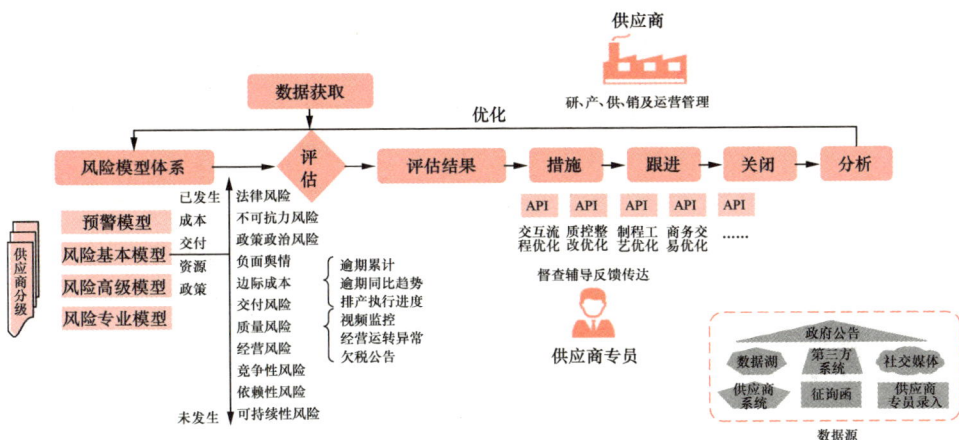

图 12-5　供应商风险管控体系

根据实际用户的需求分析，完善的供应商风险管控需要从组织和技术两个方面着手：一方面，企业需要进行组织及流程的变革，设立供应商风控管理部门，负责供应商的风险管理、执行措施的督察；另一方面，企业需要借助数据中台搭建风控工作台，为风控经理、供应商、供应商专员、采购员提供工作参考。

在供应商风险管控应用场景中，企业内外部数据共同为风控工作台提供了简要的数据服务能力。这个过程中的主要应用场景如下。

- **风险模型建设**。供应商风险管控体系可以提供模型构建能力，搭建数据测算模型。模型建设需要不断的验证、回归，是一个持续完善的过程。

- **供应商画像**。供应商风险管控体系能够实时收集供应商的生产数据、交易数据、社会化数据等信息，进行结构化处理，通过层次分析法（Analytic Hierarchy Process，AHP）构建供应商评价得分模型。从供应商基本信息、中标情况、供货质量、履约情况、不良行为等维度构建物资供应商评价体系，对供应商进行全景画像展示，实现物资供应商的综合评级。

- **数据计算**。供应商风险管控体系可以基于参与组合的不同模型进行评估测算。企业利用批量计算处理、高时延处理场景，进行大规模数据的清洗和挖掘，还可以通过在线查询和即席分析实现供应商分析和经验统计。

在数据驱动的供应商风险管控体系中，供应商风险管控遵循以下 4 个步骤：**一是建模**，即建立供应商风险管控模型，基于风险模型理论，根据成本、交付、资源、政策 4 类风险因素，针对已经发生的风险和未发生的风险，搭建数据测算模型；**二是模拟**，即风控经理利用风控模型的测算结果，综合供应商画像，识别供应商的潜在风险，评估哪些是即将发生的风险，哪些是已经发生的风险，哪些是未来可能发生的风险；**三是驱动**，即供应商专员根据不同的风险等级，启动不同的处理流程，这些处理流程是数据中台预先封装好的不同组件，组件触发业务中台的工作流，同时驱动采购专员制订执行决策并采取行动，实现数据驱动业务；**四是跟踪**，即供应商专员持续跟踪行动过程并进行结果分析，回归和优化风险模型体系，形成工作流闭环。

场景二：基于算法模型的制造行业智能配料应用

借助"数据 + 智能"的结合能力，可以搭建生产企业数据智能应用平台，建设数据价值提炼工厂。生产企业数据智能应用平台如图 12-6 所示。

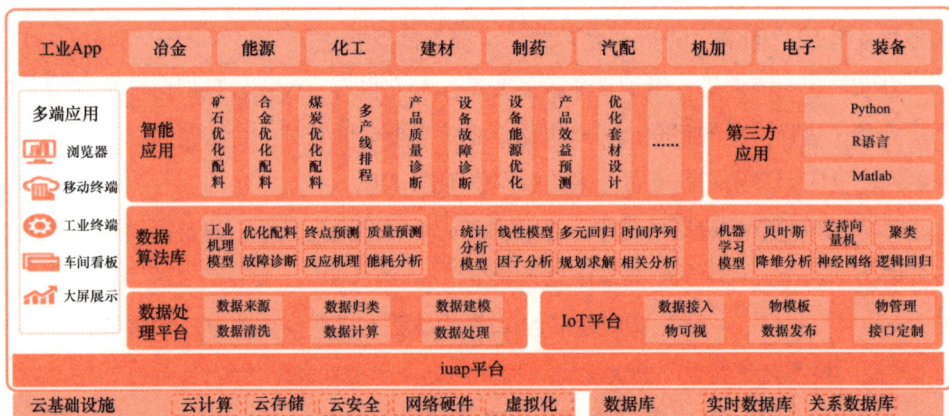

工业App	冶金	能源	化工	建材	制药	汽配	机加	电子	装备

| 多端应用 | 智能应用 | 矿石优化配料 | 合金优化配料 | 煤炭优化配料 | 多产线排程 | 产品质量诊断 | 设备故障诊断 | 设备能源优化 | 产品效益预测 | 优化套材设计 | …… | 第三方应用 | Python / R语言 / Matlab |

多端应用：浏览器、移动终端、工业终端、车间看板、大屏展示

数据算法库：工业机理模型（优化配料、故障诊断、终点预测、反应机理、质量预测、能耗分析）｜统计分析模型（线性模型、因子分析、多元回归、规划求解、时间序列、相关分析）｜机器学习模型（贝叶斯、降维分析、支持向量机、神经网络、聚类、逻辑回归）

数据处理平台：数据来源、数据清洗、数据归类、数据计算、数据建模、数据处理｜IoT平台：数据接入、物可视、物模板、数据发布、物管理、接口定制

iuap平台

云基础设施：云计算、云存储、云安全、网络硬件、虚拟化、数据库、实时数据库、关系数据库

图 12-6　生产企业数据智能应用平台

面向以运筹学、机器学习、深度学习、工业机理为核心的算法模型，可以构建基于企业场景的工业智能应用，实现从数据预处理、模型训练和发布到迭代调优的全流程。在实际应用过程中，企业可以构建优化配料、优化排产、产品质量诊断、成分预测、产品经济效益测算、优化套材设计、设备故障诊断等分析场景，助力企业实现高质量发展。

以智能工业配料配比分析为例，企业首先建立以"配料成本最优"为目标，以成分合格、原材料使用限制作为约束条件的原料配比模型；其次利用企业数据智能应用平台预置的工艺机理模型、统计分析模型以及机器学习模型，通过数据的归类、建模与计算实现配料场景的应用，得到满足产品性能指标的最优原材料配比和成分含量值；最后将数据结果推送至业务系统，自动生成配料单，实现数据驱动业务，同时根据生产执行过程反馈结果，不断分析并修正数据模型系统参数，实现数据处理流程的闭环。智能工业配料配比分析如图 12-7 所示。

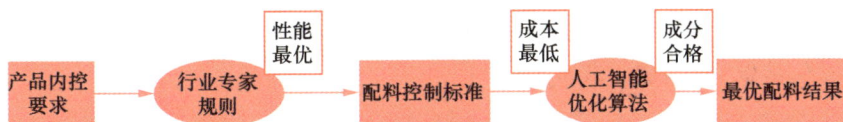

图 12-7　智能工业配料配比分析

⚙ 场景三：企业画像

以企业画像为主线将各种需求和众多系统衔接起来，汇聚内部经营数据、交易数据、外部社会信息数据，形成统一视图，看清企业全貌。其中，对企业内部的评估可以预警企业的经营风险；而对企业外部的评估可以帮助企业获取竞争对手的信息，支持供应商优选、精准营销的决策。企业画像如图 12-8 所示。

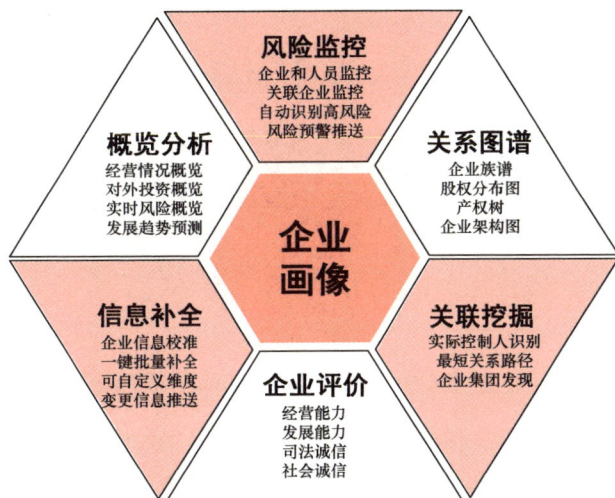

图 12-8　企业画像

场景四：产业链级企业数据共享中心

随着企业数智化转型的推进，需要数据交换的部门越来越多，不仅是企业内部部门需要获得数据进行处理或分析，外部的产业上下游企业也需要数据协同。另外，监管部门也有对数据进行采集与交换的需求。由此可见，对数据的使用不仅局限在数据的可视化应用分析上，数据的共享与交换的需求也在与日俱增。

借助数据中台建立企业数据共享中心，通过数据加工与治理，形成标准化数据资产，实现对数据资源目录、数据权限的管理，既可以满足企业对数据的分析使用需求，也可以实现数据发布和数据共享应用。

综上所述，企业对于数据的使用，不再局限于对数据的初级使用，即通过数据可视化呈现直观的数据价值，而是真正通过数据深度影响甚至改变业务经营模式，实现数据驱动更大的商业价值。企业基于"数据＋智能"的实践创新路径如图 12-9 所示。

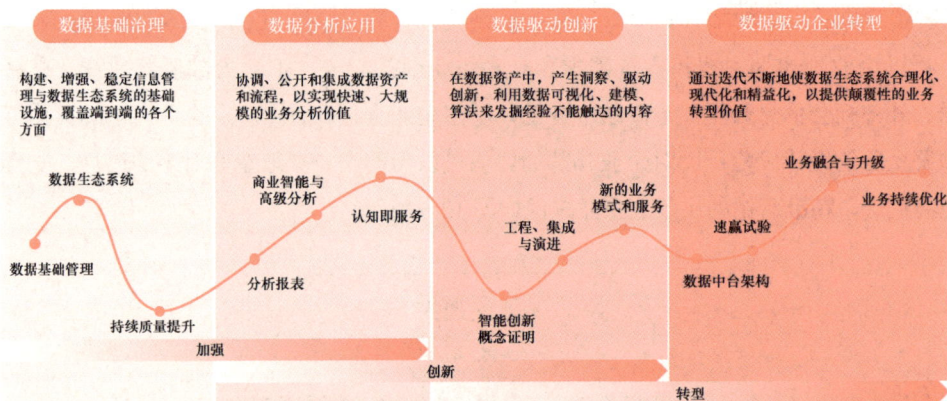

图 12-9　企业基于"数据＋智能"的实践创新路径

决策模式：从辅助决策到"自"决策

一家实时运营的企业必须实时掌握有助于市场决策和优化关键业务过程的最新信息，必须有能力及时获取决策所需的关键信息，这就带来了企业对于实时大数据平台、业务活动实时监测（Business Activity Monitoring，BAM）与告警系统的强烈需求。实时大数据平台着眼于借助数据湖、人工智能等相关技术，快速实现企业经营决策相关信息的搜集、加工以及实时分析处理，定位于为管理者提供实时决策信息和高效决策依据，并针对日常运营工作执行自动化决策。

决策工具演进：从数据仓库到数据中台

决策是一个复杂的思维操作过程，经过信息搜集、加工，最后做出判断，得出结论的过程。决策是管理过程中经常发生的一种活动，是为了实现特定目标，根据客观可能性，在占有一定信息和经验的基础上，借助一定的工具、技巧和方法，对影响目标实现的因素进行分析、计算、判断和选优后，对未来行动做出决策。从本质上讲，决策的过程就是通过搜索"外部的信息"和"内部的经验"来获得"答案"的过程。

在当下信息爆炸式增长的环境中，如何快速搜寻有效、合适、满意的信息，从而有效地思考问题、解决问题是每个管理者每天都会遇到的难题。决策依赖数据支撑，实时决策则依赖实时数据支撑，实时智能决策自然离不开实时大数据平台的有力支撑。实时大数据平台着眼于对数据的实时汇集、处理与分析，并基于"算法＋模型"形成决策支持体系，辅助甚至替代人工进行相应的业务决策。

基于实时大数据平台的数据中台和传统数据仓库有着显著的优势与区别，表现如下。

第一，战略支持与战术支持。传统数据仓库只提供战略性决策支持，实时大数据平台不仅提供战略性决策支持，还提供战术性决策支持。

第二，数据加载方式。传统数据仓库是通过批量的方式定期进行数据加载，而实时大数据平台是实时、动态的加载，利用操作型系统将最新的信息集成到大数据平台中来提供当前业务的最新视图。

第三，访问用户。传统数据仓库的用户主要是企业管理者，用户规模不大，而实时大数据平台的用户是直接面向企业的一线工作人员，用户规模较大，会出现大量的用户并发访问的情况。

第四，响应时间。基于实时大数据平台的数据在中台能够提供动态的数据访问，并且信息访问与企业运营连在一起，因此对响应时间有比较高的要求，一般控制在 3 秒以内。而传统数据仓库，对于一个复杂的分析响应时间一般为 5 ～30 分钟。

数据中台带来的优势虽然是明显的，但是给技术系统设计带来的挑战也是巨大的，在实际建设中宜采取由简到繁的建设步骤，逐步从传统数据仓库发展到实时大数据平台。针对如今的商业要求，从传统数据仓库到实时大数据平台是一个自然的演变结果。将传统数据仓库扩展成为数据中台有助于企业减少信息时延，这是"实时企业"的一个主要特征。由于确保企业可以更好地集成业务应用，实时大数据平台可以帮助企业实现更主动的商业服务，使更多的工作人员掌握商业智能，他们可以根据这些信息来执行商业决策。最终，由于有效地利用了现有系统，因此实时大数据平台使许多企业最大化地利用了自己对数据的投资。

决策模式重构：从决策支持到决策智能

在数字经济时代，企业经营正面临诸多的不确定性，在这种不确定的环境中进行决策是企业面临的巨大挑战。然而这种新的认识和改造世界的方法论，也在催生基于"数据＋算法"的决策革命，将决策带到了一个全新的数字世界中。管理者的决策过程正在从基于经验的决策转向基于"数据＋算法"的智能决策。

在数字世界中，我们可以通过以下4个环节完成决策过程：**一是描述，在数字世界描述物理世界发生了什么；二是洞察，事物为什么会发生，以及其发生的本质与原因；三是预测，将来会发生什么，研判未来发展趋势及可能发生的风险；四是决策，最后应该怎么办，提供切实可行的解决方案。**

20世纪70年代，决策支持系统的概念被提出并伴随着ERP的普及以及互联网的迅猛发展得到快速推广。如今，随着大数据技术的发展与深度应用，基于"数据＋算法"的决策演进正推动企业决策支持系统向智能决策系统转变。以前的决策支持系统被称为决策辅助系统，原因是以前的技术只能做到辅助决策的层面，这类技术中比较成熟和典型的是商业智能技术。而实际上，商业智能技术只是把数据库中的数据、表、字段等信息转化成一些关键的业务指标，然后人们通过对这些关键的业务指标进行分析后再做出相应决策。因为这些决策完全是由人做出的，所以叫辅助决策。然而，智能决策系统是由机器而不是由人来做决策的，这是最大的转变，也是其与以前的决策辅助系统或者决策支持系统的本质区别。一般而言，智能决策系统融合大数据与人工智能技术，基于动态知识图谱、自然语言和行业业务模型，为用户提供海量数据汇聚和融合、快速感知和认知、分析和推理、自适应与自优化、行业智能决策这五大能力，具备自适应和自优化的能力，支持复杂业务问题的自动识别、判断并进行推理，进而做出智能、快速、精确、实时的决策。

当然，不是所有的决策都是完全智能的和自动化的。智能决策多数集中在所谓的战术级、运营级的决策上，例如给什么样的用户做什么样的推荐等。而战略级决策，一般来说还是由人在机器的辅助下完成的。

平台支撑：构建"数据＋智能"中台

数据中台更像是一个数据加工厂，是一套可持续提供企业级数据服务的解决方案。建立数据中台的目的是为业务提供数据服务，这种服务不局限于商业智能分析或数据挖掘，还包括与数据相关的数据共享服务、数据能力服务、数据可视化服务等。

"数据＋智能"中台的业务价值

"数据＋智能"中台与传统数据系统的区别主要在于"数据＋智能"中台更多聚焦于业务思维，以能够快速实现数据的业务价值为目标，强调中台能力的复用、数据服务效率的提升以及商业价值的创造，并实现数据对业务的反哺能力。"数据＋智能"中台双轮驱动实现企业数据深度挖掘如图 12-10 所示。

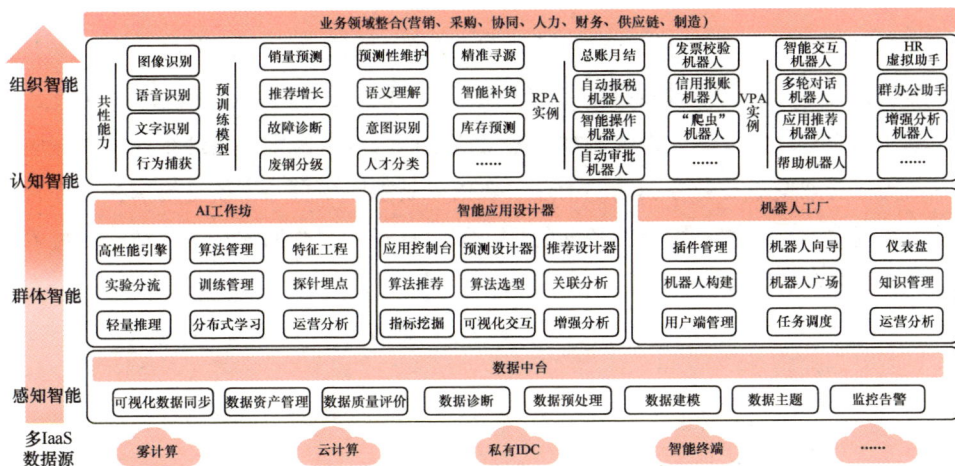

图 12-10 "数据＋智能"中台双轮驱动实现企业数据深度挖掘

中台能力的复用。"数据＋智能"中台从企业后台数据源、社会数据源以及物联网数据源中汇聚数据，并进行加工处理，形成统一的标准数据，完成海量数据的存储、计算、建模和产品化包装，构建企业的核心数据能力。"数据＋智能"中台的建立旨在盘活企业的全量数据，提供数据应用的管理和开发能力，共享跨领域、跨行业、跨主题域的数据，支撑企业各部门多维数据的使用需求，实现数据的快速复用。

数据服务效率的提升。"数据＋智能"中台之所以能够带来数据服务效率的巨大提升，主要体现在以下两个方面：一是从根本上解决了传统数据系统中存在的统一数据源和统一数据标准的问题，解决了数据间跨域共享和协作的问题，解决了数据的加工处理和维护问题，让企业的数据有了全方位、安全、高质量和高可用性的保障；二是新的数据技术和工具的出现，让数据使用更方便，不需要专业的技术人员，业务人员只须懂业务数据就可以快速应用数据。业务创新对数据提出的需求变化是非常快速的，"数据＋智能"中台的出现弥补了传统数据系统开发响应效率不足的问题。

数据创造商业价值。"数据＋智能"中台实现了数据资产全链路管理，并提供了标准数据的输出。数据量足够多的标准数据为人工智能的发展提供了基础数据资源。智能中台的机器学习技术实现了对海量数据处理、分析、挖掘和建模的功能。企业通过智能化服务深挖数据价值，实现对未来商业的预测和决策，实现数据真实的商业价值和对业务的反哺能力。

"数据+智能"中台的构建思路

"数据＋智能"中台可以帮助企业构建全新的数据架构，以新的技术帮助企业打破"数据孤岛"，实现全域数据的共享、融合；赋能企业数据智能，通过高级的分析、算法和模型，实现商业价值洞察；通过应用嵌入服务能力，帮助企业以数据驱动的方式实现管理变革与业务创新。构建"数据＋智能"中台，不仅是搭建技术平台，而且是实现数据、技术、场景三者的融合，从而真正发挥数据的价值。数据、技术、场景三者的融合如图 12-11 所示。

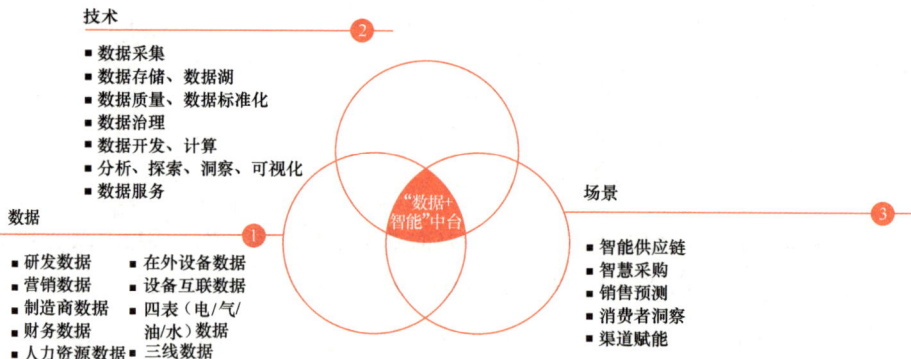

图 12-11 数据、技术、场景三者的融合

"数据＋智能"中台是企业数智化转型的动力引擎，涵盖丰富的数据处理软件工具、成熟的方法体系和合理的组织机制。"数据＋智能"中台以数据驱动业务创新为根

本目标，围绕数据生产、存储、增强、使用、传输、共享、冷存储到毁灭的全生命周期，通过海量多源异构数据的整合，实时数据的计算与发布，统一通道数据的调用与分析，具备高可复用、高可靠的开放型数据治理能力以及快捷的数据服务能力，形成一体化、数据智能驱动的完整解决方案，进而满足不同角色对数据的应用需求。

"数据 + 智能"中台是一套以业务服务为目标，以业务需求为导向，包含方法体系、基础设施、运营体系在内的综合解决方案，通过将数据资源与数据生产系统松耦合，为业务前台创新多变的业务场景提供数据能力支撑。因此，"数据 + 智能"中台的构建过程往往伴随着企业组织的变革和业务流程的创新。"数据 + 智能"中台涵盖的内容如图12-12所示。

方法体系
- √ 以终为始的业务分析
- √ 全局数据规划设计
- √ 数据资产盘点
- √ 数据标准及质量规范
- √ 数据计算能力沉淀
- √ 数据服务梳理
- ......

基础设施
- √ 数据湖技术
- √ 数据移动
- √ 数据资产与治理
- √ 数据工场
- √ 智能分析
- √ 智能工场
- √ 计算引擎
- √ 数据智能服务
- √ VPA/RPA机器人
- √ 数据运营平台
- ......

运营体系
- √ 首席数据官（Chief Data Officer，CDo）
- √ 数据业务角色及岗位
- √ 数据技术角色及岗位
- √ 数据运营部门及岗位
- √ 数据管理制度体系
- √ 数据价值评估体系
- ......

图 12-12　"数据 + 智能"中台涵盖的内容

"数据+智能"中台的持续运营

企业搭建完成"数据 + 智能"中台后，如何让"数据 + 智能"中台的数据资产越用越丰富、越用越灵活、越用越稳定呢？数据资产的持续运营是最佳答案。在企业数据资产运营实践中，企业采用"看、选、用、治、评"的运营链路，并坚持"可阅读、易理解、好使用、有价值"的数据资产运营目标，企业才能通过有序的正向循环不断挖掘并提升数据资产的价值。

数据资产运营目标

- **可阅读的数据资产**。数据表、数据字段等形式展现的数据只有具备一定数据库基础的业务人员才能通过数据库、数据表操作、读取数据字段的信息，而其他业务人员并不具备这一技术能力，因此不能直接读取数据字段。这严重影响了业务人员使用数据，长此以往会产生数据资产的浪费。因此，构建一个数据资产信息的读取门户或数据资产地图变得尤为重要。在这个门户中，业务人员能够自己直接上手操作，通过简单的检索、分类查找、智能推荐等方式便捷地获取数据资产信息，且数据资产信息可以满足业务人员的阅读习惯，而非面向专业技术人员。

- **易理解的数据资产。**信息除了可阅读，也要易理解，因此需要将数据资产标签化。标签是面向业务人员的数据组织方式，通过业务人员理解事物的方式来确定对象，所有标签都应围绕特定对象的属性进行描述。

- **好使用的数据资产。**业务人员在充分了解所需信息后，一定会问："我该如何使用这些数据资产？"传统的使用方式往往是业务人员告知开发人员需要使用哪些数据字段后，由开发人员编写数据服务接口，对接业务系统或数据应用系统，供业务人员查看、查询、分析、使用数据。好使用的数据资产要求开发人员通过数据服务体系对数据使用方法进行抽象化并工具化，供业务部门理解后直接配置使用，解决了业务人员难以准确描述需求的问题。同时，数据服务配置生成过程要简捷快速，去除从零开始的编程过程。

- **有价值的数据资产。**数据运营要始终围绕数据资产价值开展。在数据资产的使用过程中，企业应记录调用信息、效果信息、反馈信息、业务信息等所有可以用来评估资产价值的信息。当资产的经济价值较难衡量时，企业可以考虑通过数据资产的调用信息来衡量。例如，根据某标签的历史调用总量、平均每日调用总量、持续调用量走势、调用受众量、调用业务量等维度来间接评估标签的重要程度。

此外，通过数据资产服务使用前后的业务指标差异也可以衡量数据资产的价值，例如，通过灰度测试比较使用了数据资产服务支撑的业务和未使用数据资产服务支撑的业务，在核心业务指标（例如用户黏性、转化率、营业额、访问量、访问深度、好评率、回头率、忠诚度等）上的差异，进而衡量数据资产的价值。

数据资产运营链路

接下来，我们从"看、选、用、治、评"这一数据运营链路来具体分析如何有效开展对数据资产对象的统筹运营和执行管理。因篇幅有限，本部分重点探讨其中的第四步和第五步：第四步"治"——治理优化；第五步"评"——价值评估。数据资产运营的完整链路如图12-13所示。

看	选	用	治	评
组织登记	**宣传推广**	**服务保障**	**治理优化**	**价值评估**
将对业务有帮助的数据资产进行完整的信息登记	通过各种营销手段和方案，激发业务人员对数据资产的兴趣	搭建一个可看、可控、可追溯、可预警的服务保障平台	登记使用问题，人工修正或下发治理任务，不断迭代优化资产，形成正向循环	评估数据资产价值，同时周期性上报管理层及合理披露展示

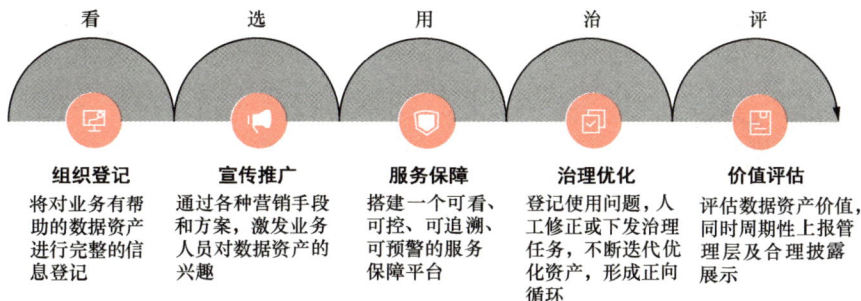

图 12-13　数据资产运营的完整链路

- **治理优化**。运营人员需要对数据资产进行持续优化。运营人员作为数据资产管理者中的一员，需要对数据资产使用过程中的问题做好登记、人工修正或下发治理任务，同时不断迭代优化资产，形成正向循环。一部分治理工作可以由运营人员完成，例如元标签信息不够完备、有错误、不标准，或某些数据资产的具体取值存在错误，需要人工审核。另一部分治理工作需要采取技术手段解决，交由技术人员完成。对于能正常使用的数据资产，也要定期关注其使用价值的情况及占用资源的成本，并及时清理长期不用、过时、性价比低或不合时宜的资产，沉淀出有价值的数据资产并进行资产体系优化，进而影响新数据资产的设计、迭代与落地。

- **价值评估**。对数据资产的价值评估是根据数据资产的使用情况进行整体判定的。其中，对数据资产标签的价值评估是比较常见的价值评估方式。对于标签的价值评估，资产运营人员需要综合数据资产使用的准确率、关注热度、调用量、可用率、故障率、持续优化度、持续使用度、成本性价比等多个指标进行多维评估，并非仅依据标签调用次数这个单一指标进行评估。同时，系统也可以把每一个价值评估指标放入价值评估模型中进行运算，得到标签的综合价值分数，从而得到数据资产价值的综合排名。对数据资产的价值评估既可以从各个细分维度展开，也可以根据综合指标进行排名。运营人员可以根据需求制作数据资产的价值看板并上报给企业管理层，同时需要将这些资产价值信息通过登记、同步、联动等方式展示在资产门户的相应位置上，方便业务人员根据价值评估指标判断所需数据资产能否满足业务对性能与质量的要求。

在人工智能与产业深入融合、企业组织可组装以及消费者主权崛起等大背景影响下，企业服务的数智化进程向感知智能、群体智能、认知智能、组织智能融合变革的方向发展。建设具有一体化、低代码、可解释、可迁移、松耦合特点的"数据＋智能"中台，向上可支持生态化的生产和运营各类数据智能应用，或将是"数据＋智能"在企业服务领域实现普惠化的关键抓手。

某工程机械集团：数据驱动下全球供应价值网络创新

某工程机械集团是国内最大、全球排名第五的工程机械制造商，在上海、北京、沈阳、昆山、长沙分别设有产业基地，拥有21个子公司，业务覆盖150个国家，其产品出口到110多个国家和地区。

业务诉求

这家工程机械集团的供应商风险监控体系尚未健全，以业务人员凭经验管控为主。同时风险数据分散存储在该集团内外部不同的业务系统中，数据流程不规范，信息获取不全面、不及时，导致该集团无法实现基于数据的风险管控。

从供需对接来讲，一方面，这家工程机械集团的供应商由品类经理人工选择，业务处理效率低，寻源不充分；另一方面，由于缺乏与供应商互动的便捷渠道，供应商无法实时获取这家工程机械集团发布的招标信息，进而影响了竞标范围和采购效率。

物资需求计划（Material Requirement Planning，MRP）系统的采购参数采用人工维护方式，存在工作量大，参数设置不科学、不准确等问题，容易造成物料安全库存过高以及部分物料库存不足。

品类经理在日常工作中用到的数据需要跨系统搜集整理，耗费大量时间，工作效率低下，导致品类经理无法聚焦精力在合同谈判等核心工作上。

应用模式

赋能采购及供应链体系，提升产品竞争力，高效地完成品质、成本、交期、服务（Quality、Cost、Delivery、Services，QCDS）战略任务。

有效整合供应链资源，将供应商的工厂等同于集团自己的车间，供应商的研发等同于集团自己的技术部门，实现与供应商实时、在线、按需、自助、无缝协同，进而敏捷地响应用户需求，构建以用户为中心的商业模式。

通过数字化重新定义采购，用计算机逐步替代重复、价值较低的事务性活动（例如下单、跟单、入库、报账等），助力采购部门将精力聚焦到价值较高的战略性采购工作中（例如寻源、前期采购、供应商选择、风险管理等）。

这家工程机械集团的商务信息化系统已经实现了大部分业务活动线上化，并系统地积累了大量的业务数据，但数据价值并未被充分发挥。希望借助用友iuap 平台的数据能力，重构该集团全球供应价值网络平台（简称 GSP 平台），从供应商风险在线管理、供应商智能推荐、采购参数智能修正、品类经理智能驾驶舱 4 个方面进行智慧采购探索，进而提高采购效率，降低运营成本。

关键应用

关键应用一：供应商风险在线管理

基于 iuap 数据智能服务，采购部门可以通过实时监控台风、雨水、冰冻、疫情等重大灾害风险事件，迅速查找并锁定风险影响的供应商订单，并制订相应的处理预案，进而有效规避供应链断供风险。

基于订单信息和供应商地点信息等标准化数据，采购部门可以实时定位相应采购源以及相应物流信息，并根据供应商物料的紧急程度，有效监控供应商生产进度以及物流配送进度。

在"数据＋算法"的支持下，该集团强化"供应商准入、围标串标预警、自动化询比价"等采购过程中风险自动管控。从应用效果来看，通过设置供应商准入红线，2020 年 GSP 平台已经自动识别并拦截了 1027 家不合格供应商；同时，GSP 平台也已经通过预设规则识别出 126 个存在围标串标风险的招标项目，淘汰了 62 家供应商。

该集团供应商风险管理体系如图 12-14 所示。

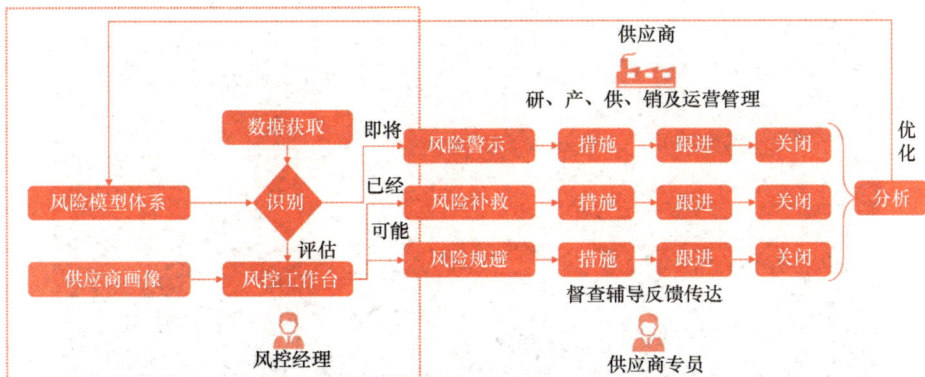

图 12-14　该集团供应商风险管理体系

关键应用二：供应商智能推荐

GSP 平台基于供应商的历史交易数据，结合质量、成本等内部指标和历史交易次数、金额、报价次数等品类交易情况，对供应商进行定期评价并形成供应商评价结果。在采购寻源的过程中，系统首先基于采购需求进行供应商匹配，再根据供应商评价结果进行供应商优先级排序，进而实现供应商的智能推荐。与此同时，供应商根据关键字、招标品类、招标发起人等信息在 GSP 平台上主动订阅招投标信息，实现招标信息的实时获取、及时响应。

关键应用三：采购参数智能修正

基于大数据分析，按照不同的物料类型、采购和库存策略构建不同的计算模型，实现最佳安全库存、采购提前期、物料再订购点、采购批量等关键参数的不断迭代，进而实现 MRP 采购参数自动化设置，提高 MRP 采购参数的准确性，减少库存，提高库存周转率。

关键应用四：品类经理智能驾驶舱

基于采购品类经理的业务需求，提供涵盖供求市场分析（外部市场汇率、原材料价格等）、供应商工艺及制造费用分析、实时库存分析等采购品类经理所关注业务事项的分析数据、采购业务执行情况（采购计划、采购合同以及采购付款等业务进度及相关数据等）、实时工作绩效以及待办工作事项，助力采购品类经理即时获取市场信息及业务进展，进而做出实时业务决策，大幅提升工作效率。品类驾驶舱如图 12-15 所示。

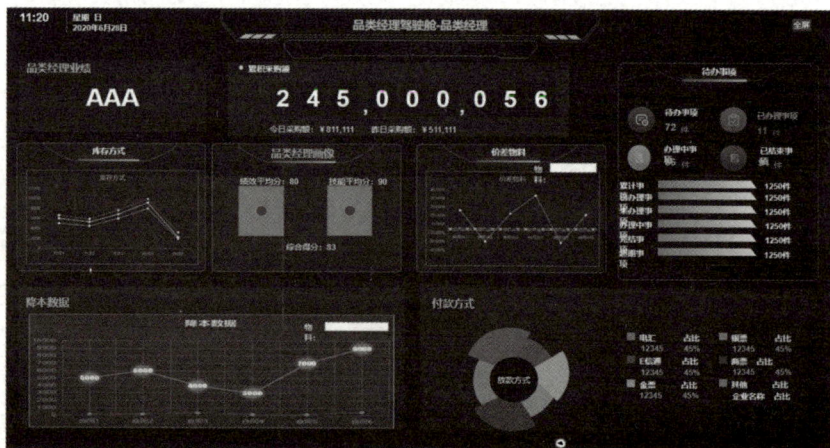

图 12-15　品类驾驶舱

应用价值

这家工程机械集团全球供应价值网络平台的建设，在采购业务降本、增效、降风险方面发挥了较大价值，主要体现在以下 3 个方面。

- 一是采购风险管理方面，通过风险处置和在线跟踪，有效降低了负面风险影响；通过智能化的风险预警，实现了潜在风险的提前处置，进而有效规避或管控风险；通过数据驱动的风险事后分析，促进了企业风险管理体系的不断优化。

- 二是采购推荐方面，借助智能供应商推荐和供需匹配，大幅提升了采购寻源效率，以非生产物资为例，单次采购需求寻源时间缩短了 80% 以上。

- 三是采购参数修正方面，借助智能化手段实现了 MRP 采购参数自动化设置，提高 MRP 采购参数的准确性，降低了安全库存，缩短了交付周期，提高了库存周转率。

第十三章　新监管：国资监管，数智变革

新趋势：国资国有企业改革政策驱动进行时

以"市场化、专业化、国际化"为导向，通过"完善现代企业制度"，增强国有企业活力和竞争力，是国有企业改革的重点及难点问题。近年来，随着国有企业改革的深化，国有资本投资运营公司的改建和组建正在进一步加速推进，"分类监管、分级授权、厘清职责"的监管方式应运而生。作为国有企业改革中最具有创新性的举措之一，国有资本投资公司和国有资本运营公司承担着实现以"管资本"为主改革国资管理体制，提高国有资本配置和运营效率，国有资产保值增值等多重改革任务。

2019 年，国务院国有资产监督管理委员会（以下简称国资委）先后出台了《关于进一步推动构建国资监管大格局有关工作的通知》《国务院国资委关于以管资本为主加快国有资产监管职能转变的实施意见》等文件，提出力争用 2～3 年的时间推动实现机构职能上下贯通、法规制度协同一致、行权履职规范统一、改革发展统筹有序、党的领导坚强有力、系统合力明显增强，加快形成国资监管一盘棋。

同时，我国也在协调推进混合所有制改革，国有企业将引入战略投资者，给予民营资本、外国资本等投资国有企业的机会，优化企业治理结构，盘活国有资产。在市场竞争加剧、能力要求提高、新技术改变竞争环境和手段的大背景下，国有企业的长远发展正在面临一系列内外部的挑战。

- 如何管理国资委、非公股东、社会大众和内部干部员工等利益相关者的不同期望？
- 根据本轮改革的分类监管原则，未来应如何重新战略定位？

- 如何构建与混合所有制相适应的法人治理结构？
- 大型国有企业集团和下属企业未来应如何定位各自功能，完成从管企业到管资本的转型，实现财务和非财务的目标？
- 如何通过创新和并购重组实现有机和非有机的持续稳定增长？
- 如何识别和防范重大风险，同时不放缓增长态势？
- 如何通过合适的绩效体系和激励机制，识别、保留并发展高管和核心人才？
- 如何利用数字化、社交媒体等信息化技术，将改革措施实施落地并打造竞争优势？

为应对上述挑战，国有企业也正在探索如何借助云计算、物联网、大数据等新型数字技术在企业转型规划、顶层设计、战略定位和管控运营、实施落地的数字化转型道路上守正创新。

新变革：管资本模式倒逼国资监管数字化加速

数字政府治理给国资监管带来的启示

国资监管作为数字政府治理分支，其信息化建设面临多部门、大数据和多业务的特点，有效借鉴数字政府治理方式，把握信息化建设的要义和本质对于搭建实时高效的国资监管平台至关重要。数字政府治理面向众多治理主体，注重技术融合、业务融合和数据融合，实现的是跨层级、跨地域、跨系统、跨部门、跨业务的协同管理和服务。国资监管作为其分支，其信息化建设同样面临多主体、大数据和多业务的特点。有效借鉴数字政府治理方式、把握信息化建设的关键要素、合理选择建设路径是进行国资监管平台顶层设计的前提和基础。

⚙ 国资监管数字化建设的关键要素

- **数据治理。**一是以数据流驱动业务流、服务流，进而优化和完善相关业务流。国资监管信息化面临的最大问题就是"信息孤岛"现象，业务部门之间互动较少，具有明显的封闭性，降低了国资监管平台的实用性、时效性；二是由于不同业务对数据的要求不同，难以形成一致的评价标准，必须通过统一的数据标准和处理模式，形成业务指标池，动态抽取数据，并在稳固的数据基础之上，承载业务处室的信息需求，支撑国资监管业务。
- **信息赋能。**开放共享数据资源可有效解决"生产数据却不运用数据"的问题。

国资监管信息化建设涉及多部门、多业务，考虑到公开信息较为烦琐，以及涉及保密等信息，因此部分单位主动参与信息化系统建设的积极性不高，导致国资监管平台的数字资源开放性较低、实用性较弱。

- **智能决策**。信息的时效性和真实性成为监管和决策的关键所在，由于信息技术的限制和数据传递的难度，传统的风险防控难以预先识别，难以将风险管理延伸到业务端、投资端，因此国资监管平台必须借助人工智能技术和先进的分析决策工具来发现数据间的关系，进一步挖掘和洞察数据背后更为复杂的业务含义和管理价值。

国资监管数字化建设关键要素如图 13-1 所示。

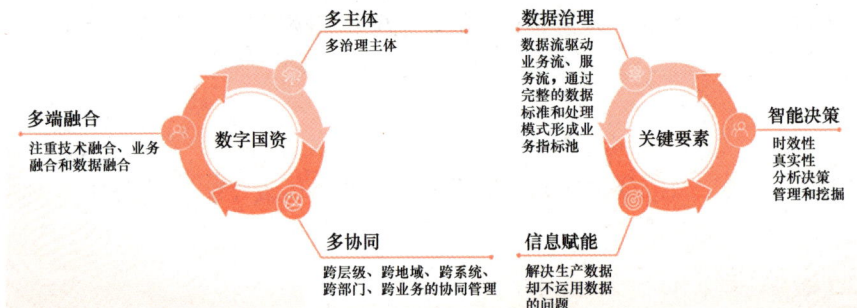

多主体
多治理主体

数据治理
数据流驱动业务流、服务流，通过完整的数据标准和处理模式形成业务指标池

多端融合
注重技术融合、业务融合和数据融合

数字国资

关键要素

智能决策
时效性
真实性
分析决策
管理和挖掘

多协同
跨层级、跨地域、跨系统、跨部门、跨业务的协同管理

信息赋能
解决生产数据却不运用数据的问题

图 13-1　国资监管数字化建设关键要素

国资监管数字化建设的总体原则

参照数字政府建设思路，以及用友以往的国资监管平台建设经验，国资监管平台建设应遵循微应用、大中台、赋生态、强安全的总体原则。

- **微应用**。以产权、投资、财务等业务为重点，相关部门积极推进国资监管向实时动态监管转变，确保国有资本投向哪里，国资监管就延伸到哪里。从应用建设而言，有 3 个核心应用需要重点建设：一是构建产权管理平台，实现对监管企业产权登记、产权交易的实时备案和掌控；二是构建重大投资平台，实现对重大投资事项的在线监控、及时调整和重点跟踪；三是构建资金监管平台，实现对监管企业大额资金流的动态监测，加强事中事后监管。

- **大中台**。国资监管数字化建设必然经历从点到面的过程，要根据业务需求和单位的实际情况，做好顶层设计，统一规划、统一布局、统一设计、规范标准、突出重点、分步实施。一是搭建"数据+智能"中台，满足数据的统一汇聚和存储需求，保障数据全面有序汇入数据湖；二是建立数据共享机制，基于"数据＋智能"中台提供的服务，统一数据标准，提供数据报表、仪表盘、应用系统、管理决策，逐渐把国资监管平台打造为一个要素之间有严密逻辑关联的有机整体，发挥"数据＋智能"中台整合的数据价值。

- **赋生态。** 一是构建基于知识图谱的智能分析平台，利用大数据技术，对数据深度清洗、整理和分析，将国资委内部工作产生的数据、企业数据以及第三方数据充分融合，以"三重一大"决策运行为着力点，让数据说话、让预警前移；二是构建征信大数据平台，提供关联图谱分析，为企业提供征信服务，降低生产经营风险，使国资监管平台成为辅助科学决策的得力帮手。

- **强安全。** 一是优化网络拓扑，根据安全规定和业务需要，完善现有国资委内网架构；二是更新网络设备，开展安全隐患排查，对关键节点的网络设备和安全策略进行升级；三是开展安全测评，定期对网络安全情况进行全面评估，确保信息化建设的安全有序。

宏观政策驱动下国资监管数字化变革

国有企业改革提速，国资监管职能转变

2019 年，《国务院关于印发改革国有资本授权经营体制方案的通知》《国务院国资委关于以管资本为主加快国有资产监管职能转变的实施意见》《关于进一步推动构建国资监管大格局有关工作的通知》等文件相继发布，这是国务院国资委在完善国有资产监管体制机制方面推出的重要顶层设计，也是深入推进国有资本授权经营体制改革、完善国有资产管理体制的重要举措，落实由管企业向管资本转变、依法确立国有企业市场主体地位的具体要求。

在授权放权的同时，国资委着力强化监督监管，加大事中事后监管力度，加快推进信息化建设和持续完善实时在线的国资监管系统，强化对"三重一大"等重大关键事项的监督监管。国资委已经建立并严格执行上下贯通的责任追究机制，切实维护国有资产安全，坚决防止国有资产流失，确保授权与监管相结合、放活与管好相统一。

按照权责对等的原则，国资委加大授权放权力度，意味着赋予企业更大的责任，对企业加强行权能力建设、自我约束、规范运行提出了更高的要求。因此，企业要不断夯实管理基础，优化集团管控，深化内部人事、劳动、分配 3 项制度改革，健全完善风险、内控和合规体系，确保各项授权、放权接得住、行得稳。

⚙ 国务院国资委全面推动国资监管数字化建设

2018 年 7 月，国务院国资委组织召开中央企业国资监管信息化建设现场推进会议，会议提出全面开展国资监管信息化建设"三年行动计划"。2019 年 4 月，《国务院关于印发改革国有资本授权经营体制方案的通知》（国发〔2019〕9 号）下发，明确指出：出资人代表机构要加快优化监管流程，创新监管手段，充分运用信息技术，整合包括产权、投资和财务等在内的信息系统，搭建连通出资人代表机构与企业的实时在线国资监管平台，实现监管信息系统全覆盖和实时在线监管。

2020 年，随着数字技术的深度应用，国资监管迈进数智化时代。国务院国资委强调各级国资委要统筹加强国有资产监督。国资委需要进一步优化调整出资人监督机制，加强业务监督，探索完善综合监督，不断深化责任追究；指导推动地方国有企业全面加强风险管理和内控体系建设，利用企业内部监督机制的有效性切实增强地方国有企业的抗风险能力；统筹加强国有资产基础管理，健全产权管理工作体系，抓好产权界定、产权登记、资产评估、国有资产交易流转监管工作，全面掌握监管国有资产分布状况；加强资产统计、综合评价和经济运行分析，完善信息编报制度，提高监管工作水平。国资监管数字化要点解读如图 13-2 所示。

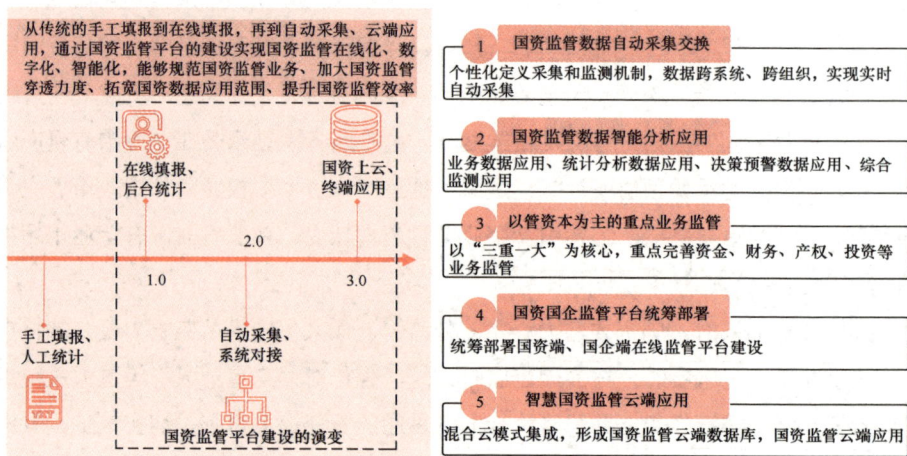

图 13-2　国资监管数字化要点解读

国资委与中央企业联动，快速推进数字化

2018—2020 年在国资委和中央企业范围内开展国资监管信息化建设"三年行动计

划"，深化国资监管信息化顶层设计，促进国资监管和集团管控信息化水平协同提升，推动国资监管向实时动态转变。

总体要求。建立完善的国资监管信息化工作平台，持续推进信息化与监管业务深度融合，更好地适应以管资本为主加强国有资产监管的要求，进一步增强国资监管的针对性、及时性和有效性。

总体目标。整合信息资源，统一工作平台，畅通共享渠道，打造实时在线的国资监管平台，建立纵向到底、横向到边的信息化监管体系，不断优化监管方式，对重大国有资产流动等关键环节实施实时监控、动态监管，确保国有资本投到哪里，监管就延伸到哪里，努力消除监管空白点，切实解决信息不对称、监管不到位的问题。

工作安排。2018 年为试点推动年，加快实现大额资金动态监测，初步建成国资监管综合信息监测展示系统，以中央企业"三重一大"决策运行为着力点，探索加强事中事后监管；2019 年为全面建设年，基本建成国资监管信息管理系统，初步构建实时动态监管体系；2020 年为巩固提高年，全面建成国资监管信息管理系统，为实时动态监管提供全面支撑。

工作重点。一是以中央企业大额资金监测"扩围"工作为突破口，积极探索实时监督、动态管理；二是以国资监管综合信息监测展示系统建设为抓手，加快推进国资监管统一工作平台建设；三是以中央企业"三重一大"决策运行为着力点，探索加强事中事后监管；四是以中央企业产权、投资、财务等业务为重点，持续推进国资监管业务与信息化有机融合。

国资监管数字化的总体业务示意如图 13-3 所示。

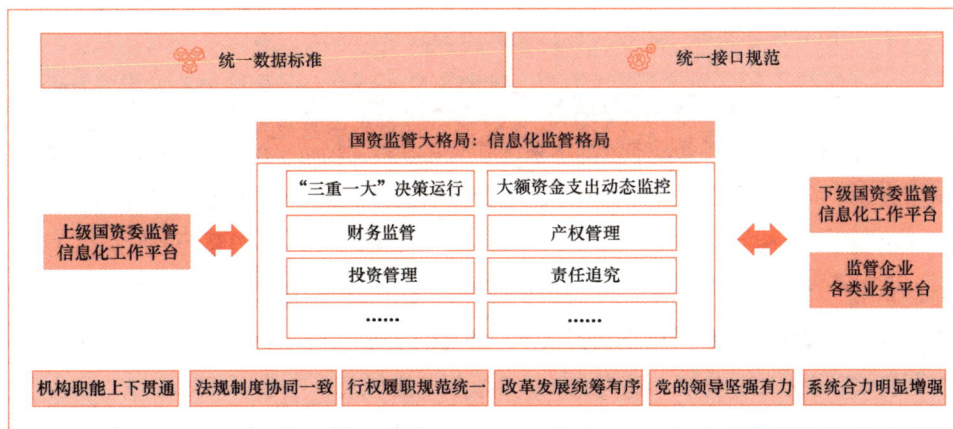

图 13-3　国资监管数字化的总体业务示意

新场景：探索国资监管数智化应用场景

　　根据国务院国资委的相关要求，各省市区国资委及下属企业纷纷着手，应用新兴数字技术，搭建"动态化、精准化、智能化、可视化"的国资国有企业在线监管系统，实时掌握国资国有企业业务数据，实现"大数据精细洞察企业、大数据监控内外风险、大数据辅助优化决策、大数据驱动精准监管"。在此背景下，围绕以管资本为主的国资监管职能转变，我们建议在资本布局、资本运作、资本收益、资本安全以及党的领导 5 个方面探索并构建国资监管数智化赋能的应用场景。"管资本"的国资监管重点任务解读如图 13-4 所示。

监管重点：资本【布局 运作 收益 安全】

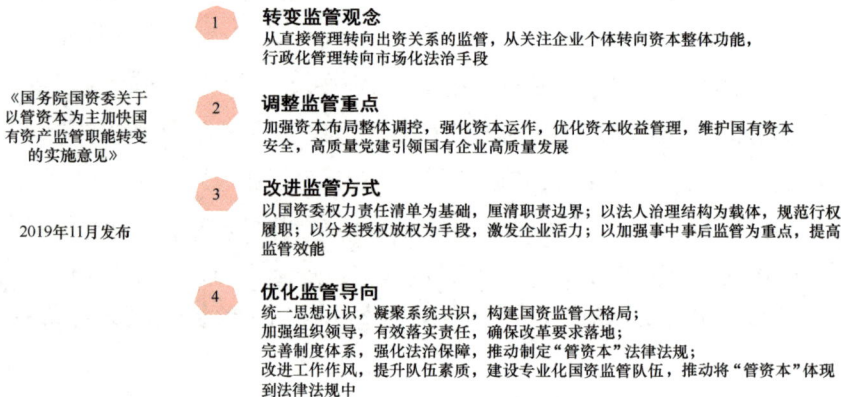

《国务院国资委关于以管资本为主加快国有资产监管职能转变的实施意见》

2019年11月发布

1 转变监管观念
从直接管理转向出资关系的监管，从关注企业个体转向资本整体功能，行政化管理转向市场化法治手段

2 调整监管重点
加强资本布局整体调控，强化资本运作，优化资本收益管理，维护国有资本安全，高质量党建引领国有企业高质量发展

3 改进监管方式
以国资委权力责任清单为基础，厘清职责边界；以法人治理结构为载体，规范行权履职；以分类授权放权为手段，激发企业活力；以加强事中事后监管为重点，提高监管效能

4 优化监管导向
统一思想认识，凝聚系统共识，构建国资监管大格局；加强组织领导，有效落实责任，确保改革要求落地；完善制度体系，强化法治保障，推动制定"管资本"法律法规；改进工作作风，提升队伍素质，建设专业化国资监管队伍，推动将"管资本"体现到法律法规中

图 13-4 "管资本"的国资监管重点任务解读

加强资本布局整体调控

　　"管资本"首先需要统筹国有资本布局方向，服务国家重大战略、区域发展战略和产业政策规划，构建全国国有资本规划体系；其次是着力优化资本配置，坚持出资人主导与市场化原则相结合，大力推进国有资本的战略性重组、专业化整合和前瞻性布局；然后是通过强化战略规划和主业管理、制订投资负面清单、核定非主业投资控制比例等方式，引导企业聚焦主责主业；最后是大力化解过剩产能，加快处置低效、无效资产，有效盘活国有资本。在这 4 项总体策略的指引下，我们认为加强资本布局整体调控的重点场景包括国资国有企业规划管理、国有企业改革发展管理以及企业数字画像。

　　国资国有企业规划管理。国资国有企业从战略规划编制、战略执行与监控、战略回顾与滚动规划、战略 KPI 体系管理到投资前管理的行业研究、投资负面清单、潜在项目机会管理，以及根据战略对集团投资计划和预算进行全面管理并执行监控。

国有企业改革发展管理。 国有企业改革发展涉及改革管理和发展管理两大业务，其中，改革管理业务主要包括改革任务制订、改革方案管理、改革实施过程跟踪、改革工作考核及董事会建设等。

企业数字画像。 国资委利用大数据平台的数据获取技术，采集企业内部系统数据和外部第三方数据，形成国资大数据中心，集成财务、人力、资产、采购、资金、审计、安保等集团内部系统以及工商、金融、市场、法律、舆情等外部数据，构建企业全息画像，实现国资委内部数据共享。

通过国资国有企业规划管理、国有企业改革发展管理等措施加强资本布局。国资监管—资本布局整体调控业务示意如图 13-5 所示。

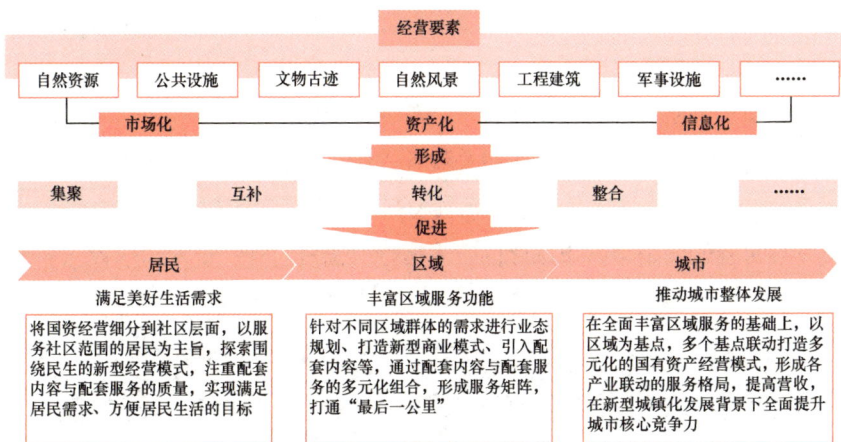

图 13-5　国资监管—资本布局整体调控业务示意

强化资本运作

资本运作是"管资本"国资监管的重要内容，即通过建立完善国有资本运作制度，加强国有资本运作统筹规划，加快打造市场化专业平台。通过开展投资融资、产业培育和资本运作等，发挥国有资本投资、运营公司的功能作用，推动产业集聚、化解过剩产能和转型升级，培育核心竞争力和创新力。通过股权运作、基金投资、培育孵化、价值管理、有序进退等方式，优化国有资本运营，实现国有资本合理流动和保值增值。加强产权登记、国有资产交易流转、资产评估、资产统计、清产核资等基础性管理工作，确保资本运作依法合规、规范有序。围绕资本运作的数字化业务场景包括投融资管理、债务管理和产权管理。

投融资管理。 通过投资计划管理、投融资预算编报、投融资专项调研等系统功能，实现对监管企业及所投资企业的投融资项目的前期管理与后期跟踪，与国资委投资管理信息系统、企业预算系统对接，实现信息共享，提高报送效率。同时，通过系统可实现对企业的战略发展规划、投融资规划、投融资管理制度、负面清单的备案管理，完善投融资全生命周期管理闭环，为国资委相关处室在投融资项目管理方面实现"统筹管理、智慧决策、科学评审"提供信息及数字化工具的支撑。

债务管理。债务管理主要实现国资委下属企业融资信贷业务的全生命周期管理，从贷款业务申请、贷款合同管理到贷款放款、还款、计息、付息，贷款费用管理及贷款业务综合成本计算，贷款业务到期预警提醒、审批及台账、信贷业务报表多维度自动统计汇总查询等。企业间数据隔离，保持企业数据的独立性，而国资委可以看到数据全貌，并通过债务风险数据建模与分析、预警、压力测试，实现国资债务情况看得到、管得了和控得住。

产权管理。以产权信息为基础的规范完整的产权综合管理平台，可实现全面掌握企业国有产权关系、产权变化和现状，对产权（股权）变动情况进行动态监测和大数据智能分析。该管理平台还支持国资委国有资产监督管理任务中涉及产权管理处、业绩考核处和企改处等处室的日常资产监管的相关业务工作，具体包括产权登记管理、产权交易管理、国有股权管理、资产评估管理和债券发行监测管理等工作。

国资发展目标的实现依赖市场化的资本运行。国资监管—资本运作管理业务架构如图 13-6 所示。

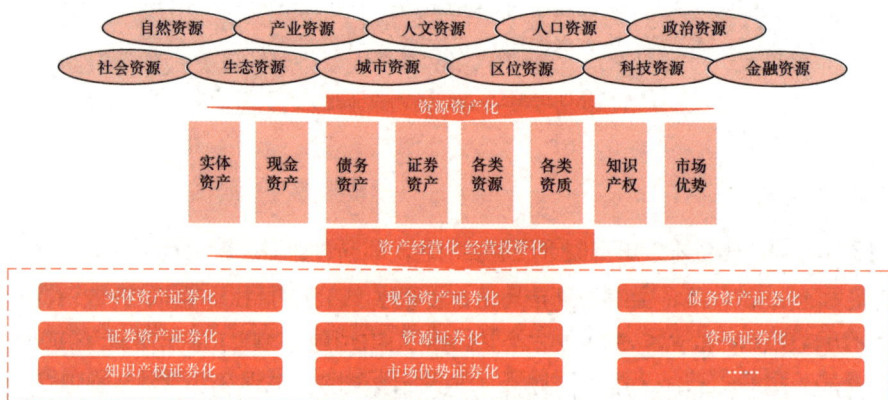

图 13-6　国资监管—资本运作管理业务架构

优化资本收益管理

资本收益管理需完善国资考核指标体系，对不同功能定位、不同行业领域、不同发展阶段的企业实行分类、差异化考核；充分发挥考核导向作用，突出质量第一、效益优先、服务国家战略、创新驱动发展、供给侧结构性改革等重点，完善激励约束机制；优化国有资本经营预算的收益与支出管理，更多体现出资人调控要求，提高资本金注入占预算支出的比重，推动资本预算市场化运作；加强上市公司市值管理，提高股东回报；强化财务预决算管理和重大财务事项监管，实现资本收益预期可控和保值增值。

人事绩效管理。 人事绩效管理主要涉及企业人事绩效管理以及机关人事管理两块核心业务，实现对国有企业领导人管理、领导人绩效与薪酬管理、企业工资总额管理，并对国资委内部各处室的组织、人事的基本信息等进行管理。人事绩效管理具备国资分类监管下的考核指标个性化定义功能，支持考核方案"一企一策"精细化监管。

财务监督管理。 财务监督管理是国资监管的核心内容，是各级领导、各级部门决策分析的重要依据。国资监管中的规划管理、业绩考核、改制重组、产权转让等工作的财务数据主要来自财务监管数据。根据国资监管的需求，利用信息技术支撑各级国资委对下属企业国有资产涉及日常财务监督相关的业务工作。通过对财务预算管理、财务决算管理、财务快报管理和企业实时监测分析4个子系统的建设，实现对财务信息的有效监管。同时通过对财务数据的分析，为相关决策和管理提供数据支撑。

董事会管理。 为进一步加强集团企业董事会建设，完善法人治理结构，确保国有资产保值增值，建立董事会监督系统。董事会监督系统由董事会人事管理、董事会会议管理和董事会考核3个部分组成。董事会监督系统能够采集企业的基本信息、届次、董事会工作机构、董事信息、执行董事信息、工作职责、企业董事会制度、董事和董事会的评价数据、外部董事的人员信息及评价数据、工作报告数据等，并从各个维度进行数据的统计分析。

维护国有资本安全

维护国有资本安全需要健全覆盖国资监管全部业务领域的出资人监督制度，加强对监管企业的关键业务、改革重点领域和国有资本运营重要环节以及境外国有资产的监督；完善问责机制，加大违规经营投资责任追究力度，构建业务监督、综合监督、责任追究三位一体的监督工作闭环；强化监督协同，统筹出资人监督和纪检监察监督、巡视监督、审计监督以及社会监督力量，建立有效的监督协同联动和会商机制，切实防止国有资产流失。

⚙ "三重一大"决策运行管理

通过"三重一大"决策运行管理平台，实现对"三重一大"决策和运行过程中的各类事项的监管信息化、审批规范化、决策科学化。实现决策事项、治理主体和决策程序的清单化、标准化、规范化，确保国资委动态掌握下属企业"三重一大"决策运行的整体情况，下属集团企业能够及时掌握各级企业"三重一大"决策运行情况。通过信息化手段，实现对监管企业"三重一大"决策的制度、规则、清单、程序、内容和落实情况的全过程监督，"三重一大"与业务系统联动，实现横向到边、纵向到底的实时在线监管，形成执行"三重一大"制度的硬约束，保证"三重一大"制度执行的规范高效。

大额资金监测

通过实时采集国资委下属企业的实际现金流和现金存量，国资委能够实时查询各项资金信息，切实保障国有资本安全。通过建设企业资金监测系统，实现对企业银行账户、预警规则、大额资金支出报备和审批、数据采集、统计分析的密切监督，以期达到有效监管企业大额资金往来的管理目的。

综合监督管理

综合监督管理系统包括风险管理、内控管理、合规管理、内审管理和监事会管理 5 个子系统。综合监督管理系统应用于综合检查国资监管规章制度的建设和执行情况，监测内外部风险动态，及时发现控制缺陷、管理漏洞和潜在风险，制订风险防控措施，监督缺陷整改，案件动态生成内控报告、风险报告、合规报告、审计报告和监事报告。综合监督管理系统的应用有助于进一步提升企业化解重大风险的能力，加快培育具有全球竞争力的世界一流企业。

监督追责管理

全面建立覆盖各级履行出资人职责的机构及国有企业的责任追究工作体系，形成职责明确、流程清晰、规范有序的责任追究工作机制。监督追责工作系统立足于监督追责业务工作和未来发展需要，通过整合信息资源，统一工作平台，畅通信息渠道，优化监督方式，对重大和较大国有资产损失问题的线索进行实时监控、动态监管，借助信息化手段，助推下属企业建设违规经营投资责任追究工作体系，对监督追责工作进行在线监管。

全面加强党的领导

坚持"两个一以贯之"，将加强党的领导与完善公司治理相统一，指导推动国有企业党委（党组）发挥领导作用，把方向、管大局、保落实。着力抓好党的建设，坚持"管资本"就要管党建，把党的建设融入"管资本"的各个方面，加强混合所有制企业的党组织建设，推进基层党组织全覆盖，不断增强基层党组织的组织力、凝聚力、战斗力。推动全面从严治党向纵深方向发展，加强国有企业党风廉政建设和反腐败工作，为国有企业的改革发展营造风清气正的良好环境。

党建工作管理

通过把"智慧党建"作为推动监管企业党的建设和组织工作的总引擎，聚焦党的建设和组织工作的发展实际，坚持以建为基、以用为本。党建系统是党建信息化、网络化、智能化的服务平台，按照中共中央组织部全国党员管理信息化工程 8 个管理子系统和 6 个服务子系统的建设标准和要求，面向广大党员、党组织领导以及党务工作者，党建系统提供党员管理、党组织管理、党务管理、党组织生活管理、党员教育、党员发展等服务。国资监管—党建工作总体业务架构如图 13-7 所示。

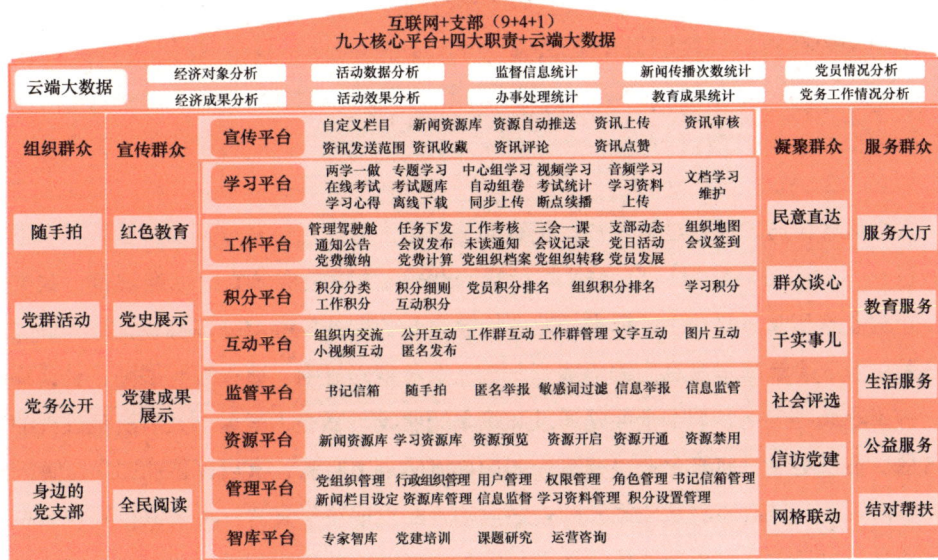

图 13-7　国资监管—党建工作总体业务架构

宣传与舆情管理

宣传与舆情管理子系统包括新闻素材报送管理、文明单位评选管理、企业文化建

293

设管理、国防动员教育管理、思想政治宣传管理以及舆情管理六大业务版块。监管企业与国资委共用舆情监测系统，对监管企业舆情进行实时监测和应对。监管企业制订并定期更新舆情采集方案及预警方案，实现对舆情的实时监测、预警和应对，并在触发预警时提示国资委查看相关重大舆情情况。国资委可审阅企业的舆情采集方案、预警方案以及舆情报告，制订国资委的舆情采集方案、预警方案、舆情报告，从而及时掌握企业舆情情况，指导企业舆情管理工作。

新思维：数智赋能下国资监管路径选择

构建纵向贯通、数据集成、横向协同的国资监管模式有利于更大范围、更广领域、更深层次地推动国有资本合理流动、优化配置，有利于更好地落实以"管资本"为主加强国有资产监管的要求，为国有企业改革发展提供良好的监管环境。在数字技术的加持下，国资监管可以从"以'管资本'模式为主，构建数智监管体系""集成多维度数据，最大化监管数据价值""以平台为抓手，落地国资监管分级管控模式"三条实施路径切入。

以"管资本"模式为主，构建数智监管体系

以"三重一大"决策运行系统，实现制度、决策到执行的全过程纵向贯通。以"三重一大"流程穿透、投资过程管控、资金动态监测为着力点，实现从决策到执行全过程的三位一体的国资监管纵向贯通模式。这个过程的关键是要做到"标准规范、数据全面、异常监测和业务联动"。标准规范即构建全面的数据标准遵循国务院国资委颁布的"三重一大"决策基本信息的编码规则，包括企业编码规则、事项编码规则、会议编码规则和议题编码规则。数据全面是通过深化系统建设，涵盖"三重一大"决策过程的完整信息，不仅实现对监管企业"三重一大"决策的事中监管、事后评价的覆盖，还同时增加事前管理。异常监测是依据校验规则自动判断发现决策异常，并依据校验规则自动判断和发现决策制度、事项清单、决策程序等内容的特殊情况，结合业务系统的数据，发现并对异常情况进行预警。业务联动是指提升智能化水平，建立立体化监管体系，进而全面实现"三重一大"决策运行系统和财务、产权、投资等应用系统的双向衔接和互相稽核，各监管企业完成与企业运营管理系统的协同共享。国资监管—"三重一大"决策运行系统业务架构如图 13-8 所示。

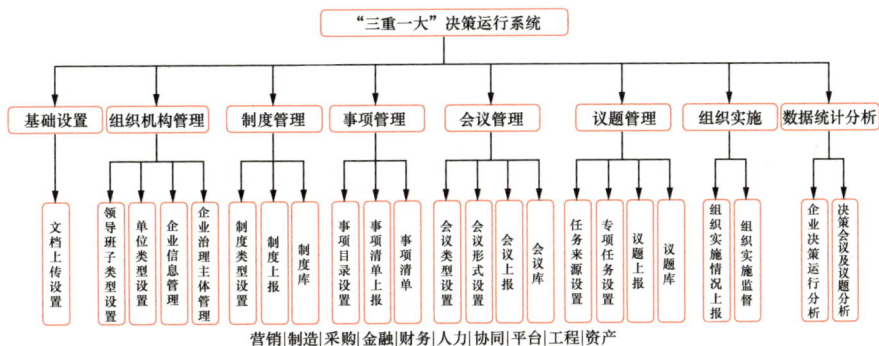

图 13-8　国资监管—"三重一大"决策运行系统业务架构

以重大项目和产权要素为线索，构建投资过程管控体系。 从项目全生命周期的角度出发，以项目为线索，建立"战—融—投—管—退"协同管理体系，完善投资全生命周期管理闭环，构建覆盖重大项目全生命周期的投资管理系统，进而形成整个项目的可视化业务视图，实现项目相关的所有业务过程实时可视、实时跟踪。同时，项目投资管理系统可全面反映监管企业的重大项目投资情况，实现监管企业重大投资项目全过程的跟踪管理，投资项目后评价管理，为国资委制定投资政策和进行宏观管理提供依据。同时在项目投资管理系统中，以产权为要素构建动态可视化的产权信息图谱，可帮助各级国资委和中央企业着力在提高国有资本运营配置效率、加强国有产权保护、优化产权管理职能、推进混合所有制改革等方面下功夫，不断提高产权管理服务中心、服务大局的能力和水平。国资监管—投资管理系统业务架构如图 13-9 所示。

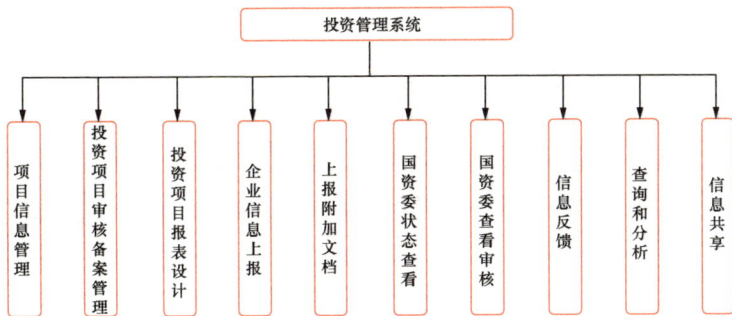

图 13-9　国资监管—投资管理系统业务架构

集成多维度数据，最大化监管数据价值

在数字化时代，数据已经成为企业的战略级资产。构建企业级"数据＋智能"中

台，并将其打造成数据资产与数据能力中心，提供清洁、透明、智慧的数据资产与高效、易用的数据服务，让数据服务随需获取，数据价值最大化，进而推动业务创新与变革，是国资监管数字化的组成部分。这就要求企业提前做好数据管理规划，一方面，建立统一的数据采集、处理、计算及数据服务能力，降低数据使用成本；另一方面，随着企业数字化改革的不断深入，企业越来越依赖数字化、智能化决策。开展有效的数据化体系建设，搭建功能强大的"数据＋智能"中台来管理庞大的数据资产，深度挖掘数据潜在价值已经是未来工作的重中之重。

搭建适合的企业级"数据＋智能"中台，满足数据的统一汇聚和存储需求，保障数据全面有序存入数据湖。同时建立数据共享机制，统一数据标准，发挥数据价值。基于"数据＋智能"中台可提供数据报表、仪表盘、管理决策、风险预警等数据服务。

构建内部系统集成架构，搭建内循环体系

与财务管理系统实现基础档案的统一，包含组织、部门、职员、企业基本信息、核算数据、对外披露数据。与人力资源（HR）系统对接董事／监事人才储备信息、董事、监事和高管信息，包含个人信息、任职期限、起止信息、选举备案信息等。与OA系统实现审批业务协同和公示协同。与股权管理系统进行企业信息同步、产权资料共享、股权业务跟踪。国资监管—内部系统集成架构如图13-10所示。

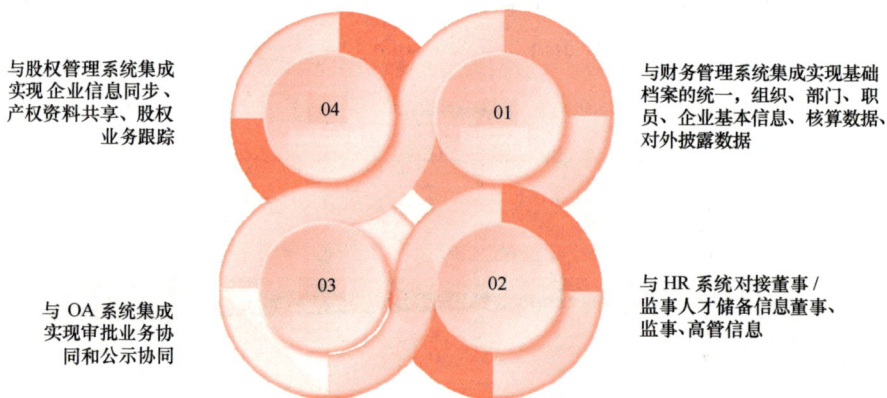

图 13-10　国资监管—内部系统集成架构

与股权管理系统集成实现企业信息同步、产权资料共享、股权业务跟踪（04）

与财务管理系统集成实现基础档案的统一，组织、部门、职员、企业基本信息、核算数据、对外披露数据（01）

与OA系统集成实现审批业务协同和公示协同（03）

与HR系统对接董事／监事人才储备信息董事、监事、高管信息（02）

搭建多维数据交叉验证的外部循环体系

国资监督管控注重的是监督管理的有效性。有效性要求国资监管业务不仅是将

逐层汇总的数据进行内部审查和比对，更要求寻求多维度、多数据源的稽核和校准，从多角度的校验和对比中，识别、判断和处置风险。这就要求国资业务不仅要做好内部信息的更新和关联工作，还要做好外部数据的多维度对比分析。国资监管—外部系统集成架构如图 13-11 所示。

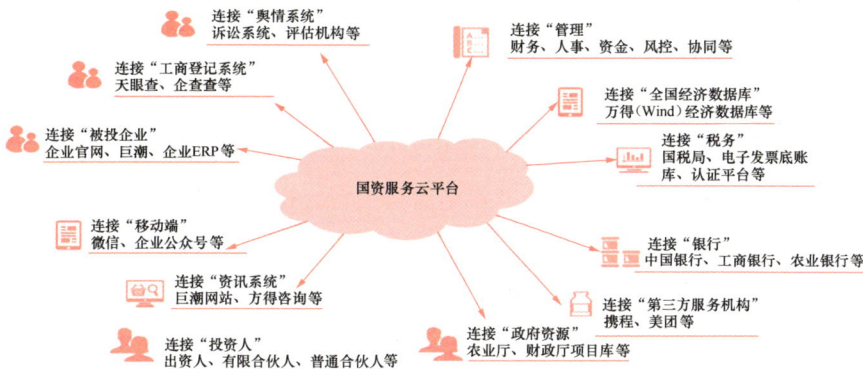

图 13-11　国资监管—外部系统集成架构

全面推进大数据应用

大数据国资国有企业监管平台改革监管理念，更新监管手段，提升工作效率，提供专业判断，辅助领导做出决策，实现精准监管，规范监管边界，达到提高监管三性（系统性、有效性、针对性）和控制风险的目的。

大数据国资国有企业监管平台可实现大数据精细洞察企业、大数据辅助优化决策、大数据驱动精准监管，达到提高国有资本运营效率、防止国资流失、划清国资管理边界与关系、提高企业核心竞争力、提升资源配置效率、完善法人治理结构的目的。国资委在线监管平台示意如图 13-12 所示。

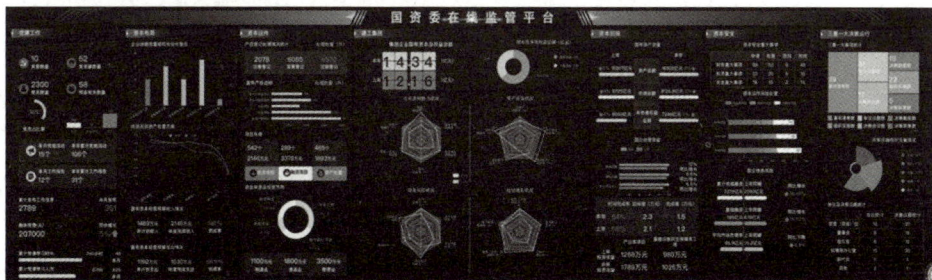

图 13-12　国资委在线监管平台示意

企业大数据应用及大数据挖掘融合的水平将成为企业的核心竞争力。大数据挖掘融合能力与大数据驱动的决策是指挥流，支撑着资本经营和资本运动的最终效率，支撑着资本投资运动的最终效果，支撑着企业资金流、信息流、物资流、人力有效智能思维流、设备能力流。指挥流决定了资源发挥、被指挥流的效率。大数据国资国有企业监管平台能够支持资金资源合理配置，人力资源合理配置、内部管理简化、业务流程集成、运营效率提升和经营结果的真实呈现。

国有企业采用大数据智能商业平台的价值在于：提供数据挖掘工具，洞察现状、预知未来，显化隐含信息、揭示本质，提出专业技术判断，获取商业价值，驱动优化及时决策，监控预报防范风险，划清管理流程边界，提高资源工作效率，强化核心竞争力，提高资本运营速度。

以平台为抓手，构建国资监管分级管控入口

构建以移动化、场景化、角色化为特征的国资综合管控平台是数字化国资监管的重要路径。在这个平台上，协同门户作为系统的统一入口，将与"数据＋智能"中台实现全面信息集成，并采用主流的门户技术和成熟的产品，实现与相关关键系统有效集成。与此同时，借助成熟的单点登录（Single Sign On，SSO）技术，实现功能统一授权认证，涵盖 4A（统一用户、统一认证、统一权限、统一审计）用户集中管理，使协同门户成为进入各类业务系统的统一入口。该平台将实现统一门户管理、统一待办管理、统一内容管理和个人办公工作台等核心功能。

⚙ 统一门户管理

企业门户管理平台支持在同一平台上创建和管理多个门户，每个门户站点有自己的网址、外观、页面、用户和组织机构。各级门户通过分级授权的方式进行管理，实现管理员对各自门户的资源、用户及权限管理；提供门户导航配置、主题样式配置、组件外观配置等管理功能，实现快速定制门户系统的功能菜单和外观样式。企业门户管理平台支持根据不同的访问用户信息，实现不同的页面内容展示；提供多种内置布局，同时提供向导用于创建新的布局，布局的数量没有限制。

⚙ 统一待办管理

待办待阅中心展示与用户个人相关的所有待办待阅信息，用户可快速处理待办事

项，待办待阅中心可显示的信息包括标题、接收时间、来源。信息待办处理后或待阅查看后，会自动从待办待阅中心消失，通过待办待阅中心打开的链接都能实现单点登录，支持待办待阅信息的查询（可按标题、时间、类型查询），并提供待办待阅查询接口给其他系统调用，例如移动门户调用，支持门户系统主动抓取及业务系统推送两种方式获取待办待阅数据，并做出展示。

统一内容管理

企业门户管理平台具有统一信息发布和不同应用系统内容统一展现的功能，提供文字、文档、图片、视频四类信息的拟稿、审批、发布、展现功能，实现信息的发布和权限控制。企业门户管理平台可以分别设定每一个信息的展示方式，包括文本、地址链接、文档在线编辑等，进行发布预览，限制查看、复制、下载、截屏等权限，设置信息水印、时效、紧急程度等，进行信息推送和提醒。企业门户管理平台将网页上的某些需要频繁变动的信息，例如新闻、通知公告和业界动态等更新信息进行集中管理，并通过信息的某些共性进行分类，最后发布到门户上。

个人办公工作台

企业门户管理平台可提供日程管理功能，用户通过门户的日历，可以直接查询或安排个人日程，日程内容可以来自各应用系统中的计划任务活动等信息，包括但不限于计划任务、督办催办、项目计划等。员工之间可以共享日程，支持根据日程类型定义不同的日程记录模板。

国资监管伴随着国有资本在产业链中的流动而流动，国有资本所到之处，监管就随之跟进。监管范围和深度也将伴随着技术的发展而逐步深入和延伸。随着云计算、大数据、物联网、人工智能等新兴技术的发展和应用演进，国资监管将依托数字化手段得以更好、更快、更精准地深入国有资本运行的每个环节中去，进而有效地实现企业内部管控、国有企业财务状况监管和国有企业运行状况监管。

新实践：国资监管信息模式的跃迁路径

近年来，国资监管模式不断发展，从最初的国资监管转变为以共享化、生态化、智能化为特征的智慧国资服务，这也带来了国资监管信息化模式的持续升级。国资监管信息化升级路线如图 13-13 所示。

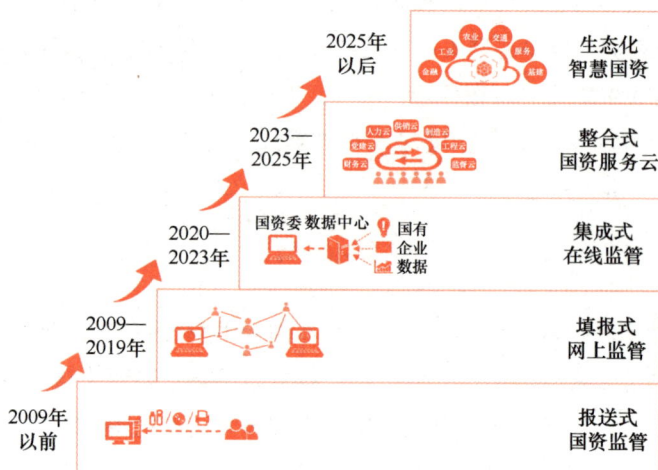

图 13-13　国资监管信息化升级路线

报送式国资监管

在 2009 年以前，各级国资委对下属企业的监管以信息报送方式进行。从报送方式上，基本采用纸质报告、光盘、单机版软件等传统方式。信息报送一般以月度或年度为周期，而且每次上报都会提前发布通知、制订模板。信息报送后，国资委还要对信息进行手工汇总分析，费时费力。

填报式网上监管

2009 年，广东省国资委携手用友建设了"广东省国资监管一体化平台"，开启了国资监管"填报式网上监管"的新篇章，各省、市国资委纷纷启动了"国资监管一体化平台"建设工作。这种模式下，在国资委层面实现了数据汇聚和高效分析，但是其下属企业普遍缺乏相应的业务系统支撑，因此数据上报效率依然较低。

集成式在线监管

集成式在线监管模式是现在构建国资监管平台的主流模式之一。这种模式下，数据填报系统与国资委下属企业的业务系统高度集成，系统自动采集业务数据。一方面，该模式实现了从被动式等待数据到主动式采集数据的转变，解决了长期以来困扰各级国资委的国资信息"迟报、漏报、误报"的问题；另一方面，该模式实现了国资监管的数据规范、口径一致、数据穿透、在线监管，提升了信息上报的及时性和准确性，同时精简了数据报送流程，减少了企业数据填报的工作量。但是该模式的实施过程较为复杂，国资监管系统与企业形态各异的业务系统必须进行系统集成和数据对接，项目实施工作量大且实施周期长。

某省国有资本运营公司：国有资本穿透式监管平台

某省国有资本运营公司（以下简称"国运公司"），是省政府出资设立的省属国有企业，由省国资委、金控集团划转省属企业国有股权组成，是全省唯一的集多领域于一体的省属国有资本运营平台。

国资监管改革背景

2020年，省委省政府从强化国资监管体制整体出发，下决心开展国资监管体制试点改革，做出一些突破性制度安排，成立全省统一的国有资本运营公司，全面履行出资人"管资本"职责，开展专业化资本运营，在更高层级、更宽范围、以最大限度强化省级层面国有资本的统筹力度，推动国有资本布局优化、结构调整和战略性重组。

同时省委省政府创新性地提出"分级授权、厘清职责、'品'字架构"的改革思路。分级授权即省政府授权国资委履行出资人职责，国资委将出资人"管资本"职责全部授权给国运公司。厘清职责即省国资委专司监管，国运公司履行出资人"管资本"职责，推动国有资本优化布局、战略重组、创新体制、服务转型。"品"字架构即在授权范围内明确事项，省国资委和国运公司各自对省委省政府负责，形成按照市场化、法治化方式高效运转的国资监管体制，国资监管体制改革的顶层设计全面完成。

穿透式监管平台建设方向

面对国有资本监管职能的转变要求，结合"品"字架构的国资改革模式，充分考虑国运公司"优化布局、战略重组、创优体制、促进转型"的功能定位，"优势最大化、市场机制最大化、风控水平最大化"的"三最"目标，依据"专业化运作、市场化运营、法制化管理、穿透式监管"的"三化一式"目标。用友充分考虑省国有资本监管模式的特点，结合多个省、市国资委及国有资本运营公司数字化监管平台的最佳实践经验，提出了国运公司穿透式监管平台的三大建设方向：资本布局优化、动态监管业务、双向创优机制。某省国运公司国资监管平台建设重点如图13-14所示。

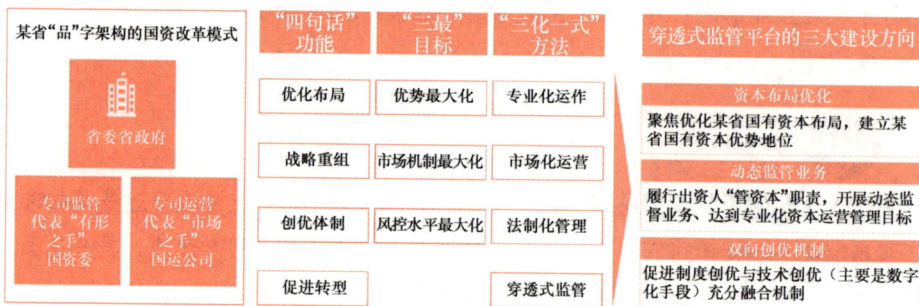

图13-14 某省国运公司国资监管平台建设重点

穿透式监管平台总体蓝图

国运公司制订监管目标，然后根据监管目标下发监管政策，通过穿透式监管平台监管企业的实际运行情况，评估监管结果，根据监管结果进行监管指标的优化。利用"创新升级模型、竞争力模型、运营在线模型"等智能化模型，结合监管指标的数据结果，赋能监管制度的创新，实现对省属企业人、财、物、产、供、销全流程进行实时动态监督，切实提高省属企业的"阳光度"和"透明度"，有效提升企业经营决策的科学化、规范化水平。国运公司国资监管平台规划示意如图13-15所示。

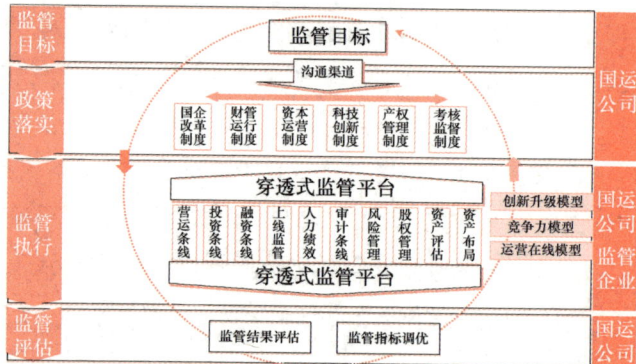

图13-15 国运公司国资监管平台规划示意

穿透式监管平台关键应用

充分考虑"品"字架构的国资改革模式，确定"专业化运作、市场化运营、法制化管理、穿透式监管""三化一式"建设思路，创新性突破并首次落地穿透式监管，实现资本布局优化，动态监管业务和促进制度创优与技术创优的充分融合。这一穿透式监管平台包含1个顶层框架，10类业务条线，4个作业平台，即业务协同平台、穿透主线平台、分析决策平台和风险预警平台，以及 2 个支撑平台。国运公司国资监管平台关键应用框架如图 13-16 所示。

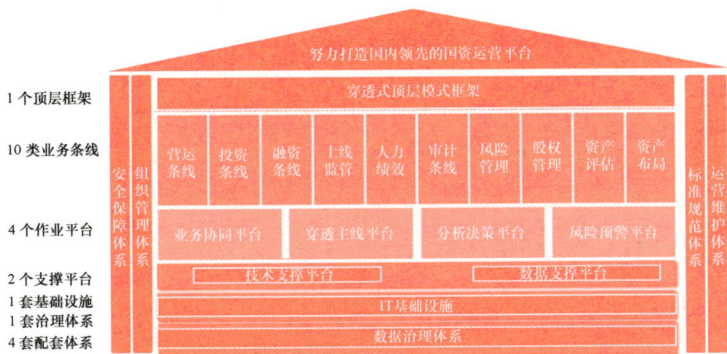

图 13-16 国运公司国资监管平台关键应用框架

通过穿透主线平台形成组织全级次覆盖、流程全过程透视、要素全维度覆盖、业务全链条追溯。通过业务协同平台实现国有资本运营端和国有企业端各项业务的有机协同，在业务上形成一体化、透明化、实时化、规范化、智能化的协同联动体系。通过风险预警平台发现风险、定位风险、干预风险，内置多套预警主题、风险监控指标、风险压力测试模型，持续为企业保驾护航。通过大数据分析决策平台，对国资监管工作所对应的各项业务的基础数据、分析数据、预警数据进行有效的采集、清洗、转换、共享，打通"国资企业与上级国资监管机构"之间的数据交互通道及共享通道。

穿透式监管平台的价值创新

更加联动。 省国资委和国运公司发挥各自所长，国运公司发挥国有资本运作能力，两者划清权利边界，穿透式监管平台根据国运公司监管内容，同时兼具省国资委监管诉求，达到两者联动监管，提升监管效果。

更加智能。 穿透式监管平台更加强调事前事中事后全过程的风险预警和提示，运用科技手段和智能工具，延伸监督触角和强化数据的关联分析，充分利用智能数据分析模型，智能化监管，提升监管效率。

更加精准。 根据监管企业的属性、行业和业务设计差异化的监督框架，紧密结合被监管企业的经营主线，提供符合其行业特征，符合其商业逻辑的监管，进行差异化监管，做到更加精准、更加有效的监管。

更加持续。 嵌入经营过程，基于过程控制和数据分析发现问题，及时反馈

和持续整改，不再是单一进行项目式的监督，而是深入企业全业务流程，持续动态监管企业，实现企业风险实时掌握，及时预警并进行指导。

⚙ 整合式国资服务云

得益于近年来云计算的快速普及，以及云计算的低成本和可伸缩优势，部分省、市国资委开始探索采用国资服务云的模式进行国资监管平台的建设与运营。在这种模式下，一方面，国资委下属企业可以通过"众筹"方式共建国资云，极大地降低了业务系统建设成本；另一方面，国资委可以通过统筹规划，有条不紊地推进下属企业的数字化转型，同时借助云模式也可以大幅提升国资国有企业数据监管效率。

🧑 某市级国资云平台，国资国有企业一盘棋

某市国资云平台旨在依托新一代数字技术，为市国资委提供精准的企业经营数据，助力市国资委以数据为支撑，监测经济运行情况，加速产业优化升级；为企业提供从场景化到系统性的互联网服务及应用，增强企业竞争力。

🖥 国资云平台整体蓝图

某市国资云平台整体业务规划采用"1+2+2"的一体两侧双循环模式。"一体"是指一体化的国资云平台；"两侧"是指管理侧应用和经营侧应用；"双循环"是指国资国有企业上下之间的小循环，以及国有资本与产业协同之间的大循环。

一体化的国资云平台旨在通过建设与运营一体化、国资国有企业应用一体化、数据资产管理一体化、监管和服务一体化、数字化转型一体化的"五位一体"平台建设，形成标准统一、管理规范、实时在线、精准有力的国资监管平台，实现国资监管动态化、协同化、智能化和可视化，提高监管效能，促进国资监管与运营方式的现代化。

管理侧应用主要服务于市国资委领导、市国资委各科室，以及集团企业的各级领导和集团本部的管理职能部门，其主要功能包括战略规划、企业改革、财务监督、产权监督、债务监督、资产监督、投资决策、"三重一大"决策运行、干部选聘、绩效考评、党建、审计监察风控等监督和管理类应用。经营侧应用主要服务于企业的各级业务单元，主要包括财务管理、资金管理、投融资管理、人力资源管理、产供销管理、生产制造、党务管理等应用服务。

内循环的核心目标是国资国有企业上下对齐，提质增效，确保改革要求落实到位，构建国资监管大格局。通过投资管理，调整资本布局；通过财务监管，优化资本收益；通过资产和产权管理，强化资本运作；通过债务监督和大额资金监测，维护资本安全；通过人力和党建管理，保障政治安全。

外循环的核心目标是加强国有资本与产业大环境之间的互联互通、协同发展，构建可持续的产业生态。第一通过国资云平台，大力推进创新联合体建设，加快提升关键领域研发水平，增强企业技术创新能力，激发企业的市场活力和竞争力。第二通过融通创新，培育更多黑科技、硬科技企业，形成更多"独角兽""瞪羚"企业，打造更多专精特新的隐形冠军。第三通过国资云平台，与民营企业开展全方位合作，扩大区域间的横向协作和供应链、产业链上的纵向协作，打造集资本、技术、金融、人才等多要素于一体的产融协同创新平台。

一体化国资云平台业务架构

按照"统一规划、分步实施"的原则，该国资云平台建设分为多个阶段持续推进，2021年上半年国资云第一阶段为资产与产权管理、财务监督管理两个模块的建设。2021年下半年国资云第二阶段为投融资监管系统、人力资源管理和企业事项监督等模块的建设。2022年之后会进一步扩展云平台应用，不断朝"应用更丰富、平台更开放、管理更智能、服务更高效、创新更便捷"的目标迈进。一体化国资云平台业务架构如图13-17所示。

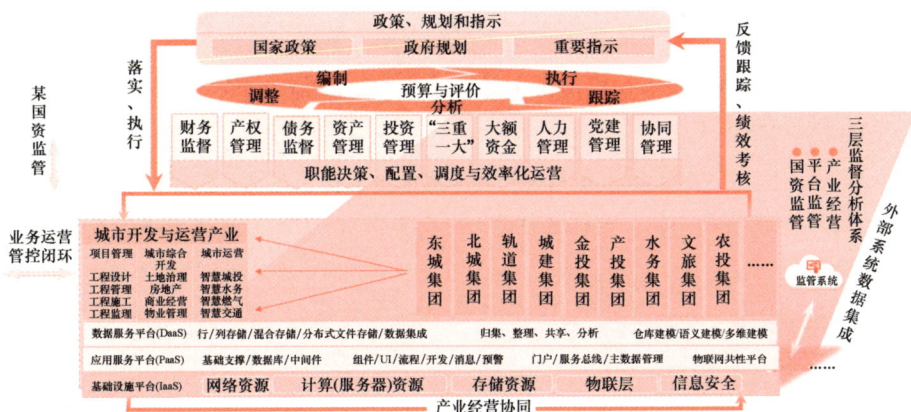

图 13-17　一体化国资云平台业务架构

国资云关键应用

在国资云的建设方案中，考虑到9家集团的实际情况，并没有采用一刀切的云模式，针对4家已拥有财务管理系统的集团公司，采用数据集成的方式进行对接，对于另外5家集团公司，采用一体化的云共享模式。国资云平台建设模式如图13-18所示。

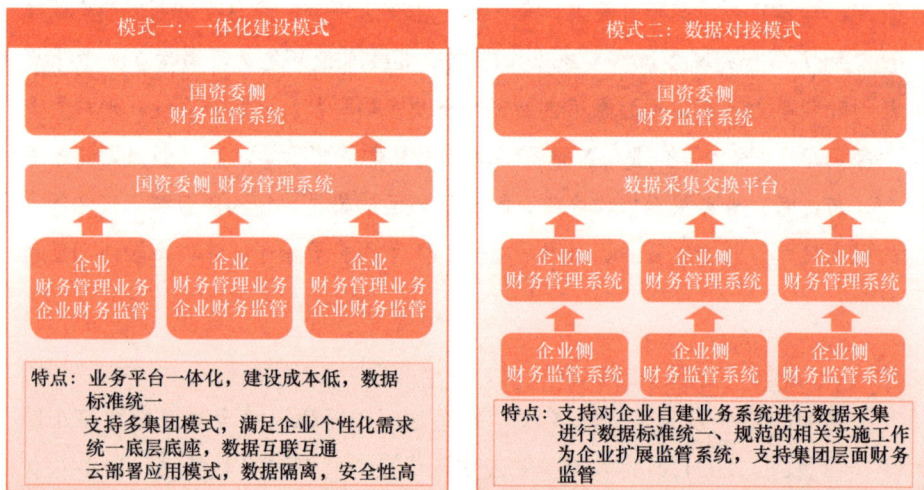

模式一：一体化建设模式	模式二：数据对接模式
国资委侧 财务监管系统	国资委侧 财务监管系统
国资委侧 财务管理系统	数据采集交换平台
企业 财务管理业务 企业财务监管	企业侧 财务管理系统
	企业侧 财务监管系统
特点：业务平台一体化，建设成本低，数据标准统一 支持多集团模式，满足企业个性化需求 统一底层底座，数据互联互通 云部署应用模式，数据隔离，安全性高	特点：支持对企业自建业务系统进行数据采集 进行数据标准统一、规范的相关实施工作 为企业扩展监管系统，支持集团层面财务监管

图 13-18　国资云平台建设模式

数据集成模式。 通过应用支撑平台中的"数据采集交换平台"，对接四大集团的财务系统，自动采集集团公司及下属企业的凭证数据，将抽取的数据进行分类、存储、还原，资产数据直接存储到国资云数据仓库，根据各单位的账表生成规则，将数据还原至国资委的财务管理前端，辅助生成包括预算、旬报、快报、月报、决算在内的多套财务报表，企业可以根据自身当期经营情况手动调整部分数据。

一体化共享模式。 5家集团公司及下属企业直接使用国资云上的业务管理系统，进行日常业务应用，包括凭证管理、往来核销、转账、期末处理、对账、核算、总账、合并报表、资产新增、资产变动、资产调拨、资产盘点、资产处置、资产核算、预算编制、预算调整、预算执行、财务预警、财务分析、资产分析等工作。

国资云价值亮点

统一规范。 国资国有企业统一业务应用，涵盖了财务管理、资产管理、产权管理、投资管理、"三重一大"、人力资源等。在满足企业个性化经营管理需求（例如，审批流程、决策事项、授权体系、业务表单等）的基础上，在国资委的监管要求下，实现了统一监管数据标准、统一流程处理标准、统一资本统计标准。

实时在线。国资监管大屏可直观展示各种分析主题和预警信息，实现系统数据真实、即时、有效。以资产监督为例，已经形成涵盖资产总值、资产的基础信息、权证信息、资产状态信息、资产的三权信息、资产合同信息、资产租金信息、资产租赁情况、资产全貌 9 个核心管理内容，共计 209 个指标的实时监控与分析。

精准有力。实现"大数据精细洞察企业、大数据监控内外风险、大数据驱动优化决策、大数据驱动精准监管"，提升了国资监管能力和企业服务能力，围绕以"管资本"为主的国资监管职能转变，探索并构建了丰富的国资监管数智化应用场景。

生态化智慧国资

生态化智慧国资是指借助国资监管云平台的技术优势、数据优势和算力优势，加快国有资本与社会资本的深度融合，包括产业融合、生产要素融合、金融资源融合等，同时创新融合路径与模式，用平台思维、产业生态思维打造产融协同平台。与此同时，生态化智慧国资充分利用大数据和云计算，实现智能化的国资监管应用，以大数据治理推动国资监管核心工作，实现用数据说话、用数据管理、用数据决策、用数据创新的工作机制。

某直辖市国资委：完善数据治理体系，搭建智慧数据监管平台

某直辖市国资委是市政府授权代表国家履行国有资产出资人职责的市政府直属特设机构，履行出资人职责，监管市政府履行出资人职责的企业和市政府授权的实行企业化管理的事业单位的国有资产，加强国有资产的管理，依法对区（县）国有资产管理工作进行指导和监督。

业务诉求

该市国资委现有的业务应用系统众多，包括协同办公、财务预算决算、产

权登记、资产评估、企业投资管理、企业法治建设等20余套。而且各个业务供应商不同，底层技术架构不同，系统间相互独立，"信息孤岛"现象严重，对监管决策的支持严重不足。对于该市国资委而言，亟须构建一套智慧化的国资监管平台，提高数据监管效能，实现国资监管数据实时、高效、准确。

应用模式

该市国资委求真务实，切实研判国资监管领域痛点，提出构建统一数据采集与交换、统一数据管理与共享、统一数据应用、数据安全有保障的智慧数据监管平台。该市国资委旨在通过平台建设，形成数据标准统一的数据治理体系，通过智能数据采集，提高数据采集效率，健全数据采集与检测机制以确保数据获取的实时性、真实性和有效性，完善数据共享规则以保障数据互联互通和共享安全。同时通过逐步扩展数据应用范围，实现局部数据全局化，提升数智国资监管效能。市国资委智慧数据监管平台总体规划如图 13-19 所示。

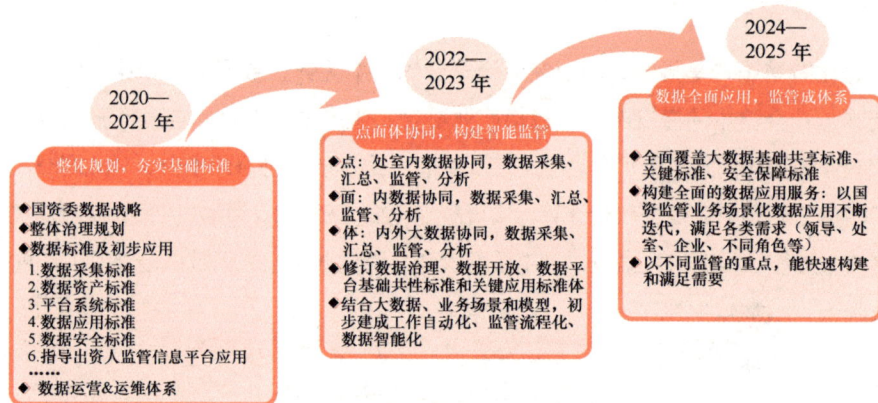

图 13-19　市国资委智慧数据监管平台总体规划

关键应用

该市国资委智慧数据监管平台覆盖了数据采集、数据管理、数据应用和数据共享等主要数据流程环节，保障和提升了国资监管业务的时效性和一致性，支撑出资人监管平台的业务有效运行，提高了国资监管数据效能，减轻了数据报送负担。市国资委智慧数据监管平台总体业务架构如图 13-20 所示。

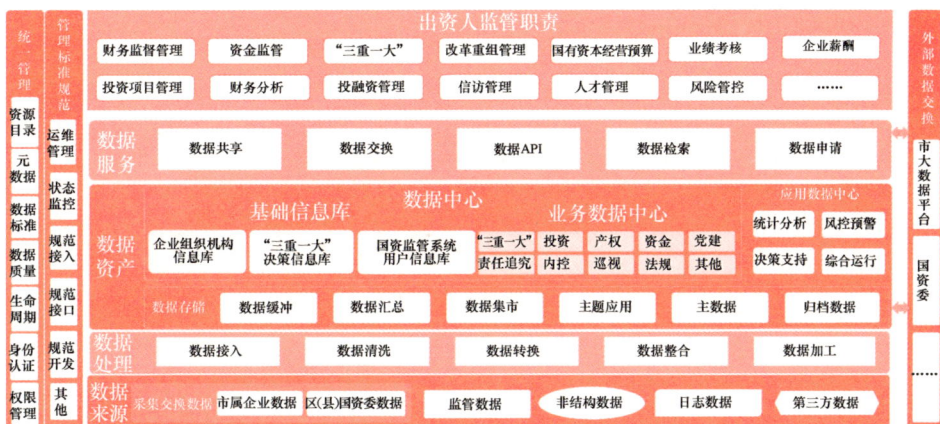

图 13-20　市国资委智慧数据监管平台总体业务架构

应用价值

- **数据治理，智慧监管。** 形成市国资委涵盖数据治理架构、标准、流程、制度，数据安全、平台运维等内容在内的数据治理体系，明确了业务系统应用的数据内容及关联实体的关系；同时构建了以数据应用服务为主导的智慧数据监管平台，实现了国资业务监管的高效、准确、及时、智能。

- **数据协同，极致体验。** 实现国资委各处室的数据协同与共享，以及与外部大数据协同与共享，进而实现了支持全域数据的监管、服务与运营的目标。

- **数据驱动，赋能国有企业。** 以国资上报数据为基础，全面分析监控国资国有企业绩效评价、能力要素，同时借助智慧数据监管平台指导下属国有企业的数字化转型。

309

第十四章　新产投：投融建管营，五位一体

当前，在全球经济动荡和贸易保护主义抬头、中国经济坚持"六稳[1]"方针（稳就业、稳金融、稳外贸、稳外资、稳投资、稳预期）以及迈入"十四五"发展阶段的背景下，大型企业作为国家和各级地方政府、城市基础设施与市政公用事业的投资、建设与运营主体，以两类公司（国有资本投资公司、国有资本运营公司）、城市投融资平台公司、产业集团等为代表先后走上市场化、实体化、多元化转型发展道路。把握"两新一重[2]"（新型基础设施建设、新型城镇化建设、交通、水利等重大工程项目建设）契机，坚持履行好政府投融资、城市建设等公益性职能，再结合各地区资源/行业禀赋和企业定位，积极拓展经营城市职能。通过打造企业高效益版块和现金流业务，提升经营管理水平，实现资产保值增值。

市场化。 厘清政府与企业之间的关系，放开企业投资和经营的自主决策权，减少对企业生产经营行为的干预。企业从政府控制型向市场运作型转变，逐步建立现代企业制度，自主经营、自负盈亏，不断规范和完善组织架构、人员管理、薪酬考核等体系，在融资、投资、运营和内部管理等方面遵循市场规则，实现公司治理和企业运作的规范化。

实体化。 摆脱以往仅仅为了融资而进行并表的管理模式，对业务版块（产业集团）、子公司和资产真正做到"管人、管事、管资产"。根据城市产业发展规划、市场需求和企业中长期发展战略，通过股权投资管理和经营性业务运营管理，企业参与重大产业项目投资，培育新的利润增长点，逐步做实企业，提高企业经营效益。

多元化。 企业向投资、金融、资产经营等领域发展实现业务多元化；打造具有核心

1　2018 年 7 月，中央经济工作会议首次提出"六稳"方针。"六稳"指的是稳就业、稳金融、稳外贸、稳外资、稳投资、稳预期，涵盖了我国目前经济生活的主要方面。
2　2020 年 5 月，国务院总理李克强在 2020 年国务院工作报告中提出，重点支持"两新一重"建设。两新一重，即新型基础设施建设，新型城镇化建设，交通、水利等重大工程项目建设。

竞争力的优势业务版块，进行跨区域发展实现区域多元化；在子公司层面开展混合所有制，引入多元资本合作实现资本多元化。

"投融建管营"整体框架

大型企业集团在创新组织管理体制和运行机制的同时应按照建立健全现代企业制度"产权清晰、权责明确、政企分开、管理科学"的要求，打破原有的部门多头管理旧体制，并且以"注入经营性资产、赋予经营职能、完善市场运作机制"为手段，进一步建立健全投资、融资、项目规划和建设、经营、偿债、项目维护和监管等良性循环的长效机制，进而加快实现两大转型：从以融资为第一要务的贷款机器向产业经营实体的公司化转型；从以项目为导向的建设经营性平台向投资控股型的集团型企业转变。

"投融建管营"[3]的协同价值

"投融建管营"一体化，以"投资管理"为龙头，以"融资管理"为契合点，以"工程项目管理""资产管理"为依托，紧密结合国家政策动向和"智慧城市""新基建"等宏观形势，围绕基础设施和市政公用事业的投资、建设、运营等产业链核心环节，既创新了管理模式，也带来了协同价值，实现投融资管理与建设一体化，资产管理与运营一体化。"投融建管营"的协同价值如图 14-1 所示。

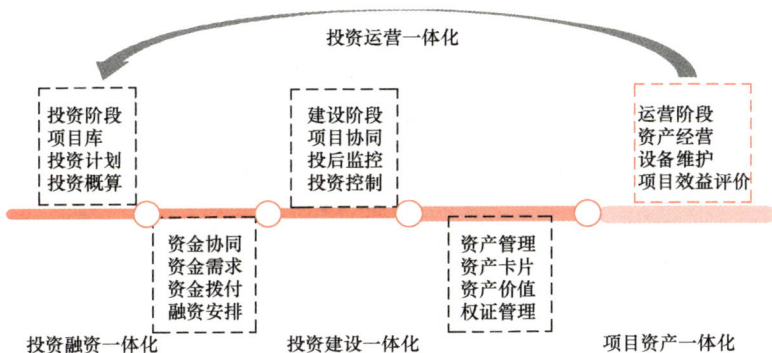

图 14-1　"投融建管营"的协同价值

3　借助新一代数字技术，实现投资决策阶段预测资金需求—融资根据项目安排资金—多项目工程建设资金动态协同—项目交付后无缝移交运营的全价值链管理，进而实现投资阶段科学决策、投后动态监控、全过程资金协同、利润清晰预测，以及项目交付运营阶段的国有资产保值增值和项目效益评价。

⚙ 投融资管理与建设一体化

众多企业集团虽然融资能力较强，能够统筹管理项目的全周期、全过程、全要素，但是仍然面临提高投资水平、强化投后管理、把控投资风险、增强盈利能力、化解隐性债务、提高决策质量、对项目质量安全负首责等艰巨任务。"投融建管营"一体化方案，将全面提升企业集团投融资管理的透视力、控制力、运营力和决策力。

从投资过程来看，企业借助数字化平台，着眼于投资方向、投资计划、投资程序、投资风险、投资回报和投后评价 6 个关键环节，适应政府部门和上级主管单位对企业投资项目从事前审批到项目运作全过程动态监督方式的变化，构建战略引领的资源优化配置模式，提升科学决策、风险管控和投后评价核心能力。

从投融资能力来看，企业借助数字化手段，一方面可以通过设立产业投资基金等多种方式创新融资模式；另一方面可以灵活运用企业债券、信托计划、产业投资基金、资产证券化等多种方式拓宽融资渠道，通过信用增级和优化银行贷款条件等，进一步提高融资能力。

从项目建设与管理来看，企业借助数字化手段，可以全面且灵活地适配多种项目类型和管控模式，特别是面对复杂的内外部关系和不确定的环境影响因素，以及项目进度把控和多方协调，紧密结合投融资管理，明确资金使用来源与使用计划，将项目建设成果无缝移交给资产管理和经营部门。

⚙ 资产管理与经营一体化

"投融建管营"一体化方案，重在强化资产管理意识，将资产管理从静态转变为动态、从局部管理提升到资产全生命周期，有效盘活存量资产，提高资产经营效益，夯实企业融资基础，实现企业"资本—资源—资产"持续与良性循环发展。

一方面，通过建立与财务系统集成的集团资产实物管理统一管控平台，企业既可以提升资产管理的精细化程度，强化资产变动的过程控制和数据积累，规范资产的事后分析反馈；也可以实现资产实物和价值的一体化管理，增强资产可靠性，保障资产安全，优化资产配置，实现资产保值增值的目标。

另一方面，以提高资产运营效率为目标，制订资产分级、分类经营策略，将经营性资产的经营与市场接轨，企业可以快速提升资产经营能力、管理能力和经营管理收益。借助数字化手段，企业克服资产类型多、分布地域广、管理难度大等问题，通过搭建经营性资产"建档—招商—租赁（合同、费用）"的管理体系，可以随时关注经营性资产相关风险的预控，并借助可视化图表分析展现经营性资产的分布和管控情况。

"投融建管营"业务框架

在当前形势下，企业要构建核心竞争力，应以资产为纽带调整发展战略，从业务、管理以及投资、资产的建设、管理和深度运营等方面实现成功转型和可持续发展，并通过资产证券化方式实现社会化融资。同时，企业集团要进一步明确集团与子公司之间的"上下界面"，创新二者面向市场的协调机制和配合关系，集团层面专注于战略方向和整体规划，突出集团公司在战略规划、项目策划、投资决策等方面的决策中心职能；子公司层面专注于提高竞争优势、融资能力和经营能力，强化子公司在项目实施、计划管理、建设管理、资产经营等方面的执行职能，真正形成跨层级的、综合管理与专业经营相分离的"投融建管营"价值链管理闭环。"投融建管营"整体业务框架如图14-2所示。

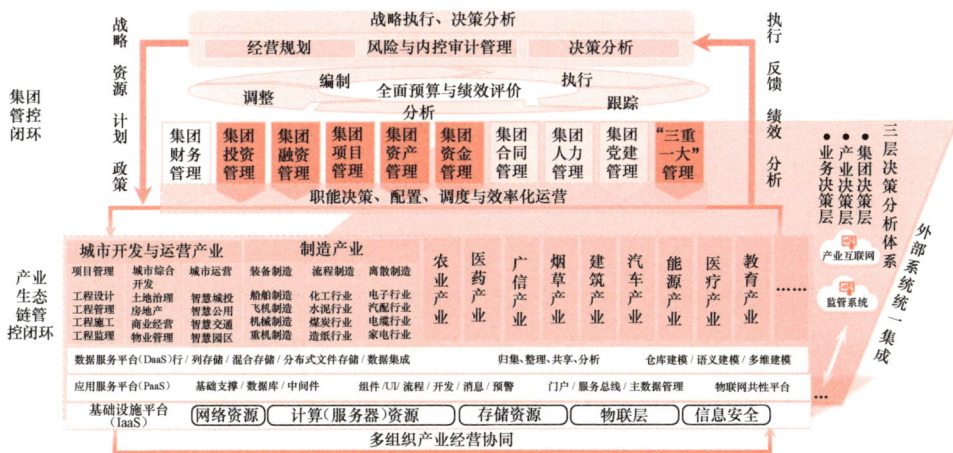

图 14-2 "投融建管营" 整体业务框架

💠 业务转型路径

按照"市场化运作、专业化发展、多元化经营"的指导思想，越来越多的企业开始整合现有业务、探索其他业务，构建交通、公用、城投、园区、地产、制造、建筑、现代服务业等多业务协同发展的产业布局和发展模式。按照重点发展、大力培育、维持现状和剥离退出"四个层次"区分业务，一企一策，构建高效的商业模式和科学的运营模式，打造核心竞争力。同时，企业着手引入战略投资者，推行混合所有制，进行市场化运作，提升专业能力。与此同时，企业也开始探索将公益性项目和赢利性项目区别经营，整合优势资源在赢利性业务上发力。公益性项目运作模式由行政指令型向市场导向型转变。

⚙️ 管理转型路径

企业须遵循"专业化管理，集团化管控"的原则，通过高效的组织管控模式，形成高效运作的集团组织管理体系，有力保障转型发展战略的实施。

针对国资国有企业，结合本轮国家推进国资国有企业改革的要求，构建以管资本为主的国有资产监管体制；资本投向、规范资本运作、提高资本回报等可作为出资人监管重点。赋予企业充分的决策自主权，规范"三重一大"（重大决策、重要人事任免、重大项目安排和大额资金运作）决策程序和制度。

建立健全企业治理结构和组织架构，健全内部管理制度，完善内部控制体系，形成以重大事务决策制度、财务管理制度、融资管理制度、资金计划控制制度、内部审计制度等为主要内容的较为完善的内部制度体系。

在资产整合重组的同时，企业集团实现对下属子公司从单纯合并报表到经营和财务的实质性管控。依据集权程度的不同，对不同的业务版块采取或调整相应的母子公司集团管控模式，例如，财务管理、投资管理、融资管理、项目管理、资产管理、运营管理、绩效管理、人事管理等。

⚙️ 投融资转型路径

企业可以通过股权转让、合资合作、资产证券化等多种方式引入社会资本，运用PPP[4]模式支持基础设施和市政公用项目的建设与运营。企业还可筹划和设立政府引导型或项目融资型城建发展基金、产业投资基金，投资方向不限于公共服务、生态环保、区域开发、先进制造业、战略性新兴产业等领域。

改善子公司的融资能力，通过业务重组、资源整合、母子公司管控等方式，提升下属单位资产专业化经营和自我融资的能力；满足融资条件的企业，通过企业债券、中期票据、项目收益债、资产证券化、融资租赁等融资工具进行融资；强化融资风险控制，制订科学的融资策略，充分考虑融资成本、融资时机、融资方式、融资规模等，建立各项债务监控和预警机制。

4　PPP（Public-Private Partnership），别称 PPP 模式，是在公共基础设施领域政府和社会资本合作的一种项目运作模式。PPP 是以市场竞争的方式提供服务，主要集中在纯公共领域、准公共领域。在项目运作模式下鼓励私营企业、民营资本与政府进行合作，参与公共基础设施的建设。

新投资：风险管控，智慧投资

投资管理的诉求与挑战

通过数字化转型更好地履行出资人职责、落实资本监管要求、加强企业战略管控、优化资本布局和结构、科学有效投资并规范投资管理以实现资本保值增值和企业高质量发展是新时期企业的共识。

⚙ 投资管理的诉求

建立和完善企业投资管理系统，加强投资基础信息管理，提升投资管理的信息化水平，对企业年度投资计划执行、投资项目实施等情况进行全面全程的动态监控和管理，以适应主管单位对企业投资项目从事前审批到项目全过程动态监督方式的变化，满足主管单位对企业投资和产权信息报送的要求。

面向集团型企业的多组织架构，支撑集团投资管理自上而下的监督及其管控体系，规范投资业务参与各方与管理者的行为；支持固定资产投资、股权投资、基金投资等主要投资业务活动及其风险管控，为投资人和企业经营决策层掌握实时信息、规范化、标准化开展投资业务及其管理提供有效的手段。

提高投资决策水平，针对项目方案、股权资本结构等通过合理的投资报酬率、产权比率等来满足资本保值和投资收益要求。聚焦投资业务的资本价值管理和投资风险管控，实现投资管理从事务、流程管理向数据、价值管理转变，防范国有资产流失和资本损失，提升投资效益和效率，有力促进企业发展战略的实施和目标的达成。

以投资项目的全生命周期管理为主线，与项目、资产、资金、财务、人力等其他企业管理数据共享、业务互通、一体化应用，提升部门／组织间业务协同，避免数据重复录入、采集困难、利用率低以及形成新的数据烟囱和"信息孤岛"等问题。

⚙ 投资管理的挑战

企业在日常投资业务开展和管理过程中面临诸多挑战：就投资计划而言，不能及时获取投资计划进行上报、执行数据，而且手工统计工作量大，造成信息滞后，准确性差；就项目管理而言，缺少集团统一的项目库，项目信息分散在各分子公司，导致向主管单位申报立项时缺乏项目关键信息，项目决策时缺少充分依据；就投资决策而言，由于决策标准不统一，缺乏科学工具支撑，决策意见、决策过程等追溯困难；

就投后管理而言，不能有效开展项目投后的事务处理、定期跟踪、资产评估等活动，不能动态联动获取项目数据；就产权管理而言，产权登记时效性差，产权信息不准确，与工商信息不匹配，而且无法及时获取整体股权投资结构数据；就项目风险而言，缺少科学工具和方法支持，不能形成有效的投前投后风险控制。

数智化投资管理平台

投资管理的数智化将为企业打造一个全域全程、数智风控的投资管理平台，建立起涵盖固定资产、无形资产、股权/产权和基金等投资业务，以及从投资规划、投资计划、项目立项、论证决策、项目实施、投后管理、退出及后评价的全生命周期闭环管理体系；同时集成企业内部管理系统、外部监管和其他社会化应用，有助于企业在一体化的基础上全面掌控企业投资布局、自身资源情况、历史项目情况、项目效益与风险信息，促进资源、资产、资本、资金等要素的有效配置。数智化投资管理平台应用架构如图 14-3 所示。

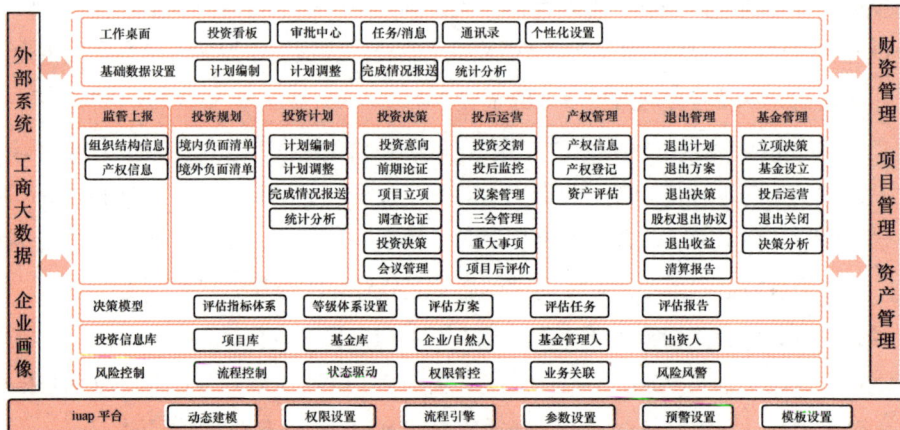

图 14-3　数智化投资管理平台应用架构

投资项目库。 建立全集团统一的投资项目库，对项目进行分类管理；根据集团编码规则自动生成唯一项目编码，完整地记录、汇总项目全生命周期信息并跟踪项目投资全过程。根据需要建立储备库、正式库等，支持投资计划、投资立项、投后退出及后评价等共享和调用统一模板唯一编码的项目信息库。

投资项目全生命周期。 投前管理，支持意向（储备）、立项、可研尽调、专题会议和投决；投中管理，支持协议签署、资金划拨；投后管理，支持动态掌握项目投资、进度、资金、人事等关键信息，高效管理外派高管 / 产权代表的履职、三会情况、会议议案 / 议题、重大事项、经营 / 财务绩效表现等，及时把控投资进度和风险；项目后评价，制订投中、投后重点项目评价计划，根据评价指标体系和规则设置评价模板，开展自评或者邀请专家进行评审，填制项目评价报告并报批。

投资决策分析。 针对各类投资业务和投资项目设计标准投资流程，并规范其中涉及的决策事项，包括项目立项、可研论证、专题会议、经营异常、重大事项、退出清算等，实现投资决策全过程追溯和全周期跟踪管理。建立辅助决策模型，灵活定义评估标准，根据决策阶段、类别等来编制评估方案，支持投前立项、投后跟踪、退出以及后评价时应用，在线评分自动形成评估报告。

数智化风险管控。 投资业务流程的设定、执行和监控应满足风险管理程序性控制标准。对投资业务相关文档全程进行分级、分类、授权和存储管理，并在重要环节进行预警。投资项目关联关键风险指标，实时预警，监控项目投前决策、投后实施风险。支持授权审批追溯、投资状态 / 阶段自驱动、过程文档规范、外部社会化信息（企业画像）的参考和提示。

管理驾驶舱。 根据集团的管理要求预置常用统计分析报表，多维度、多样化地查询和呈现投资全貌。通过地图、图表卡等方式呈现不同的投资主体、投资计划、产权、投资类别、投资阶段的项目情况、资金情况、进度情况、经营 / 财务情况及其结构和趋势等，借助预测、评估、分析、风控等大数据应用，辅助决策促进企业资本 / 资金 / 资源的有效配置。

投资管理数智化价值

⚙ **建立企业投资管理系统，满足监督、管控和业务需要，规范投资行为**

满足企业强化投资管理能力、动态在线监管的要求，适应集团型企业对投资业务分层、分类、信息化管理的需要；在规范各种投资行为、基础信息和相应决策程序的同时，加强集团管控的深度与力度。

实现对各类投资项目的全生命周期管理，投资计划的编审、执行和进度 / 总额控制，投前可研测算立项、投中签约注资委派、投后跟踪监控变更、退出收益清算及评价的全过程流程化、制度化、信息化管理；产权的登记、变更、注销以及产权关系溯源；明确并固化和协同集团各管理部门在投资、融资、开发、成本控制、利润分配、资金管理过程中的职责，加强公司前、中、后台项目信息的共享，提高项目管理的质量和投资业务的内控水平。

打造投资项目管理闭环，支撑全面全程管理，提高效率防范风险

完善投资内控体系，在制度和系统层面形成闭环管理。支持从宏观到微观，从投前到投中、投后，全面全流程信息化并嵌入内控措施以实现刚性约束全覆盖，提高投资业务 / 管理的效率和决策的科学性，防范内控风险，降低投资损失，保障投资效益。智能化的投资管理平台可以实现投资项目融投管退全流程审批和信息网上留痕，实现投资各环节的规范管理、决策分析、动态跟踪、监督预警和风险控制等。

构建企业项目信息及数据平台，推动数字化转型，实时在线监管及决策

围绕企业数字化转型整体规划建设数据中台、智能中台和业务中台，依托数据共享、应用及服务集成，实现在线作业、实时监测、自动预警、动态监管。"投融建管营"一体化管控平台联通了监管—集团—事业部 / 版块—项目公司上下和公司内外部数据，以辅助企业领导层作出决策。通过积累投资项目的大数据模型，全面掌控集团投资布局、产权布局、自身资源情况、历史项目情况、项目效益与风险信息，促进有限的资源 / 资金 / 资本实现最优的配置和有效的流动。

新融资：数据洞察，融资赋能

融资管理的诉求与挑战

在新形势下，众多企业集团积极向市场化转型，通过整合、重组不断扩张规模，成为风险与收益匹配、投融资一体化的经济组织。在此过程中，企业融资往往面临诸多挑战：融资规模大、融资渠道多和融资品种多样化造成的管理难度大；融资数据收集难度大；融资成本分析和控制能力缺乏；融资过程透明度低，难以满足审计和对外披露的要求；缺乏有效的系统管理工具，不能满足融资精细化管理、辅助决策和风险管理的要求；"投融建管营"一体化管控模式对融资管理也提出了新的要求。

融资业务直接关系到企业获取外部资金的成本，也就是项目型企业实际发生成本中的财务成本。融资管理的目的就在于合理筹集企业生产经营所需资金，在投资收益一定的情况下，使资金成本和财务风险最小化从而实现企业价值最大化。因此，通过合理的

融资管理模式来低成本地筹集发展资金，同时做到在资金成本、风险控制和价值创造之间实现优化和平衡，这就是企业财务规划和融资管理的主要原则。

数字化融资管理平台

为企业融资业务及成本管控提供支撑，聚焦企业融资管理数据不准确、过程不透明、成本不清晰、决策难支持、风险难管控、工作难协同等痛点，越来越多的企业开始着手打造融资数据标准化、融资过程透明化、投融资管理一体化、决策支持动态化、风险控制体系化的数字化融资管理平台，构建"投融建管营"一体化创新发展的综合运营管理模式。

通过分级管控和灵活配置基础档案，包容各种类型的融资产品方和渠道方信息，打破了开展融资业务时信息系统的制约，广开门路，充分拓展。通过分析、比选各种融资方案、融资模式，做出最优决策。通过集团化的信用管理，其授信额度和担保额度在集团总部与各成员单位间进行分配，充分利用集团公司的平台优势提升议价能力，压缩资金成本。通过融资、授信等业务与资金计划挂钩，实时反映资金计划执行情况，保证企业资金的筹措纳入预算计划体系，避免出现资金短缺或过度占用的情况。数智化融资管理平台应用架构如图14-4所示。

图 14-4　数智化融资管理平台应用架构

融资数据标准化。数智化融资管理平台通过基础技术平台强大的数据建模能力，构建标准统一的融资数据平台；通过平台开放、灵活的系统集成能力，实现与投资、建设、财务、资产管理、企业运营等系统的数据共享和业务集成。

- **融资过程透明化。**数智化融资管理平台覆盖融资计划、融资方案、融资申请、融资合同、放款、计息、付息、还本的融资全生命周期管理，融资过程留痕、统一，支持内外部审计。

投融资管理一体化。数智化融资管理平台与投资管理一体化设计协同应用，支撑企业投融资一体化管理，例如基于投资计划自动生成资金计划所需数据，利用融资分析支持投资决策等。

决策支持动态化。数智化融资管理平台通过强大的计划工具、报表工具和多维分析工具，灵活实现融资利息、成本、结构、现金流等方面的分析，以指标、图表、报表等多种形式动态展现，支撑业务、管理和战略决策。

风险管控体系化。数智化融资管理平台通过固化融资业务流程，利用预警平台设置阈值提醒，有效防范、监督和管控融资风险，例如通过设置还本付息提醒防范债务违约风险，通过设置大额支付预警防范流动性风险等。

融资管理数字化价值

利用数字化手段打造的集融资全生命周期、风险管控和交易管理等于一体的融资管理平台，可以助力企业提升融资管理的透视力、控制力、运营力和决策力。数智化融资管理平台应用价值如图 14-5 所示。

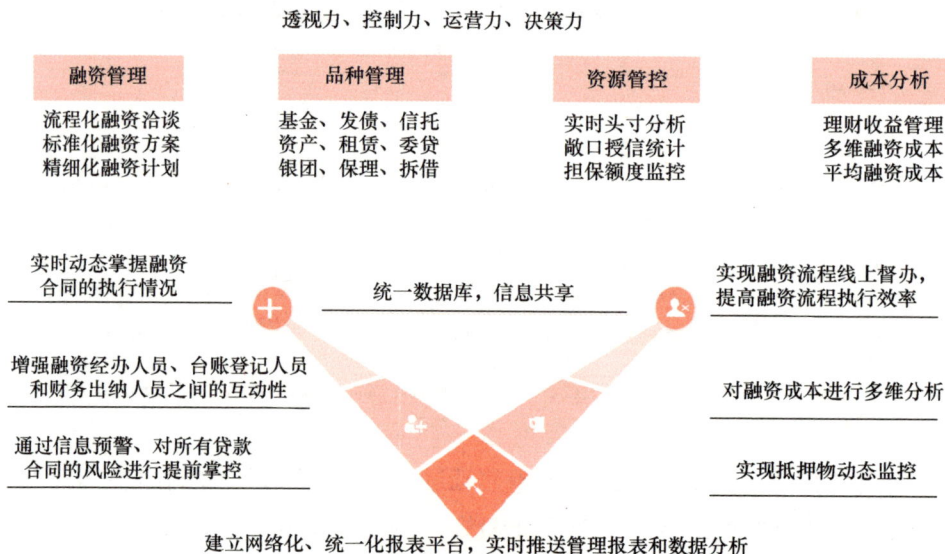

透视力、控制力、运营力、决策力

融资管理	品种管理	资源管控	成本分析
流程化融资洽谈 标准化融资方案 精细化融资计划	基金、发债、信托 资产、租赁、委贷 银团、保理、拆借	实时头寸分析 敞口授信统计 担保额度监控	理财收益管理 多维融资成本 平均融资成本

实时动态掌握融资合同的执行情况   统一数据库，信息共享   实现融资流程线上督办，提高融资流程执行效率

增强融资经办人员、台账登记人员和财务出纳人员之间的互动性   对融资成本进行多维分析

通过信息预警、对所有贷款合同的风险进行提前掌控   实现抵押物动态监控

建立网络化、统一化报表平台，实时推送管理报表和数据分析

图 14-5　数智化融资管理平台应用价值

透视力。不同的融资方式会带来不同的资金成本，并且对应不同的财务风险，因

此，企业在将不同的融资渠道和方式进行组合时，必须充分考虑企业的经营能力和市场竞争力，适度负债，追求最佳的资本结构。通过数智化融资管理平台透视企业资金结构，可以全面洞察企业负债资金和权益资金的比例关系，提升企业财务风险预知能力。

控制力。企业在具体经营管理过程中必须确定具体的财务目标，引领和指导融资管理职能的有效实施，实现企业价值的最大化。因为受到外部经济环境、法律环境、税收环境和金融环境的影响，所以企业在确定目标以及设定管控模式时一定要充分考虑内外部各种因素。数智化融资管理平台在这个过程中的价值在于协调各类融资业务内和互相之间的关系，对财务目标的实现给予保证。

运营力。融资渠道是企业获得资金的来源，融资方式是企业获得资金的具体形式。在日常融资业务中，同一渠道的资金可以采用不同的方式获得，而同一融资方式又可以适用于不同的融资渠道，二者结合可以产生多种可供选择的融资组合。通过数智化融资管理平台对二者的特点加以分析研究，有助于企业选定合理的融资组合，提升企业融资业务运营能力。

决策力。企业财务部门必须根据企业具体的经营方针、发展阶段和投资规模，运用科学合理的预测方法，准确地测定企业在某一时期的资金需要量。资金不足或资金筹集过量都不利于企业的正常发展。通过数智化融资管理平台，对企业财务情况进行精准的数据分析，有助于企业在资金预测的过程中，掌握正确的预测数据，采用正确的预测方法，避免企业财务管理失控，提升企业经营和投资决策的能力。

新建设：云端融合，数智工程

项目建设的诉求与挑战

对于以项目投资、建设为主的企业，完成投资决策和融资到位后，投资项目将进入工程施工建设阶段。工程建设项目是一种复杂的生产组织方式，与标准化制造模式不同，每个项目都是不可复制的，也不可以绝对产品化。在工程项目建设模式多样化的背景下，如何保质保量地完成项目建设？如何应对种类繁多的工程项目，做好项目组合、项目群管理？如何围绕项目管理三要素的标准，基于可控的进度，按照合理预算及概算的要求，高品质严要求地完成工程项目建设？这些一直都是工程项目管理者普遍关注的问题。

数智化工程项目管理平台

数智化工程项目管理平台基于云计算、物联网和移动应用等先进技术构建，以项目计划进度、质量安全、合同收付款、预算成本管理为核心实现工程项目全过程管理。数智化工程项目管理平台应用架构如图14-6所示。

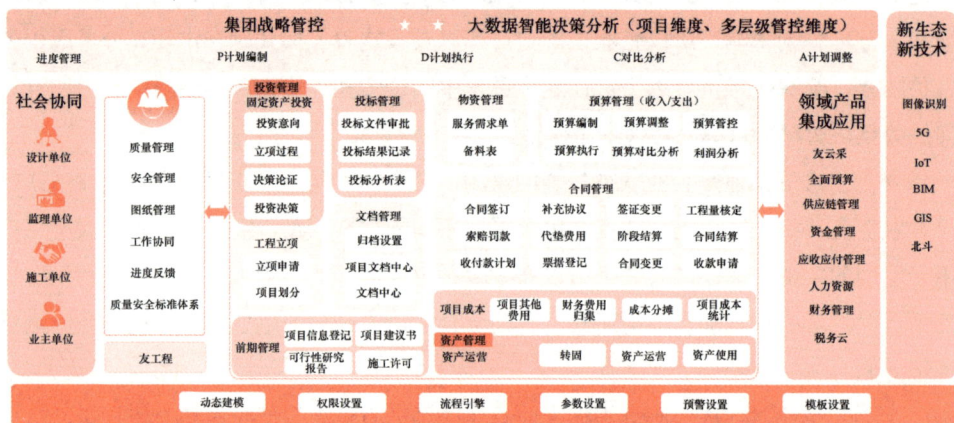

图 14-6　数智化工程项目管理平台应用架构

构建项目决策支持体系。 数智化工程项目管理平台能够精准、快速、全面地统计信息，并能够对企业在建项目的建设情况进行多角度、多手段的分析，有助于提高决策的及时性和科学性。

支持 EPC 项目管理模式。 数智化工程项目管理平台涵盖前期商务、收支合同、过程管理、预算控制、设计管理、采购管理、施工管理的全部应用场景，助力企业统筹项目整体控制，贯穿项目建设全过程，建立起协调配合相关资源的机制。

实现业主视角的项目过程管理。 数智化工程项目管理平台是以进度计划为主线、以成本控制为核心、以合同管理为载体、以质量和安全管理控制为保障，构建符合集团内使用的项目管理系统。

移动化助力现场质量安全管理。 数智化工程项目管理平台的项目现场移动应用，包括现场的质量、进度、安全、图纸、竣工以及各项工作协同等，充分整合地理信息系统（Geographic Information System，GIS）位置应用、现场照片管理、移动社交工具等，突破了 PC 系统相应功能在手机端填报和延伸的局限性。

与建筑信息模型（Building Information Modeling，BIM）新技术深度融合应用。 数智化工程项目管理平台通过与 BIM 软件的深度结合，在项目设计、预算成本、计划进度、质量安全管理等方面实现智能化、可视化动态管理，更全面、更深入地体现工程项目全貌，将工程项目管理的数字化管控水平提升到新高度。

工程项目数智化转型价值

⚙️ 业务统一化

支撑多行业的数智化工程项目管理平台，针对不同行业的业务属性，结合大量的行业经验，提供面向全行业的多方协同的项目管理数字化解决方案，实现企业对项目立项、预算、成本、合同、进度、质量、安全等项目要素的有效管理。在工程建设期，数智化工程项目管理平台帮助企业规划制订项目主数据标准，建立统一标准，为工程项目全过程、各领域业务精细化管理提供技术支撑。以成本数据为核心建立科学的项目管理数据体系，将投资目标、概算、预算、合同清单、项目建设进度、项目决算等与成本直接相关的项目管理业务数据进行科学管理，配合逐层审计、分级审批、统计分析等多种管理手段的综合运用，实现项目成本的有效控制。

⚙️ 管理一体化

一体化的工程项目管理平台，有助于提升企业内部以及与工程建设合作伙伴的沟通效率，从内部协同转向跨组织综合协同，实现高效协同工作。借助业务财务一体化平台，实现了项目数据与财务数据联动，项目合同到应收管理、应付管理，成本到总账的数据传递及关联追溯。同时，平台还有效支撑项目资产一体化管理。

新资产：泛在共享，智慧管理

资产管理的诉求与挑战

随着在建工程项目陆续完工，企业资产由在建工程阶段过渡到资产运营或生产经营保障阶段。资产作为企业最重要的资源保障，正在逐渐由传统的实物管理向更专业、更深入、更智慧的方向发展。

传统的资产实物管理以基础管理为主，主要目标是摸清资产家底，实现账实相符、标准化作业，支持管理决策。在当前经济社会高质量、创新发展的指引下，企业资产管理需要充分结合各类型资产特性，一方面结合大数据、物联网、移动技术，实现资产管理的数智化，另一方面顺势引入资产共享化管理体系，赋能企业，提升闲置资产的周转率，实现资产价值的最大化。由此，不断增强企业的自驱力，充分发挥企业资产的价值，保值增值，降低运营成本，提升企业的资产管理水平。

数智化资产管理平台

资产管理正在逐渐由教科书式的资产全生命周期管理，发展形成泛化、共享化、智慧化、社会化的新一代资产管理模式，它利用先进的云原生架构，进一步支撑企业对"泛资产[5]"管理创新体系的落地实践（例如，闲置资产共享、维修能力共享等）。

全业务协同化。数智化资产管理平台围绕资产规划、投资、建设、建档、安装、使用、养护、报废、处置等资产全生命周期构建端到端管理体系，全面高效拉通资产管理上下游部门间的协同，以 360° 的视角实现对企业内部资产的全面管控。

全业务移动化。数智化资产管理平台充分考虑资产管理的特殊性，全面引入移动化的资产管理，支撑资产盘点、调拨、变动、点检、巡检、报修、维修、知识、分析、决策等场景化应用，提高资产管理的实时性、及时性和易用性，使企业资产管理更加便捷。

全业务泛在化。数智化资产管理平台除了支撑实物资产全生命周期闭环管理体系外，还充分考虑企业各类资产的管理差异，全面支撑企业办公资产、设备设施、无形资产、不动产、车辆资产、线性资产等的管理应用，利用统一的资产管理信息库进行拉通，提升企业资产管理的效率，支撑企业资产保值增值和高效运营。

全业务可视化。数智化资产管理平台结合大型集团企业资产分布广、管理难的特点，融合生态实现资产全业务的 GIS+BIM 可视化的管控方式，让资产管理更加直观，真正实现一图管资产，降低资产经营风险，提升资产管控能力。

全业务智慧化。数智化资产管理平台将资产管理与物联网深度融合，实现实时动态监控生产设备，动态管理指标数据，及时通知报警异常，闭环跟踪故障处理，把企业设备资产问题消灭在萌芽状态，帮助企业实现设备资产的预知性检修。

全资产共享化。面对集团企业闲置资产盘活难度大，员工自驱力差的情况，全面引入资产共享理念，数智化资产管理平台通过资产共享中心的建设，辅助绩效考核体系的

5　这里的泛资产涵盖了企业资产管理的各种管理对象，包括但不限于实物资产、线性资产、车辆资产、无形资产以及不动产等。

搭建，实现闲置资产的有效共享和长期闲置资产的社会化共享，提升企业废旧资产的价值回收，全面激活员工的主动共享意识，赋能组织。

资产管理数字化价值

⚙ 摸清家底，持续改善

数智化资产管理平台通过拆分和打包资产形成可导入的资产台账信息，全面盘活集团资产，摸清家底，实现账实相符、账账相符。在检维修工作执行过程中基于工单和工作流程来确认检维修的完成状态，了解技术员的工作状态和检维修执行情况，为人员的合理调度和考核提供充分的决策数据，科学改善企业劳动力的使用状况。

⚙ 五降低，实现低成本管理

数智化资产管理平台的构建与推广应用，将帮助企业实现降低备件库存成本，降低新资产采购成本，降低资产故障率等。

第一，提报维修计划，并结合标准工作包中对备件定额的提示完成备件计划的提报；通过集采模式由采购中心集中进行库存平衡、集中执行采购，有效避免备件重复采购的情况，并结合对备件安全库存的设置，形成准确的最低采购数量的限制，有效降低备件库存成本。

第二，在数智化资产管理平台中，集团资产布局清晰可见，并且可以通过图形化的方式呈现集团整体资产的使用状况，管理部门可化采购为调拨，有效减少新资产采购，解决资产购存双高的问题。

第三，将各类资产的保养、润滑周期及作业标准预置到系统中，系统自动进行到期预警，提示检修人员进行保养，避免了因资产漏保、漏检而给资产可靠性带来的伤害；同时，保养工作责任到人，管理部门可以通过资产故障定位责任主体，并制订考核指标，从而大幅降低资产故障率，提升资产的可靠性和保养执行的效率。

第四，资产在保修期内发生故障，平台可以直接进行提示，避免了资产在保修期内支出额外的费用。

第五，全面跟踪检维修执行状态，并对备件的使用情况进行关键点设置，未使用的剩余备件必须进行退库操作，杜绝备件流失现象，避免／降低因设备检修出现维修备件的浪费和返工。

四提升，实现高效率运营

数智化资产管理平台的应用，将从资产点巡检效率、资产检维修效率等提升企业的资产运营效率。

第一，结合条形码以及手持设备，实现移动点检、巡检的创新模式。通过扫描条形码记录资产相关技术参数的实测数据，并实时上传系统，由系统进行技术参数运行趋势分析，并对异常数据进行预警且登记缺陷。在这种创新模式的支撑下，大量减少了手工登记巡检数据、Excel 整理巡检数据、运行趋势曲线绘制等非增值工作，资产点检、巡检的执行效率得到大幅提升。

第二，通过工单记录资产检修、维修过程中发生的备件耗用数量及金额、资产检修过程中产生的劳务类支出、工具租用支出及其他费用，全面且精细化地核算设备检维修成本，提升资产检修成本归集准确率；同时，沉淀大量的实际数据，也可以为资产管理部门制订后期的检修、维修预算奠定基础。

第三，通过闲置资产共享平台的建设，在闲置资产库中匹配需求方的资产信息，驱动企业优先执行闲置资产内租或内调，从而提升集团整体资产周转率，提升企业资产配置平衡能力。

第四，利用社会化的资产共享平台，企业可以通过门户网站发布废旧资产租售信息，激发外部企业的购置兴趣并推动洽商，从而提升企业废旧资产的回收价值，为企业创造额外收益。

某集团资产管理数智化实践

某集团是一家以"新型绿色环保建材制造、贸易及服务、房地产开发经营、物业管理"为主业的某市属大型国有控股产业集团和 A+H [6] 整体上市公司。

资产管理数字化外部动因

一是基于满足国资监管的考虑：某集团作为某市首批资产及投资监管信息化建设的试点企业，如何选择合适的信息化系统，支撑国有资产管理的高效落地，是资产管理人员重点考虑的内容。二是基于国有资产保值增值的考虑：如何通过高效的资产管理，实现对国有资产的最大化

---

6 A+H 是指某家公司在上海（或深圳）证券交易所和香港联合交易所按照同股、同时、同价的原则分别发行 A 股和 H 股的行为。

利用，减少闲置资产，避免资产浪费，一直以来是该集团的使命所在。三是基于安全可控的考虑：在国家信息安全要求的大背景下，选择国产化、自主可控的信息化系统来支撑集团的资产管理，是该集团在资产及投资信息化选型过程中考虑的重点。

资产管理数字化内部动因

一是基于满足集团战略目标考虑：集团的战略目标是成为一流现代化企业和具有国际竞争力的跨国企业集团，而资产管理（与投资管理）是一体化管控的重要抓手之一。二是基于资产管理现状考虑：作为拥有500多家法人公司的超大型集团，资产具备规模大、种类多、价值高、分布广的显著特点，采用传统的方式进行资产管理容易导致资产账实不符、状态不清、管理难度大等问题。三是基于投资管理现状考虑：基于集团投资类型多、投资主体多、投资标的多，交叉持股情况多，采用传统方式进行管理，难免出现填报格式不统一、信息回馈不及时、人员统计整理工作量大、数据利用效率低、投资情况不清晰、投资风险难管控等诸多问题。集团资产管理项目动因如图14-7所示。

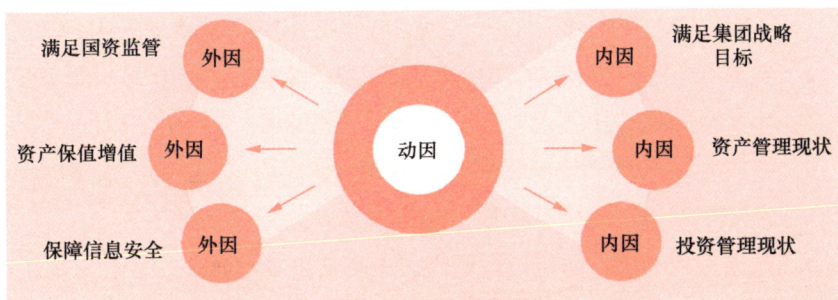

图 14-7　集团资产管理项目动因

资产管理数字化转型方案

为适应集团自身规模化发展的需要，进一步理顺管理机制，集团按照"扁平化、专业化、区域化、信息化"的管控原则，开展管控架构调整并推动信息化建设，形成了一体化管控信息平台建设规划（金信工程），明确了建设路线，对人力资源管理、财务与资金管理、资产和投资管理等重点领域进行了专项规划。资产管理信息化建设项目旨在承接资产和投资管理专项规划落地任

务，通过借鉴用友在相关领域信息化建设的经验，着力打造具有该集团特色的资产全生命周期管理平台。集团资产管理平台应用架构如图14-8所示。

图 14-8　集团资产管理平台应用架构

资产管理数字化应用价值

- **优化公车配置合理性、满足集团高效监管。**打造集团总部对公务用车的高效管控，实现资产数据信息与管理流程的标准化、规范化、可视化；实现集团公务用车全生命周期管理功能，优化配置水平，提高资产利用率。

- **完善不动产全生命周期管理，实现不动产"数字化"管控。**实现集团自上而下的三级管控部署落地，打造不动产数据标准，形成权证卡片、实物卡片，实现不动产的全生命周期闭环管理；摸清家底、盘活资产，保障信息全面畅通；形成不动产地图，实现资产全景视图和辅助决策分析。

- **掌握股权动态，防范过程风险。**实现集团各权属公司从股权建立、股权变动到股权注销的权属企业全生命周期管理；实现集团股权的全面管控和内部管理的可控、在控，防范过程风险，实时反映企业的业务数据信息和流程信息；建立健全集团股权动态数据库；对股权资本运营决策提供支持；为集团总部、各权属公司、各相关部门提供协同协作的综合管控平台。

- **建立无形资产全生命周期管理闭环，固化无形资产管理规范。**集团的无形资产管理主要涉及专利和商标管理，形成了专利申请，专利信息库，专利使用许可、转让、变更及终止等业务的全面固化；还涉及商标的新增、变更、使用许可、转让、注销等全生命周期管理。

- **实现投资项目规范化、科学化管理，降低投资风险，提升投资回报。**投资项目管理能够满足项目整个生命周期的管理与分析，包括项目前期的投资设计决策，预算、招标、施工、竣工等阶段的投资项目管理以及整个项目的资金管理。投资项目管理还会共享投资项目库，规范各级上报格式，降低重复工作量，提升投资决策能力。

新运营：创新谋变，重塑经营

资产运营的诉求与挑战

经营性资产[7]作为资产管理的重要收益部分，是当前企业资产管理中最具有持续性经营的价值体现。资产运营是指以资产增值最大化为目标，以价值管理的实现为经营过程的特征，通过对资产的优化配置及结构性调整、运营模式的动态调整，最终形成一种更加有效运营的经营方式。经营收益主要来源于出租收益或金融化收益。在此过程中，企业需要创新商业模式、优化经营流程、革新技术支撑手段等。

创新型资产运营的四原则

风险收益均衡原则，即借助科学的决策分析体系实现科学的风险运营控制手段。资产合理配置原则，即利用可视化的配置比例数据指导经营者不断优化配置。成本效益最优化原则，即组合运营预算工具模拟并进一步提升运营收益。资金周转最高效原则，即利用科学的动态收益率测算提升资产运营的周转效率。

创新型资产运营的新诉求

首先，企业要建立科学健全的资产管理体系，这是提高资产运营质量的重要基础，这里的管理体系既有方法也有工具。其次，企业要充分掌握运营信息，做好运营预测，

7　经营性资产是在生产和流通中能够为社会提供商品或劳务的资产。本书中经营性资产特指企业通过对内或对外租出，从中获得经营收益的资产类型，例如，企业用以经营的土地、房产、商铺、摊位、广告位、仓库、公用设施等。

这是提高资产运营质量的重要前提，运营预算体系及动态收益分析将成为未来运营管理的重要技术。最后，企业要不断优化管理、监督员工渎职行为，这是提高资产运营质量的重要条件，实现可视化同时也能高效干预及优化管理。

数智化资产运营平台

资产只有在运营中才会有收益，实现资产保值增值需要以提高资产的运营效率为目标。对资产制订分级、分类经营策略，快速提高资产的经营管理能力以及经营管理收益；将经营性资产的经营与市场接轨，需要快速提升管理能力和经营水平；企业的资产普遍具有类型多、地域广、管理难度大的特点，因此，借助数字化手段是提升企业资产运营能力的必然选择。

数智化资产运营平台全面支撑经营性资产从建档、招商到签订租赁合同、收取租赁费用的管理体系，同时可通过报表、地图等可视化方式展现资产管控所需报表以及资产分布情况，实现经营性资产相关风险的预控。

经营性资产管控

借助数智化资产运营平台，可以实现从现有资产清查、导入、建档延伸到对企业内部资产租赁业务的动态监管。通过记录资产的变动轨迹，管控资产变动过程，使企业资产的变动过程可控、在控，从而减少资产流失，促进资产的保值增值，实

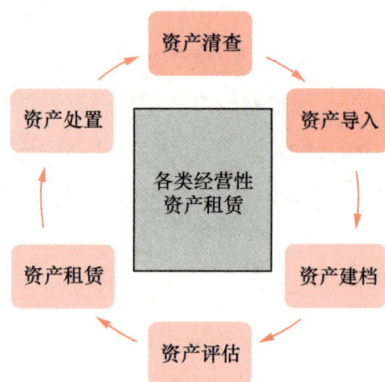

图 14-9　经营性资产管控流程

现集团内部资源配置最优化、资产收益最大化。经营性资产管控流程如图 14-9 所示。

经营性资产租赁

借助数智化资产运营平台，可以实现从商源发掘、租赁谈判、租赁账务、收款管理，以及续租、加租、退租等租后服务的全流程闭环管理，并通过对商源的发掘、用户资源的有效管理，实现统一有效的用户库，准确分析和划分用户群体，提供有针对性的跟踪及服务，助力企业挖掘用户价值。

经营性资产租赁服务流程如图 14-10 所示。

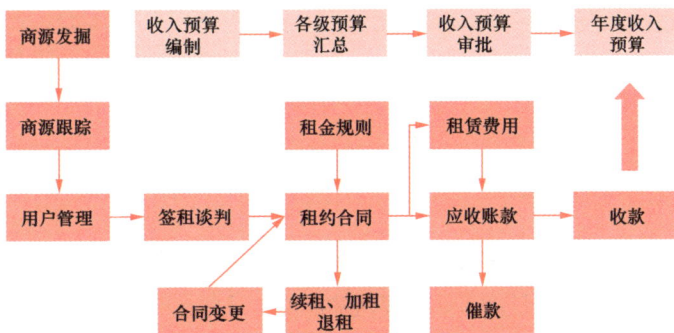

图 14-10　经营性资产租赁服务流程

智慧资产运营平台

　　智慧资产运营平台是应用数字技术，以全面感知和广泛链接为基础的人、事、物的有机结合，具备主动服务、智能进化等能力特征的有机生命体和可持续发展空间。智慧资产运营平台将租赁运营服务平台与物联管理平台智慧融合，为用户及管理者提供高效、生态的管理服务及应用场景。数智化资产运营平台应用架构如图 14-11 所示。

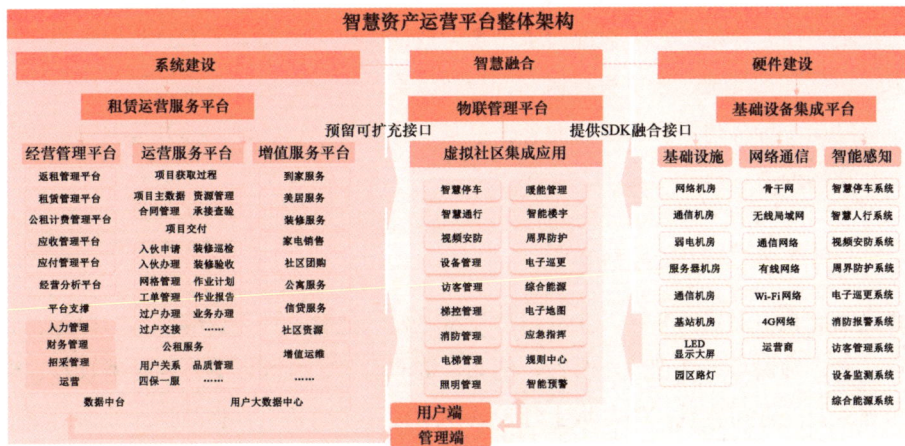

图 14-11　数智化资产运营平台应用架构

资产运营数字化价值

提升企业数据治理能力

　　数智化资产运营平台通过统一的资产分类定义和资产台账模板，实现对不同类型的资产分别设置对应的资产卡片，可以满足不同类型资产管理的数据统计分析需要。同时，该平台支持结合资产所在位置或 GIS 定位数据，以地图的形式进行位置展示，形成可视化资产分布图。

建立企业统一管理规范

数智化资产运营平台健全和完善合同基本信息、重要条款内容，针对租赁范围、用户名称、租赁期、免租期、租金标准、管理费标准、抽成比例、起租日期等重要信息明确数据记录，并实现快速查看功能。从入账方式来说，该平台支持按权责发生制的要求对租金收入进行财务拆分。产生的租金应收款根据自然月份对应到具体的月份当中，生成每月应收金额。预收按照自然时间段进行自动结转收入。该平台还支持在线审批租金应收款或滞纳金减免。

形成精准服务企业画像

借助数智化资产运营平台，企业可以实现资源共享，信息互通，为企业精准画像。同一个项目的所有用户信息（包括业主、租户或其他房屋使用人）均进行统一管理，由专人负责资料的总体维护，其他部门也可实时查询。在用户档案上记录与用户相关的各种信息，包括基本情况、租赁房产信息、行业分类、欠费记录、报事记录（即用户的投诉或维修经历）等；将用户档案与业务信息及资产档案信息关联，提升数据查询的效率和信息共享的价值。

提升业务事前、事中管控力度

借助数智化资产运营平台，企业可以设置工作项提醒、计划提醒、超时提醒、到期提醒等功能，确保事务处理的及时性，例如，资产保养、合同续签、租金催收等。借助 RPA 机器人，企业可实现线下与线上环节紧密对接和自动传输，提高工作效率，降低人工操作量和误操作比例。借助在线式审批可及时处理业务，例如，租赁合同会签、用户费用减免等进行在线设定，可按照实际的审批流程执行。

支持物联网设备自动运维

借助数智化资产运营平台，企业可以搭建自己专属的运营物联网平台，涉及内容包括人车智慧通行、人工智能安防监控、实时智能巡检、便捷移动化操作、可视化运营分析监控等，支持多业态的复合管理服务场景。物联网平台的前瞻性设计在平台扩展、接口预留、能力支撑等方面充分考虑业务的成长和应对需求的变化，避免企业内部各组织重复建设，造成资源浪费。

后　记

近年来，移动互联网、云计算、大数据、人工智能、物联网与 5G、区块链等数字技术集群式、交互式发展，呈现出"核聚变"式的爆发态势，带来以技术驱动的创新空前扩张，数字经济时代随之开启，数智商业悄然成熟，企业数智化未来已来。

数智化转型不仅是企业发展的机遇，更是企业生存与发展的必须。站在新旧动能转换的新起点上，数智化转型作为商业创新引擎的作用越发凸显。对大多数传统企业而言，在数字技术的加持下，通过现有技术的组合开发出新的产品和服务，引入新的商业模式，构建新的生产方式和企业组织结构是当下企业共同的需求与痛点所在。

我国发展仍处于重要的战略机遇期，这一时期有两大特点：一是机遇和挑战前所未有；二是危中有机，危可转机。企业管理者如何准确识变、科学应变、主动求变？在危机中育先机，于变局中开新局，企业该去何从？企业家、企业高层的力量如何发挥引领作用？这些问题，在本书中都可以找到答案。

本书结合用友调研并参与数千家大中型企业集团的数字化转型成功实践与咨询服务经验，旨在向读者输出一套经过用友反复实践与验证的企业数字化转型的方法论，全方位解读企业数智化转型的本质、目标、路径与实践。本书由洞见篇、变革篇和创新篇 3 个篇章构成。

洞见篇围绕数智化商业新范式展开分析，全面阐述了数字技术与数字经济对于企业经营范式与管理模式的深度影响，系统诠释了数智商业思维下的企业数智化场景重塑的思维逻辑（六度思维）、倍增模型（"九力"赋能模型）以及数智企业的 IT 架构趋势，进而帮助读者勾勒出企业数字化整体蓝图，建立企业数智化思维框架。

创新篇围绕营销、制造、采购、产业生态等经营领域的数智化商业创新、模式重构，从营销力、产品力、供应力和生态力 4 个维度，帮助企业管理者重构数智化经营的思维框架、创新逻辑与业务场景，重点展示了重构人、货、场的新零售、数据驱动的精准营销、全渠道营销、大规模个性化定制、服务型制造转型、智能工厂、采购商业网络、工业互联网、产业互联网等全新的业务模式、业务场景与成功实践。

变革篇围绕财务、人力、协同、决策、投融资及数智监管等管理领域进行了企业数智化变革与创新路径的详细分析、阐述，从管控力、组织力、决策力、协同力4个维度，帮助企业管理者构建数智化管理的创新路径与业务场景，全面展示了财务共享服务、人力共享服务、全球司库、管理会计、智能财税、持续绩效、人才管理、社交协同、数字化工作场所，以及数据驱动的智慧决策、数智化监管等管理与组织变革的路径、场景、实践。

在本书的编写过程中，得到了用友各行业/领域事业部以及分公司相关领导、专家、顾问、用户经理的大力支持与工作协助，在此表示感谢。同时也非常感谢所有参与本书案例编写的用户在编写过程中提供的智力支持、工作指导与业务协助。

由于时间和水平有限，本书在编写过程中可能存在不当或疏漏之处，恳请读者批评斧正。

毛鹏飞